▲管仲

管 仲
他为霸业而生

余耀华 ◎ 著

华文出版社
SINO-CULTURE PRESS

图书在版编目（CIP）数据

管仲：他为霸业而生 / 余耀华著. —— 北京：华文出版社，2016.10

ISBN 978-7-5075-4471-8

Ⅰ.①管… Ⅱ.①余… Ⅲ.①管仲（?-前645）-传记 Ⅳ.①B226.1

中国版本图书馆CIP数据核字(2016)第235953号

管仲：他为霸业而生

著　　者：	余耀华
出版策划：	李金水　蔡荣建
责任编辑：	黄彩霞
出版发行：	华文出版社
社　　址：	北京市西城区广外大街305号8区2号楼
邮政编码：	100055
网　　址：	http://www.hwcbs.com.cn
电　　话：	总 编 室 010-58336239　　发 行 部 010-58336267　58336266
	责任编辑 010-58336277
经　　销：	新华书店
印　　刷：	固安县保利达印务有限公司
开　　本：	710×960　1/16
印　　张：	28.25
字　　数：	476千字
版　　次：	2017年3月第1版
印　　次：	2017年3月第1次印刷
书　　号：	ISBN 978-7-5075-4471-8
定　　价：	39.80元

版权所有　侵权必究

序

词曰：

周室衰落乱纷纷，群雄逐鹿中原。你方唱罢我登台：齐宋晋秦楚，五霸闹春秋。

管仲佐齐图霸业，修内政寄军令，经济改革展宏图：尊王以攘夷，春秋首称霸。

管仲满腹文韬武略，乃旷世之才，先事二公子纠。齐襄公昏庸无道，骄奢淫逸，丧德乱伦。齐襄公死后，公子小白抢得君位，是为齐桓公。鲍叔牙让贤，管仲当上宰相。

管仲主持齐国国政，对齐国的政治、经济进行全面改革，使齐国走上富国强兵之路。

齐桓公身边有佞臣：竖刁为邀君宠而自宫；易牙烹亲子以奉上；公子开方为献媚于上，将自己的妹子送给齐桓公做了妃了。可谓是群魔乱舞，极尽所能。然而，管仲在世的时候，群魔难以嚣张。

管仲辅佐齐桓公，打着"尊王攘夷"的旗号，存刑、救卫、援燕、安周，九合诸侯，一匡天下。辅佐齐桓公成为春秋一代霸主，列春秋五霸之首。

管仲是中国历史上最早的杰出的政治家、理财家、改革家，他的治国方略，影响了此后中华民族历史的全过程。他是中国历史上治国安邦、富国强兵第一人。

凡我炎黄子孙，不可以不知道千古第一相——管仲。

目　录

第01章　管鲍之交 / 001

第02章　齐襄公乱伦 / 009

第03章　失信惹来杀身之祸 / 018

第04章　齐国之君谁来当 / 025

第05章　管鲍各为其主 / 031

第06章　一箭之仇 / 038

第07章　齐桓公登基 / 045

第08章　干时大战 / 051

第09章　鲍叔牙荐贤 / 062

第10章　借刀杀人 / 068

第11章　黄鹄之歌 / 075

第12章　心忧挚友愁白头 / 085

第13章　齐桓公喜得一佳人 / 091

第14章　高山流水觅知音 / 098

第15章　竖刁献媚 / 104

第16章　鲍叔牙三荐管仲 / 110

第17章　智报一箭之仇 / 116

第18章　祖庙荐英才 / 122

第19章　急功近利 / 128

第20章　曹刿论战 / 134

第21章　长勺之战 / 140

第22章　管仲大祸临头 / 147

第23章　筑坛拜相 / 153

第24章　齐桓公当甩手掌柜 / 161

第25章　奸佞歃血为盟 / 167

第26章　管仲求变 / 175

第27章　淄河邂逅美娇姝 / 181

第28章　开辟财源走富国之路 / 188

第29章　宁大夫唱起了反调 / 196

第30章　鲍叔牙失踪了 / 202

第31章　大营救 / 210

第32章　易牙烹子 / 216

第33章　卫姬入宫 / 223

第34章　民情是风向标 / 232

第35章　孽缘 / 238

第36章　奇人奇谋 / 244

第37章　招徕外商出奇招 / 250

第38章　首合诸侯 / 256

第39章　曹刿劫盟 / 264

第40章　诚信引得诸侯来 / 273

第41章　竖刁自宫 / 279

第42章　管仲纳贤 / 286

第43章　齐桓公举火授爵 / 293

第44章　二合诸侯 / 298

第45章　三合诸侯关贸签约 / 304

第46章　铁犁牛力助农耕 / 309

第47章　伯氏抗税 / 316

第48章　蔡姬戏水 / 322

第49章　鲍叔归来 / 328

第50章　四合诸侯 / 335

第51章　商战 / 340

第52章　战略调整 / 346

第53章　管仲妙计灭令支 / 351

第54章　偷渡卑耳河 / 360

第55章　老马识途 / 365

第56章　踏平孤竹 / 371

第57章　庆父不死鲁乱未已 / 377

第58章　城邢封卫 / 386

第59章　竖刁贪贿泄军机 / 393

第60章　不战而屈人之兵 / 399

第61章　六合诸侯 / 405

第62章　德服郑侯 / 413

第63章　八合诸侯定周室 / 419

第64章　九合诸侯一匡天下 / 423

第65章　夜观天象悟玄机 / 429

第66章　病榻论相 / 435

第01章 管鲍之交

公元前770年，周平王将都城从镐京（今陕西长安县西北）迁至洛邑（河南洛阳），史称"平王东迁"。历史上将东迁后的周王朝称为东周。从这时起，一直到公元前476年这段历史，大体上与孔丘所修《春秋》一书的年代相当，所以，历史上称这一时期为春秋时期。

历史进入春秋时期，周室王权逐渐衰落，诸侯的违礼僭越逐渐公开化，各自为大，基本不再定期朝拜周天子了。孔丘把这一时期看成是"礼崩乐坏"时期。

王权衰落，使春秋时期出现权力真空，形成诸侯争霸的局面，天下乱成一锅粥；礼崩乐坏，导致人们价值观念和道德观念的混乱，引发了旧有秩序的改体。

春秋时期，王权衰落，礼崩乐坏，群雄纷争，实为乱世。

乱世出英雄。春秋前期的齐国，就出了这么一个惊天地、泣鬼神、扭转乾坤、改变中国历史的英雄。直至今天，华夏之生灵，仍然在沐浴在这位伟大人物的恩泽之中。诸多国策如关税协定、招商引资、盐铁专卖、物价政策以及商战等等，很多都出自他的首创。假若没有这位伟人的诞生，没有这位伟人的变革，中国的历史可能要重写。

闲话少讲，书归正传。且先将这位伟大的风云人物请出场，以馈诸公。正是：

莫把酒爵浇愁肠，且看小子话天下。
开卷即能觅古踪，胜似逍遥走天涯。

齐国临淄城郊的大道上，三条汉子在风尘仆仆地赶路，走在前边的那位，三十左右的年纪，此人姬姓，管氏，名夷吾，字仲；中间那位，名叫鲍叔牙，年长管仲五六岁，是管仲的结义大哥；最后那位是管、鲍二人结识不久的朋友召忽。

管仲是颖上人，家居管家堡，祖先乃名门望族，其父管庄曾做过齐国的高官，后来家道中落，到管仲这一代，已经是穷困潦倒了。管仲有个叔父叫管至父，仍在齐国为官，因管仲家贫，管至父从来不曾想到有这位老嫂子和侄子的存在。管仲人虽穷，可志却不短，故也不欲高攀，两家虽为至亲，却素未往来，彼此形同陌路。

管仲虽沦为庶人，但仍不失其祖上遗风，其父健在之时，抱着重振家门的希望，倾其所有，供管仲读书。管仲自幼聪颖绝伦，有过目不忘之能，加之又勤奋好学，到十五岁左右，已是一位满腹经纶的饱学之士，更兼琴、棋、书、画，样样精通。方圆几十里之地，文人学子，都知道管家堡有个管夷吾。

管家堡背靠凤凰山，凤凰山幽谷中有一隐者，于山中筑庐而居，从不以真面目示人，甚少与世人来往，只是隔段时间下山购置生活用品，人们才得偶窥其容。人们只知道凤凰山中有一隐者筑庐而居，却不知其来历。

一个偶然的机会，管仲上山打柴，恰逢大雨，避雨于茅庐，与隐者相见。交谈之中，隐者察觉到这位少年人谈吐不凡，是个不可多得的可造之才。主动向管仲提出，愿以胸中所学倾囊相授。管仲喜不自胜，回家禀报于父母，然后定期入凤凰山幽谷中，于隐者茅庐之内，求教于隐者。三年之后，尽得隐者真传。兵法纯熟，武艺超群，尤其是箭法，更是神出鬼没，出神入化，有百步穿杨之能。

忽然有一天，管仲又至隐者幽居之茅庐，却是人去庐空，不见隐者踪迹。不知他从哪里来，也不知他到哪里去，就像天上一片浮云，飘然而来，飘然而去，不知其踪。三年中，隐者从不道姓名，也不许管仲询问，师徒一场，管仲尚不知隐者何许人也。管仲一连几天上山等候，终不见隐者归来，知其再也不会回来，怀着无比眷恋的心情，下得山来。

三年时间，隐者已将管仲造就为一个文能安邦、武能定国的经邦济世之才。

鲍叔牙是个商人，家资颇丰。管、鲍二人合伙在南阳做生意，分红时，管仲总要占些便宜，鲍叔牙视而不见，在一块做买卖的人看不过眼，常在鲍叔牙面前嘀咕，鲍叔牙解释说，管仲胸怀经邦济世之才，只是未逢其时，他多得的红利，是为了赡养老母，算不了什么。管仲知道这件事后，从内心里感激鲍叔牙，两人成为莫逆之交。

召忽生得牛高马大，乃一赳赳武夫，在南阳颇有名气。

管、鲍二人合伙在南阳做生意，虽然知道召忽这个人，但从未打过交道。

一次，南阳城几个地痞流氓，欺负管仲是外地人，故意找茬敲诈管仲，这样的事情已经有好几次了。若论管仲的身手，对付这几个小流氓那是绰绰有余，只是长年要在南阳做生意，犯不着与这些小人为敌，所以总是一忍再忍。但这一次几个小流氓却是太出格了，不但把管仲的生意挑子砸了，还把管仲痛打一顿，鲍叔牙从中劝阻，也一同挨了打。

召忽恰好从此地路过，碰上了这档子事，他本是个侠义之士，见几个地痞流氓当街行凶，怒不可遏，出手把几个地痞流氓痛打了一顿。

事后，三个人坐在一起，谈起各人的志向，竟有相见恨晚之感。管仲觉得南阳不是久留之地，决定到临淄去，那里是齐国的都城，是齐国政治文化中心，凭自己的能耐，说不定能讨个出身。鲍叔牙、召忽二人竟然同时附和，愿一同前往。于是，三人结伴，直奔齐国的都城临淄。

管仲、鲍叔牙、召忽三人进入临淄城，见都城的气势果然与他处不同：大街小街，车水马龙，熙熙攘攘，车连车，人挤人，道路常因之而堵塞，处处呈现出一派繁荣昌盛、兴旺发达的景象。路口上，街角处，随处可见吹竽、鼓瑟、击筑、弹琴的艺人，吹、击、弹、唱，悠扬的乐声回荡在空中，听起来使人心旷神怡，吸引了不少的围观者；斗鸡、杂耍、踢毽子、下棋，围观者一堆又一堆，时不时传出叫好声、吆喝声，好不热闹。

三人一路劳顿，已是十分疲惫，顾不得欣赏这热闹场景，先到东昊客栈找了个房间住下来，然后洗个热水澡，胡乱地吃点东西，回到客房，倒在床上，美美地睡上一觉，以消除旅途的疲劳。

第二天，三人又睡了个懒觉，日上三竿之后才起床，漱洗完毕，不在客栈用餐，结伴出门，在大街上寻个小摊点坐下。鲍叔牙对摊主道："来三份临淄菜煎饼，让我的朋友尝尝临淄的小吃。"

不一会，摊主将三份热气腾腾的临淄菜煎饼端上来，鲍叔牙取过筷子，分给一人一双，口中却说道："临淄菜煎饼的制作很简单，就是烂馅加烙烙，将豆腐、粉条、韭菜或葱，加油炒熟，然后把煎饼揭开，均匀摊馅并折成长方形，再在锅内加油将两面烙成金黄色。"边说边夹了一块煎饼放进嘴里，品尝一下道："内软外脆、菜香扑鼻。"

管仲、召忽也学着鲍叔牙的样子吃起来，交口赞道："内软外脆、菜香扑鼻。果然是好吃。"

"老板，临淄近来可有什么趣闻逸事吗？"鲍叔牙边吃边问道。

"听口音你也是本地人吧？"摊主问道。

鲍叔牙道："不错，我也是齐国人，只是长年在外，走南闯北，对家乡倒有了一些陌生之感。"

"想回家乡发展呀？"摊主问。

"嗯！还带来两个朋友，想搏个出身。"鲍叔牙指指管仲、召忽说。

"想搏个出身？"摊主道，"有本事，就到招贤馆去。"

"招贤馆？"管仲反问道，"什么招贤馆？"

摊主手指前方道："前面拐角处右转，不足百步就是招贤馆，是朝廷招贤纳士的地方，三位若有真才实学，不妨前去试试，否则，还是去做你们的老本行吧！"

三个人对视一眼，笑了笑，没有回答摊主的话。吃罢早点，鲍叔牙会了账，召忽起身道："是不是去招贤馆看看？"

鲍叔牙却对管仲说："你叔叔不是在齐国做官吗？可不可以去找找他？"

"算了吧，这么多年，他从未看我们母子一眼，甚至连个信也不愿意给，何必去讨贱。还不如到招贤馆去碰碰运气。"管仲恐找叔父会讨没趣，不愿意去找他。

召忽道："也不忙在一时，先在临淄城转转再说。"

管仲、鲍叔牙同意召忽的建议，三人用过早点之后，先在临淄城转悠了大半天，饱览都城的风土人情，直到下午，才向招贤馆走去。

齐国本是东方大国，历经数十年动乱，使齐国的社会生产遭到很大破坏，到春秋初年，国力并不是很强。齐僖公对齐国衰落的原因进行了认真的研究，认为除内乱之外，无良才辅佐也是一个重要原因。于是，他将临淄城一处公堂，辟为对外招贤纳士的场所，取名为"招贤馆"。派专人在招贤馆当值，专门招纳愿意为朝廷效力的贤良之士。然而，招贤馆开设了好长一段时间，应招者却是寥寥无几，更无贤者至。齐僖公知道此事急不得，仍派人常驻招贤馆，以待贤者来投。正是：

僖公设置招贤馆，静候天下俊颜来。
果然天运降大齐，招贤引来济世才。

管仲、鲍叔牙、召忽三人来到招贤馆，正是招贤馆开设很长一段时间、很少有人问津的时候。

　　所谓招贤馆，实际上就是几间平房改造而成，门口挂上个"招贤馆"的牌子，里面摆上几张桌子，安排几个人在里面当值。管仲、鲍叔牙、召忽三人走进招贤馆的时候，馆内两名书办正坐在那里有一搭没一搭地闲聊，见三个人走进来，站起来礼貌地说："各位请坐，这里是招贤馆。"

　　管仲道："知道是招贤馆，换个地方，我们还不来呢！"

　　两名书办见管仲出言不凡，忙堆着笑脸道："客官请坐，三位来招贤馆，是自荐呢？还是为他人荐？"

　　另一位书办赶忙替三人各沏了一爵茶。

　　管仲接过茶，微笑着点头表示谢意，然后不卑不亢地说："当然是自荐。闻招贤馆招贤纳士，不知是否属实？"

　　一名书办回答："当然属实，主上欲图国富民强，招贤良之士以为国用，只要是贤能者，定当受到重用。"

　　"何为贤，何为不贤，有何标准可言？"管仲继续问道。

　　一名书办道："文人以文章论优劣，武将以功夫定高下。主上对招纳之人将量才取用。"

　　管仲道："我等乃文士，欲在朝中谋个差事，如何应试，请先生安排则过。"

　　"啊！既然如此，这里有试题一道，题目是'治国之道'，请三位各作策论一篇，小可将直呈主上，以定优劣，择优选用。"书办客气地说。

　　"行，那就开始吧！"管仲道。

　　鲍叔牙、管仲、召忽三人分别找张桌子坐定，书办分别给三人送上文房四宝。

　　一个时辰后，管仲率先交卷，鲍叔牙、召忽也随之先后交卷。一名书办收好三人的策论文章，另一名书办则说："三位是否有了住处，是否要在下效劳？"

　　鲍叔牙道："不必了，我们已在东吴客栈住下了。"

　　"既然如此，三天之后给你们答复，行吗？"一名书办和颜悦色地说。

　　"好的，三天之后我们来讨信。"管仲回答。

　　书办道："若有事，我们会到东吴客栈去找你们。"

　　三人告辞了书办，离开了招贤馆。

且说齐僖公得知招贤馆有三人前来考试,先并不在意,待看过考试之人所作之策论后,不由暗自心惊,三篇策论,不但书法好,文章则更妙,特别是管仲所作之策论,乃平生仅见之好文章。他正愁两位公子找不到好老师,看来此三人却是上佳人选。

原来,齐僖公有三位公子,长子诸儿,已立为太子,即后来的齐襄公,次子公子纠,三子小白,皆无良师辅佐,僖公想为公子纠、公子小白选择良师,一直没有合适人选,看到管仲、鲍叔牙、召忽三人的文章,又动了择师之念。

第二天,齐僖公派人到东昊客栈对鲍叔牙、管仲、召忽三人进行面试,面试之人回来介绍了面试情况,特别对管仲赞不绝口,说管仲言谈举止、举手投足之间,无不显示出大家风范,是个不可多得的人才。听完汇报,齐僖公当即决定,聘管仲、召忽为公子纠的师傅;鲍叔牙为公子小白的师傅,择吉日拜师。

拜师吉日,两辆车停在东昊客栈门口,一辆车接走了管仲与召忽,一辆车等候鲍叔牙上车。

先说管仲和召忽,乘车来到公子纠府第,老态龙钟的齐僖公已等候在那里,管仲、召忽得知眼前的老人就是齐侯,慌忙俯伏于地叩拜道:"草民拜见君上!"

"二位贤士平身!"齐僖公微笑着说,"寡人知二位乃时之俊杰,有意聘二位为二公子纠的师傅,你们可愿意?"

管仲、召忽听说要他们做公子傅,心中暗暗吃惊,但也惊喜非常,连连磕头道:"在下才疏学浅,恐有辱君命。"

"寡人看过二位的策论,字字皆珠玉,甚是满意。"齐僖公哈哈大笑,顺手拉过一个小男孩,对二人说道,"寡人将公子纠托付给你们,望二位尽心教导于他,莫负寡人之托。"

管仲、召忽叩首道:"吾等当竭尽全力辅佐公子纠,不负君上所托。"

齐僖公请管仲、召忽二人上坐,命公子纠向二人行了拜师之礼。

拜师礼刚毕,忽有人来报,说鲍先生有病,没有接旨前来报到。齐僖公问管仲道:"怎么?鲍先生有病?"

"啊!"管仲听说鲍叔牙有病,有些不相信,因为他们刚从东昊客栈出来,临出门时,鲍叔牙还是好好的,为何突然说有病呢?心知必有原因,于是含糊地说:"待在下回客栈看看。"

管仲、召忽闻鲍叔牙身体不舒服,连忙赶回客栈,见鲍叔牙好好的,并无病,管仲奇怪地问:"鲍兄身体并无恙,为何不出来做事?"

鲍叔牙道:"知子莫若父,知臣莫若君。现在国君知道我不行,所以委派我辅佐他最小的儿子小白,我不想干。"

召忽同情地说:"你若坚决不干,就继续装病,不要出来,我去向国君禀报,说你病得不轻,快要死了,就一定能把你为公子小白的师傅的职务免掉。"

管仲道:"不行,欲图大事者,不能推辞工作,更不能贪图安逸,将来真正掌握齐国政权的,还不知道是谁呢!鲍兄还是要出来干。你忘了我们的志向吗?"

召忽对小白也缺乏信心,并不同意管仲的看法,他说:"不行,我们三个人对齐国来说,就好比鼎之三足,若去其一,就立不起来。依我看,小白一定不是继承君位之人。"

管仲见鲍叔牙、召忽两人对小白都没有信心,颇不以为然,他分析道:"我认为你们的看法不对,人们因为憎恶公子纠的母亲,连累到看不起公子纠本人,但同情小白没有母亲。诸儿虽然是长子,据了解,其人品质卑贱,前途如何还说不定。依我看来,今后举齐国之政者,非公子纠或公子小白不可。公子小白之为人,虽然不会耍小聪明,而且性格暴躁,但是能把握大方向。不是我管夷吾,就不会理解、容忍公子小白。如果不幸上天降祸加灾于齐国,公子纠得以立为君,也难成其大事,那时候,不靠你鲍叔牙出来安定国家,还能靠谁呢?"

召忽是个耿直的人,他对于齐僖公之后的齐国政局非常担心,忧心忡忡地说:"国君百年之后,如果有违君命而废掉我所拥立的公子纠,夺去公子纠的君位,就算他得了天下,我也不愿活着辅佐他。何况参与了我们齐国的政事,接受君主而不知改变,奉我所立而不使废除,则是我义所当为之事。"

管仲是个注重大局而不拘小节的大智大慧者,他并不赞同召忽的观点,认为此乃愚忠。他说:"我作为人君的臣子,是奉君命而为国家主持宗庙,岂能为公子纠个人而牺牲自己的性命?只有当国家破、宗庙灭、祭祀绝的情况下,我才会去死。除此三种情况,我都要活下来。我活着对齐国有益,死了对齐国无利。"

鲍叔牙见二人将话越扯越远,忙插嘴问道:"那么,我应该怎么办?"

管仲道:"你接受命令就是了。"

鲍叔牙采纳管仲的意见,接受了齐僖公的命令,出任公子小白的师傅,辅佐小白。

管仲对鲍叔牙和召忽说："我们三个辅佐齐国两位公子，若诸儿不济，继任齐国之君位者，非公子纠，即公子小白。我们三个人约定，将来无论是公子纠做了齐国国君，还是公子小白做了齐国国君，我们都要相互引荐，辅佐新君，共图大业，使齐国走上富国强兵之路。"

鲍叔牙赞同道："我也有此想法，今后我们三人，无论出现了什么情况，都要同舟共济，相互提携，这才不枉我们兄弟一场。"

管仲高兴地伸出双掌，鲍叔牙同样也伸出双掌，召忽亦伸出双掌，三人击掌盟誓，齐声道："同舟共济，相互提携。"

鲍叔牙担任公子小白的师傅后，心里似乎没底，找到管仲问道："我该如何工作呀？"

管仲回答说："为人臣者，若不能为君主尽力，则不能成为君主的亲信，若不能成为君主的亲信，在君主面前说话就没有分量。说话没有分量，国家就不能得到安宁。总之，侍奉君主，不可有二心，这是最主要的。"

鲍叔牙赞成管仲的观点，于是尽心辅佐公子小白。有词为证：

胸怀经天纬地才，投奔临淄谋出身。
本是三个好兄弟，分成两拨事二人。

公元前698年底，齐僖公病逝，太子诸儿即位，是为齐襄公。

齐僖公临终之前，对世子诸儿交代了两件事，一是齐国与纪国乃世仇，继位之后，第一件事就是要灭掉纪国，若不能报此仇，死后不得入祖庙；二是公孙无知，乃僖公同母之弟的儿子，嘱诸儿要善待之，衣服礼秩，一如生前之数，不得有所减少。

第02章 齐襄公乱伦

齐襄公即位后,齐国面临的形势是:南面的鲁国和西面的宋国,都是实力较强的国家,较难对付;北面的燕国,国力虽较弱,但却不是争雄之地;东边的纪国,国力弱小,且与齐国有世仇,是齐国要消灭的对象。齐僖公在世之时,曾欲以朝纪为名,乘机灭掉纪国,由于计谋外泄,为纪国所察而未能得逞。若能灭掉纪国,齐国的势力就可以拓展到山东半岛的东头,这对扩充齐国的势力是一个极大的诱惑。齐襄公即位之后,准备先从纪国下手。

灭掉纪国,并非一件易事,因纪国素来与鲁国交好,纪国国君之妻乃鲁国王室之女,且纪国以前一直追随鲁国参与中原的活动。在郑国与宋国的对抗中,齐国支持宋国,鲁国支持郑国,结果,郑、鲁、纪三国联军大败宋、齐、卫、燕四国联军,使本来就已经很紧张的齐与鲁、纪的关系进一步恶化。因此,齐国欲灭纪国,鲁国似乎不会袖手旁观,如果鲁国参与其中,谁胜谁负,那就很难说了。

齐襄公深知这中间的利害关系,于是采取行动向鲁国示好,修好与鲁国的关系,以求达到齐国进攻纪国时,鲁国保持中立而不参与其中。与此同时,齐国派兵驻扎在齐、纪边境,一来进一步对纪国施加压力,二来试探鲁国的态度。

纪国在齐国的强势压迫下,向鲁国寻求庇护。而鲁国与齐国刚修好,不便与齐国马上翻脸,但也不愿就此看着纪国被齐国消灭。鲁桓公又充当起了调解人,于周庄王二年(公元前695年)春,带着纪国国君来到齐国的黄地与齐襄公谈判,并签订了休战盟约,称之为"黄地之盟"。

黄地之盟并没有削减齐襄公灭纪的决心,反而还加大了对纪国压迫的力度,鲁国见自己再一次被别人扫了面子,便与齐国翻脸。是年五月,齐军入侵鲁国,齐、鲁两军决战于鲁国的奚地,结果鲁军大败而归。

鲁桓公自奚地之战失败之后，再也不想与齐国为敌，于第二年春天，亲自携夫人文姜到与齐国交界的泺水和齐襄公会谈修好，签订修好盟约。此一去，有分较，导出一件天大逸闻，惹来一桩滔天大祸。这就是：

齐襄公淫乱丧伦，鲁桓公命丧黄泉。
狗男女遗下祸患，后代人结怨百年。

原来，鲁桓公的夫人文姜，是齐襄公同父异母之妹。文姜生得面如秋水，貌若芙蓉，国色天香，乃一绝世美人，兼而通今博古，颇有文采，故而号文姜。

齐国世子诸儿，也就是齐襄公，原本是个嗜酒之徒，与文姜虽为兄妹，但同父不同母。诸儿长文姜二岁，二人自小在宫中一起长大，一起玩耍。文姜渐渐长大，出落得如花似玉，亭亭玉立，是临淄城出了名的美人。诸儿也长成一个大小伙子，已粗通男女之事，见文姜如此才貌，且又举止轻浮，每有调戏之意。偏那文姜生来妖媚，是一个不顾礼仪之人，语言戏谑，及至那秽亵之言，全然不避。诸儿身材伟岸，粉面朱唇，天生的一个美男子，与文姜倒是天生的一对璧人，可惜两人是兄妹，不得配对成双。但两人常在一起，并肩携手，耳鬓厮磨，无所不至，仅碍着左右之人，单少了同衾贴肉行那云雨之事而已。齐僖公夫妻溺爱子女，不曾妨碍此事，以至儿女长成之后，惹来杀身之祸。

齐僖公在世之时，曾欲将文姜许配给郑国太子忽，遭到太子忽的婉拒。文姜闻太子忽不允婚事，心中郁闷，染成一疾，暮热朝凉，精神恍惚，半坐半眠，寝食俱废。世子诸儿以探病为名，经常闯入文姜闺房之中，挨坐在床头，将文姜身体的上下、内外抚摸个够，恰同一对小情人，只差没有淫乱。

一日，齐僖公偶然到文姜处探视，恰逢诸儿在侧，见二人神情有异，责备诸儿道："你虽为兄长，但礼宜所至，也当避嫌。今后只能遣人前来问候，不必亲自到此探视。"

诸儿唯唯而出，自此两人相见渐稀。不久，僖公又为诸儿娶宋女为妻，鲁、莒两国俱有女陪嫁。诸儿爱恋新婚，与文姜之情也就渐渐疏远了。文姜深闺寂寞，怀念诸儿，病势愈重，但却只能藏在胸中，难以向人言状。

后来，齐僖公将文姜嫁给了鲁桓公，才暂时斩断诸儿、文姜这对兄妹的孽缘。

文姜闻鲁侯要到齐国之泺水与乃兄齐襄公会盟，又勾起她对那位同父异母的兄长齐襄公的畸形恋情，欲借归宁之名，与鲁桓公同行回齐。鲁桓公溺爱其妻，不敢不从。

鲁国大夫申繻谏道："女有夫家，男有妻室，古之制也。礼无相渎，渎则有乱。女子出嫁，父母若在，每岁一归宁。今夫人父母俱亡，无以妹宁兄之理。鲁乃礼仪之邦，岂可行此非礼之事？"

鲁桓公已许文姜，不欲失信于爱妻，便不听从申繻的建议。夫妇同行，车至泺水，齐襄公早就等候在泺水，见鲁桓公夫妻双至，殷勤相接，先行国君之礼，后叙郎舅之情，彼此问寒问暖，好不亲热。两国遂于泺水签订盟约，然后一同发驾，来到临淄。

文姜回到齐国，见到既是情人、又是哥哥的齐襄公，内心一阵骚动，情不自禁。只是碍于鲁桓公在侧，只好强压欲火。齐襄公自从他这位如花似玉的同父异母的妹妹远嫁给鲁桓公之后，无时无刻不在想念着她，只是天涯相隔，只好将那思恋之情强压在心头。回到临淄，先是设宴款待鲁侯夫妻，然后迎文姜进宫，说是与旧日嫔妃相会叙旧。

原来那齐襄公在内宫造有密室，将文姜接至宫中之后，直接进入密室，置私宴与文姜单独叙情。有道是酒为色之媒，色因酒壮胆，两人饮酒之间，四目相对，犹如干柴遇上烈火，你贪我爱，欲火一触即发，遂于那密室之中，行那苟且之事，两下迷恋不舍，遂又留宿宫中，日上三竿，两人尚赤身裸体，相抱而眠。可怜那鲁桓公一人在外，冷冷清清。

鲁侯疑窦顿生，遣心腹到宫中细细寻访，心腹回报，说齐侯未娶正妃，只有偏宫连氏。连氏乃大夫连称之妹，向来失宠，齐侯甚少与她相处。姜夫人自入齐宫，只是兄妹叙情，并无其他宫嫔相聚。

鲁侯情知有异，恨不得冲进宫去问个明白。恰好人报，说国母出宫来了。

鲁侯气恼非常，质问文姜："夜来宫中，同谁饮酒？"

文姜道："同连妃。"

鲁侯又问："几时散席？"

"久别话长，说个没完没了，直到月已西斜，方才散席，已是半夜时分了。"文姜不悦地道，"怎么，审问呀？"

鲁侯继续道："你兄可曾陪你饮酒？"

"兄长不曾来。"

鲁侯冷笑着问道："难道兄妹之情，不来相陪吗？"

文姜氏回答："饮至中间，曾来相劝一爵，即便去了。"
鲁侯问道："你席散之后，为何不出宫？"
文姜回答："夜已深，行走不便。"
鲁侯又问："你在何处安身？"
文姜见鲁侯一句接着一句，问得如此详细，知道他起了疑心，脸露不悦之色地说："君侯为何像盘问犯人一样，偌大的一个宫城，难道就没有空房？岂少了我下榻之处？我就在西宫过宿，即昔年守闺之所。"
鲁侯仍是不依不饶地问："你今日为何又起得这样迟呢？"
文姜耐着性子回答："夜来饮酒过多，人也很疲倦，故醒来较晚，今早起来梳妆，时间也就耽搁了。"
"在宫中住宿，谁人与你相伴？"鲁侯还在逼问。
文姜道："自有宫娥相伴。"
鲁侯冷冷地问："你兄在何处睡？"
文姜毕竟是做贼心虚，顿觉脸上发热，含糊其辞地说："妹妹怎管得哥哥的睡处？君侯不觉问得可笑吗？"
鲁侯反唇相戏道："只怕做哥哥的，倒要关心妹子睡在哪里了。"
文姜反问道："此话是何意？你怎么能如此说话？"
鲁侯怒斥道："自古男女有别。你留宿宫中，与兄同宿，寡人已尽知之，休得瞒隐！"
文姜见奸情败露，含糊抵赖，哭哭啼啼，心里却也十分羞惭。而鲁桓公又因身在齐国，敢怒而不敢言，一时也不敢对文姜怎么样，愤愤地留下一句："回鲁国后，看寡人怎同你算账。"随即派人向齐襄公告辞。

齐襄公做下苟且之事，心中自是不放心，文姜出宫之后，秘密派遣心腹力士石之纷如暗暗跟在文姜之后，打听鲁侯夫妇相见有说何话。因此，鲁侯与文姜的对话，被石之纷如听得一清二楚。回来将鲁侯夫妻反目之事如实禀报齐襄公。

齐襄公知奸情败露，已是恼羞成怒，顿起杀人之心，欲害死鲁桓公。少顷，当鲁国使臣前来辞行时，便决意邀请鲁侯到牛山一游，以作饯行。鲁侯本不愿往，齐襄公派人连催几次，似有强请之意，鲁侯无奈，只得命近臣驾车出郊，将文姜留在驿舍之内。

牛山游玩之后，齐襄公设盛宴款待，令宫女歌舞助兴，齐襄公殷勤奉陪。

鲁桓公只低头不语。齐襄公教各位大夫轮流把盏，又教宫娥内侍，捧樽跪劝。鲁桓公心中郁愤，于是借酒浇闷，不觉酩酊大醉。分别时已是神志不清。

齐襄公命公子彭生将鲁桓公抱上车，送鲁桓公回驿舍。车行至临淄城约二里之处，彭生见鲁桓公已是熟睡，悄无声息地伸出手臂，张开手掌，五指如钩地插入鲁桓公的肋下，抓住鲁桓公的肋骨，奋力一拉。彭生本是齐国有名的大力士，其臂如铁，力大无穷，一拉之后，鲁桓公的几根胁骨顿时寸折，大叫一声，喷血而死。彭生对众人道："鲁侯醉后得了恶疾，暴毙车中，速速驰入城，报知主公得知。"

众人虽然觉得有些蹊跷，但谁也不敢多言。

齐襄公闻鲁桓公暴毙车中，号啕大哭，佯装悲伤，即命厚殓入棺，派人向鲁国报丧。

齐国大夫竖曼闻鲁桓公暴毙车中，知是彭生所为，当朝怒斥道："贤者死于忠诚以消除人们的疑虑，百姓就安定；智者深究事理而考虑长远，自身就免祸。彭生身为公子，地位仅次于国君，不思忠谏之道，却阿谀奉承以戏弄国君，使君王有失亲戚之礼；现替齐国惹下大祸，使齐、鲁两国结怨，彭生罪责难逃。君上你因怒而惹祸，不顾得罪亲戚之国，宽容大恶不赦的彭生，就是无耻。这件事，那就不是彭生一个人能了结得了。鲁国若兴师问罪，也一定要以彭生为借口。"

齐襄公问心有愧，自是无言以对。

且说鲁国的从人回国，将鲁桓公在车中被人暗算之事说与朝中大臣知道。大夫申繻道："国不可一日无君。且扶世子同主持丧事，等丧车到后，再行即位之礼。"

鲁公子庆父，乃鲁桓公之庶长子，愤然说道："齐侯乱伦无礼，祸及君父。我愿请命，率领戎车三百乘，讨伐齐国，给君父讨个公道。"

大夫申繻不能决，私以问谋士施伯道："可以讨伐齐国吗？"

施伯道："此等暧昧之事，不可使邻国知道。况且鲁弱齐强，伐齐未必能胜，反而还要将家丑张扬出去，不如暂且忍耐，只追究车中之事故，迫使齐国杀掉公子彭生，也对列国有个交代，如此处之，齐国必然听从。"

申繻将这个意见告知庆父，并使施伯草拟国书。世子居丧不便出面料理国事，乃用大夫之名修书，派人送至齐国，致书迎丧。齐襄公启书看之，书中说道：

外臣申繻等，拜上齐侯殿下：

  我们的国君，畏惧齐国之威严，不辞劳苦，跋山涉水来到齐国修好，完成了外交之礼，但人却没有生还，我们不敢把此事看是齐侯的罪恶，请求杀掉凶手彭生，以彭生之命来解决齐、鲁之间的怨恨吧！

  齐襄公乐于逃避罪责，看罢来信，立即派人召彭生入朝，彭生自认为有功，昂然而入。齐襄公当着鲁国使臣之面骂道："寡人与鲁侯饮酒，令你扶鲁侯上车，为何不小心侍候，使他暴毙车中？鲁侯之死，你罪责难逃。"喝令左右将彭生捆绑，斩于市曹。

  彭生大呼道："无道昏君，我之所为，都是你授意，你淫妹而杀其夫，反推罪于我，苍天有知，我死之后，就是变为妖孽，也要取你性命。"

  齐襄公声嘶力竭地叫道："快、快，塞住他的嘴，速推出斩了。"

  齐襄公斩了彭生，再派人送鲁侯丧车回国。文姜仍留在齐国未归。

  鲁大夫申繻率世子同迎柩至郊，即于柩前行礼举丧，然后嗣位，是为鲁庄公。

  申繻、颛孙生、公子溺、公子偃、曹沫一班文武大臣，重整朝纲。申繻推荐施伯之才，施伯也拜为上士之职。

  鲁庄公待丧事已了，派遣大夫颛孙生到齐国，迎接母妃文姜回鲁国。齐襄公十分难舍，但又碍于公论，很难将嫡亲的妹妹长期留置在后宫，只得放回。临别之时，双双难分难舍之情，胜过初恋少男少女之情爵，依依不舍，洒泪而别。

  文姜一来贪欢恋爱，二来背理乱伦，自觉得回到鲁国羞于见人，车马行至鄑地时，见鄑地的行宫整洁，遂叹道："此地不鲁不齐，正是我安身立命之地。"于是吩咐从人回复鲁庄王说："未亡人，性贪闲适已惯，不欲还宫，若决意要我还宫，除非我死。"

  鲁庄公知道母亲无颜归国，特地在齐、鲁两国交界之地的祝丘修筑了一处馆舍，迎文姜居住其间。于是，文姜便往来于两地，鲁庄公适时馈问不绝。

  齐襄公淫妹弑鲁侯之后，国人闹得沸沸扬扬，都说齐侯无道，干此淫乱丧伦之事。齐襄公做了亏心事，觉得有些愧对子民，欲行几件有义举的大事情，以服众心。他将目标选在消灭纪国这件事情上，这也是齐僖公临终的遗愿。

  纪国是鲁国的附庸国，鲁国向来对纪国负有保护的责任。然而，鲁君被齐人害死，鲁人尚且不敢复仇，当然更不会在纪国的问题上，同齐国大动干戈。纪国失去了鲁国这一强大后援，就只有任人宰割了。

第二年，齐襄公率重兵袭击纪国，先夺取郱、鄑、郚三邑之地，然后威逼纪国投降，免得灭国，并且事先放言，谁救纪国，齐国先移兵讨伐。

鲁庄公眼看纪国将亡，准备救纪，但又惧怕齐国，于是遣使郑国，邀请郑一同救纪。郑侯以国内有内乱为借口，婉拒了鲁国的请求。鲁国孤掌难鸣，只好知难而退。纪侯闻鲁国不出兵，彻底绝望，遂举国土降齐，纪国就此亡国。

齐襄公灭纪归来，途经文姜的住地，文姜迎接于路，至祝丘，设盛宴款待，以行两君相见之礼，彼此酬答，大犒齐军，又与齐襄公同至郜地，流连欢宿。齐襄公使文姜作书，召鲁庄公到郜地来相会。

鲁庄公眼看着自己的附庸国纪国为齐国所灭，无半点反抗之力，见母亲传书相召，母命难违，便来到郜地谒见文姜。

文姜命鲁庄公以甥舅之礼拜见齐襄公。

鲁庄公不能拒，只好强装笑脸叫舅舅。

时齐襄公生有一女，尚在襁褓之中，文姜命鲁庄公与之订约为婚。鲁庄公道："她尚在襁褓之中，不能成为我的配偶。"

文姜怒斥道："你是故意要与母亲的娘家疏远吗？"

齐襄公也以年龄相差为由，不赞成这桩婚事。

文姜道："待二十年后再嫁，也不为晚。"

齐襄公害怕失去文姜，鲁庄公不敢违抗母命，两下只好依允。甥舅之亲，再加甥舅之亲，可谓是亲上加亲了。

鲁庄公遵母命订婚之后，又陪伴齐襄公在郜地打猎，以求缓和齐、鲁之间的紧张关系。

齐襄公在灭掉纪国，拓展在山东领土的同时，又插手中原诸国事务，先是干预郑国的内政，后又对卫国指手画脚。齐襄公九年（公元前689年）冬，他又以周庄王的名义，率领鲁、宋、陈、蔡等国一同伐卫，以帮助在齐国避难的卫惠公复位。

第二年六月，以齐为首的诸侯联军攻入卫国，篡位的卫君黔牟乃周王之婿，于齐有连襟之情，赦而不诛，让其逃往周王那里去。惠公复位。卫惠公为了感谢齐襄公,拿出很多贵重礼物相赠。文姜想要这些东西,齐襄公便称鲁国在这次伐卫的军事行动中功劳最大,并以此为借口,将卫国所赠之物转送给了鲁国。

齐襄公在中原的种种活动,是一种十足的霸道行径,且处处还显露出挟私报复的狭隘心胸。但总的来看,齐襄公在当时的政治舞台上,还算是有些作为,诸侯国对他也有所畏惧。然而,齐襄公将国内的事务处理得一塌糊涂。

齐襄公的倒行逆施,已经引起国人的不满,一些有识之士对此也深感不安,他们预感到齐国内乱即将发生。这些有识之士就包括管仲、鲍叔牙和召忽。三人自辅佐公子纠和公子小白以来,除忠心事主以外,时刻都关注着时局的变化。

鲍叔牙对公子小白说:"襄公以淫乱而闻名,为国人所不齿,若就此悬崖勒马,其羞尚可掩饰,若继续发展下去,那将犹如决堤之水,必将泛滥成灾,公子可入内谏之。"

公子小白听从老师鲍叔牙之言,进宫婉转地对齐襄公劝谏道:"鲁侯之死,朝野已有微词。男女嫌疑,主公不可不避。"

齐襄公怒斥道:"孺子何得多言?"脱下脚上穿的鞋,砸向小白。小白仓皇退出。

鲍叔牙听了公子小白说了劝谏齐襄公的经过,对公子小白道:"我听说:有奇淫者,必有奇祸。齐国之祸不远矣,此处不是久留之地,否则,到时城门失火,必当殃及池鱼。"

"天下之大,哪里有我容身之地?"小白问道。

鲍叔牙说:"到他国去,以俟后图。"

公子小白道:"哪国适合我避难?"

鲍叔牙说:"大国喜怒无常,莒最为适合。因莒国小而与齐国相邻,小则不敢轻慢于我,近则旦暮可归。可时刻关注齐国国内的形势变化。"

鲍叔牙找管仲商量此事,管仲道:"看来齐国内乱不可免,若不早作打算,到时,恐怕真要城门失火,殃及池鱼了。"

"你的意思如何?"鲍叔牙问道。

管仲果断地说:"逃出齐国,到他国避难以静候时局之变化。"

"好,就这样定,我带领公子小白避到莒国去。你呢?"至于为何要避难莒国,鲍叔牙却未向管仲说明,是无意还是有意,不得而知。

"公子纠之母乃鲁女,我们就到鲁国去。"管仲道。

公元前692年,鲍叔牙与小白逃往莒国避难,管仲、召忽则带着公子纠逃往鲁国避难。

临别前,管仲与鲍叔牙相互约定,他日若有机会,无论是公子纠还是公子小白为齐国之君,彼此都要相互引荐。

第03章　失信惹来杀身之祸

　　公子纠、公子小白避祸他国后不久,齐国果然发生了内乱。

　　齐僖公有个同胞弟弟叫夷仲年,夷仲年的儿子叫公孙无知。齐僖公在世时,对此子宠爱有加,无论是衣物还是礼数,都享受着与太子诸儿同等待遇。心胸狭窄的诸儿在做太子的时候,就对此极为不满。齐僖公临终之时,曾嘱咐齐襄公,要他善待无知。齐襄公并不以为然,即位之后,立即削掉公孙无知的特权,削减了公孙无知的俸禄,公孙无知虽然不满,但却敢怒而不敢言。

　　齐襄公十一年(公元前687年),齐襄公自帮助卫惠王复位、放走黔牟之后,恐周王前来讨伐,于是命令大夫连称为将军,管至父为副将,领兵镇守都城西边的葵丘,以遏制东南之路。二将临行之时,连称奏道:"戍守边关,将士劳苦,臣不敢辞,请问主公,以多长时间为期?"

　　齐襄公正在吃瓜,拍拍手中的瓜,顺口说道:"现在正是瓜熟之时,明岁瓜再熟的时候,就派人把你们替换回来。"

　　齐襄公本是一句搪塞之词,根本就没将这句话当成一回事。连称、管至父二人可不同,他们将这个"瓜熟之约"牢牢地记在心上,盼望明年瓜熟之期早日到来,好从葵丘换防回到都城临淄,过那种逍遥自在的生活。哪知第二年瓜熟之期已过,齐襄公早将当初的许诺忘得一干二净,没有派人去换防。

　　管至父久不见人来换防,对连称说:"瓜熟而代,是主公亲口诺言。时间长了,恐怕主公忘记了,不如派人到临淄去向主公献瓜,提醒主公瓜熟之约,若是请而得不到许可,到时候,兵士们不会怨恨我们,仍然可为我所用。"

　　连称连声称善。于是,派遣一名能干的小头目,带几个随从赴临淄,向齐襄公献瓜。齐襄公见到香喷喷的甜瓜,高兴得不得了,与左右分而食。献瓜的小头目适时地说:"君上,连将军、管将军嘱卑职向主上说,别忘了瓜熟之约!"

齐襄公早将瓜熟之约忘得一干二净,听罢小头目之言,先是一愣,进而想起似乎有这么回事,但他并没有将葵丘据军换防的打算,破口大骂道:"混账王八羔子,等候寡人的旨意,怎么能自请换防,再候瓜一熟吧!"

"君上……"小头目欲申辩,因为他也盼望着换防,好回到都城来。

"去、去,别再啰嗦。"齐襄公不耐烦地下了逐客令。

小头目灰溜溜地返回葵丘,将见齐襄公的情况添油加醋地描述一番。

连称、管至父二人听说齐襄公断然拒绝了他们换防的请求,而且派去的小头目还挨了一顿臭骂,又续了一个瓜熟之约,顿时心生怨恨,此恨一生,也为齐襄公乃至齐国埋下祸根。正是:

  君王金口乃御言,许诺岂能不当真?
  从来失信无好报,祸由口出莫怨人。

连称、管至父二人闻换防之请被齐襄公断然拒绝,且还挨了一顿臭骂的情况后,恨声不已,顿起叛逆之心。连称问管至父道:"有什么办法能出这口恶气?"

管至父道:"欲行大事,必须先要有一个名义,这叫做师出有名,然后才能成事。"

连称道:"我们怎样才能做到师出有名呢?"

管至父道:"公孙无知,乃公子夷仲年之子。先君僖公以同母之故,宠爱有加,爱屋及乌,公孙无知也跟着沾光,从小养在宫中,衣服礼数皆与世子同。先君临终之时,曾嘱世子要善待公孙无知。主公即位之后,并未遵从先君遗嘱,不但疏远公孙无知,而且还罢黜了公孙无知的官职,俸禄也裁减大半。"

连称道:"主公为何要这样做?"

管至父道:"听说无知过去曾在宫中与主公角力,无知用脚勾倒主公,主公恼羞成怒,甚是不悦。又有一次,无知与大夫雍廪争道,主公怒斥无知无礼。所以,主公即位之后,疏远无知,罢黜无知的官职,裁减无知大半俸禄。"

"无知呢?"连称道,"无知有何打算?"

管至父道:"无知怀恨在心已久,每思作乱,只是恨无帮手。我们不如秘密与无知联络,打着诛除暴君的口号,内应外合,一定能够成功。"

连称道:"何时起事为宜?"

"主上若在宫中，我们是很难接近的。但主上性喜用兵，又好游猎，只要他出了都城。犹如猛虎离穴，就容易制服。但必须预先探知他的行踪，方好行事。"

连称道："我有个远房堂妹在宫中，失宠于主公，内心亦存怨恨。通知无知秘密与她取得联系，一旦主公有所行动，迅速将情报送出来，我们再预作安排。"

两人密谋之后，修书两封，遣心腹潜入临淄，一封密送给公孙无知，一封密送给连妃。

临淄城内，公孙无知在府中正同嫔妃们嬉闹，突闻家奴来报，有人在门外求见，无知不知何人求见，吩咐将来人带进来。来人进来后，无知并不识来人，正自惊疑，来人却道："小的从葵丘来，请公子借一步说话。"

公孙无知屏退左右，来人跪拜道："小的是管至父、连称二位将军差来的信使，将军有书信二封，一封给公子，一封请公子转交。"说罢，呈上书信一封。

公孙无知接过书信，展开一看，只见信中写道：

贤公孙受先公如嫡之宠，一旦削夺，路人皆为公鸣不平。况君淫昏日甚，政令无常。我等葵丘久戍，本有瓜熟之约，然君上出尔反尔，瓜熟而不换防，犹说再候瓜一熟。三军之士，愤愤思乱。都城如有机可图，管、称等愿效犬马之劳，竭力推戴以事公。称之从妹连妃，在宫中失宠怀怨，天助公子以充做内应，机不可失！

公孙无知得书大喜，即刻修书一封，信中写道：

天厌淫人，得蒙二位将军伸张正义，无知欣喜之至，定当与二位将军合而谋之，望时刻戒备，静候佳音。

公孙无知重赏送信之人，并将复信交其一并带回。

公孙无知一面给连称、管至父复信，一面又暗地使女侍与宫中的连妃取得联系，并以连称之书给连妃看。许诺若事成之日，立连妃为夫人。

连妃得此信息，大喜过望，爽快地同意为内应，成为公孙无知的盟友。

齐襄公素好游猎，襄公十二年（公元前686年）冬十月，闻知姑棼（即薄姑，今山东博兴县东北）之野有座贝丘山，山中禽兽云聚，是个极佳的天然猎场，于是安排人准备车马粮草，准备于次月初旬往彼处田猎。

连妃立即派遣宫人送信，将这个消息告诉公孙无知。公孙无知获信后，立即派心腹星夜赶往葵丘，通知连、管二将军，约定十一月初旬，齐襄公狩猎之时，一齐举事。

连称、管至父接公孙无知的传书，紧急商量对策。

连称道："主上出猎，临淄一定空虚，我们率兵直入都城，拥立公孙无知为君如何？"

管至父道："主上同邻国睦邻友好，如果我们攻打都城，他定会向邻国借兵来讨，我们能够抵抗吗？不如伏兵于姑棼，先杀昏君，然后拥立公孙无知即位，这样就可以控制朝廷军政大权，这才是万无一失之策。"

连称同意管至父的计策，密传号令，各队军士准备干粮，往贝丘行事。葵丘戍卒，因久役在外，无不思家。闻知有变，无不乐而从之。

且说齐襄公于十一月朔日，驾车出游，只带力士石之纷如及幸臣孟阳等一班近侍，架鹰牵犬，准备射猎，不用一个大臣相随。

他们先至姑棼，姑棼原本建有离宫，齐襄公在姑棼游玩数日。当地居民馈献酒肉，齐襄公欢饮至夜，留宿于姑棼离宫之中。

数日后，起驾往贝丘进发。一路上，但见树高林密，杂草丛生，齐襄公驻车高阜，传令举火焚山，驱兽出林，然后合围射猎，纵放鹰犬。火点着之后，正值大风骤起，火借风势，风助火威，越烧越猛。藏在林中的狐兔之类，东奔西逃，纷纷逃出树林。忽然，一只野猪从火中奔出，径直奔上高阜，蹲踞在齐襄公的车驾之前。时众人都分头射兽去了，只有孟阳一个人站在齐襄公身边。

齐襄公对孟阳道："你替寡人将这头野猪射杀掉。"

孟阳瞪大眼睛看着野猪，突然大惊失色地叫道："这不是野猪，这是公子彭生。"

齐襄公害死鲁桓公，却让彭生做了替死鬼，本来就做了亏心事，听说是公子彭生，不由心中大怒，呵斥道："彭生何敢来见我？"随之夺过孟阳手中弓箭，亲自射之，连发三箭不中。那只野猪却像人一样站起来，放声而啼，哭得非常凄惨，听起来使人毛骨悚然。

齐襄公本就心怀鬼胎，见此凶悍野猪，更是吓得心惊胆战，惊慌之间，从车上倒撞下来，扭伤了左脚，又丢掉了鞋，野猪冲上前，衔着鞋，忽然就不见了。正是：

> 鲁侯昔日死车中，今日车中遇鬼雄。
> 枉死彭生化厉鬼，诸儿空自引雕弓。

孟阳喊来徒人费及从人，扶起齐襄公，使其卧在车中，传令停止狩猎，架车回姑棼离宫住宿。齐襄公自觉精神恍惚，心下烦躁，且左脚又疼痛难忍，辗转不能入睡，对孟阳道："你扶寡人出去慢慢走走！"

齐襄公在惊慌之中坠车，匆忙之间，没有发现鞋子掉了，待要下地穿鞋时，忽觉鞋子不见，问道："寡人鞋子何在？"

徒人费道："鞋子被野猪衔去了。"

齐襄公闻说大怒，呵斥道："你既跟随寡人，怎么没有看到寡人鞋子掉了？既知被野猪衔去，当时为何不说？"随手抓起身边的皮鞭，在徒人费的背上一顿乱抽，将徒人费打得浑身流血，方才罢手。

徒人费被鞭挞，含泪出门，正遇连称引着数人打探动静，见徒人费出来，架住他拖到一旁，连称低声问道："你是谁？"

徒人费回答说："我也是襄公的仇人，不信，你们看。"说罢，脱掉衣服，让管至父等人察看刚刚被襄公鞭打的背伤。众人果然信以为真。

管至父问道："无道昏君在哪里？"

"在寝室。"徒人费献计道，"不过，你们不能硬闯，若惊动卫士，昏君一定会乘乱跑掉，不如让我先进去将卫士支开，你们再乘机攻入，方可一举擒拿昏君。"

管至父信了徒人费之言，放开徒人费，命令他在前引路，众人悄悄跟随。行至宫门口，徒人费突然纵身跃入门中，正遇石之纷如，急切地说："快，连称、管至父作乱。"接着冲进寝宫，大声疾呼："主公，连称、管至父作乱，已至宫门口。"

齐襄公闻警，顿时吓得惊惶无措，面无人色。

徒人费道："情况危急，可使人伪装成主公，卧在床上，主公藏在门后，等待机会脱身。"

幸臣孟阳连忙说："臣受主公隆恩，愿假扮主公躺在床上，替主公去死。主公快躲避去吧！"说罢，翻身上床，面向内，侧卧在床上，拉过卧单盖在身上。

齐襄公亲自解下身上的锦袍盖在孟阳的身上。随之藏身户外，问徒人费道："现在怎么办？"

徒人费道："臣当与石之纷如拼死拒贼。能否逃过此劫，就要看天命了。"

齐襄公问道："你的背还痛吗？"

"臣死都不怕，还怕苦痛吗？"

齐襄公叹道："真忠臣也！"

徒人费将一些杂物堆在齐襄公身上，转身出了寝宫，命令石之纷如带领众人坚守中门，自己单枪匹马迎向贼众，欲刺杀连称。

此时，众贼已经攻进大门，连称挺剑当先开路，管至父带兵守在门外，以防有变。徒人费见连称来势凶猛，上前一步便刺。谁知连称身披重铠，刀刺不入。连称反手一剑劈去，剑断徒人费二指，再补上一剑，劈下徒人费半个头颅，死于门中。石之纷如挺矛来斗，约战十余合，连称步步紧逼，纷如边战边退，一不提防，脚下被石阶绊住，一个跟跄，连称赶上一剑，结果了性命。

连称带人冲入寝室，侍卫早已惊散，见床上卧着一人，锦袍遮盖，貌似齐襄公，连称一个箭步冲上前去，手起剑落，床上之人立即身首异处。举烛察看，见所杀者乃一年少之人，知道不是齐襄公。立即命令众兵士，分头四处寻找昏君。却是不见踪影。

连称自己举烛四处寻找，忽看见门槛之后露出一只鞋，知道户后藏躲有人，用剑拨开遮蔽的杂物，见里面蹲着一人，正是齐襄公。只见那昏君因脚痛蹲做一堆，一只脚穿着鞋，一只脚却是赤脚。

原来那露在外面之鞋，正是野猪衔走的那只鞋。既然被野猪衔走，为何又到了此处，使人百思不得其解。

连称上前一步，老鹰抓鸡似的一把将齐襄公提出来，掷之于地，大声喝道："无道昏君，你也有今日？"

齐襄公惊恐地蹲在地下，颤抖地说："连称，你欲将寡人怎么样？"

管至父闻知齐襄公已经抓到，带着甲兵一齐围了过来。

连称大骂道："无道昏君！你连年用兵，黩武殃民，乃为不仁；违父之命，疏远公孙，是为不孝；兄妹淫乱，公行不忌，是为乱伦无礼；不念远戍，瓜熟之约视同儿戏，是为无信。仁孝礼信，四德皆失，何以为人？何以为君？我今日为鲁桓公报仇！"说罢，手起剑落，不可一世的齐襄公立即血溅当场，身首异处。

连称杀死齐襄公后,用被褥裹着他的尸体,连同孟阳的尸体,一起埋在屋后荒山上。

连称、管至父弑君之后,恐防走漏消息,先派人骑快马赶往临淄告知公孙无知,然后立即整顿兵马,星夜长驱直入,驰往临淄城,欲拥立公孙无知为齐国新君。

第04章　齐国之君谁来当

公孙无知已预先将家丁家将召集在一起,闻齐襄公已死,忙引兵打开城门,接应连、管二人进城。二人假传先君僖公之遗命,昏君已诛,拥公孙无知为齐国新君。

公孙无知为了报答连称、管至父拥立之功,即位之后,信守诺言,封连妃为夫人,任命连称为正卿,号为国舅,管至父为亚卿。

各位大臣虽然都勉强站班,但心中却是不服。惟雍廪大夫态度极为卑顺,出班稽首奏道:"主公,往日臣在后宫曾与主公争道,多有得罪,微臣这里向主公谢罪,望主公恕臣昔日不敬之罪。"

公孙无知初登君位,谋求朝中大臣的支持是他的第一要务,虽然他从心眼里痛恨雍廪,但此时还不是报复的时候,于是笑容可掬地回答:"昔日之事,时间太久,寡人已是不记得了,雍廪大夫不必放在心上,寡人赦你无罪。"

"谢主隆恩!"雍廪再稽首拜谢。

公孙无知接着说:"雍廪乃三朝老臣,于齐国有功无过,寡人登基后,你还是继续当你的大夫,他日若再有功,寡人一定会像赏赐连正卿、管亚卿一样,重重地赏你。"

正是:

> 心底本是仇恨深,却装笑脸慰老臣。
> 从来奸佞都如此,口蜜腹剑若两人。

公孙无知对诚心事己者一概以好言抚慰,而对于那些在言行上稍有抵触者,也都暂不予追究。高傒、国子费两位上卿称病不朝,公孙无知对其不但没有些许责备之词，反而还派人登门探视，慰其安心养病，朝中若有大事，必当遣人予报，有何建议，亦可随时书面告之，其敬老之情，表面上确非常人所能及。

齐国的众大臣，眼看国君为乱臣贼子所弑，谁心里都很难受，谁心里都在舐血，由于事情来得太突然，仓促之间，谁也没有应对良策，在连称、管至父的淫威之下，虽然没有公开抵抗公孙无知，但各自的心里，都在打着算盘。

雍廪大夫在朝堂上对公孙无知又是请罪，又是称臣，心里却在骂自己的三代祖宗。他在心里骂自己认贼作父，骂自己没有骨气，骂自己是一个软蛋。但是，理智又告诉他，为了齐国的未来，为了王室的振兴，自己必须忍辱负重，苟且偷生，若非如此，齐国之大权落在乱臣贼子之手，百姓则永无宁日。

这天午夜，齐国上卿高傒府上陆续来了不少人，粗一看，有十余位之多，其中最重要的一位是齐国的另一位上卿国子费。其余人有：雍廪、东郭牙、宾胥无等。

高傒、国子费两人，是周天子封到齐国的监国大臣，其地位与齐侯平起平坐，德高望重，国人无不敬仰。在齐国，除齐侯之外，此二人最具号召力。今天有他们二位在场，且又是在高傒府上，来客又多是朝中大夫级重臣，可见，众人的到来，并不是一件简单的事情，必当是受二人之邀无疑。

高傒待众人落座，指示家仆严守府邸大门，不许任何外人进出，然后语气沉重地对大家说："今天召诸君至府，乃是商量国之大计，襄公为乱臣贼子所弑，事出仓促，我等难以阻止。今惨祸既已铸成，悲泣亦是无益，为今之计，就是要设法诛除乱臣贼子，迎奉流亡在外的齐国公子回国复位。"

国子费道："夜长梦多，若等乱臣贼子的势力稳固下来，欲诛之则难度更大，兵贵神速，要动手，就要快。诛此弑君乱政的乱臣贼子，以叛贼之首告慰襄公在天之灵。"

"我赞成两位上卿的意见，诛杀公孙无知及其余党是当务之急，刻不容缓。乱臣贼子诛杀之后，派人至鲁国，迎奉避乱鲁国的公子纠回国主政。"雍廪大夫心情激动地说。

高傒道："流亡在外的齐国公子并非公子纠一人，还有流亡在莒的公子小白。"

"上卿大人，襄公遇难后，公子纠乃长子，长幼有别，这是周天子所定之祖制，礼不可废呀！"东郭牙说。

高傒道："今天不是讨论谁继承君位之事，而是商讨如何除贼，至于君位之继承，留待下一步再说，诸位以为如何？"

"高上卿言之有理，先商讨除贼之事。"国子费附和地说。

大家放下君位继承的话题，专门研究除贼之计，经过一番策划之后，各自分头散去。

高傒派人送出请柬，请正卿连称、亚卿管至父来府做客。刚被公孙无知任命为齐国正卿、亚卿的连称、管至父，正欲找机会与这位上卿套近乎，闻高傒亲自相邀赴府叙谈，喜不自胜，两人各备了一份厚礼，轻车简从赶往高府。

连称、管至父走进高府之后，高傒设盛宴款待二人，席间，高傒执爵对连称道："襄公多有失德，老夫日虞齐国之成亡。今幸得大夫啊！不，正卿援立新君，老夫亦获守家庙。一直以来，老夫年老多病，不能上朝站班视事，蒙正卿、亚卿与主上体量，且还派人来府探视，甚是感激。今幸贱体稍康，特治一酌，以报私恩，兼以子孙为托。因是叙私交，未邀他人，仅你们二人与老夫而已。来，老夫敬你们一爵。"高傒率先喝干爵中酒，亮底以示。

连称亦谦让道："承蒙高老抬举，鄙人不胜荣幸，尚有不到之处，还请多多指教。"

管至父亦举爵道："下官谢过高老盛情，高老今后有何差遣，一定愿效犬马之劳。"

"正卿、亚卿别客气，老夫略备薄酒相邀，一来是想与二位交结私情，二来也是奉劝二位，新朝初立，齐国人心未定，天下还在动荡之中，二位一定要协助新君，想办法先稳定人心，人心稳，则社稷安。因此，诸事不可操之过急，饭要一口一口地吃，路要一步一步地走，切不可乱了章法。"高傒说的都是正理，使人听了有推心置腹之感，二人格外受用。

三人推爵换盏，边饮边聊，似乎十分亲热。然而，三人此时的心情却是大不相同，两个欲诚心相交，言语间曲意奉承，一个有些心不在焉，似乎是在等待着什么，由于练达沉稳，表面上难以觉察罢了。

再说那东郭牙，预先带领一队人马埋伏在高府外，见连称、管至父进了高府，忙令随行人等封锁四周通道，严禁任何人出入，再令人守在高府门口，不许任何人出入，借以切断连称、管至父与外界的联系。

雍廪大夫身怀匕首直叩宫门，公孙无知正在同连夫人把酒言欢，见雍廪深夜进宫，吃惊地问道："雍大夫深夜进宫，有何要事？"

雍廪奏道："臣闻公子纠率领鲁兵，旦晚将至，深夜进宫，欲请主上早图应敌之计，以免到时仓促上阵，难以应敌。"

公孙无知道："国舅何在？亚卿在哪里？快将他们两人找来，商量应敌之策。"

雍廪道："国舅与管大夫郊饮未归，臣已派人叫去了，百官俱已集在朝门外，专候主公相召议事。"

公孙无知信以为真，忙别了连夫人，匆匆忙忙地随同雍廪赶往朝堂。进朝堂尚未坐定，众大夫一拥上前，雍廪乘公孙无知不备，拔出怀中锋利无比的匕首，猛然插进公孙无知的后背，匕首自背后刺入，直透其胸，公孙无知血流如注，顿时气绝而亡。

宾胥无见雍廪一举得手，叫人于朝外放起一股狼烟，烟透九霄。

高傒正在家中款待连称、管至父二人，突闻门外来报："外厢举火。"高傒闻知，也不与连称、管至父打招呼，即刻起身，往内便走。连称、管至父正自诧异，欲待要问其缘故。

廊下预先埋伏的壮士，在东郭牙的带领下突然杀出，不由分说，将连称、管至父二人围住，一阵乱刀，将二人砍为数段。

雍廪与诸大夫，陆续来到高府，经商议，就在高府宅第之内设置齐襄公灵堂，将连称、管至父二贼心肝剖出，祭奠齐襄公。正是：

乱臣谋反弑君王，丧心病狂太嚣张。
岂料天理有报应，剐心摘肝又断肠。

以高傒、国子费、雍廪、东郭牙等为首的齐国重臣，经过周密的部署，一夜之间，一举平息了公孙无知、连称、管至父的叛乱。

天将黎明，大臣们也顾不上休息，一边指令禁卫军，清扫宫城和高府两处战场，一边又集聚朝堂，商议齐国善后。这善后的最大两件事，一是重新为齐襄公举丧，二是拥立齐国新的国君。

第一件事并未费多少周折，很快形成一致意见，遣人于姑棼离宫，取出齐襄公的尸体，重新入棺，以国君之礼入殓。

第二件事就是确定齐国新国君人选。

第二件事似乎没有第一件那么顺利。因为齐国国君的候选人有两个，一个是逃亡于鲁国之公子纠，一个是逃亡于莒国之公子小白。若按长幼之序，公子纠年长，名遵法古，理应是当然的人选，然而，有人却提出，公子纠生性懦弱，不学无术，少有主张，恐难掌管一国之政事，而公子小白自幼便聪颖过人，为人处世，待人接物，皆非同凡人，是一个合格的人选。

雍廪、郭东牙为首的一众大臣认为，按宗法礼制，长幼有序，公子纠年长，应为齐国之君。故一致同意拥立避难于鲁国的公子纠为齐国之新国君。

高傒、国子费两位上卿则提出了不同意见，他们认为，为齐国之千秋大业计，新君应该是胸有大志，能够率领齐国的文武百官和百姓，将齐国建成一个真正的强国，很显然，要达到这一目的，公子小白比公子纠更为合适。

第二种想法虽有道理，但有违礼法，在朝臣辩论之时，终因礼上有亏而居下风。于是，雍廪修书一封，派遣宾胥无直奔鲁国，迎请公子纠回国登基。

高傒、国子费二位上卿散了朝议之后，同至高府，继续着他们在朝议中没有结果的话题。国子费叹了口气说："公子纠不学无术，东郭牙、宾胥无素与他交好，雍廪杀了公孙无知，也恐新君叛他个弑君之罪。所以，他们拼命地拥戴公子纠，名遵法古，实则各人都有自己的小算盘。如果公子纠即位，太公所创之大齐祖业，恐怕就要毁在他的手中。"

"国上卿之言正合老夫之意，想那公子小白，虽然较公子纠年青，但聪颖过人，知书达理，表面上虽然嘻嘻哈哈，但心里有数，不是个糊涂人。"高傒看国子费，言中似乎另有一番深意。

国子费叹了口气说："这件事老夫也曾想过，公子小白确实强于公子纠，只是长幼有序，你我又奈何得了吗？"

高傒沉思一会儿后，颇为坚定地说："若拥立平庸之辈为齐国新的国君，使太公所创之江山毁于一旦，岂不是更有辱于列祖列宗吗？祖宗也曾说过，唯贤良是举，今若放着贤良不用，而用平庸之人，也是有悖于礼法呀！"

"高上卿言之有理，国难当头，为齐国能长治久安，我们也顾不得那么多了，不如我们拥立公子小白为齐国新的国君吧！"国子费果断地说。

高傒从怀中抽出早以修好的帛书，递给国子费，激动地说："上卿一心为齐，可敬可佩，老夫已给公子小白修好帛书一封，请过目。"

国子费接过高傒修好的帛书，匆匆看了一遍，高兴地说："原来高上卿早有打算，这就更好，我们立即遣心腹快马赶赴莒国，请小白速归，若天意属小白，则此事必能成。"正是：

    弑君被弑国无君，拥戴新君有两人。
    天降大任落谁家？先到为君后到臣。

第05章 管鲍各为其主

　　齐国的二公子纠,在他的两位老师管仲、召忽的保护下逃到鲁国都城曲阜。鲁庄公收留了他这位落难的舅舅,并将都城曲阜城南的一处公房整饰一新,辟为公子纠在鲁国的居住所。刚来之时,公子纠尚如同丧家之犬,惶惶不可终日,然而,几天以后,他便将一切不幸抛在了脑后,仍过起了公子哥们无忧无虑的生活,倒是他的两位师傅管仲、召忽一刻也没有闲着,除继续督促公子纠的学业外,时刻都在关注着齐国国内的时局变化。

　　这一天,吃过早饭,管仲架起古筝,边弹边唱,奏起了他的新作《思乡曲》:

　　我的故乡,在东方临淄。看似是近在咫尺,实则远隔天涯。那里有我的同胞,还有我的老娘。去岁的一天,君王惨遭奸人害,故乡从此暗无光。鹊巢反被雀儿占,无奈何逃他乡。
　　我的故乡,那么的美好。梦里见她千百回,醒来泪湿榻床。思之忆之好悲伤,失意人愁断肠。我思念故乡,故乡有我的希望,故乡有我的理想。游子定当回故里,倾情为你换妆。

　　如诉如泣的歌声,反映出管仲对故乡的思念和对现实的无奈,而最后一句"倾情为你换妆",则又反映出管仲的远大抱负和襟怀。

　　召忽走进门,冲着管仲一笑说:"夷吾兄,一大早又弹起了《思乡曲》,观你面容,似乎与往日大不一样,是有什么喜事,还是有何好消息?"

　　管仲笑呵呵地说:"昨晚我占了一卦,是个上上之签,预示一个上好的机会,将会降到我等头上,若判断不差,不日之内,故乡将会有消息传来。燕雀之巢,非我等久居之地,兄弟,做好准备,回临淄去,那里才是我们拼搏的地方,那里才是我们活下去的希望。"

"嗯！小弟也盼望着这一天的到来，到时，我们辅佐公子纠，大干一场，博他个封妻荫子，千古名扬。"召忽满怀希望地说。

公子纠懒洋洋地走进来，冲着管、召二人说："二位师傅，今天学些什么？"

"走！"召忽回答道，"今天练箭，马已备好，就在院子里。"说完，率先走出屋。

公子纠站着未动，管仲站起来，顺手推了一下说："走，练箭去，站着干啥？"

曲阜城郊外的旷野有片树林，是齐国公子纠常来练箭习武的地方。说实在的，公子纠对这日复一日的射箭、读书的生活早就有些腻了，你说在住所里睡睡懒觉、同侍女们变个法儿乐乐，那该是多么畅意，偏偏两位师傅将自己盯得紧紧的，一刻也不让自己闲着。

公子纠从召忽师傅手中接过弓箭，依着师傅的教导，站着马步，左手握弓，右手持箭，轻展猿臂，闭上一只眼，瞄准百步外树上悬挂着的三枚制钱，嗖、嗖、嗖，三箭连发，当啷、当啷、当啷，悬挂在树上的三枚制钱应声而落。公子纠得意地看着召忽，似乎是在问："师傅，怎么样，本公子还可以吧？"

"好！公子的箭法近来又有长进了。"召忽夸奖地说。

管仲亦点点头，表示赞赏。

公子纠口中发出一阵狂笑，似乎还意犹未尽，抬头见天上一队大雁由南向北飞来。他从箭袋里抽出一支雕翎箭，说道："师傅，看我把那领头的大雁射下来。"言罢，箭上弦，拉满弓，瞄准头顶上的飞雁，射出一箭。然而，箭刚离弦，飞雁早已从头顶越过，飞向那遥远的天际。

公子纠懊丧地将弓抛在地上，丧气地说："射制钱是百步穿杨，射飞雁为何总是不着边呢？""射铜钱是静靶，大雁在空中飞翔，是动靶。公子对静止之物箭无虚发，百发百中，说明公子的箭法造诣颇深，而射移动之靶不着边，说明公子还缺乏应变之能力。"管仲见公子纠睁大眼睛看着自己，循循善诱地说，"射箭之道，要掌握此起彼伏，彼抑我扬，张弛相彰，动静相和。"接着他话锋一转："同样，举大事者，不但要有处理一般事情的本领，还要具备以不变之态应万变之势的本领。这样才能成其大事。"

公子纠把弓交给管仲，不服地说："师傅滔滔宏论，能不能亲自射上一箭，也让本公子开开眼界。"

管仲抬头望天，见一队大雁从天际飞来，忙抽出一支雕翎箭搭上弦，站好桩，左手握弓，右手搭箭，身随雁转，箭随身动，睁只眼，闭只眼，眼中射出犀利的目光，屏住呼吸，当飞雁将临头顶之时，说时迟，那时快，只见他轻展猿臂，嗖的一声响，箭冲蓝天，领飞的头雁应声坠地。雁群发出一阵惊叫，乱了队形，仓皇飞逃而去。

召忽大声喝彩："夷吾兄，真神箭也！"

公子纠见师傅射落飞雁，而自己射出的箭连雁毛也未射落一根，觉得很没面子，气恼地从管仲手中夺过大弓，咔嚓一声一折两段，扔在地上。

召忽不满地说："公子，管师傅是有名的神箭手，连为师同他比，也甘拜下风，何况是你呢？要练好箭法，还是要下苦功，发脾气解决不了问题。"

公子纠一蹾地，气恼地说："不学了，不学了，下再大的功也无用。"

"公子不得无礼。"召忽大声喝道，"先君命我和夷吾兄做公子的师傅，公子怎能对师傅如此无礼？"

"天意呀！"管仲突然放声大笑道，"天将降大任于公子！"

召忽、公子纠被管仲的笑声弄得莫名其妙。召忽不解地问："夷吾兄，为何如此放声大笑？"

管仲没有回答召忽的话，拍拍公子纠的肩膀说："公子，你想改弦易张，好！早就该有此志向。"接着对召忽说："老弟，挽弓射雁，乃武夫之能，公子之意不在于弓箭，一定是另有所图，公子乃齐国之希望，理该登临君位，一统天下，岂能以箭法论短长？公子折弓，是天意所为。"

公子纠不解地看着管仲："师傅，您这是什么意思？"

管仲庄重地说："公子，昨晚为臣占了一卦，齐国近来似乎不太平，公孙无知谋逆篡位，高、国两上卿，齐国众大夫一定不会等闲视之。以卦象而论，公孙无知似乎气数已尽。襄公已去，公子排行老二，现却升为长子，长幼有序，公子理所当然要继承齐侯之位。管仲和召忽，要托公子之福，平步青云，飞黄腾达了。"

"真的？"公子惊异地说，"但愿有这一天。我们也不必在鲁国寄人篱下。"

三人正站在树林边热烈地交谈着，忽见侍从飞马近前，滚鞍下马，跪下说："禀公子，齐国大夫宾胥无自临淄来，说有要事，急于求见，请公子火速回去。"

"刚说天要下雨，齐国就来信使。"管仲拉了公子纠一把，"还愣着干什么？

快走，一定有好消息。"

公子纠站在那里未动，疑惑地问："有什么好消息？"

"如果所料不差，宾胥无大夫来曲阜，一定是请公子回临淄继承君位。"管仲肯定地说。

"真有此事？"公子纠反问道。

"改弦易张，就在此时。"管仲一脚踢飞地上的断弓，大声说，"公子还犹豫什么？快上马！"

公子纠、管仲和召忽刚走进住所院内，齐国大夫宾胥无便从堂屋内迎出来，见到公子纠，扑通一声跪在地下，颤声说："臣宾胥无叩见公子！"

公子纠俯身扶起宾胥无说："免礼，快起来！"

"谢公子。"宾胥无站起来。

公子纠迫不及待地问道："宾胥无大夫，你来曲阜，可是临淄政局发生了变故？"

宾胥无以为公子纠预先得到了消息，惊异地点点头说："公子怎么知道？"

"可是请我回去当国君？"公子纠追问道。

"我主果然英明。"宾胥无简直佩服得五体投地。

公子纠看看管仲，意思是：果然被师傅言中。管仲笑着说："院子里不是说话的地方，有话到屋里说去。"

众人鱼贯而入，坐定后，管仲问道："宾胥无大夫，临淄到底发生了什么事？"

宾胥无将高、国两位上卿以及众大夫设计诛杀连称、管至父，雍廪又设计刺死公孙无知的经过，从头到尾简单地说了一遍。管仲问道："是高、国两位上卿派你来的？"

"请公子回国，是高、国上卿及众大夫廷议的结果，一致拥戴。"宾胥无回答。

"有人反对吗？"公子纠问。

"臣与雍廪、东郭牙等十三名大夫歃血为盟，决心誓死效忠公子。"宾胥无从怀里掏出一块红帛，呈给公子纠，说，"这是众大夫之盟约，请公子过目。"

公子纠接过帛书看了看，满意地笑了，然后递给管仲，管仲看完，再递给召忽。

宾胥无见三人看了盟约，叫了一声："公子……"

"大夫有事就说，不必吞吞吐吐。"公子纠说。

"禀公子，雍廪大夫要臣向公子请罪。公孙无知弑君，是他设计杀了无知，此事还请公子恕罪。"宾胥无说罢，重新翻身跪下说，"臣也恳求公子恕雍廪大夫弑君之罪，他也是为齐国社稷作想，乃替天行道。"

"哈！哈！哈！"公子纠纵声大笑道，"无知弑君篡位，本就罪该万死。雍廪大夫替天行道，乃齐国之功臣，何罪之有？待我登基之后，要重赏为国除逆之有功之臣。"

"宾胥无大夫。"管仲想了想，问道，"公子小白还在莒国吗？他有何动静？"

"对，公子小白仍在莒国，我从临淄出发之时，尚未闻他有何动静，如果有动静，也是近几天的事了。"

"有没有听说他有回国争位的意图？"管仲继续问了一句。

公子纠颇不耐烦地说："长幼有序，齐国国君之位理应由我继续，这是天经地义之事，谁能与我争锋？快去与鲁庄公联络，说我就要回国上任了，请他派兵车护送我回国。"

正是：

> 公子避难在他乡，静候天时为君王。
> 长幼有序虽不假，黄雀在后岂能防？

且说公子小白，自从劝谏齐襄公不果，反遭襄公掷鞋击打受辱之后，料知齐国内乱将至，在师傅鲍叔牙的劝说下，逃离齐国，到莒国避难。鲍叔牙之所以选择莒国为避难之国，是考虑到莒国乃小国，远非齐国之对手，不会干涉公子小白的来去自由，且莒国与齐国相邻，便于关注齐国国内之动静，齐国一旦有何风吹草动，可以立即做出应对之策。

在一个漆黑的夜晚，公子小白手拿着齐国上卿高傒、国子费差人送来的急信，守在一个木炭炉旁，望着熊熊燃烧的炭火发呆，他的师傅鲍叔牙正在火上烤着龟板。跳动的火苗映照着他那庄严肃穆的脸庞。

突然，龟板发出啪啪的炸裂声。

鲍叔牙合掌闭眼，口中默默地祈祷，然后，用两根竹筷夹出火中的龟板，放在一个青花瓷盘上，然后将瓷盘擎过头顶，向东、南、西、北、天、地六方行跪拜之礼。礼拜完毕，将瓷盘放在旁边的桌子上，趴在旁边，仔细端详着龟裂的纹路。突然，他放声大笑起来："公子大喜！公子大喜！"

小白急忙过来，俯身看着龟板。鲍叔牙指着龟板说："公子你看，龟板呈吉泰之纹。你看龟板，裂纹有十四，其中阳纹有九，阴纹有五，暗合九五相交，公子有位登九五之象。以卦象看，齐国新君，非公子莫属！"

公子小白却心事重重地说："高、国两位上卿派人送信，明明说的是拥公子纠为新君，只是叫我速返故国，并未说拥我为君。"

鲍叔牙接过公子小白手中的信念道：

群臣廷议，拥公子纠为新君，已遣宾胥无大夫去鲁国迎接，五六日可回临淄。国不可一日无君，齐国战祸连年，积重难返，民不聊生，亟待一位贤明之君主政。祖制虽不可违，为齐国之长治久安，事急尚可从权。望公子以齐国为重，速回临淄。

"是啊！既然议定公子纠为新君，为何还要通知我？用意何在？"公子小白自言自语，百思不得其解。

"上卿在信中说'齐国亟待一位贤明新君'。公子的贤明在齐国众所周知，公子纠乃平庸之辈，谁不知道？这'贤明'二字，分明暗指公子。"

小白点点头，表示赞同。

"您看。"鲍叔牙继续道，"信上说，公子纠五六天才能回到临淄。可上卿又说，国不可一日无君。公子纠从曲阜回临淄得五六天，可公子你从莒国回去只需三天。很明显，两位上卿之意，是让公子赶在公子纠之前回临淄即位。您再看看这后面，'祖制虽不可违'，然'事急尚可从权'，这不是说得很明白了吗？"

小白面有难色，犹豫不决："长幼有序，我怕……"

鲍叔牙指着龟板："龟纹乃天相之现，九五相交，卦辞主刚毅果断。当断不断，反受其乱！公子，我们还是快回吧！再迟就真的来不及了。"

"不行。"小白摇摇头说，"公子纠的师傅管仲足智多谋，文武双全，召忽也是勇武超群，有他们在，恐怕我们还是回不去。"

鲍叔牙劝说道："如果管仲的智谋能够发挥出来，那齐国为何还这样乱？召忽虽然武艺超群，但凭他一己之力，又能奈我何？"

公子小白还是不放心说："管仲虽然没有发挥其智谋，但毕竟他是大智大慧之人，召忽虽然得不到国人的支持，但凭他的力量，足可以摧毁我们。"

鲍叔牙大声说："公子聪明过人，怎么这么糊涂？兄弟有伯仲叔季之分，好比时间，有子丑寅卯之别，只是一种分别的标志而已，与君位有什么关系？昔日尧传位于舜，舜传位于禹，君位承继，众望所归，不在长幼之间，而是看是不是贤明。"

公子小白似有所悟地说："师傅所言，似乎也有道理。"

鲍叔牙指着龟板说："天人合一，机不可失。公子顺应齐国人心之所向而动，又有高、国两位上卿暗中相助，定然可以继承齐国之君位。"

公子小白口中虽然一再询问，心里何尝不想继承国君之位？只见他果断地一挥手，说："好，就依师傅之言，立即回国。"

"事不宜迟，臣已向莒国借得战车百乘，明日戌时，便是吉日良辰。"

"师傅，我们会成功吗？"公子小白还是有些不放心。

鲍叔牙信心百倍地说："齐国逐年衰败，民不聊生，人心思治，公子又有高、国两位上卿的扶助，一定会成功！"

小白踌躇满志地说："若苍天佑我君临天下，定当选贤任能，励精图治，振兴大齐，使齐国变成一个真正的强国，让周天子对齐国刮目相看，让各诸侯国臣服于齐国！"

第06章 一箭之仇

齐国发生内乱的消息传到鲁国，鲁庄公闻之，高兴非常。他与齐襄公有杀父之仇，辱母之恨。鲁庄公继位之后，曾欲兴师伐齐，无奈齐强鲁弱，只好强忍下这口恶气。现在，齐襄公被公孙无知杀了，公孙无知又被雍廪等大臣杀了，齐国无君，已是大乱。他想趁此机会将在鲁国避难的齐国公子纠推上齐国君主之位，然后挟恩图报，借以控制齐国内政。

时文姜因襄公被弑，自祝丘回到鲁，日夜劝说儿子鲁庄公兴兵伐齐，讨无知弑君之罪，为乃兄、情人的齐襄公报仇。后又闻无知遭杀，齐使来鲁迎公子纠回国为君，喜不自胜，决定帮助公子纠，又催促鲁庄公护送公子纠回齐。

鲁庄公召集群臣议事，他对大臣们说："齐襄公多行不义，已自取灭亡。公孙无知又为雍廪大夫所杀，齐国已是大乱，值此良机，鲁国当有所作为。"

施伯出班奏道："臣以为，现在齐国、鲁国势均力敌，齐强则鲁弱，齐弱则鲁强。齐国内乱而无君，于鲁有利。依臣之见，可再让它乱一阵子，然后送公子纠回国即位。"

大司马曹沫出班奏道："臣以为，施伯之言有理。此事不宜操之过急。齐国无君，朝纲必定混乱；朝纲一乱，国力必定削弱。反正公子纠在鲁国，只要他不跑，鲁国就掌握有主动权。"

鲁庄公本有帮助公子纠，借以挟恩图报之意，加之母亲一再催促，遂不听施伯之言，摆摆手道："齐、鲁两国世有姻缘，公子纠乃寡人二舅，其避难鲁国已有时日，寡人帮助他回齐继位，他能忘记寡人的恩德吗？明天，寡人亲率战车三百乘，以曹沫为大将，秦子、梁子为左右将军，护送公子纠回临淄！"

第二天，鲁庄公亲率战车三百乘，从都城曲阜浩浩荡荡出发，护送公子纠回齐国继承君位。大将曹沫顶盔贯甲,威风凛凛,率领战车五十乘为第一队,直奔齐国。

鲁庄公亲率的战车二百乘居中,公子纠与管仲、召忽与鲁庄公同坐一车。梁子紧跟其后护卫。

秦子则带领战车五十乘断后。

一路上,战旗猎猎,人欢马啸,尘土蔽日,好不威风。

公子纠春风得意,面带喜色。他心里正在盘算,从曲阜到临淄,有六天的路程,六天之后,他将是齐国之君,六天后的这个时候,他正在率领群臣礼拜宗庙,向天下宣布,公子纠君临天下。想到这美好的一刻,他从心底里笑出声来。

"公子笑什么?"管仲在旁问道。

"想六天之后的情景呢!"公子纠嘻嘻地笑着说。

管仲暗暗地摇摇头,说:"还有一个威胁在等着您,此时还不是高兴的时候。"

"谁能威胁到我?"公子纠似乎有点不可一世,得意忘形地一挥手说,"三百乘战车,马上可以将他踏为肉泥!"

鲁庄公将公子纠与管仲的对话听在耳里,他也在打着自己的小算盘,转头对公子纠说:"公子,这次寡人用三百乘战车送你回临淄即位,你拿什么来报答寡人?"

公子纠一听,笑着说:"当然,当然,等我登上齐国君位以后,鲁侯之恩,定当重报。"

"如何报法,寡人想听个明白。"鲁庄公单刀直入地说。

"公子割五座城池给鲁国,不为过吧!"梁子在后车接过话头说。

公子纠听梁子说要齐国割让五座城池相谢,心里顿时一惊,心想,鲁国的胃口也太大了,开口就是五座城池,这差不多要了齐国四分之一的土地。未免太贪心了吧!然而,心里是这样想,口中却不便于说出来,因为这个时候还不能得罪鲁庄公。

鲁庄公见公子纠不说话,直截了当地说:"公子是否认为鲁国太过分?"

公子纠支支吾吾,一时难以回答。

鲁庄公手一挥,后面兵车上突然锣声陡响,走在前面的曹沫听到后车的锣声,急忙举起木槌在大铜锣上敲了三下。锣声一响,鲁军三百乘战车全都停了下来。

公子纠大惊:"鲁侯,这是为何?"

鲁庄公冷笑道："公子，天下没有免费的午餐，鲁国发战车三百乘送公子回国即位，取点报酬难道也不行吗？如若这样，倒不如调转马头，你自己回去吧，城池寡人也不要了。"

公子纠着急地说："鲁侯，不可以这样啊！"

鲁庄公一伸手说："五座城池，公子给还是不给？"

管仲也觉得鲁侯此时是乘人之危，但他知道，此时的鲁侯得罪不得，于是强装笑脸说："鲁侯，现在公子纠的君位尚未确定，他怎敢随便答应？我管仲保证，公子纠绝不是忘恩负义之人，若真能当上国君，能不报答鲁侯吗？别忘了，齐国还有三公子小白也在觊觎君位，鲁侯若坚持己见，定要公子答应割城五座为报才肯出兵，恐怕要误了行程，倘若被三公子小白捷足先登，先入临淄篡夺了君位，公子什么也没有，鲁国恐怕连根草也得不到。鲁侯在母亲那里恐怕也不好交待吧？"

管仲之言软中带硬，鲁庄公听罢暗暗吃惊，久闻管仲足智多谋，今日一见，果然非同凡响。他日公子纠即位，此人定当为相，到时，齐国可就是鲁国之劲敌。如果再纠缠下去，恐怕要闹僵，连忙换着笑脸说："管太傅，你是公子纠的师傅，若公子纠继承齐国君位，齐之相国非你莫属，到时，你可别忘了今日之约！"说罢手一挥，后面车上的鼓声响起。

曹沫闻之，忙擂起战鼓，兵车又继续前进。

召忽狠狠地瞪了鲁庄公一眼，鼻子里哼了一声。

鲁庄公将这些都看在眼里，但却视而不见。

战车行走了一天，已是傍晚，鲁庄公下令停车，安营扎寨，埋锅造饭，准备休息。

管仲对鲁庄公和公子纠说："齐国三公子小白避难莒国，莒国距齐都临淄较之鲁国近，如果他先期回国，有可能率先抢了君位。"

鲁庄公不以为然地说："管太傅过虑了。大宗维翰，宗子维城，这是祖宗遗训。公子纠年长，是名正言顺的国君继承者，小白就是有天大的胆子，也不敢篡位呀！"

"不怕一万，只怕万一。"管仲说，"我看还是要早作准备才好。"

"师傅意欲何为？"公子纠问道。

"鲁侯！"管仲对鲁庄公说，"管仲有事相求。"

鲁庄公看了管仲一眼，问道："何事？"

"请鲁侯借我良马,我要先行一步,若遇到公子小白,想办法拦住他。"管仲说。

"借甲卒多少?"鲁侯问道。显然,他同意管仲的观点。

"战车三十乘足矣!"

鲁庄公点点头:"好吧,寡人答应,给你战车三十乘。你就先行一步吧!"

有词为证:

<blockquote>
侍奉公子为主忧,未雨绸缪早为谋。
借得战车三十乘,率先驰骋截对头。
</blockquote>

且说鲍叔牙闻齐国国乱无君,与公子小白商量,向莒国借得战车百乘,风驰电掣般直奔临淄。小白先还是踌躇满志,上车时却又有些犹豫不决,对鲍叔牙说:"管仲与召忽两人是奉君命行事,我看还是不可冒险。"说罢欲下车。

鲍叔牙见小白要下车,心中着急,想拦住他,两手却在驾车,腾不出手,也顾不得君臣礼节,伸脚用靴子挡住小白的脚说:"事如成功,就在此时,事如不成,就由我牺牲性命,公子还是可以保住性命。"

公子小白见事成定局,只好作罢,转而称赞鲍叔牙:"师傅的驾车技术,与文章一样娴熟,文武全才,真是天下无双哟!"

"错了!"鲍叔牙边驾车边说。

"错了?"公子小白诧异地问,"怎么错了?"

"有一人胜我百倍,他才是文武全才。"鲍叔牙说罢,扬起手中鞭摔了一下,叭的一声清响,驷马奋力狂奔。

公子小白坐在车上晃了几晃,稳住身子后问:"谁有这么大的本事,胜过师傅百倍?"

"管仲,就是公子纠的师傅,他不但有经天纬地之才,而且箭法高超,有百步穿杨之能,无论是文才还是武略,都胜师傅百倍。"

公子小白不相信地说:"不会吧!师傅别长他人之志气,灭自己之威风。"因为在他的心目中,师傅鲍叔牙才是天底下最强的。

"公子别这样说,山上青松楼外楼,一山更比一山高,要知道,人外有人,天外有天之理,知不足,而后奋起。"

公子小白一脸严肃地说:"领教了。"

鲍叔牙见公子小白一点即通,心里很是高兴,指着前方说:"前面就是白水,已入齐境。"

"师傅,人马已经狂奔了一日一夜,是否稍事休息,让马儿喘口气,人也进点食,这样才好赶路。"公子小白拍拍鲍叔牙的肩头说。

鲍叔牙敲了一下铜锣,整个车队立即停了下来。

鲍叔牙大声道:"诸位将士,现在已到白水,距临淄还有半天路程,大家稍事休息,人不卸甲,马不离辕,抓紧时间,饮马进食,今晚到临淄城喝庆功酒。"

众将士见说,一阵欢呼。停车后,有的给马松了松套,有的拿出器具到白水河舀水,有的则拿出身上携带的干粮,待同伴打来水后,先饮了马,再将马料取出来让马进食,然后各自吃起了自带的干粮。

鲍叔牙跳下战车,拿过器具到河里去舀水,公子小白下得车来,伸伸腰,甩甩手,仰天一声大叫:"临淄,我回来了!"

公子小白的声音,振奋着每一位将士,大家站在白水河岸,齐声欢呼:"我们回来了!"欢呼之声在空中回荡,随风传得很远、很远。

鲍叔牙舀来白水河水递给小白,小白接过,美美地喝了几口,抹抹嘴,感叹地说:"真甜啊!又喝到故乡水了!"

鲍叔牙从车上取来粮袋,取出干粮,同公子小白一起吃起来。

且说管仲从鲁庄公那里借得战车三十乘,昼夜奔驰,行至即墨,一打听,知道莒兵已过即墨,对将士们大声喊道:"众将士,莒国战车已赶在我们前面,加把劲追上去,拦住他们。"

众将士齐声喊道:"追上去,拦住他们。"

三十乘战车马不停蹄,风驰电掣般向前冲去。

白水河边,鲍叔牙正在进食,突然,只见他停住一切动作,倾听着,小白看到师傅的举动,似乎有了预感,爬上车向西望去,只见远处烟尘滚滚,忙说:"师傅,你看!"

鲍叔牙抛掉手中食物,抓起击鼓棒,猛地擂响战鼓。莒军立即登车,将战车圈在一起,严阵以待。

管仲率领鲁军战车三十乘,一阵风似的扑了过来。接近白水河边的战车,他命令减慢速度,直至相隔一箭之地时完全停了下来。当他看到鲍叔牙如临大敌地站在战车上,抱拳一揖道:"鲍叔兄,别来无恙,我好想大哥呀!"

鲍叔牙哈哈大笑道:"我道是谁,原来是夷吾贤弟,一别数年,贤弟还是风采不减。"

"鲍叔兄一向可好?你不是在莒国吗?怎么回来了?意欲何为?"管仲一连提出几个问题,意欲探探鲍叔牙的口风。

"齐国大乱,小白身为齐国公子,岂能袖手旁观?当然是回齐国。你呢?怎么只有你一个人,公子纠呢?召忽贤弟呢?他们在哪里?"鲍叔牙一边回答,一边察看管仲的脸色。

"小弟打前哨,公子纠与鲁国战车三百乘随后就到。"管仲边说边挥挥手,三十乘战车立即在他的左右围成战阵。

鲍叔牙见此阵式,正色地说:"夷吾贤弟,你要怎么样?"

管仲冷笑一声说:"我看得出来,公子小白是想回临淄争夺君位,长幼有别,齐国的君位理应是公子纠的,小白怎能有此非分之想?"

鲍叔牙也不隐瞒:"贤弟,你有济世之才,高瞻远瞩,看人看事入木三分,公子纠平庸无能,公子小白雄才大略,难道你分不出来吗?齐国多年内乱,民不聊生,要有一位贤明之君才能治理呀!"

管仲听鲍叔牙之言,内心一震,他还真的没有考虑过这个问题,他只知道,长幼有序,公子纠理应继承齐国国君之位,至于谁优谁劣,并不影响君位之更替,于是大声说道:"实话告诉鲍叔兄,齐国群臣朝议,高、国两位上卿定夺,派大夫宾胥无到曲阜迎接公子纠回国继任齐国国君之位,鲁侯亲自率战车三百乘护送,公子纠回临淄,即便拜宗庙,登大殿,继位新君。鲍叔兄与公子小白不要有非分之想,免得节外生枝,到时你我兄弟不好做人。"

公子小白心知公子纠继承君位乃天经地义之事,他正在埋怨高傒和国于费两位监国上卿,为何朝议让公子纠继承君位,还要派人送信至莒国。他不想趟这趟浑水,扯了扯鲍叔牙的衣襟,小声道:"师傅,咱们……"

鲍叔牙拨开小白的手,泰然自若地说:"夷吾贤弟,道不同,不足为谋,今天我们算是说不到一块了。"

"鲍叔兄,你我之交,路人皆知,今日为何如此绝情?"管仲问。

鲍叔牙大声说:"你我之交,乃为私交,今日之事,却是国事,二者不可等同,贤弟是大智大勇者,这个道理难道还不明白?"

管仲从内心里也同意鲍叔牙的看法,只是他谨守长幼有序的古制,理智服从于礼制,再说,如果公子纠不能为国君,他的抱负则永远只是一个梦,这是他死也不甘心的。于是,他冲着鲍叔牙说:"小弟身为公子纠的师傅,这些年尽心尽力,公子纠的进步很大,堪负国任。公子纠登位,乃是朝纲维常,上通天理,下达民心之事。小弟也一定能辅佐他治理好齐国。"

鲍叔牙仰天大笑:"夷吾弟言之差矣,公子纠平庸无能,气量狭窄,贤弟虽教导有方,但却难改其本性,此所谓朽木不可雕也。这一点你比我更清楚,咱们要以齐国大业为重,我们还是携手共事公子小白,以成大业吧!"

管仲心知多说无益,知道此事要有一个了断,而唯一了断的办法,就是除去公子小白。但对方有战车近百乘,自己只不过三十乘而已,若是硬来,一定寡不敌众,于是暗暗扣箭在手,口中却说:"鲍叔兄,话说到这份上,我也无话可说,你只不过战车百乘,鲁侯护送公子纠的战车则是三百乘,小弟就此离去,让鲁侯来与你说话。"

鲍叔牙说:"夷吾弟且退,咱们各为其主,不必多言。"

管仲佯装撤退,蓦然转身,突然挽弓搭箭,觑定小白,嗖的一箭。一支羽箭直飞小白心口,只听小白惨叫一声,口喷鲜血,倒于车上。鲍叔牙大惊失色,急忙来救,抱着小白哭叫道:"公子,公子!"

众人皆大叫道:"不好了!公子中箭了!"

管仲力大无比,且有百步穿杨之能。料定这一箭定是前心直透后背,眼看小白已无生还的机会,遂回头高声喊道:"鲍叔兄,各为其主,小弟得罪了!"说罢,带三十乘战车,一阵风似的离去。

管仲在路上叹道:"公子纠有福,天意让我赶上小白而杀之,除去一劲敌,公子君位无忧矣。"

第 07 章　齐桓公登基

且说鲍叔牙抱着小白的尸体，哭喊着说："公子，你醒醒，你醒醒呀！"

小白躺在鲍叔牙的怀里，嘴角流血，一动不动。鲍叔牙痛不欲生地说："公子呀，是我害了你，悔不该拉你回国抢什么君位呀！"

正在鲍叔牙痛不欲生的时候，躺在鲍叔牙怀中的公子小白动了动身子，睁开眼睛，狡黠地向鲍叔牙眨了眨眼。

"啊！"鲍叔牙惊呆了，以为自己是在做梦。

公子小白将手指放在口边，轻轻地"嘘！"了一声，抬头看看远去的管仲的车队，慢慢地坐了起来。

原来，管仲这一箭，正射中小白胸部的带钩，此带钩乃铜制，有一拳头大小，恰如一个护心镜置于胸前，小白知道管仲乃神箭手，且力大无穷，若知一箭不中，必定再射，到时恐怕就没有这次幸运，情急之下，急中生智，他嚼破舌头，口喷鲜血诈死，连鲍叔牙也都瞒过。他虽然听到鲍叔牙哭得伤心，但还是不敢动，等了一会，估计管仲已是去远，故翻身坐了起来。

鲍叔牙惊喜地说："公子，你没死？"

"没事！"公子小白笑了笑，从身上拔下箭说，"老天有眼，若不是带钩护胸，此箭恐怕是前心透后背了。"

鲍叔牙不解地问："那公子口中喷血又是怎么回事？"

公子小白笑着说："师傅，您说过，管仲箭法奇准，有百步穿杨之能，他若知道一箭未中，必定再补一箭。我也是急中生智，嚼破舌头，喷血诈死，骗过了管仲。"

鲍叔牙向天祈祷道："苍天有眼！公子大难不死，必有后福。"

"管仲！"公子小白手拿管仲所射之箭，咬牙切齿地说，"小白不报此一箭之仇，誓不为人！有一天抓住你，一定要用这支箭射杀你。"

鲍叔牙听到小白之言，也未在意，谁知他日果应此言，所谓是冥冥之中，因果有报。

历史上所说的一箭之仇，即源于此。有词为证：

> 管仲暗箭射小白，谁料铁矢中带钩。
> 若非公子善应变，怎得桓公合诸侯。

却说管仲带着三十乘战车，原路返回，迎头碰上鲁庄公的战车。他跳下战车，来到鲁庄公与公子纠乘坐的战车前，满脸喜色地说："果然不出我之所料，公子小白从莒国借得战车百乘，先我一步到了齐国之白水河。正欲赶赴临淄抢夺君位。"

公子纠大惊失色："小白竟如此大胆！真的敢与我争夺齐国的君位？"

"公子不必惊慌。"管仲笑呵呵地说，"齐国之君位，非公子莫属！"

"小白呢？"公子纠迫不及待地问，"您不是说他要争夺君位吗？"

管仲冷笑一声说："小白已成为箭下之鬼！再也没有人同公子争夺君位了。"

"太傅真把小白射死了？"鲁庄公惊喜地问。

管仲拍拍弓箭，自负地说："我与小白相距不足三十步，这一箭保准是前心透后背。"

公子纠似乎还不敢相信："师傅，您敢保证他真的死了？"

管仲道："我亲眼看见小白口喷鲜血，倒在车上。"

"夷吾神箭，别说三十步，就是一百步，也保他必死无疑！"召忽自豪地说。

"哈！哈！哈！"公子纠一阵狂笑，他拍着管仲的肩道，"师傅，你立了大功，我即位后，一定要重重地赏你！"

"小白死了，公子纠的君位已是十拿九稳了，管仲立下奇功，此乃喜上加喜，理应庆贺一番。"鲁庄公拿起木槌在铜锣上敲了一下说，"传令，安营扎寨，埋锅造饭，今天大家一醉方休，以示庆祝。"

管仲阻止道："现在还不是庆祝的时候，齐国无君，局面混乱，咱们还是快进临淄，免得再生枝节。"

"管太傅不必多虑，劲敌已除，无了后顾之忧，还是先喝酒再说。"鲁庄公打断了管仲的话，下令大军安营扎寨，埋锅造饭。

原野里，鲁军升起了篝火，将士们围在篝火旁，有的喝酒，有的吃肉，有的跳舞，有的唱歌，热闹非常……

却说鲍叔牙见公子诈死骗过了管仲，担心地说："夷吾虽去，恐其再来，此地不可久留，还是快些走的好。"

鲍叔牙为防意外，让小白换了一身衣服，让一名士兵穿着小白的衣服装扮成小白躺在车上。大队人马从小路一路疾驰，将近临淄城，已是半夜时分。隐隐约约见城头灯光闪烁，人影晃动，鲍叔牙令战车停住，以五十乘在前，四十乘在后，组成两个战阵以遥相呼应，以免被伏击。他自带十乘，向城门靠近，临行时，他对公子小白说："他们对我们这些追随你的随从虽然心存戒惧，但肯定认为我是罪魁祸首，绝不会容忍我，如果事有不测，我在前面挡住他们。"接着他又对随从们说："事情成功，大家都听我的号令，若是不成，我在前面拦住道路，你们一定要保护公子杀出去，即使牺牲自己的性命也在所不辞。"

宣誓完毕，鲍叔牙一骑当先，十乘战车随后，靠近城门，见是高傒、国子费两位上卿带领众人正在那里张望，心里的一块石头总算落了地，翻身下马，上前纳首便拜："鲍叔牙叩见二位上卿。"

高傒急忙扶起鲍叔牙，焦灼地问："公子小白呢？"

鲍叔牙一指后边："公子就在车上。"

国子费说："走，快去迎接公子。"

公子小白下车，向国、高二人施礼："小白拜见高、国二位上卿。"

高傒扶住小白问道："公子可知公子纠现在到了哪里？"

"公子纠尚在路上。我等与管仲在白水之滨相遇。管仲暗箭射杀公子，幸得公子机敏，诈死躲过一劫。"鲍叔牙回答说。

国子费惊叹地说："此乃天不灭齐！才使得公子大难不死。事不宜迟，公子马上进城，明早即拜宗庙，登临君位。"

且说公子纠同鲁庄公在途中安营扎寨，燃篝火，同兵士们喝酒吃肉，唱歌跳舞，通宵庆祝。鲁庄公举起酒爵道："到临淄还有不到两天的路程。现在后患已除，可以高枕无忧了！来，为公子即将继位，干！"

大将曹沫、副将秦子、梁子，同管仲、召忽等一齐举爵："干！"

公子纠喜形于色，高举酒爵道："我公子纠有今日，多亏各位鼎力相助，待即位之后，一定请诸位在齐宫中大宴三天，我先干此爵，以表谢意。"说罢，一饮而尽。

曹沫举爵道："公子当上齐侯，首功当属管太傅，管太傅一箭定乾坤。实在是夺天地之造化，令人叹为观止，为管太傅干爵！"

鲁庄公、公子纠、召忽等齐声附和，一齐举爵。管仲志满意得，一仰脖，干了此爵。

却说鲍叔牙进入临淄后，连夜遍谒诸位大夫，盛赞公子小白之贤，请他们拥戴公子小白为齐国之新君。诸位大夫说："公子纠马上就要回国，将怎么处理这件事？"

鲍叔牙说："齐国连弑二君，天下大乱，非贤者不能安邦治国。何况迎接公子纠而小白先回，此乃天意。鲁君派三百乘战车护送公子纠回国，其望报不浅。昔宋立子突，索赂无厌，兵祸数年。齐国多年动乱，民不聊生，怎能够满足鲁国的欲求？"

众大夫说："然则何以谢鲁侯？"

鲍叔牙说："齐国已有了新君，他自然就要退去了。"

鲍叔牙的游说，得到一部分齐国大夫的赞同。当初歃血为盟的几位大夫仍是心有不甘，他们强调长幼有序，齐国国君之位理应由公子纠继承，公子小白欲君临天下，乃是篡位。鲍叔牙只好向高傒、国子费两位监国上卿汇报。

高傒果断地说："为了齐国能长治久安，顾不了这么多了，天亮之后，即拜祖庙，拥立公子小白为齐国之君。"

第二天一早，一夜未睡的公子小白在同样一夜未睡的高傒、国子费的带领下，来到宗庙。

宗庙大厅正中贡奉着齐先祖太公望姜尚的塑像，两边依次是历代诸君的牌位。

高傒、国子费领着公子小白在姜太公像前跪下。高傒叩首道："太公在上，高傒与国子费世受周天子之恩，乃周室忠臣，不敢有二心。今齐国内乱，已是非常时期，为维护太公祖业，保周室平安，使大齐子民能安居乐业，高傒与国子费有责任为齐国选择贤明之君主国。公子小白乃是合适人选，我等欲私立公子小白为齐国新君。只是他乃幼子，按祖制不予立，此举虽有违家法，但并无私心，敬祈体恤！"

国子费也叩头道:"国、高二氏,乃周天子封于齐国的监国大臣,我等不忍心齐国大权落入平庸者之手,故选贤任能,志在振兴大齐,开创太公祖业。违背宗法,拥戴小白继位,实是迫不得已,敬请太公体谅!"

公子小白一连叩了三个响头,道:"太公在上,高、国二位上卿扶小白继位,是为齐国的振兴,是为继承太公创下的祖业。小白一定不辜负二位上卿的良苦用心,一定维护周室,发奋治国,使齐国强盛,百姓安居乐业。"

祭祀完毕,他们来到齐宫正殿,举行登基仪式。尽管高傒、国子费做了大量工作,大夫隰朋四处奔走,可来参加登基大典的大臣还是不多。来的大臣们各有各的想法,一个个缄口不言。因此,大殿里气氛并不热烈。

高傒出班面对众大夫说道:"各位大夫,齐国内乱多年,需要有一个贤明之君来治理齐国,我与国子费上卿拥戴公子小白为齐国新君,完全是为齐国之长治久安作想,没有任何私心,此心苍天可鉴。"

国子费亦出班说道:"各位大夫,鲁国三百乘战车明日即兵临城下,齐国已处于非常时期,我与高上卿司监国之任,已拜过宗庙,立公子小白为齐国新君。事急从权,登基大典的各种礼节就免了。下面,由司仪隰朋大夫主持新君登基大典。"

大臣们左右两班。左首以上卿高傒居首,右首是上卿国子费为头。

隰朋大声宣布:"请新君登基即位!"

公子小白身着侯服,登台,坐到御案之前,鲍叔牙侍候在侧。小白向下扫了一眼,除两位上卿外,隰朋、王子成父、宁越等几位大夫站列在班,雍廪、东郭牙、宾胥无等人却未来上朝,他心中有数,这些人对他君临天下有想法。

隰朋再宣布:"公子小白为齐国新君,尊号齐桓公,请大家拜见新君!"

高傒、国子费领众臣 齐叩首:"拜见君上!"

"众卿平身。"公子小白即齐桓公站起来说,"各位平身!赐高上卿、国上卿坐。"

高傒、国子费同声道:"谢君上。"分别坐在御座左右两侧。

"各位大夫,寡人承蒙高、国二位上卿和大家的拥戴,继承君位,谢谢诸位。"小白双手一揖道,"齐国内乱不止,国力大衰,过去君上所为,也为国人所不耻。小白虽不才,愿同大家一起,为强国振邦而努力,希望大家辅佐寡人,尽快使齐国强盛起来,让诸侯国对齐国刮目相看。"

众大夫齐声道:"谨遵君命。"

"国难当头,大家有何建议?"齐桓公问道。

鲍叔牙答道:"鲁兵明日将至,请君上早作安排。"

齐桓公看了堂下一眼,叫道:"仲孙湫!"

"臣在!"仲孙湫出班答道。

"你马上出城迎上去,告知鲁侯,就说公子小白已就任齐国君位,请他回鲁国去。"

"是!"仲孙湫得令。

国、高二位上卿站起身,面对众大夫厉声说:"国难当头,大家要齐心协力,不遵君命者,格杀勿论!"

齐桓公看了鲍叔牙一眼。鲍叔牙喊道:"退朝!"

一代英主齐桓公的登基仪式就如此简单地完成了。正是:

<blockquote>
齐国君位虚待人,长途奔驰兄弟争。

小白睿智早一步,先到为君后到臣。
</blockquote>

第08章　干时大战

　　且说鲁庄公率战车三百乘，护送公子纠回国继位。出发之时尚且急着赶路，在得知管仲射杀公子小白之后，无论是护送者，还是被护送者，都以为公子纠没有了竞争对手，国君之位已是非公子纠莫属，彼此的心情皆已松懈，一路行来，恰似游山玩水一般，第六天晌午，到达一个地方，鲁庄公问公子纠，前面是什么地方？

　　公子纠看看管仲，管仲道："回禀鲁侯，前面是干时。"

　　"干时？"鲁庄公好奇地问，"怎么叫这么个怪名？"

　　管仲解释说："这条河本叫时水，因半年有水半年干涸，所以叫干时。"

　　鲁庄公笑着对公子纠说："公子，明天你就是齐侯了，千万别学你那混账哥哥齐襄公，言而无信，恩将仇报呀！"

　　公子纠心里对鲁庄公的絮叨非常不满，但又不便于说出来，怏怏地说："鲁侯放心，我即位之后，对鲁国定当有报，这个请放心。"

　　正在此时，前军来报，齐国大夫仲孙湫求见。鲁庄公叫带来相见。

　　仲孙湫来到鲁侯战车前，双手　揖说："外臣仲孙湫拜见鲁侯！"

　　鲁庄公答道："仲孙湫有何见教？"

　　"启禀鲁侯，齐国已有新君，请鲁侯回转鲁国。"仲孙湫说。

　　"什么？有了新君？"鲁庄公惊诧地问："谁是齐国新君？"

　　"公子小白昨天已拜宗庙，举行了即位大典，正式登基。"仲孙湫从容地说。

　　鲁庄公得知小白未死，大怒道："立子以长，孺子安得为君？寡人战车三百乘护送公子纠回齐国，不能白忙一场。你去告诉小白，寡人在干时等他来决一死战！"

　　鲁庄公待仲孙湫离去，两眼瞪着管仲，怒斥道："管太傅，这是怎么回事？"

公子纠声嘶力竭地叫道:"管夷吾,你不是说小白已成箭下之魂吗?怎么又出现在临淄城?而且还拜宗庙、举行了登基大典?"

"明明一箭穿心,口喷鲜血,为何就没有死呢?"管仲一脸茫然,百思不得其解。他万万没有想到,射中确实不假,口喷鲜血也是真,只是聪明一世的管仲,被聪明的小白骗了。

"管夷吾,你说小白已成箭下之鬼,如今却在临淄城即了君位。"公子纠抽出长剑,咆哮如雷地说,"你误了大事,我杀了你。"

召忽忙拦阻道:"公子息怒,此事必定另有原因。"

管仲有些丧魂落魄,仰望苍天,蔚然长叹道:"谋事在人,成事在天,此乃天意,天意不可违呀!"

公子纠像只瘟鸡,完全没了精神,闻管仲说是天意,一下子又蹦了起来:"天意?什么天意?都是你,成事不足,败事有余。枉称济世之才,原来是个酒囊饭袋。"

召忽实在是看不过眼了,劝止道:"公子,冷静些,怎么能这样对管太傅说话。"

鲁庄公听他们主仆相争,更是火冒三丈,对曹沫吼道:"传令,兵驻干时,与小白决战。寡人一定要将小白赶下台,将君位夺回来。"

曹沫道:"主公,临淄近在咫尺,一鼓作气,便可拿下,为何要在干时驻扎?"

鲁庄公自负地说:"连日奔波,鲁军疲惫不堪。干时水丰草茂,是屯兵之良地。寡人在此养精蓄锐,以逸待劳,方能稳操胜券!"

管仲犹豫了一会,想说什么,可话到嘴边又咽了回去,长叹一声。

鲁庄公冷笑道:"管太傅怎么只会叹气呀?"

管仲硬着头皮说:"小白初立,人心未定,鲁侯当在其立足未稳之时,率兵进攻临淄城,城中人心必然慌乱,拥戴公子纠者,必乘乱为我内应,我必稳操胜券。若屯兵干时,就给了小白以喘息之机,待其理顺人心,调兵遣将以迎鲁师,鲁军长途奔袭而至,粮草不继,恐难与齐师相抗。"

鲁庄公冷哼一声:"若果如管太傅所言,小白早已死于白水之滨,何来今日之战?"

管仲满面含羞,尴尬地退至一旁,仰天长叹。正是:

枉有经天纬地才,未逢其时难出头。
小白诈死活一命,管仲今朝满面羞。

管仲之策，实为上策，怎奈那鲁庄公刚愎自用，公子纠又没有主张，以至坐失良机，否则，鹿死谁手，谁能说得清楚？

且说齐桓公即位之后，面对动荡不安的局势，提心吊胆，如履薄冰，闻报鲁兵不退，且还口下战书，欲在干时与齐国一决雌雄，更是忧心如焚。急召高傒、国子费、鲍叔牙、隰朋等人商量对策："寡人新立，国事未举，鲁军已兵临城下，如之奈何？"

鲍叔牙说道："兵来将挡，水来土屯，鲁军兵临城下，主上挥正义之士击之，臣愿率兵马与鲁侯决一死战。"

隰朋也说："齐乃大国，有战车千乘，精锐逾万，何惧鲁侯战车三百！今鲁侯进犯，国难当头，臣愿血洒沙场，驱逐鲁寇！"

"二位上卿以为如何？"齐桓公见二位上卿没有说话，主动征求他们的意见。

高傒说道："鲁侯兴不义之师，进犯齐国，应当予以狠狠还击！只是，老臣有句话要提醒主上。"

齐桓公说："上卿有话只管说，寡人洗耳恭听。"

高傒说道："敌兵压境，理当同仇敌忾，若是人心不齐，纵有战车千乘，又能如何？"

"上卿之意是……"齐桓公试探地问。

高傒说："恕老夫直言。主公新立，朝中大臣如东郭牙、雍廪、宾胥无等尚未归心，闭门不出，拒拜主公。东郭牙乃文武全才，带兵有方，大战数十余次，未见败绩，是有名的常胜将军；大夫雍廪，刚直不阿，亦是不可多得之才。他们出于对宗法旧制的维护，对主公即位有所抵触，心情可以理解。且当初朝议之时，一致通过立公子纠为齐国之君，老夫与国子费也未反对，只是主公先期归国，老夫与国子费才力主为齐国新君。主公既已登基，对这些旧臣，应行安抚之策，成大事者，要有宽阔的心襟。"

鲍叔牙接着说："高上卿言之有理。东郭大夫南征北战，功绩卓著。大敌当前，主公当要摒弃前嫌，将这些人召为国用，只有上下归心，才能击败入侵之敌。"

齐桓公思索了一会，站起来道："上卿、太傅所言乃为至理，寡人领教了。为完成振兴齐国之大业，寡人怎能计较个人恩怨得失，而置国家利益于不顾？"

高傒与国子费两人相互看了一眼，起身向桓公一鞠道："老夫果然没有选错人。"

"国子上卿，隰朋大夫，寡人拜托你们一件事。"齐桓公说。

国子上卿和隰朋大夫齐声问："主公有何事，只管吩咐。"

"你们二位到雍廪大夫家里去一趟，就说是受寡人之托，现在大敌当前，请雍廪大夫以国事为重，无论有何想法，待赶走外敌之后再坐下来说。"齐桓公说。

国子上卿和隰朋大夫齐声说："行，我们马上走一趟。"

"高上卿，太傅，请你们陪寡人走一趟。"齐桓公说道。

鲍叔牙问道："主上要到哪里去？"

"寡人要亲自去请东郭牙。"

且说东郭牙闻公子小白即立君位之后，在家闭门不出。鲍叔牙来到东郭牙府第，见大门紧闭，举手敲门，叫道："东郭大夫，主公驾到，请开门。"

鲍叔牙将眼贴在门缝里看，看不清楚，将耳朵贴在门缝里听，听不到声音，于是又举手拍拍门："东郭大夫，主公驾到，请开门。"

鲍叔牙再将耳朵贴在门缝里听，似乎听到轻轻的脚步声，门内似乎又有了沉重的喘息声，但却无人开门。他向齐桓公施了个眼色，朝门内努努嘴，示意东郭牙已经过来了。然后又使劲拍门，叫道："东郭大夫！主上和高上卿亲自登门拜望，请你开门。"

东郭牙确实已来到门口。自公子小白登位之后，他就闭门不出。他认为齐国国君之位应由公子纠继承，小白为君乃是篡位。连日来，他辗转反复，彻夜难眠，他曾想到过杀身以成仁，以示对小白篡位的反抗，但却又决心难下。他万万没想到，齐桓公身为一国之君，竟然屈尊亲自登门请自己，这可是古今未有之事。难道说小白真的是人们梦寐以求却始终又找不到的贤明之君吗？如果真的是这样，自己岂不是错了吗？想到此，东郭牙心里十分犹豫，是不是要接纳齐国这位新的君主。但自己与雍廪、宾胥无等歃血为盟，是要拥戴公子纠为齐国之君的呀！怎么办？东郭牙的心里进行着痛苦的决策。

"东郭大夫，主公与高上卿听说你身体不舒服，特地来看望你。主公已拜过宗庙，举行了登基大典，是名正言顺的齐国之君，天下皆知。你将主公与高上卿拒之门外，有失君臣之礼呀！"鲍叔牙在门外说道。

高傒见门内没有反映，说道："东郭大夫，老夫之所以拥戴公子小白为齐国之君，并无任何私心，完全是为国作想，选贤者而任之呀！"

齐桓公心平气和地说："东郭大夫，我是小白。如今齐国是外敌入侵，国难当头，今天登门拜望，是要请你出山，共同抗敌。过去的恩恩怨怨就让它过去，你之心，寡人理解，绝无怪你之意。听与不听，就在一念之间。东郭大夫，你好好地想想吧！等打完这一仗，寡人再来看你。"

东郭牙听完齐桓公这番话，心有所动，但仍然没有开门。

齐桓公接着说："齐国内乱多年，国力越来越弱，再也经不起折腾了，小白虽不才，但求走富国强兵之路。此来是要告诉你，鲁国借拥立公子纠之名，兴兵犯境，战车三百乘已兵临城下，齐国已是国难当头。你是齐国有名的将才，寡人欲请你领兵出战，共同抗击外来之敌。东郭大夫乃仁人志士，绝不会凭一时之气，置国难于不顾。小白言尽于此，听与不听，请东郭大夫三思。"

高傒见东郭牙还是不出声，大骂道："东郭牙，你这个意气用事的糊涂虫，软蛋，外敌犯境，吓得闭门不出，你就躲在家里做缩头乌龟吧！"转身一拉齐桓公，愤然地说："主公，我们走，这种怕死鬼，有他不多，无他不少。"

"上卿！给他些时间，不可出语伤人。"齐桓公说。

"走不走？再不走，老夫可不等了！"高傒赌气地说。

齐桓公说道："东郭大夫，我们走了，齐国的兵马已集中在校场，寡人要去点兵出战。打完这一仗，寡人再来看你。"说完，转自欲去。

咣啷一声，院门突然洞开，东郭牙冲出大门，扑通一声跪在齐桓公面前，颤声说道："主公，请恕臣不敬之罪，臣愿辅佐主公，共同抗击入侵之敌。"

齐桓公急忙扶起东郭牙："东郭大夫，快起来，寡人是来请你出山领兵打仗的，不是来治你的罪的。"

正在这时，王子成父飞骑赶来："主公，大臣与三军已在校场聚齐，请主公点兵。"

"知道了，寡人马上就到。"转身对东郭牙说，"东郭大夫，披上你的铠甲，拿起你的战刀，走吧，到校场去，寡人先走一步，校场见。"

齐桓公一说罢，同高傒、鲍叔牙一同上车，奔驰而去。

齐桓公全身披挂，站在点将台上，高傒、鲍叔牙一左一右站立两旁。

齐桓公朗声道："众将士，鲁军犯境，驻兵干时河，欲与齐国一决雌雄。齐乃大国，岂容贼寇在我境内耀武扬威？寡人愿与众将士共勉：抛头颅，洒热血，保我大齐江山，驱逐入侵之敌。"

"驱逐鲁军,保卫大齐!"众将士高举手中武器,振臂高呼,其声响彻云霄。

"众将士听令!"齐桓公大声说道。

众将士齐声高呼:"请主上发令!"

齐桓公大声叫道:"宁越、仲孙湫听令!"

宁越、仲孙湫二人出列:"末将听令!"

"命宁越为右军统帅,仲孙湫为副帅。率领战车百乘,于干时河分路埋伏,闻中军炮响,即率军杀出,不得有误。"

"遵命!"宁越、仲孙湫高兴地大声回答。

齐桓公大声叫道:"东郭牙、王子成父听令。"

"末将听令!"王子成父应声而出。东郭牙没有想到齐桓公此时还能委他以重任,愣在那里一时不知所措。

齐桓公见东郭牙站在那里未动,重复一遍:"东郭牙听令!"

东郭牙知道自己没有听错,如梦初醒地出列,大步来到将台前,扑通一声跪倒台下:"末将不敢受主公如此重任!"

齐桓公走下台,扶起东郭牙,见东郭牙未戴头盔,取下自己的头盔戴在东郭牙的头上:"怎么,齐军左军统帅连盔甲都不戴,快戴上。"

"谢主公!臣有罪,不敢受主上如此恩宠,臣罪该万死!"东郭牙扶了扶刚戴在自己头上的头盔,从怀中抽出一块黄色绢布,这就是人们拥立公子纠的歃血盟书,复又跪下,双手呈给桓公,"臣有眼无珠,不辨贤明圣主,立下歃血盟书,欲拥立公子纠为齐国之君。请主公治臣不臣之罪!"

雍廪等人见状大惊失色。校场上的空气顿时紧张起来,所有目光都集中到齐桓公手上那块歃血盟书上。

齐桓公早就耳闻有此歃血盟书,并且是以东郭牙、雍廪为首,至于其他人则知不甚详。接过东郭牙递过来的盟书,他很想看一眼,看到底是哪些人,但是,理智控制了他的欲望,他知道只要看一眼,这些人的名字就会烙印在他的脑海中,成为一个永远挥之不去的阴影,而这些人与自己的隔阂恐怕也就无法消除,这样,势必给国家带来动乱。

高傒、鲍叔牙、隰朋、王子成父也都紧张地看着齐桓公。

"拿火把来!"齐桓公大叫道。

侍从跑步把火把递了上来。齐桓公将盟书放于火中,顿时,黄帛盟书化为灰烬。

东郭牙又跑到台下扑通一声跪下，无比感激地说："感谢主公不杀之恩！"

雍廪也掏出黄帛盟书举到头顶，扑通跪下："主公如此开明，臣雍廪虽肝脑涂地，也在所不辞！"

齐桓公立即转过身道："寡人不想看到哪些人持有盟书，你们若信得过寡人，就自行处之，从此以后，任何人不得再提盟约之事。大家都是寡人的好臣子，寡人也绝不计较此事。"

持有盟书的人见齐桓公如此说，纷纷从怀中掏出盟书，掷于火中焚之，不多不少，恰好十三人。

齐桓公此举，向将士们展示了一个贤明之君的襟怀，不亚于向将士们发布一道战前动员令。台上台下，可谓是群情鼎沸，欢声雷动："效忠主公，驱逐鲁寇，保我大齐！"正是：

<blockquote>
桓公气度果不凡，火焚盟书释旧怨。

三军欢声如雷动，将士斗志似火燃。
</blockquote>

齐桓公再次叫道："东郭牙、王子成父听令。"

"末将听令！"东郭牙、王子成父二人高声答道。

"你们二人各率战车百乘，绕道抄鲁军之后路，若鲁军溃败，截而杀之，不得有误。"

"末将遵命！"东郭牙、王子成父各领人马离去。

齐桓公接着说："雍廪、竖刁为正副先锋。率战车百乘前去挑战，只许败，不许胜。且战且走，向中军靠拢，闻三声鼓响，即刻返身杀回，不得有误。"

雍廪、竖刁出列，大声道："末将遵命！"

齐桓公亲自与鲍叔牙统领中军，率战车百乘出战。放炮三声，分头出发。

且说鲁军扎营于干时。鲁庄公扎营于前，公子纠扎营于后，两营相隔二十余里。第二天一早，鲁庄公刚用罢早餐，探子来报："齐军大队人马杀到。先锋雍廪阵前讨战。"

鲁庄公大吃一惊，忙带领秦子、梁子，驱车出阵。见齐军先锋雍廪已将队伍列成战阵，等候鲁军出车应战。鲁庄公疾声呼道："雍廪匹夫，你歃血为盟，首谋诛贼，修书求寡人助你，如今又改投小白而攻公子纠，你是一个卑鄙无耻、背信弃义的小人。有何面目来到阵前与寡人叫阵？"

雍廪听鲁庄公之言，佯装羞惭之状，大声叫道："鲁侯不必多言，谁为齐君，乃是齐国人自己的事，与你无关，若识相，赶快收兵回鲁国去，否则，本大夫要杀你个片甲不留。"

曹沫见齐军战车不足百乘，冷冷一笑："齐国号称千乘之国，迎我大军者，却不足百乘，可见小白尚不得人心，难以调动齐国之兵马。"再细看齐军之方阵，皆老弱残兵，军容不整，战车也是丢三落四不成形，不禁放声大笑："如此残兵破阵，怎能与鲁国之铁甲相对抗，简直是以卵击石。"说罢，手一挥，战车向两边闪开，从阵中冲出一队弓箭手，弯弓搭箭，对着齐军一阵猛射。

雍廪见箭矢如雨，来势太猛，鸣锣收兵，下令战车后队改前队，调转车头撤退。鲁庄公见状，命曹沫乘胜追击。性情暴躁的曹沫，挺手中方天画戟，催动战车，率先冲出阵，口中大叫道："雍廪匹夫，往哪里逃，曹大将军来也！"

雍廪素闻曹沫性情暴躁，今见其一怒之下催动战车率先冲阵，转身迎了上去，大叫道："曹沫匹夫，不得猖狂，看枪！"

雍廪叫声刚落，举手中长枪便刺，曹沫见状，更是暴跳如雷，大叫道："雍廪匹夫休走，咱们大战三百合。"

雍廪回头迎战几合，见已撩得曹沫性起，立即转身便走。齐军在撤退之时，看似惊慌失措，其实阵形却是进退有序，忙而不乱。曹沫也是杀得兴起，一时没有觉察，孤车跟进，犯了兵家之大忌。只听曹沫手挺方天画戟，催车大叫道："雍廪匹夫，往哪里逃，看戟。"

雍廪见曹沫追来，率领齐军仓皇而退，曹沫催战车追杀一阵，见雍廪并不恋战，而鲁国的战车跟进的却很少，心里暗暗吃惊，疑其有诈，正欲收住战车，突闻咚，咚，咚，三声鼓响，鼓声刚过，杀声四起，鲍叔牙率领中军蜂拥而至。雍廪所率之兵闻鼓声，全都催转战车，奋勇杀回，齐军人人奋勇，个个争先，与前判若两军。曹沫尚未明白是怎么一回事，便已深陷重围，情知中计，但为时已晚，忙催动战车，欲突出重围。

雍廪催车冲上前来，大叫道："曹沫匹夫，休走，看枪！"人到声到，声到枪到，举枪向曹沫当胸便刺。

曹沫也不答话，挺戟相迎，二人重又战在一处。饶是曹沫神勇，怎奈已是身陷重围，慌乱之中，左臂早中一枪，大叫一声，转身就逃，雍廪见状，挂住长枪，左手取弓，右手取箭，弯弓搭箭，瞄准曹沫，嗖的一声，铁箭如流星般飞出，曹沫正在拼命逃跑，不曾防得此箭，箭矢飞来，正中左肩，大叫一声，带箭逃窜。

鲍叔牙催车赶来，挺枪将曹沫的头盔挑落。求生的欲望激发出全身的潜能，曹沫顿发神威，手挺方天画戟，如下山之猛虎，左冲右突，横冲直撞，有道是，一人拼命，万夫莫挡，何况曹沫乃鲁国之猛将，仓促之间，齐国倒是无人能挡其锐。雍廪见曹沫突发神威，随手又是一箭，正中曹沫的大腿。曹沫身中两箭，仍奋力搏杀，终于杀开一条血路，突出重围，落荒而逃。剩下的鲁军，死的死，伤的伤，胜败已见分晓。

且说鲁庄公立于阵前，见齐军撤退之时，阵脚未乱，似有所察，恐曹沫有失，忙令秦子、梁子催大队战车接应曹沫。秦子和梁子，正待催车接应曹沫。忽闻左右炮声大震，宁越、仲孙湫两路伏兵一齐冲杀出来，鲍叔牙从正面率中军杀至。鲁军三面受敌，怎能抵挡得住，三百乘战车渐渐地被分割成数块，相互之间断了联系。

鲍叔牙隐隐约约看到敌阵的一辆战车上插着杏黄色大旗，上面绣着一个大大的"鲁"字，料定那是鲁庄公乘坐的战车，大声传令："有能获鲁侯者，赏以万家之邑。"

左右将士得令，齐声高呼："获鲁侯者，赏以万家之邑。"一时间，"获鲁侯者，赏以万家之邑"之声此起彼落，齐军军心大振，鲁军闻之，胆战心惊。

鲁庄公闻军中喊声，大惊失色，急急如丧家之犬，催车向西溃逃。鲁将秦子见齐军尾随其后，怎么也甩不脱，知是主公战车上的杏黄旗惹的祸，伸手拔去鲁侯战车上杏黄大旗弃之于地，鲁将梁子见状，跳下车，捡起地下的杏黄大旗，转身插在自己的战车之上，秦子问道："你这是何意？"

梁子大叫一声："秦子将军，快护送主公向西突围，我引开齐军。"说罢，催动自己的战车，向正北方向驰去。齐军立功心切，见杏黄大旗向北逃窜，一窝蜂向北追下去。

秦子望着北去的梁子，莫然醒悟，一把将鲁庄公从战车上拉下来，大声叫道："主公快脱下身上铠甲。"

鲁庄公一时没有会过意来，愣在当场，秦子催促道："快，不然就来不及了。"

鲁庄公看着插着杏黄大旗北去的梁子的战车，猛然醒悟，连忙脱掉外面耀眼的铠甲，跳上另一乘战车，秦子紧跟其后，保护着鲁庄公，奋力杀出重围，向西突围而去。

且说齐将宁越，远远看见鲁庄公的杏黄大旗向北而去，认定是鲁侯无疑，率领齐军冲过去，将插有杏黄大旗的鲁国战车内三层、外三层，围得水泄不通，梁子恐人认出，故意用一块布蒙着脸，只露着一双眼睛。虽然已是遍体鳞伤，血染征袍，仍然奋力拼杀，勇不可挡。终因寡不敌众，为乱军所擒，几个军卒上前将他捆了起来。齐军欢声雷动。

"鲁侯抓到了，鲁侯抓到了！"

梁子扯下蒙在脸上的布块，放声大笑道："我乃鲁将梁子也，我君已去之远矣！"

宁越知道抓错了人，令兵士将梁子捆得个结结实实，押回大营。

鲍叔牙知齐军已大获全胜，命鸣金收军。

宁越献梁子，梁子昂首而立，全无惧色。齐桓公赞叹道："智勇双全，真良将也！"

宁越问："主公，何以处之？"

齐桓公正犹豫，鲍叔牙大声喝道："留其何用，推下去斩了！"

齐桓公补充说："让人好好埋葬，不要让其弃尸荒野。"

齐军取得干时大捷后，并不追赶鲁军。因王子成父、东郭牙两路兵马尚无消息，桓公留宁越、仲孙湫仍屯兵干时，以便策应。他自己则率领大军奏凯还朝。

且说管仲与公子纠、召忽守着鲁军粮草辎重，距干时二十余里扎营，闻前线战败，使召忽同公子纠守营，他自己带兵接应鲁庄公，行至半路，正遇鲁庄公溃败而归，合兵一处。曹沫、秦子亦收拾残车败卒、浑身是血地狼狈而回，计点战车兵马，已十折其七。

管仲说道："军气已丧，此地不可久留，宜速速离去。"

鲁庄公下令，当即起营拔寨，立即回鲁。一路上，急急如丧家之犬，惶惶如漏网之鱼，又恰似那惊弓之鸟。幸好后无追兵，还算顺利。鲁国边境终于遥遥在望，大家才算松了口气。

管仲一直感到不对劲，对曹沫道："后无追兵，恐凶多吉少，将军还需多加留神。"

管仲话音未落，就听杀声四起。

左边，王子成父率军杀出。右边，东郭牙率军杀出。刚一交火，齐军万箭齐发，鲁军纷纷中箭，还没明白过来，已有无数兵士倒地身亡。曹沫高声喊一声："主公速去，吾死于此！"挺方天戟，上前接住东郭牙，秦子也挺枪上前，接住王子成父，双双捉对厮杀。

管仲见势不妙，保住鲁庄公，召忽则保住公子纠，夺路而逃。齐军一红袍小将看准鲁侯的战车紧追不舍，眼看越追越近，管仲弯弓搭箭，怒射一箭，正中其额，红袍小将大叫一声，坠车而亡。又有一白袍小将尾追而来，管仲又取出一箭，瞄准来将，嗖的又是一箭射出。白袍小将应声坠车而亡。

秦子在干时之战中本已受伤，拼杀已是力不从心，齐将王子成父乃一代名将，武艺高强，两相厮杀，秦子哪里是王子成父的对手，只几合，便听秦子惨叫一声，被王子成父一枪挑落车下，一命呜呼哀哉。

曹沫在干时便已负伤，被东郭牙逼得手忙脚乱，闻秦子之惨叫声，一分神，被东郭牙一戟刺中左肩，差点坠落车下，大叫一声，催动战车夺路而逃。东郭牙紧追不舍。

管仲见状，急中生智，令鲁军将战车上的物资沿路丢弃，以阻挡齐之追兵。齐军见满地的物资，顾不得追赶敌兵，遂纷纷下车，争相哄抢。使得鲁庄公等人获得喘息的机会，趁机逃出齐境。曹沫在混战当中，左膊又中一刀，尚杀死齐兵数人，突围而出。

东郭牙深感齐桓公之恩，求功心切，率领齐军紧随溃退的鲁军，一直追入鲁境，尾追至鲁国的汶阳城。守城鲁军见鲁侯仓皇而回，大开城门，放下吊桥，让鲁军入城。谁知齐军追得紧，尾追而至，鲁军刚入城，来不及拉起吊桥，齐军已闯过吊桥，杀进汶阳城。鲁侯率残兵急急如丧家之犬，见齐军已进城，只好穿城而过，直奔鲁国都城曲阜而去。

东郭牙见追不上鲁庄公，便占据汶阳城，将汶阳之土地强行夺了过来，并留兵镇守汶阳。

第09章　鲍叔牙荐贤

却说齐国在干时之战中大获全胜，一举打出了国威，极大地鼓舞了士气，稳定了民心，也使初登君位的公子小白在朝野上下获得了一个极好的名声。

第二天，齐桓公大宴群臣，庆祝干时之战大捷。庆功宴上，论功行赏，君臣把酒言欢。齐桓公面对众大臣说："干时大捷，不但将鲁军打得落花流水，而且还夺取鲁国之汶阳城，扩大了齐国之疆域，实在是可喜可贺。"

鲍叔牙站起来说："公子纠尚在鲁国，有管仲、召忽为辅，而且鲁国还在帮助公子纠，心腹之患未除，实在是无喜可贺。"

齐桓公闻鲍叔牙之言，恨恨地说："提起管仲，寡人尚有一箭之仇未报，若不报此一箭之仇，将是寡人一生之耻辱。"

竖刁问道："主公干时大捷，威震诸侯，何耻之有？"

齐桓公说："寡人自莒国归来之时，于白水之滨被管仲暗射一箭，幸天不灭寡人，使箭中带钩。为了逃生，寡人嚼舌喷血诈死。此乃奇耻大辱。寡人发誓，一定要报此一箭之仇。"

竖刁献媚地道："待臣把管仲擒来，万箭穿心，以报一箭之仇！"

"寡人决定，在宫城外立一柱，将管仲暗箭中寡人带钩之事书之于上，有朝一日，管仲落入寡人之手，一定要亲手用他射杀寡人之箭，将他射杀在此柱之上，以祭天地，报一箭之仇。"

"好！"竖刁大声附和道，"给此柱取个名字，就叫雪耻柱！"

宁越道："依臣看，荣者自荣，辱者自辱，此柱应名荣辱柱。"

"不，箭中带钩，嚼舌诈死，这是寡人之耻辱，此柱就叫耻辱柱，以示不忘一箭之耻。"齐桓公举起酒爵，说，"来，为寡人早日雪耻而干。"

鲍叔牙知道，此时的齐桓公，已经被仇恨蒙住了眼睛，说再多的话，恐怕也难被他采纳，他心里在为他的好友管仲担忧。

第二天，齐国宫门外，果然矗立一柱，上面写着三个醒目大字"耻辱柱"。

齐桓公带领鲍叔牙、隰朋、宁越、竖刁等大臣，亲自为耻辱柱固土夯实，他从侍从手中接过一支箭，恨恨地说："这支箭，就是管仲射杀寡人之箭，管仲一旦落入寡人之手，寡人将以此箭，将管仲钉在耻辱柱上，以雪一箭之辱。"

鲍叔牙在旁说道："主公，齐国的心腹之患乃是公子纠，并非管仲，管仲只是事人臣之礼，各为其主而已。主公若要雪耻，除掉公子纠，才是正道。"

齐桓公想了想说："太傅言之有理，您认为采用什么办法才能除掉公子纠？"

鲍叔牙说："干时一战，齐国大胜，鲁国君臣已吓破了胆。臣请求统领三军之众，兵发鲁境，逼讨公子纠，鲁侯见大兵压境，心有所惧，定当拱手交出公子纠。"

"嗯！"齐桓公说，"此计大妙，寡人以举国之兵，任由太傅调遣。"

"臣有一事，请主公示之！"鲍叔牙谦恭地说。

"什么事？"桓公问道。

"主公是要活的公子纠还是要死的公子纠？"鲍叔叔看着桓公。

齐桓公亦看着鲍叔牙，一时不知如何回答。鲍叔牙见齐桓公犹豫不决，接着说道："臣替主公出个主意！"

"太傅有话请讲！"齐桓公说。

"留下公子纠必是心头之患，活着回齐却又叫主公为难，不如假鲁人之手，替主公除去这一政敌，主公意下如何？"鲍叔牙两眼一眨不眨地看着齐桓公。

齐桓公只是轻轻地叹了一声，什么也没有说。

鲍叔牙双手一揖："臣知道了！"

"兵发鲁国，带多少兵，点谁为将，何人出使于鲁，全凭太傅做主，三军唯太傅马首是瞻，不必再报于寡人。"齐桓公可谓是疑人不用，用人不疑，一切皆交由鲍叔牙全权处理，他自己当起了甩手掌柜。

鲍叔牙忙跪下答道："臣遵旨！"

"太傅平身！"齐桓公说，"出发之前，寡人还有一事要与太傅相商。"

内宫偏殿之内，齐桓公与鲍叔牙这对君臣、师徒坐在一起。齐桓公说道："太傅，等你出征回来之后，寡人要拜你为相，主持齐国大政。"

鲍叔牙见说，忙跪下说道："主公，万万使不得！"

齐桓公大吃一惊，连忙扶起鲍叔牙，不解地问："太傅，相国乃是百官之首，可是一人之下、万人之上，权力最大之官，难道你还不满意？"

"主公不要会错我的意思，臣是一个庸臣，主公要加惠于臣，使臣免于饥寒，已经是对臣的恩赐，至于治理国家，则不是臣能胜任得了的。"鲍叔牙真诚地说。

"太傅，你是寡人心里最理想的人选，除了你，寡人还不知道齐国有谁能胜任相国之职。"

"管仲，管仲是最合适的人选，只有管仲才能胜任齐国相国之职。"鲍叔牙毫不迟疑地说。

"管仲乃丧家之犬，怎能及得太傅？"齐桓公说。

"臣与管仲相比，有五不如。"

齐桓公问道："哪五不如？"

鲍叔牙真诚地说："宽惠爱民，臣不如管仲；忠义以交好诸侯，臣不如管仲；治国不失权柄，臣不如管仲；制礼仪以示范于四方，臣不如管仲；披甲击鼓，立于军门，使百姓勇气倍增，臣不如管仲。管仲这五个方面都优于臣。管仲好比百姓之父母，主公想治理好儿子，就不可不用他们的父母。得管仲者，得天下。"

"不行！"齐桓公一口否认了鲍叔牙的意见，"管仲和召忽是寡人的仇人，管仲暗箭射杀寡人，幸亏箭中带钩，否则，寡人已经是他的箭下之鬼，寡人能用仇人吗？"

"管仲暗箭射杀主公，乃是各为其主，就如同臣要杀死公子纠一样。主公若能赦免管仲之罪，让他回齐，他同样可以为主公效命。"鲍叔牙见齐桓公仍然是怒容满面，继续说道，"当初臣与管仲、召忽三人投奔先君，先君令管仲、召忽傅公子纠，令臣傅主公。臣以为主公无出头之日，不欲赴任，是管仲、召忽极力劝说，臣才得以与主公有师生缘。且我们三人有约，今后，无论是公子纠还是公子小白为齐国之君，我们三人都要相互推荐，共辅一君，治理国家。齐国内乱以后，臣与主公避难于莒，公子纠、管仲、召忽避难于鲁，也是我们商定的意见。为的就是主公与公子纠总有一人能活着回来继承齐国之君位。"

鲍叔牙见齐桓公仍是不答应，只好说："臣这次要将活着的管仲、召忽带回齐国。"

"好！"桓公冷笑地说，"寡人要活的管仲、召忽，寡人要亲手将管仲钉在耻辱柱上。"

鲍叔牙见齐桓公没有命令自己就地斩杀管仲，心里已是松了一口气，故意深思了一会说："主公若要活着的管仲回齐，恐怕要尽快下手。迟了，恐怕就得不到了。"

"为什么？"桓公不解地问。

"鲁国的谋臣施伯知道管仲乃济世之才，他会献计于鲁庄公，拜管仲为相，管仲若接受鲁侯之聘，鲁将成为齐之劲敌，这对齐国是一个极大的威胁。管仲如果不接受鲁侯之聘，鲁国知道他将回到齐国，就一定要杀掉管仲，以绝后患。这对齐国又是无可估量的损失。"鲍叔牙说。

齐桓公问道："以太傅之见，鲁侯之聘，管仲受还是不受？"

"不会。"鲍叔牙肯定地回答，"管仲不愿为公子纠而死，就是为了安定齐国，若受鲁侯之聘，就是削弱齐国。管仲对齐国忠心不二，他宁死也不会做鲁国之臣。若真的这样，鲁侯必杀管仲无疑，主公欲亲手将他钉在耻辱柱上，恐怕就难了。"

齐桓公问道："管仲能对寡人忠心不二吗？他能替寡人去死吗？"

"不会，管仲乃济世之才，他不会为某个人去死。"鲍叔牙见桓公脸露不悦之色，继续说道，"管仲忠于齐国历代之君王，他对公子纠的感情比对主公的感情更深，但他却不愿为公子纠而死，何况是主公？主公若想安定齐国，就应该将管仲接回来。"

齐桓公见二人说不到一处，心里有些烦躁，没好气地说："先不说管仲之事，你去将公子纠之事处理完再说。"正是：

小白报师委重任，鲍叔固辞荐友人。
管仲当初施暗箭，君王记恨不应允。

鲍叔牙领齐桓公之命，率领五百乘战车和万名齐国将士，浩浩荡荡向鲁国进发，兵至汶阳城，即命安营扎营。

第二天，鲍叔牙派遣隰朋、竖刁为正副使臣出使鲁国，将齐国致鲁国的国书交给隰朋，临行前，他对隰朋说："管夷吾乃天下奇才，我已向主公举荐，主公欲召而用之。鲁国的施伯诡计多端，一定要提防，别让他从中做了手脚，此次使鲁，最重要的是要保证管仲、召忽不死，让他们活着回到齐国。"

"如果鲁国要杀他们，将如何处理？"隰朋问道。

鲍叔牙说："你就向他们说，白水之滨，管仲暗箭射杀主公、箭中带钩之事，就说主公欲亲自报一箭之仇，鲁侯必信。"

公子纠自干时一战大败，随鲁军狼狈地回到鲁国后，将管仲臭骂一顿，整天借酒浇愁。

管仲自干时一败之后，为未能射杀小白而一直愧疚于心，面对公子纠的冷落，情绪更是低沉，似乎感到生命已到末日，他自恃有百步穿杨之能，那一箭也明明射中小白的心窝，怎么能够射而不死呢？百思不得其解。他万万没有预料到，是带钩救了小白一命。

管仲现在也在思考，自己到底是对还是错。当初齐国内乱，他提出出国避乱。且与鲍叔牙商定，不管是公子纠继承君位，还是公子小白继承君位，他们三人都将尽力辅佐，以振兴齐国。他与公子纠、召忽来到鲁国，鲍叔牙与公子小白去了莒国。本以为这次公子纠继承君位已是铁板钉钉，十拿九稳之事，自己的相国之位也是顺理成章。谁知小白先到一步，抢了君位。公子纠的君位毁了，自己的相位没了。这都是自己的错。莫奈何，他以琴来抒发自己的忧愤和不安。

公子纠心境更糟，眼看到手的君位让小白夺去，他恨得咬牙切齿，恨不得剥了小白的皮，剜了小白的心。听到管仲弹琴，烦躁地吼道："别弹了，别弹了！烦死了！烦死了！！"

召忽看到这丧魂落魄的主仆二人，心里也不知是一种什么滋味，苦着脸劝道："公子，胜败乃兵家常事。小白大逆不道，绝没有好下场。君子报仇，十年不晚啊！"

公子纠大骂道："你们一个口出狂言，一个唯唯诺诺，成事不足，败事有余！"

召忽惭愧地说："臣有罪，臣无能，臣愧对先君嘱托。"

管仲不理，仍在弹琴。

公子纠指着管仲骂道："管夷吾！什么百步穿杨，全是骗人的！如果你不是我师傅，我便一剑杀了你！"

管仲停止弹琴，叹了一口气道："天意如此，岂能奈何？"

公子纠咆哮道："天意？天意应该是我当国君！"

召忽小心说道："公子息怒，过些日子，咱们再请鲁侯出兵，把君位从小白手里夺回来。"

公子纠吼道："干时一战，鲁军几乎全军覆没，鲁侯还能再出兵助我？"

召忽无可奈何地说:"东郭牙、雍廪乃是小人。明明他们杀了公孙无知,派人来接公子回去即位,却又反过来帮助小白。"

公子纠捶胸顿足:"你们不是我师傅吗?你们说,我该怎么办?"

管仲疯狂地弹琴,突然,嘣的一声,琴弦断了。管仲一惊,看看断了的琴弦,怅然叹道:"一箭留下千古恨,天意如此莫奈何!天啦!我该怎么办?"

第10章　借刀杀人

鲁庄公自干时之战大败回国后，整日魂不守舍。想到两军阵前交战的惨烈情景，浑身都不寒而栗，若非梁子将军装扮自己舍命相救、秦子将军以死相拼，此刻自己恐已成齐军刀下之鬼。公子纠几次求见，都被他借故婉言拒绝，他要好好地想一想。此次贸然出兵，是对还是错。

施伯是鲁庄公手下第一谋臣，他此刻所想的却是另外一个问题。他向鲁侯建议说："主公，鲁国之所以溃败，是因为没有贤人，现有旷世之才隐居在鲁国，主公何不用之。"

鲁庄公惊问道："旷世之才在哪里？"

"管仲，就是辅佐公子纠的管仲。小白已篡齐君之位，管仲归国已无期，他对小白恨之入骨，此时礼聘，委以重任，其必当答应。"施伯说。

"寡人未见管仲有何过人之处。"鲁庄公不相信地说。

施伯说："管仲足智多谋，只是时运未到，事业未成，现避难于鲁，主公应委以鲁国大政，他如果接受，就可以削弱齐国。"施伯说。

"啊！"庄公问道，"若不受呢？"

"不受就杀了他，免得他为齐国所用。"施伯阴沉地说，"管仲若不能为鲁国所用，终将为鲁国之大患，杀掉他，一来可以永除后患，二来还可讨好齐国，这比不杀他更好。"

鲁庄公同意了施伯的建议，但是，尚未付诸实行之时，齐国太傅鲍叔牙率战车五百乘已自临淄兵发鲁境，屯兵于才从干时之战中从鲁国夺走的汶阳城。并派遣隰朋、竖刁二人出使鲁国，向鲁庄公呈上国书。

鲁庄公得鲍叔牙之书后，急召施伯等大臣商议。他将鲍叔牙之书递给施伯说："这是齐之太傅鲍叔牙所修国书,你先看看。"

施伯接过帛书,只见上面写道:

外臣鲍叔牙,百拜鲁侯殿下:古之有训,家无二主,国无二君。齐公子小白已奉宗庙,登君位。公子纠欲行争夺,天地难容。我主上念及兄弟之情,不忍亲手加戮,愿假手上国代为处死。管仲、召忽,乃齐君之仇敌,欲亲戮于太庙。大兵屯于汶阳城,专待鲁侯之复。

鲁庄公脸有愧色对施伯说道:"上次未听你的劝谏,以至兵败干时。今齐国大兵压境,逼我杀公子纠,遣送管仲、召忽回齐。是杀公子纠有利呢,还是不杀公子纠有利?请施大夫为寡人一决。"

施伯说:"小白初即君位,便能选贤任能,败我兵于干时,其能耐可见一斑,绝非泛泛之辈,非公子纠所能比。现齐国大兵压境,我兵初败,元气大伤,难以与齐军抗衡,不如依鲍叔牙之言,杀了公子纠,与齐国修好。"

"不可以这样呀!主公。"曹沫痛苦地说,"齐国这是借刀杀人之计,主公若不欲与齐为敌,那就将公子纠交给齐国使臣,是杀是留,由他们自己决定,我们何必要做此恶人?齐国大兵压境,又有何惧,臣愿率兵,与齐军决一死战,鹿死谁手,还不一定呢!"

施伯冷笑道:"曹大司马,干时之战你可是大将,鲁国三百乘战车十损其八,兵士伤亡不可胜计,你当时的勇气呢?"

曹沫听到施伯的冷嘲热讽,羞愧得无地自容,重重地叹了口气。施伯见此,缓和了些口气说:"我不是故意劝谏主公行此不仁不义之事,也知道这是鲍叔牙借刀杀人之计,但是,鲁国初败,元气大伤,齐国五百乘战车驻扎汶阳城,直逼曲阜,鲁国在干时之战中刚损失了二百多乘战车,已是无力招架。君子报仇,十年不晚,不可为一公子纠,明知不可为而为之,赔进鲁国千秋基业呀!"

曹沫无可奈何蹲在地下,抱头痛哭。

"只好如此了。"鲁庄公有些无奈地说,"管仲、召忽呢?是否交给齐国使者?"

"不行,管仲、召忽二人不能交给齐国。"施伯果断地说,"以臣之见,齐国要活着的管仲、召忽,不是要杀他们,而是要重用他们。特别是管仲,学贯古今,有经天纬地之才,济世匡时之略,犹如潜伏于深潭之龙,闻雷即可升天。

得管仲者得天下。其事业此时之所以无成，只是时运未至而已。齐国若得到他，必将委以重任，将来定为鲁国之患。趁机杀掉他，将尸体交给他们。"

"不行呀！"鲁庄公反对施伯的意见，"鲍叔牙在书中言明，齐侯要活的管仲，欲亲戮于太庙。我们杀了管仲，齐国若追究起来，寡人怎么交待？鲍叔牙屯兵汶阳，其意图已显露无遗，就是要逼鲁就范，若违背了他们的意愿，定当发兵曲阜，若此，鲁国危在旦夕。"

"俯首听命？实在是心有不甘啊！"施伯试探地说，"臣有一办法，既不叫管仲、召忽活着离鲁，鲁也不因之而得罪于齐。"

鲁庄公问："有何妙策？"

"让他们自己死。"施伯附在鲁庄公耳边，小声说出自己的计策，鲁庄公频频点头。

鲁庄公召见齐国使臣隰朋和竖刁，说道："隰朋大夫，竖刁将军，寡人决定，替齐侯除去公子纠，由公子偃和施伯配合你们行动。"

隰朋闻鲁庄公只字不提管仲、召忽二人之事，察觉有异，料知施伯在耍阴谋，立即用一种带有威胁的口气说："鲁侯，外臣使鲁之时，齐侯特别交代：管仲、召忽乃齐国的叛贼，是射杀齐侯之凶手。齐侯要亲手处死管仲、召忽，以报一箭之仇。并在宫门外立一耻辱柱，向天下宣告，定要亲手将管仲钉在耻辱柱上以雪前耻，报一箭之仇。外臣一定要将管仲、召忽二人活着带回齐国。"

施伯见鲍叔牙态度如此坚决，更坚定了他对齐国要活管仲、召忽意图的判断，笑着说："隰朋大夫，鲁侯是按照贵国国君之意办事，绝无加害管仲、召忽二人之意，请你放心。"

隰朋一时也没有瞧出破绽，于是说："但愿施伯大夫心口如一，不要口是心非，倘若耍什么花样，违背齐侯意愿，后果自负。隰朋言尽于此。"正是：

> 齐兵压境迫鲁君，逼杀子纠索叛臣。
> 施伯一眼识玄机，预设机关欲杀人。
> 隰朋似察有奸计，义正词严先示警。
> 管仲生死成关键，斗智斗勇谁能胜？

公子纠闻鲍叔牙率兵驻扎汶阳，派遣隰朋、竖刁出使鲁国，正自惊疑不定，欲待派人前去探个究竟，忽侍从来报，说是鲁国公子偃、施伯带领数十名武士向公子的住所行来，同行的还有齐国大夫隰朋、竖刁，两乘槛车相随。公子纠闻鲁国公子偃、施伯同齐国大臣向他的住处走来，且还带有兵丁，顿时紧张起来，对管仲、召忽说："快去看看，到底是怎么回事？"

召忽听公子纠之言，正欲起身，公子偃、施伯带人一拥而入。召忽见来者不善，正欲去墙边取兵刃，几名武士迅速逼了上去，将召忽夹在中间，动弹不得，管仲从座位上站起来，几名持刀武士迅速靠了过去，管仲知道大势已去，轻轻地叹了口气，重新坐下。

隰朋见鲁国武士逼住管仲、召忽二人，担心二人发生意外，大声说道："不得对管仲、召忽无理！"此话一方面是警告鲁国武士不准乱来，另一方面，则是暗示管、召二人。

管仲听到隰朋之言，心中一动，预料齐国来使的目标是公子纠，而非自己和召忽，他有意无意地向隰朋瞟过询问的眼光，正与隰朋的眼光碰在一起，隰朋暗暗地向管仲点点头，马上将头转向一边。管仲闭上眼睛，一颗悬着的心，完全放了下来。

召忽怒斥道："施伯大夫，你们要干什么？"

施伯不理睬召忽，直接来到惊魂未定的公子纠身边说："公子一向可好，卑职奉主公之命，前来问候公子。"

"施大夫带兵前来，意欲何为？"公子纠瞪着一双惊恐的眼睛看着施伯。

施伯幸灾乐祸地说："齐侯小白容不得公子，欲置公子于死地，鲁侯推之不得，无奈之下，只好令在下前来送公子一程。"

施伯的话音刚落，公子偃向身边一名武士示意，这名武士手持托盘来到公子纠面前，只见托盘上放着一把匕首、一段七尺白绫、一瓶鸩酒。

公子纠见状，知道死期已到，声嘶力竭地叫道："鲁侯贼子，为何害我？"

召忽厉声喝道："施伯，鲁侯乃堂堂一国之君，为何行此不仁不义之事？"

"召忽，这里还轮不着你说话。"施伯蔑视地看了召忽一眼，转而对公子纠说道，"公子，你在鲁国避难数年，鲁侯一直待你为座上宾。为拥戴你为齐国之君，不惜动用战车三百乘护送你回齐国，谁知辅佐你的人乃是成事不足、败事有余的酒囊饭袋，将到手的君位拱手让人。"说到这里，他有意无意地瞟了管仲一眼。

召忽听到此言，暴跳如雷，怒喝道："施伯，你这个卑鄙无耻的小人，士可杀，不可辱，你有本事，干时大战，还不照样大败而归。"

施伯不理召忽，故意示弱地对公子纠说："干时一战，鲁国大败而归，鲁侯为公子，损失了二百多乘战车，还赔进去数千名将士的性命。如今，鲍叔牙又率五百战车屯兵汶阳城，遣隰朋、竖刁出使于鲁，欲取尔等性命，鲁侯如果不杀死你们，鲍叔牙扬言，要将曲阜城踏为平地。你们兄弟手足相残，何必要连累我们鲁国呀？这不是城门失火，殃及池鱼吗？"

"施伯匹夫，我要杀了你。"召忽是个急性子，受不了此辱，欲挣脱鲁国武士的控制，两名武士使劲地将刀压在召忽的脖子上，召忽终于没有挣脱。

隰朋似乎明白了施伯的用意，向随行的几名齐国武士施个眼色，几名齐国武士分头向管仲、召忽靠拢。隰朋见几位齐国武士站好位置后，厉声警告说："施大夫，别忘了鲁侯答应过的话，也别忘了本大夫的警告。"

"隰朋大夫，不必多心，错不了。"施伯转头对公子纠道，"公子听到了吧？托盘上的三件物什，请公子自选一件吧！"

"你们滚，我不会死的。"公子纠歇斯底里地对召忽、管仲道，"二位师傅，快来救我！"

管仲无奈地叹了口气，召忽想反抗也挣不脱。

施伯拿起托盘上的小酒瓶，不耐烦地说："公子，谁也救不了你，明年今日，就是你的忌日，你还是安心地去吧！"

公子纠突然跪下，带着哭腔说："施大夫，求求你，不要杀我，给我一条生路，等我当了齐国之君，一定会报答你再生之德。"

施伯不屑地看看公子纠，又对召忽和管仲扫了一眼，弦外有音地说："常闻齐人骁勇善战，性格刚烈，视死如归，今日一见，果然令人刮目相看，君不君，臣不臣，贪生畏死，苟且偷生。真是令人汗颜！"

召忽本就性格暴躁，哪受得了如此奇耻大辱，大声吼道："公子，死则死矣！何必如此卑躬屈节！为子死孝，为臣死忠，此乃臣之本分。臣先走一步，到黄泉路上等你，下辈子还是你的臣子。臣不愿苟且偷生，受此奇耻大辱！"说完，奋力挣脱鲁国武士的控制，一头撞在殿中立柱之上，脑浆迸裂，倒地而亡。这真是：

莫道毙命须利剑，言词如刃也杀人。

召忽暴烈难受辱，怒撞殿柱命归阴。

公子纠看着召忽鲜血淋漓的尸体，吓得呆若木鸡。管仲似乎识破了施伯的阴谋，面对这一切，视而不见，听而不闻，坐在那里，似入定一般，一动不动。

施伯暗自佩服管仲的定性，知激将法对管仲无用，叹道："忠臣不事二主，召忽真乃忠臣也！公子有这样的忠臣作师傅，实在是难得！"

隰朋惊见惨剧发生，完全明白了施伯的伎俩，拔出腰刀，快如闪电地抢到管仲身边，推开站在管仲身边的鲁国武士，与随后纵上的齐国武士将管仲团团围住，剑指施伯，厉声喝道："施伯，岂有此理！"

"召忽可是自愿走上黄泉路，与我可无关。"施伯见隰朋动怒，只好打消继续刺激管仲的念头，扬着手中的鸩酒说，"来人，服侍公子饮酒！"

两名鲁国武士上来，强行将鸩酒灌进公子纠的口中。稍停片刻，公子纠痛苦地倒在地下，七窍流血而亡。

管仲看到眼前的情景，叹了口气说："召忽追随公子于地下，可以说公子有为其死事的忠臣，我活着，一定要回到齐国去，公子纠可以说有生臣。死者完成德行，生者完成功名，生名与死名不能兼顾，德行也不能兼得。召忽，我与你兄弟一场，生死在我们两人是各尽其份了。"说完起身，自行钻进院中的槛车之中。

鲁国大夫施伯药杀公子纠，气杀召忽之后，取了两人首级包好。然后押着槛车，回去向鲁庄公交令，管仲就关在槛车之内。

施伯回宫对鲁庄公说："臣观管仲那种处乱不惊的气概，以及隰朋重视管仲的程度，料定管仲必不死，而且一定能得到齐侯之重用。此人乃天下奇才，若为齐侯所重用，齐必称霸于天下，鲁国自此以后皆居于齐之下。请主公修书齐侯，叫他不要杀了管仲，将他留在鲁国。管仲若不死，必感恩于我，感恩于我则能为我所用，则齐不足虑。"

鲁庄公说道："管仲是齐君的仇人，而我却要留下来。虽然杀了子纠，彼此之间的怨怒却未解除。"

施伯说："主公以为管仲不可用，那就杀之，以其尸交与齐。免得放虎归山，使其成为鲁之大患。"

鲁庄公觉得此计甚妙，立即表示赞同，准备将管仲杀掉，将尸体交给齐国。隰朋知道鲁侯的打算后大惊，马上找到鲁庄公，威胁说："在齐国杀人，是杀齐国的犯人，在鲁杀人，是杀鲁国的犯人。管仲射齐国国君带钩，齐国国君对管仲恨之人骨，欲手刃管仲，以报一箭之仇。若得不到活的，等于你和齐国之叛贼站在一起，这不是齐国国君想要得到的。齐、鲁若因此而刀兵相向，责任可不在齐。鲁侯，别怪隰朋没有提醒你。"

鲁庄公见隰朋态度如此强硬，再次和施伯商量，施伯见隰朋强硬，只好改变主意说："臣看还是将管仲交给他们，听说齐侯的性格颇为骄傲，管仲虽然有济世之才，并不一定能得到齐侯的重用。如果齐侯真能用他，管仲的事业就会成功。管仲是天下大圣人，若回齐国执政，天下都将归齐，岂止鲁国？现在如果杀了他，他可是鲍叔牙的好友，鲍叔牙势必要为他报仇，假如鲍叔牙真的率兵来犯，鲁国将会遭到灭顶之灾。还是将管仲交给齐国吧。"

鲁庄公犹豫再三，还是答应将活管仲交给齐国。再令人专门做了两个木匣，将公子纠与召忽的首级装在里面，连同关押管仲的槛车，一并交给隰朋。隰朋称谢而出，押着槛车，带上两个木匣回了驿馆。

第11章 黄鹄之歌

隰朋回到驿馆，用过晚餐，来到槛车旁，管仲神情木然地坐在槛车之中，闭目养神，听到声音，睁开眼睛，见是隰朋，点点头，算是打了招呼。

隰朋轻轻地对管仲说："管太傅请自重！"

管仲说道："谢过隰朋大夫。鲁侯不是守信之人，虽然将我交给你，定会后悔，说不定现在就已经后悔了。看来，我是很难活着离开鲁国。"

隰朋惊问道："那该如何是好？"

"若要逃过此劫，只有连夜起程，越快越好，出了鲁国国境，才能脱离危险。否则，今夜我就在劫难逃。"管仲忧虑说。

隰朋临来鲁国时，已得到鲍叔牙的嘱咐，要他绝对保证管仲和召忽的生命安全，如有不测，定要追究责任。他也素闻管鲍之交。鲍叔牙之能已见，如此贤能的鲍叔牙，竟对管仲推崇有加，可见管仲绝非等闲之辈。他决定采纳管仲的意见，来个不辞而别，连夜起程。为了慎重起见，他还是留下两名副将，以料理善后之事。

鲁侯放了管仲，事后果然后悔，又召来施伯商议。施伯建议说："不如今晚派人到驿馆去，一刀结果了管仲性命。若追究起来，我们死不认账。"

鲁侯赞同施伯之计，并命施伯组织刺杀行动。施伯挑选了几名武功高强的鲁国武士，夜半潜入驿馆，专杀槛车中的管仲。谁知派去行刺的人回来报告，驿馆早已人去楼空。

第二天一早，施伯进宫，将行刺失败之事向鲁庄公作了汇报。鲁庄公闻报，立即派公子偃与施伯点战车五十乘，追杀管仲。

且说隰朋带着齐国使鲁的一众人等，连夜启程，悄无声息出了曲阜城东门，命令兵士押着槛车，以最快的速度踏上归途。

此时虽是初秋，但盛夏之酷热并未见有所减缓，倒是那似火的骄阳，晒得大地发烫，一阵阵热浪扑面而来，仍然使人热得透不过气来。管仲坐在槛车之内大汗淋漓，热不可耐，推槛车的兵士，则更是苦不堪言。管仲口干舌燥，头热得要炸开一般，向兵士哀求道："兄弟，请赏口水喝行吗？"

兵士将管仲要喝水之事报告于副使竖刁，竖刁早就对管仲看不顺眼，听说管仲要喝水，坐在战车上呵斥道："快要死的囚徒，想要水喝，架子倒不小。"

"竖刁将军，行行好，就喝一口，实在是渴得受不住了。"管仲两眼盯着挂在马鞍上的水袋，哀求地说。

竖刁跳下战马，取下水袋，走到槛车边，管仲以为是给他送水，连忙伸手去接，不想竖刁拧开水袋的口塞，自己先喝了几口，然后将水哗啦啦地全都倒在地上。

管仲舔舔干裂的嘴唇，愤怒地说："竖刁，你不得好报。"

"好你个死囚，竟敢骂人？活得不耐烦了。"竖刁从一个兵士手中夺过一杆大棒，伸进槛车，对着管仲的头顶就是一棒，管仲虽侧身避让，终因身困槛车，让无可让，一棒砸在额头上，顿时被打得头破血流。

隰朋见车队停下来，不知发生了什么事，赶过来察看，见管仲血流满面，一把夺过竖刁手中的大棒，扔在地上，怒斥道："竖刁将军，你要干什么？"

"一个死囚，还敢造反，不给他点颜色看看，不知天有多高，地有多厚。"竖刁大声说。

隰朋不理会竖刁，冲到槛车旁，先替管仲揩干脸上的血迹，掏出药敷在额头伤口上，又将身上衣服撕下一块，为管仲包扎好。随即解下身上酒袋递给管仲："管太傅，请喝吧！"

管仲接过隰朋递过来的酒袋，咕嘟、咕嘟地大口大口喝了起来。

竖刁赌气地说："隰朋大夫，何必要伺候一个死囚？"

"竖刁将军，临行前，鲍太傅特别交代，主公要活的管仲，若有个三长两短，你如何向鲍太傅交代？"

管仲此时才明白，隰朋一直维护自己，原来是鲍叔牙的特别关照，他从心里感激这位生死之交的兄长。

竖刁不听，对管仲吼道："你活不了几天了！白水之滨，你射主公一箭，主公在宫门外竖起了耻辱柱，留下了你的箭，要用你的箭，将你钉在耻辱柱上，以报一箭之仇。到时,谁也救不了你。"

隰朋对推槛车的兵士道:"管太傅是主公点名的犯人,我是正使,谁要再敢动他一根指头,莫怪我事先没有说明。"

推槛车的兵士点头答应,偷偷地看了竖刁一眼,心里想,为什么正副使两人的意见不统一。竖刁不服气地白了隰朋一眼,赌气地走到一边。

远处,两匹快马一路狂奔,来到隰朋面前,马上骑士抛蹬下马。隰朋见是留在鲁国驿馆的两个人,诧异地问:"为何跑得如此之急?"

两骑中的一位说:"果然不出大人所料,昨晚驿馆来了数名蒙面刺客,潜至槛车旁对准槛车中的草人连刺数刀,发现是草人后,连呼上当,迅即离去,说要赶回去禀报施大夫。"

另一个接着说:"若不是大人早有预见,管太傅此时恐怕成了一堆肉泥。"

隰朋向管仲投去敬佩的眼光,管仲看了一眼隰朋说:"隰朋大夫,施伯诡计多端,昨夜行刺失败,必定恼羞成怒,心有不甘,若再追来,我命休矣!"

隰朋见说,大声喊道:"将士们,加把劲,无论如何,天黑之前要离开鲁国之境。"

竖刁抱怨地说:"大家跑了一天一夜,已经累得筋疲力尽,再这样跑下去,都要累死了,何必如此着急呀?"

隰朋抽出宝剑,厉声吼道:"事情紧急,刻不容缓!天黑之前,必须赶到汶阳,如有怠慢者,杀无赦!"

兵士们实在是累得不行,见隰朋下了死命令,只好推着槛车继续上路,一步一挪,速度很慢。

隰朋跳下马,与兵士一起推动槛车前进。兵士们实在是太疲劳了,一天一夜,除了进食,一刻也没有停步,谁能受得了?

管仲坐在槛车之内,有劲不能使,见兵士推着槛车气喘如牛,却又帮不上忙,心里干着急。他料定施伯决不肯善罢甘休,追兵不久将至,若以此等速度前进,定难逃脱鲁军追杀。灵机一动,立即编了一首《黄鹄之歌》,手拍槛车杆,教兵士唱起歌来:

黄鹄黄鹄,戢其翼,縶其足,不飞不鸣兮笼中伏。高天何局兮,厚地何蹐!丁阳九兮逢百六。引颈长呼兮,继之以哭!

黄鹄黄鹄,天生汝翼兮能飞,天生汝足兮能逐,遭此网罗兮谁与赎?一朝破樊而出兮，吾不知其升衢而渐陆。嗟彼弋人兮，徒旁观而踯躅！

这是一首齐风乐曲，兵士们既得此词，一边唱，一边走，唱歌提起了精神，唱歌忘记了疲劳，兵士们的步伐明显加快。

且说鲁国公子偃与施伯，点战车五十乘，风驰电掣般追了上来。一路上，施伯高擎宝剑，拼命地催促："快！再快一点！"

五十乘战车一路狂奔，原野掀起一片尘土。遥望前面尘土飞扬处，定是齐国战车无疑，施伯挥剑大喊道："快快，追上去，杀管仲者得黄金千两！"

兵士们听说有重赏，拼命挥动马鞭，战车似旋风般一路狂奔。

隰朋见后面尘土飞扬，知是追兵将至，对管仲更加佩服得五体投地，他抽出宝剑，大声吼道："将士们，快，快！前面就是汶阳，过了前面那道山梁，便是汶阳地界，就是咱们的天下，将士们，加油啊！"

管仲见追兵已近，手拍车杆打着拍子，拼命地大声唱着《黄鹄之歌》，兵士们和着歌声，齐心协力地推着槛车，一路狂奔。

汶阳境内，齐国大将王子成父率领齐国将士站在两国交界的齐国境内，见隰朋率领齐国兵士推着槛车在前面拼命地奔跑，后面不远处尘土飞扬，知是鲁军追到，他立即命令身后的齐兵大声呐喊，为隰朋他们加油。

"隰朋大夫，加油！"

"齐国将士，加油！加油！"

一时间，加油之声震耳欲聋。隰朋和他的将士们见远处的齐军将士站在齐境之内呐喊助威，全身爆发出无穷的力量，唱着歌，推着槛车，如风似的向齐国境内奔跑。

施伯站在战车上，挥舞手中铁剑，大声呼叫："快，追上去，杀掉槛车中的管仲！"鲁国的兵士挥鞭抽打奔马，战车快速地向前推进。

齐国境内，书有"汶阳"二字的界碑已遥遥可见，大将王子成父率战车和将士们站在齐境一侧，向隰朋挥手道："隰朋大夫，快！本将军奉鲍太傅之命，在此恭候多时了！"

隰朋剑指后面说："王子成父将军，快，挡住后面鲁国的追兵！"

王子成父大声回答："没关系，这里就交给我了。"

槛车冲过齐、鲁两国国界，安全地冲入齐国境内，推车的兵士们全都虚脱，一个个瘫软在地，拼命地喘气。

管仲长长地舒了一口气，仰天长叹道："我管仲终于生还齐国也！"

隰朋见槛车已安全地进入齐境，大大地松了一口气。

王子成父催动战车停于大道中间，隰朋也催转车头，同王子成父并排站在一起。

施伯见槛车已进入齐境，知道杀掉管仲的最后机会已经丧失，忙令战车放慢速度，最后停了下来。他从内心发出一声感叹：大事去矣！放虎归山，必成大患，管仲必将成为栋梁之材，齐国称霸诸侯不远矣！

隰朋看着停在不远处的鲁国战车，站在车上一抱拳，调侃地说："施伯大夫，何必如此盛情，亲自率战车前来送行？送君千里，终有一别，你还是请回吧！"

施伯强装笑脸说："鲁侯闻隰朋大夫不辞而别，深恐有所得罪，特令公子偃同施某赶来送行，只是迟了一步，放了个马后炮而已。"

"啊！原来如此，我以为是强盗打劫，才率部狂奔，如果知道是施大夫赶来送行，一定会停下来与你同行。"隰朋冷笑着说。

施伯尴尬地笑了笑说："隰朋大夫真会开玩笑，鲁侯可是治国有方，境内从未闻有强盗之说。"

"昨夜驿馆就有不速之客造访，难道不是鸡鸣狗盗之徒吗？"隰朋冷嘲热讽地说。

施伯反问道："有这种事？我回去一定查查。"

"不必了，如果没有其他的事，那就告辞了。"隰朋冷冷地说。

施伯、公子偃懊丧地看着齐军推着槛车离去。有词为证：

> 施大夫包藏祸心，管夷吾料事如神。
> 隰大夫不辞而别，公子偃长途送行。

隰朋押着槛车安全抵达汶阳后，在汶阳宿了一晚。王子成父告诉他，鲍叔牙已知公子纠伏诛，料知无大碍，已先期离去，嘱咐将管仲送往临淄。

第二天，隰朋别了王子成父，命兵士推着槛车，继续向临淄进发。队伍行至绮邑（山东蒙阴县西）时，由于行路太急，大家又饥又渴，恰好绮邑的封人（行政长官）闻隰朋大夫一行过境，忙备酒席款待一行众人。

管仲见封人从槛车前经过，说道："封人，能否给口饭吃，给口水喝？"

绮邑封人知道槛车里的管仲是太傅鲍叔牙的至交，是个人才，此次回到齐国后，一定会得到齐侯的重用。见管仲讨食，非常热情地拿出最好的食物，跪在槛车旁给管仲进食。

绮邑封人自认为对管仲有一饭之恩，进完食后，来到槛车旁，悄悄地问管仲："管太傅，如果你回到临淄，幸免于难，且又被齐君重用，你将如何报答我？"

管仲看着绮邑封人，笑着说："想听真话，还是想听假话？"

"当然是听真话！"封人笑容可掬地说。

管仲正色地说："如果真能像你所说的那样，我将要任命贤能的人，使用有才能的人，评定有功劳的人。你说，我能用什么报答你呢？"

绮邑封人听管仲之言，气得两眼直瞪，没好气地说："你这个人真是个死脑壳，虚委几句又有何妨？何必说得如此绝情？"

管仲哈哈笑道："人无信不立，明明办不到，却要故意虚言搪塞，岂不是蓄意失信于人吗？此非我管仲所为。"

绮邑封人先是一愣，突然双手一揖道："人说管仲乃济世之才，今日一见，果然非同凡响，刚才在下只不过是一句戏言，请别当真。"

"绮邑果然乃藏龙卧虎之地。"管仲哈哈一笑，"你若真有才，到时就证明给我看，否则，你还是安心做好绮邑封人吧！做好了，也能造福一方。"

绮邑封人双手一揖："领教了，管太傅一路走好！"

槛车过了绮邑，继续东行，向临淄进发。

这一天，槛车行到堂阜（今山东蒙阴县西北）境内，隰朋见推车的兵士累得够呛，指着前面一片树林说："前面有片树林，到那里停下来，喝口水，喘口气。"

队伍行至树林停下不久，忽见从堂阜城方向奔来两骑快马，来到隰朋的队伍前，马上之人勒住马问道："来者可是隰朋大夫吗？"

隰朋见问，站起来答道："我就是隰朋，不知军爷有何见教？"

马上之人跳下马，走近隰朋，低声说了几句话。隰朋马上对大家说："大家起程啰！今晚在堂阜落宿。"

第11章 黄鹄之歌

堂阜城驿馆的院子里，隰朋亲自打开槛车，恭敬地对管仲说："管太傅请下车，今天在此过夜。"

管仲觉得奇怪，一路上，尽管兵士们对他的态度都还不错，但吃住都在槛车之中，从未离开槛车一步，为何今天请自己出槛车呢？管仲正在犹豫之际，隰朋补了一句："管太傅请下车。"

管仲扶着拦栅走下车来，伸展双手，痛快地伸了个懒腰，感叹地说："车外真的是很舒服哟！"

一名侍候在侧的驿卒恭敬说道："管大人请随我来！"

管仲向隰朋望了望，隰朋狡黠地一笑说："去吧！"

管仲从隰朋的脸色中似乎读出了点什么，知道隰朋在卖关子，问也是白问，只好跟在驿卒的身后，走进驿馆。

驿卒将管仲带进一个小房间，管仲迈步跨进房门，见屋中间放着一个大木盆，木盆装满了正在冒着热气的热水。驿卒做了个请的手势说："管大人，请沐浴！"

"为何如此客气？"管仲不解地问。

驿卒恭敬地说："请管大人沐浴，我们是奉上命行事！"说完，帮助管仲脱去身上沾满污垢的破衣裳，将管仲扶进热水盆中，然后不停地给管仲淋水。管仲痛痛快快地洗了个热水澡，浑身轻松。站起来正欲穿衣服，驿馆人员却说："管大人别忙，还要沐浴二次。"

管仲吃惊地问："洗干净了呀！为何要沐浴三次？"

"上面是这样说的。"驿卒突然觉得自己说得太多，忙刹住话头，闷声不哼地倒掉盆中的污水，再也没有说多余的话。门外早有人提来几桶热水，倒进木盆中。驿卒做了个请的手势说："请管大人沐浴！"

管仲见驿卒突然打住了话题，连忙问："上面是谁？"

驿卒微微一笑道："管大人，请沐浴！"

管仲见问不出个什么，干脆一言不发，跳进木盆再洗，边洗心里边想，沐浴三次，这是给刚出牢的囚犯举行的除灾仪式，洗去一身晦气。有谁会给自己举行这样的仪式呢？他百思不得其解，因为，唯一能给他举行此等仪式的人鲍叔牙已先行回了临淄，除了鲍叔牙，他还真想不出会有第二个能为他举行这样隆重的除灾仪式的人。

沐浴三次后，驿卒拿来干净的衣服让管仲换上。早有一名驿卒候在门口说道："请管大人随我来，有人要见你。"

管仲迫不及待地问:"在哪里?"

驿卒手一指:"客厅!"

管仲听说有人要见他,心里想道,为自己举行除灾仪式,而又要召见自己者,唯有一人而已,一定是这个人又回来了。他三步并作两步跑向会客厅,尚未进门就大叫道:"叔牙兄,是你吗?我知道是你,兄弟想死你了。"

鲍叔牙从屋内走出来,哈哈大笑道:"夷吾弟,怎知道是我?"

管仲冲上前去抱住鲍叔牙,两眼含泪地说:"除了兄长,谁能为我举行除灾仪式,谁能这样关心身为囚犯的管仲?"

鲍叔牙拍拍管仲的背,动情地说:"天佑兄弟无恙,只是让你受苦了。"

管仲突然一把推开鲍叔牙,紧张地说:"未奉君命,怎能轻易将我放出槛车?叔牙兄,不可为兄弟之情而违君命呀!"

鲍叔牙拉着管仲的手说:"无妨,我正在向主公极力推荐兄弟,普天之下,无人不知管鲍之交,主公让我前来,也是有意让我们兄弟叙叙旧。"

管仲见说,迫切地问:"齐侯的意思如何?"

"主公仍记恨那一箭之仇。"鲍叔牙见管仲脸露失望之色,忙安慰说,"兄弟不要灰心,愚兄拼死也要保你。你能活着离开鲁国,也是主公的主意,否则,你有十个脑袋,也不能活着离开鲁国一步。"

管仲伤感地说:"我与召忽同事公子纠,既不能将公子纠奉以君位,又不能追随公子纠于地下,已失为臣之气节,如果再来侍奉小白,召忽在九泉之下,岂不笑我是反复无常的小人吗?"

鲍叔牙说道:"成大事者,不顾虑于小耻,立大功者,不拘泥于小节。兄弟乃济世之才,只是未逢其时、未遇明主而已。主公是一个有远大抱负的明君,若能得到你的辅佐,让你执掌齐国大政,何愁齐国霸业不成。到时,你将功盖天下,名显诸侯,怎么能够守匹夫之小节,而行无益之事呢?"

"谈何容易,谁叫我暗箭射杀小白呢?现在,我还是一个囚犯啊!"管仲叹了口气,"此乃天命,天命不可违哟!"

"兄弟切莫灰心,我鲍叔牙就是拼掉一命,也要保你无事。"鲍叔牙见管仲仍是情绪低落,劝慰地说,"能活着从鲁国回来,这就是个好兆头,没有翻不过去的山,我对主公是有信心的。他一定会有这个度量。"

"空有鸿鹄之志,却无用武之地,天灭管仲啊!"管仲一声长叹,黯然泪下。

鲍叔牙在出发前,向齐桓公保荐管仲,谁知齐桓公仍记恨管仲那一箭之仇,

第11章　黄鹄之歌

铁了心要杀掉管仲以报一箭之仇,能否消除齐桓公心中的仇恨,鲍叔牙心里也没有底,见管仲如此伤感,心里一时倒没了主意。管仲本乃绝顶聪明之人,一点即通,过多的宽慰,反而更令人伤感,于是,他换了一张笑脸道:"大难不死,必有后福,愚兄昨晚卜过一卦,虽不是上上之象,却也是个中平,虽不是很好,却也不甚坏,别灰心,集我们二人之力,一定能越过这道坎。"

管仲仍然是愁眉不展。

"好了,今天就不谈这个了,走,喝酒去!"鲍叔牙拉着管仲,一起去了餐厅。是晚,鲍叔牙同管仲同榻而卧,几乎是彻夜未眠。

第二天,鲍叔牙先回临淄,临行前,他特别关照管仲,到临淄后,无论发生了什么事情,一定要泰然处之,切不可失了信心。

管仲听到鲍叔牙的话,心中更是沉重,内心里燃起的希望,降到冰点。重新钻进槛车,由兵士推着,继续向齐国都城临淄进发。

临淄城西门,两队兵士手持兵刃分列两边,兵士的背后人头攒动,围观的人群翘首以待,似乎在等待着什么。恰在此时,不知谁喊了一声:"你们看,来了!来了!"

众人举目望去,对面山脚拐弯处,出现一小队人马,四名兵士推着一辆槛车走在队伍最前面,两名兵士推着装着两个木匣的小车紧跟其后,再后就是一小队齐国武士。

槛车越走越近,城门口两边看热闹的人群越挤越拢,最后只剩下仅能让一辆车通过的路面。不一会,槛车走近城门,走进人巷。

一名壮者指着槛车中的人说:"这就是传说中的管仲?怎么如此狼狈,成了阶下囚?"

一位老者说:"听说公子纠有两个师傅,一个就是槛车中的管仲,一个叫召忽。召忽在鲁国触柱而死,追随公子纠于地下,召忽真乃忠臣也!"

另有一个不屑地说:"你看车中这个人,贪生怕死,苟且偷生,主子都见了阎王,怎么还有脸活着回临淄来。"

人言可畏,字字如锥,像钢针一样扎进槛车中管仲的心里,他痛苦地闭上了眼睛。

槛车还在继续向前走,人群紧跟在后面一起移动,来到宫城耻辱柱前,跟在槛车后的竖刁大叫一声:"停车!"

推车的四名兵士不知发生了什么事，连忙停下车，管仲也为这一声喊叫所震动，不知竖刁到底要搞什么名堂。

竖刁坐在车上，手指耻辱柱对槛车中的管仲说："管仲，你睁开狗眼看看，这就是主公亲手竖起的耻辱柱，主公对天发誓，要用你射他的那支箭，亲手将你射杀在耻辱柱上，以报一箭之仇。你还能活吗？"

管仲两眼盯着耻辱柱，白水之滨那一幕仿佛又展现在眼前：自己佯装撤退，突然翻身一箭，小白口喷鲜血倒在车上……

人群中，不知谁喊了一声："打死这个暗箭伤人的小人！"话声刚落，小石头、土疙瘩如雨点般飞向槛车。

管仲被这突如其来的事件所震惊，他没有想到不明事理的百姓在竖刁的煽动下，竟对自己有这么深的愤恨。恰在此时，一块小石头砸在管仲的额头上，顿时血流满面。管仲愤怒地跪在槛车中，怒睁着双眼注视着人群，眼中射出狼一般的凶光，他欲痛骂几句，以消心头之恨，然后一头撞死在槛车之中，免受此奇耻大辱。突然，鲍叔牙在堂阜临别之时对他说的话响在耳边："无论发生了什么事情，一定要泰然处之，切不可失了信心。"原来，这一切早在叔牙兄的预料之中，他专门停驾堂阜，对自己预作交代，就是要自己忍辱负重，坚强地活下去。想到这里，管仲如狮子一样怒吼一声，痛苦地坐下，闭上双眼，任由额头上的鲜血流下，任由车外的石头、土疙瘩击打在身上……

第12章　心忧挚友愁白头

夜幕已经降临，牢房里更是漆黑一片，管仲浑身是血，疲惫不堪地躺在潮湿的死牢中。肚子里饥肠辘辘，更要命的还是口渴难耐。躺下，坐起来，又躺下，再坐起来，无论采取什么姿势，浑身都是不自在。

突然，牢门哐啷一声打开了，一个狱卒左手持火，右手提一个小案几，怀里还夹着一张琴；后面跟着一个狱卒，左手提一个砂罐，右手提着一个食盒。两人走进牢房，放下案几，插好火把，将琴靠墙放好，另一个放下砂罐，放下食盒，取出食盒中的菜肴放在案几上。管仲不问青红皂白，提起砂罐猛喝几口水，这才气喘吁吁地问："差哥，谁为在下送来酒菜和饭食？"

"送来了就吃，别多问了！"狱卒边放盘子边说。

正在这时，突见竖刁走进牢房，他见两个狱卒给管仲送酒菜，大吼道："谁吃了熊心豹子胆，竟敢给死囚送酒食。"

一名狱卒胆怯地回答："回禀将军，是鲍太傅令我们送来的。"

"可惜呀！想吃也时日不多，说不定哪一天要被钉在耻辱柱子上晒干鱼呢！"竖刁冷笑一声，转身离去，临出门还回头说，"严加看守，别让死囚溜了，主公还等着向他报一箭之仇呢！"

竖刁走了。狱卒们出去了。牢门锁上了。

管仲看着眼前的酒菜，一时倒没了食欲，拉过靠在墙边的琴，放在案几之上，弹奏起来。

鲍叔牙自堂阜同管仲见面以后，先期回到临淄，他用了不少心思劝说齐桓公赦免管仲。齐桓公记恨白水之滨那一箭之仇，就是不松口。

鲍叔牙虽然不是相国，但齐国朝政，实际上是由他主持。此前，齐桓公欲拜鲍叔牙为相国，遭到鲍叔牙的婉拒。鲍叔牙认为，他不适合为相国，还有比他更适合的人选，这个人就是管仲。齐桓公对管仲的恩仇未了，并没有答应。在齐桓公的心目中，他的师傅鲍叔牙才是相国的最佳人选。实际上，他已经将鲍叔牙当成相国来使用了。朝中的大事小事，都交给鲍叔牙去处理。偏偏鲍叔牙这个人做事非常认真，事无巨细，事必躬亲，生怕有所闪失。本来，国事就忙得他焦头烂额，再将营救管仲之事交织在一起，搞得鲍叔牙心力交瘁，短短的十多天，便已是鬓发全白。

　　本来，管仲在白水之滨暗箭射杀公子小白之后，鲍叔牙也对管仲心生恨意，认为管仲心肠太狠，竟然暗箭射杀自己的主人。事后想起来，又觉得管仲之举是各为其主，无可指责，若是换了自己，遇到相同的情况，也会像管仲那样毫不迟疑地杀掉公子纠，以使自己侍奉的公子小白登上君位。这样想，心里也就坦然了，原谅了管仲。为了救管仲，他顺着齐桓公的杆子爬，以齐桓公要亲自报一箭之仇为借口，胁迫鲁国将活着的管仲交给齐国，顺利地将管仲从鲁国引渡回国。

　　管仲虽然活着回来了，但却被关押进天牢，如何劝说齐桓公赦免管仲，将他从天牢里放出来，难度比想象的大得多，因为无论怎么劝说，齐桓公还是那句老话，要报那一箭之仇，要亲手杀了管仲。之所以没马上大开杀戒，是因为鲍叔牙巧妙地利用冲喜之说拖延了时间。

　　原来，鲍叔牙回临淄后，即来见齐桓公，禀报鲁国之行的结果，让齐桓公先吊后贺。齐桓公有些不解地问："何吊之有？"

　　"公子纠乃主公之兄，主公为国大义灭亲，情非得已，臣能不吊吗？"鲍叔牙说。

　　"嗯！"齐桓公点点头说，"寡人逼鲁侯杀掉公子纠，是为齐国的长治久安着想。但公子纠毕竟是寡人亲哥哥，师傅。"

　　"主公有何吩咐？"鲍叔牙问道。

　　"请将公子纠以礼葬之！"

　　"臣也有此意，但臣知道主公宅心仁厚，一定会这样做的，所以等着主公吩咐呢！"鲍叔牙为了营造一个好的气氛，对齐桓公恭维了几句。

　　齐桓公脸上果然露出了笑容，点点头，表示赞同。鲍叔牙趁机说："召忽乃忠臣，将他的首级葬于公子纠之侧，让他在九泉之下侍候公子纠，行吗？"

"好！好！好！就这样办。"齐桓公不假思索地就答应了。

鲍叔牙心里的一块石头总算是落了地，召忽九泉之下若有知，一定也会感激他这位仁兄的。

齐桓公又问道："吊已吊了，何贺之有？"

鲍叔牙满脸堆笑地说："管仲乃天下奇才，非召忽可比。遵从主公之意，臣已将他从鲁国引渡回来，主公得一贤相，臣能不贺吗？"

齐桓公马上就变了脸色，咬牙切齿地说："管仲暗箭射杀寡人，幸亏箭中带钩，否则，寡人早已是管仲的箭下之鬼。寡人每想到这件事情，恨不得要吃管仲的肉，寡人怎么能用我的仇人呢？寡人令将管仲引渡回齐，是要亲手杀了他，并不是请他回齐国来当相国。"

鲍叔牙痛苦叫道："主公……"

齐桓公见鲍叔牙的表情，知他与管仲感情很深，也不欲过分地伤他的心，一摆手道："师傅，今天不提管仲之事，提到他寡人心中就有气。"

鲍叔牙知齐桓公心结难解，为防谈崩而导致对管仲痛下杀手，灵机一动说："主公言之有理，主公君位初立，确实不应该处理一些不愉快的事情，免得沾了晦气。将管仲之事放在一边，不去理他，先办几件喜事冲冲喜再说。"

"师傅言之有理，你看何事能使寡人高兴？何事又能冲喜？"桓公脸色又变了过来，笑着问。

鲍叔牙热情地说："竖刁快马回报，蔡侯已经答应了婚事，同意将蔡姬嫁与主公，如果顺利的话，送亲的队伍已在途中，不日将到临淄，臣已派人沿途迎接去了，主公早作准备，到时做新郎吧！"

原来，齐桓公平生有三大喜好：好色、好猎、好美食。尽管后宫侍妾如云，但仍然乐此不疲，闻知哪里有美女，一定要想办法弄到手才肯善罢甘休，否则就寝食不安。

竖刁素性阿谀，每欲讨好桓公。闻蔡侯之妹天姿国色，貌若天仙，于是，他向齐桓公献媚道："主公，臣听说蔡侯之妹蔡姬生得天姿国色，举世无双。臣请为使，到蔡国去为主公提亲，使主公睡榻旁又增美人，岂不快哉？"

齐桓公果然是渔色之人，闻竖刁之言，大喜过望，忙召鲍叔牙商量，欲聘纳蔡姬。鲍叔牙也知道，只要是小白看上的女子，他一定会千方百计地弄到手，谁欲阻拦，一定没有好果子吃。他当然同意桓公的要求，并派遣竖刁出使蔡国，向蔡侯提亲。

齐桓公听鲍叔牙提到蔡姬，果然是眉飞色舞，笑着说："竖刁真的办好了这件事吗？"

鲍叔牙笑着说："貌若天仙的蔡姬，即将成为主公的枕边人，主公真是艳福不浅哟！"

齐桓公立即手舞足蹈起来，仿佛已经是美人在怀。鲍叔牙见状，恭维地说："臣闻蔡姬不但貌若天仙，且还贤淑雅静，知书达理，主公新添这么一位夫人，实在是可喜可贺！"

齐桓公略显歉意地说："寡人得了怪病，见了美人就全身发痒，离了美人，浑身就没劲。"

鲍叔牙附和地说："食色，性也，怎能说是病，只能说明主公龙马精神，天生情种。"

"哈！哈！哈！"齐桓公大笑道，"龙马精神？天生情种？师傅真会说话，这迎娶蔡姬之事，就由你全权操办。寡人只等搂得美人归了。"

鲍叔牙笑着说："一切包在臣的身上，主公就等着做新郎吧！"正是：

挚友落难为囚徒，几度援手愿难成。
转谋喜庆悦圣心，暂缓行刑欲活人。

且说管仲回临淄已近月余，但却是在牢笼里虚度时光。整日里，除了送饭的狱卒打开栅拦之外，牢房总是被一条粗粗的铁链紧紧地锁着。鲍叔牙不但没有跨进牢门一步，甚至连信也没有给一个。管仲预料，鲍叔牙一定是遇到了麻烦，否则，绝不会出现这样的情况。他暗暗感觉到，死神正在一步一步地向他逼近，黑白无常已经在催他上路。每想到此，一个人坐在潮湿的牢房，止不住流下几滴英雄泪。

管仲并不是怕死，人生自古谁无死？只是他觉得，自己空有满腹经纶，却不能为国所用，若就此死去，实在是心有不甘。他之所以不想像召忽那样追随公子纠于地下，就是想将胸中所学奉献给齐国。白水之滨，他之所以要暗箭射杀公子小白，就是想让公子纠继承齐国国君之位。若公子纠继承了齐国国君之位，作为公子纠的师傅，他就会理所当然地坐上相国这把交椅，有了相国之位，

第 12 章　心忧挚友愁白头

他就可以尽展胸中所学，使齐国走上富国强兵之路。谁知天意弄人，箭中带钩，小白不但未死，反而还抢夺了齐国国君之位，自己辅佐的公子纠，不但因自己的疏忽而失去君位继承权，而且还客死他乡。身为公子纠的师傅，自己现在也成了阶下囚。

管仲知道，齐国相国之位非鲍叔牙莫属，他也从心里替这位兄长高兴。原本他还想，回到齐国后，若能不死，他愿意充当鲍叔牙的助手，共同辅佐齐侯。但是，当他在耻辱柱前遭到众人唾骂、围攻的时候，他就知道自己活下来的几率很小，当在黑暗的牢房里呆这么长时间，鲍叔牙仍没有将他救出去时，他心里几近绝望。绝望之余，他又为齐国感到悲哀。因为只有他才是齐国相国最合适的人选，只有他才能带领齐国走上富国强兵之路。鲍叔牙是个好人，也有能力，让他管理国家一个方面的工作，他能做得很出色，但他不是做相国的料，他没有做相国的气魄和远大的眼光。

管仲想到自己是行将就木之人，突然意识到，自己虽有济世之才却不能为国用，就这样将其带到地下去岂不是太可惜？于是，他就有了要为鲍叔牙做点什么的冲动，将自己的所思、所想写出来，留给鲍叔牙，也可为齐国略尽微薄之力。想到这里，他便向狱卒要求，请为他准备竹简和笔。狱卒本来就得到鲍叔牙的指示，无论管仲要什么，都要满足他的要求，如果解决不了，可以找他。因此，狱卒很快就满足了管仲的要求，并且还特地在牢房里点上松明火把。

鲍叔牙走进天牢，管仲正在埋头书写，一旁的狱卒欲喊管仲，告知鲍太傅来看望他，鲍叔牙摆摆手制止了。他静静地站在栅栏外面，看着这位满腹经纶却又备受磨难的好兄弟，忍不住眼泪直流，站了好一会，管仲只是奋笔疾书，待他手中的竹简写完换简之时，鲍叔牙轻轻地叫道："夷吾弟！"

管仲突听有人叫夷吾弟，顿时浑身一震，知道是鲍叔牙到，猛然抬起头，见鲍叔牙就在栅栏外，霍地一下站起来，扑向栅栏，惊叫道："叔牙兄，你可来了！"

狱卒迅速打开栅栏上的铁锁，鲍叔牙一步跨进牢房，这一对好兄弟紧紧地拥抱在一起，什么也没有说。狱卒悄无声息地退了出去。

好久好久，两人才彼此松开，鲍叔牙低头看着案几上堆放的竹简，上前拿起一卷看了起来，只见开首写道：

牧民

国颂：

凡是拥有国土治理人民的君主，要注意四时农事，保证粮食储备。国家财力充足，远方的人民就自动迁来；荒地开发得好，本国的人民就能安心地留住。粮食富裕，人民就知道遵守礼节；衣食丰足，人们就懂得荣辱。君主的服用合乎法度，六亲就可以团结；国家的四维（礼、义、廉、耻）能够发扬，君令就可以贯彻……

鲍叔牙放下手中的竹简，迫不及待地将案几上所有的竹简翻看一遍，见还有《权修》《立政》《形势》几篇，惊喜地说："夷吾弟，这些都是你的大作？"

管仲有些莫名其妙，鲍叔牙进来除在栅栏外叫了他一声外，一句话也没有说，只是一个劲地翻看自己写的竹简，睁着一双大眼睛，苦涩地说："是呀！叔牙兄为何如此激动？"

"夷吾弟！"鲍叔牙猛地回过身来，再次抱住管仲，大笑道，"有救了！有救了！"

管仲不解地问："什么有救了？"

鲍叔牙拉着管仲坐下来，感慨地说："自堂阜一别，愚兄一来为国事缠身，二来欲待恳请主公赦免夷吾弟之事稍有眉目之后再来看望你，谁知主公执意不赦……"

管仲看着鲍叔牙花白的头发和如霜的两鬓，伤感地说："近一月不见，叔牙兄就两鬓如霜，你为小弟之事已是心力交瘁，叫小弟如何报答你。小弟也知道求赦无望，故此想在有生之日，将我的治国之道写下来，留给叔牙兄作个参考，也不枉我们兄弟一场。"

"还是留着你自己用吧！"鲍叔牙指着案几上的竹简说，"愚兄数劝于主公，未曾打动君心，不想兄弟却自己救了自己。我现在就要将这些带走，定能派上大用场，凭你这些惊世之作，主公一定会正视你的存在。一定会有惊人之喜。不是愚兄救你，你这是在自我救赎。"

鲍叔牙在牢里待的时间不长，抱着管仲刚写完的几卷竹简便匆匆离去。临别时，嘱管仲耐心等待，他有办法也有信心求得齐桓公的赦免。

第13章 齐桓公喜得一佳人

且说竖刁为齐国使臣，跋山涉水赴蔡国为齐桓公提亲。蔡国本是小国，向欲巴结齐国，只是两国相距较远，欲交而无门。闻泱泱之大齐遣使来蔡国，蔡侯惊喜非常，以仅次于招待周天子的礼节来接待齐国使臣。

竖刁本是势利之人，若为他事出使一般小国，他一定是趾高气扬，大有凌驾于人上之意，怎奈此次出使蔡国，是有求于人，若不能迎得美人归，将丧失一个讨好君上的大好机会。他见蔡国以如此高的礼节接待，内心一阵窃喜，预料完成此行之使命把握性非常大。但他还是放下大国使臣的架子，以外臣之礼叩见蔡侯。蔡侯见齐国使臣行外臣之礼，受宠若惊，谦恭地问："不知上国使臣屈驾于蔡，所为何事？"

竖刁单刀直入地说："齐侯闻蔡侯有贤妹蔡姬，不但长得美貌绝伦，而且聪慧贤达，欲同蔡侯结成姻亲，特遣外臣前来提亲，礼聘蔡姬为齐侯夫人，请蔡侯成全则个。"

蔡侯闻齐国使者来蔡是为齐侯提亲，心里暗自高兴，正愁攀附齐国而无门，见有此人好机会，哪有不允之理，连忙答道："齐侯乃大国之君，能看得上舍妹，此乃舍妹之福。请上国使节宿于驿馆，待鄙国稍作准备，然后送舍妹与贵使一同赴齐，与齐侯完婚，如何？"

竖刁见蔡侯慨然应允，心里当然高兴，喜形于色地说："外臣谨听蔡侯吩咐就是。"

蔡国都城的驿馆建在一个被叫做澜湖的小湖边。齐国滨临大海，竖刁看惯了大海的浩瀚，陡然间来到这内陆的小湖边，眼见那岸边垂柳，湖中游船，倒是别有一番情趣。一个人待在驿馆里，闲来也觉无聊，便对陪同的蔡国大夫宋儒说，欲到湖边转转，宋儒早就得到蔡侯的旨意，一定要陪好齐国来使，随时满足来使提出的任何要求，总的就是一句话，保证齐使高兴、满意即可。

竖刁同宋儒大夫漫步于澜湖边，边走边聊着蔡国之风土人情，突然，湖汊的荷花丛中传出一阵银铃般的笑声。竖刁本是好色之徒，闻此笑声，顿时是骨软筋麻，连路也走不动了，脚下不由自主地向荷塘边移去。宋儒察言观色，心知竖刁奢好渔色，跟在竖刁的身边讨好地说："不知是谁家美姝在荷花中戏耍，大人有兴趣，前去看看！"

竖刁两眼紧盯着荷花丛中一叶扁舟上的几位少女，脚步是越来越快，闻宋儒大夫之言，边走边说："荷花丛中藏佳人，真乃仙境也！"

竖刁来到湖边，两眼紧盯着荷花丛中小船上一名最为靓丽的少女，只见她体态娇小玲珑，容颜妩媚，细致的眉蛾，掖藏娇羞，涂朱抹丹，喷香怀馥，站在船头上，藏在荷花中，真个是人如花，花如人。竖刁惊叹道："中原女子，好美呀！"

船中的少女听到岸边有人说话，抬头一看，见是一个衣着华丽、从未见过的男人，嘻嘻笑道："怎么？没见过漂亮女人呀？"

竖刁闻言大吃一惊，心里想，中原女子怎么如此泼辣，对生人说话竟如此口无遮掩？

竖刁吃惊，有一个人比竖刁更吃惊，他就是陪同竖刁游湖的宋儒大夫，因为他发现，船中说话的少女不是别人，正是竖刁来蔡国要礼聘的蔡姬。

蔡姬从小天资聪颖，被爹娘视若掌上明珠，除随乳母习学女红之外，还有专人教习文章及琴棋书画，闲暇之余，常带着侍女随仆人习学弓箭、划船与游泳。表面上看，蔡姬是个温柔娴静的小女子，可骨子里却有巾帼不让须眉的男儿气概。父兄长年征战沙场，她的血液中大约遗传了她爹的基因：胆大，豪爽。

宋儒吃惊，主要是担心竖刁不喜欢蔡姬这种抛头露面的泼辣性格，若婚事难成，他还真不敢想象后果如何。正欲出面制止，不想竖刁面对湖中的小船吟道：

青荷盖绿水，芙蓉披红鲜。
不知谁家姝，较荷更美艳。

船上的蔡姬刚才本是一句戏言，有意戏弄岸上之人，不想岸上之人毫不气恼，反而还吟诗赞美自己，一时兴起，马上回吟一首，反唇相讥：

妾乃天上仙，湖中与鱼戏。
哪来莽夫子？敢扰妾雅兴。

竖刁见船上少女应对迅速，诗中对自己的失态虽颇有责怪之意，然所咏之诗，真乃是平生仅见，不由兴趣大发，再吟一首：

来自大海边，此时正得闲。
偶逢荷中仙，醉心欲采莲。

宋儒大夫见二人对上了，害怕出现意外，正欲出言说明彼此的身份，忽听船上传来一阵笑声，接着又听蔡姬吟道：

蛤蟆贪天鹅，麻雀恋孔雀。
莽夫好大胆，竟敢戏嫦娥。

宋儒见蔡姬越来越放肆，忙对着荷花中的小船喊道："公主不得无礼！这是齐国使臣竖刁大人！"

船上之人听到宋儒之言，突然没了声音。竖刁听宋儒叫船上之人为公主，也是大吃一惊，问道："宋大夫，你刚才叫什么？"

宋儒说道："船上少女就是蔡姬呀！"

"啊！"竖刁惊呆了，想不至船上少女就是自己前来礼聘的即将成为主公夫人的蔡姬，自己竟然以诗戏耍且还有轻薄之意，想到此，竖刁惊出一身冷汗。竖刁到底还是竖刁，连忙口吟一首以表歉意：

竖刁使蔡迎丽妹，澜湖荷塘逢嫦娥。
莽夫冒犯本无心，但求孔雀恕麻雀。

竖刁与宋儒等了半天，不见回声，再一看，小船已隐于荷叶丛中，只见荷叶晃动，却不见小船踪影。

宋儒大夫歉意地说："让竖刁大人见笑了，公主就是这个性子，自恃才高，在蔡国少有对手，今日之事，多有冒犯，还请不要见怪。"

竖刁叹道："久闻蔡姬乃才女，今日一见，果真是大开眼界。"

蔡侯备了一份丰厚的嫁妆，并遣公子宏跟随竖刁将蔡姬送至临淄。竖刁对自己能顺利完成这样一个使命，自是欢喜非常。派快马先行将喜讯禀报齐桓公和太傅鲍叔牙。然后跟随送亲队伍，从蔡国出发，一路上，晓行夜宿，直奔齐国都城临淄。为讨得蔡姬的欢心，竖刁极尽阿谀奉承之能事，除晚上睡觉之外，一直侍候在蔡姬的身边，以讨得蔡姬的欢心。

蔡姬坐在车中，见竖刁鞍前马后侍候得格外殷勤，旅途倒也不觉寂寞。她心中最想知道的是未来的夫君长的到底是个什么样子。她虽然性情泼辣，但要直接询问夫君长相如何，倒还真是开不了口。不问又觉得有些不甘心。于是，她试探地问："竖刁大人，你们齐国的男子都长得像你这样英俊吗？"

竖刁是何等人，大雁从头顶飞过，他都能认出个公母来，蔡姬的话音刚落，他便知其用意，笑容满面地说："竖刁怎够得上'英俊'二字，若与主公相比，十之一二都难及，主公那才叫英俊呢！"

蔡姬见说，心中窃喜，口头却说："竖刁大人总是拣好听的说。"

"借我一百个胆子，我也不敢骗你呀！"竖刁信誓旦旦地说，"齐侯不仅长得英俊潇洒，而且还机智过人。"

蔡姬坐在车子里笑着说："又在吹牛吧？"

"给您讲个故事，就知道我不是吹牛了。"

"讲吧！"蔡姬表面上装得若无其事，心里是很想多知道一些即将成为自己夫君的齐桓公的事。

"先君襄公在位之时，主公避乱于莒国，公子纠避难于鲁国。公孙无知弑君而篡位，雍廪大夫又杀了公孙无知。公子纠和主公分别从鲁国和莒国回齐国奔丧。主公在白水之滨与公子纠的师傅管仲相遇，管仲陡起杀心，暗箭怒射主公，不想箭中带钩，主公乘势嚼舌喷血诈死，逃过管仲的继续追杀。管仲认为主公已死，放心离去。公子纠和送公子纠回齐国的鲁庄公听信管仲之言，也认为主公已死，没有人同他们争夺君位了。于是，一路上也不急着赶路。而主公抄近路回齐，在高、国两上卿的拥戴下，拜宗庙，继承了齐国国君之位。"竖刁问蔡姬，"非大智大勇者，能骗得过管仲，登上齐国国君之位吗？"

"那暗箭射杀齐侯的管仲呢？"蔡姬问道。

第13章　齐桓公喜得一佳人

竖刁说道："还关在天牢里，主公说了，要亲手将管仲射杀在耻辱柱上。"

"啊！"蔡姬惊叹一声。

"您到齐国后，一定能看到这一幕的。"竖刁有些幸灾乐祸地说，"一报还一报，管仲是死定了。"

鲍叔牙接到竖刁的快报，便着手操办齐桓公迎娶蔡姬的婚庆之事。估摸着送亲队伍快到临淄，于是派出快马沿途打探。探子回报，送亲队伍从鲁国过境，已过汶阳，三两日即可到达临淄。鲍叔牙命人将宫城精心布置，内内外外，张灯结彩，披红挂绿，宫灯高悬，呈现一片喜庆之气。齐桓公寝殿内更是披红挂绿，宫灯高悬，一片喜庆气氛。

鲍叔牙将婚事操办的准备情况随时向齐桓公禀报。齐桓公关心的只是美人几时能到，至于操办之事，那只是一个过场，他倒不怎么苛求，这样，鲍叔牙办事可就要顺手多了。

高高的城墙，宏伟的城门，一面书有一个大"齐"字的杏黄旗插在城楼上迎风招展，蔚然壮观。竖刁骑马走在蔡姬的车旁，指着临淄城说："您看，前面就是齐都临淄城，我们马上就要到家了！"

蔡姬掀开车帘探望，见高高的城楼上大旗迎风招展，守城的士兵来回走动，好不威风，不由从内心发出一声感叹："好气派呀！"

车队快到城门口时，蔡姬不情愿地将车帘放下，将红绸盖头拉下。刚进夫家的女子，是不能随意抛头露面的，蔡姬虽然泼辣，却也不敢冒昧。时间长了，终还是耐不住好奇之心，忍不住揭出盖头，将车帘拨开一条小缝，偷偷地向车外观看，只见那宽敞的大街，人群川流不息，贩夫走卒的吆喝声，此起彼落，与小小的蔡国相比，简直有天壤之别。突然，一阵优雅动听的音乐传了过来，同时还伴杂着欢呼声，蔡姬知道车队已进宫城，连忙放下车帘，重新坐好，将红绸盖头拉下。

齐桓公将蔡姬迎进后宫，然后来到大殿，接受群臣的祝贺。

群臣皆已入座，只等新郎入席即可把酒言庆。趁此空闲之机，竖刁站在中间，正在绘声绘色地讲述他在蔡国澜湖边的奇遇，众人听后，不时发出阵阵惊叹之声。

竖刁正讲到得意处，见齐桓公满面春风地进入大殿，忙上前献媚地说："臣恭喜主公喜得才女佳人。"

齐桓公大笑道："蔡姬真有你说的那样好？"

"蔡姬貌若天仙，举世无双，姿色实不是臣能用言语形容。"竖刁色眯眯地说，"主公体验后，就知其妙！"

鲍叔牙见齐桓公入殿，上前将他拉到酒席旁说："主公请入席，群臣都在等着致酒祝贺呢！"

大臣们见齐桓公入席，端起酒爵齐声说道："祝贺主公喜得佳人！"

"好！好！"齐桓公举起酒爵说，"寡人受了！"说罢，将爵中酒一饮而尽，随后又自斟一爵，举爵说道："今天是寡人的大喜之日，不必拘束，开怀畅饮，寡人在这里敬大家一爵。"

齐桓公又单独向高、国二位上卿敬酒，然后将招待客人的事交给鲍叔牙，他自己则返回内宫。群臣乐得桓公离去，好无拘无束地饮酒吃肉。

蔡姬头蒙红绸，端坐于案几一侧，除刚进来的侍女侍奉外，此时寝宫里就她一个人。临行前，其兄蔡侯告诉她，姜太公开创齐国，因其俗，简其礼，礼仪与蔡国不同，嘱其嫁至齐国，一定要入乡随俗，不可任性。因此，她只好静静地坐在寝宫，等候夫君的到来。

忽然，门外响起了急促的脚步声，她知道是夫君来了，心里顿时像小鹿似的嘣嘣直跳，深深地吸了一口气，借以稳定一下情绪。突然，脚步声没有了，蔡姬大失所望，以为是有人从寝宫门外经过，紧张的心情又放松下来。

齐桓公迈着大步急匆匆地回到寝宫，突然觉得自己是不是太急了些，于是，放慢了脚步，在寝宫门口静静地站一会，稳定一下情绪，再慢慢地推开寝宫门，轻轻地迈步走进寝宫。

蔡姬听到轻轻的开门声、轻轻的脚步声，美滋滋的，心里想：大老爷们，心思还挺细的，刚才还是心急火燎，到了门口就放慢脚步，还懂得怜香惜玉。不由得对这个即将面对的夫君有了几分好感。她默默地等待着，等待夫君前来将她的红绸盖头掀去，这样，她就能与夫君面面相对。

齐桓公轻轻地走进寝宫，慢慢地来到蔡姬面前，伸出手，轻轻地、慢慢地掀开红盖头之一角，眼前一亮，不由发出"啊！"的一声惊叫。只见蔡姬：乌云叠鬓，杏脸桃腮，眉淡淡似春山，凤眼汪汪似两潭秋水，樱桃朱唇，娇身柳腰，似海棠醉日，梨花带雨，国色天香，宛若仙子。齐桓公简直看呆了。

蔡姬定睛看那桓公：浓眉大眼，虎背熊腰，眼如铜铃，鼻如鼓坟，身高八尺开外，果然是一个顶天立地的伟男子。她满心欢喜，满脸堆笑地向齐桓公施礼道:"贱妾给主公请安!"出语如莺,吐气出兰。

齐桓公听之心花怒放,闻之骨软筋麻,忘情地看着这位美娇娘,两眼眨也不眨。两人就这样无声地对视着。到底还是齐桓公的耐性有限,看着眼前这如花似玉的美娇娘,不由得浑身燥热,止不住心猿意马,再也按捺不住,一把将蔡姬搂在怀里,大声赞道:"人夸妲己、褒姒美,怎及寡人的蔡姬半分容?"

蔡姬偎依在齐桓公怀里,娇滴滴地说:"啊哟!主公,怎么能拿蔡姬同亡国祸水相比呀?"

齐桓公一听更是高兴,这蔡姬不仅美貌如花,而且才识过人,真是越看越爱,忍不住便要为她脱衣解带,共行那云雨之乐。谁知蔡姬轻轻地推开齐桓公的手,笑吟吟地说:"主公怎么如此猴急,贱妾与主公尚未共牢合卺呢!"

齐桓公笑道:"寡人竟忘记未行合卺之礼了。"

蔡姬娇柔地说:"听母亲说,不吃共牢,不喝合卺酒,就难与主公白头偕老。"

齐桓公笑着把蔡姬拉到席上坐下。那里早已摆好了"牢"和"卺"。

共牢和合卺是一种古老婚俗。

"牢",是指祭祀用的牲畜,原指牛、羊、猪三种,后也专指祭祀用的牛。"牢"又分"大牢"和"小牢","大牢"供参加婚礼的人们吃,"小牢"用乳猪、羊羔或鸡、鸭等精心制作,供新郎新娘食用。

"卺"即是瓢,将一个小葫芦劈开,成为两只小瓢,新郎、新娘各拿一个,用之以饮酒。

齐桓公与蔡姬吃过"小牢",两人各用一只手按着葫芦的一半,将其分开,一人一只,盛上酒,各饮少许。

蔡姬拿起脸巾,替齐桓公擦脸,齐桓公抢过蔡姬手中的脸巾丢在地下,急不可耐地抱着蔡姬走向睡榻,双双脱去衣服,进入那高唐之乡,行那云雨之事。

第14章　高山流水觅知音

齐桓公自纳蔡姬之后，数日不朝，成天陪伴着娇妻，躺在那温柔乡中享受着新婚燕尔的美妙生活。偏那蔡姬，不但生得娇嫩如花，而且才智过人，琴、棋、书、画样样皆通，新得夫婿，更是使尽浑身解数，欲讨夫君欢心，更使得齐桓公欢快无比，乐而忘朝。

这一天，蔡姬在后宫摆好琴，笑着对齐桓公说："主公，妾为你弹奏一首新曲，好吗？"

齐桓公问道："什么曲子？"

"教琴的师傅说，此曲叫《伯牙悼子期》。"蔡姬边试弦边说。

齐桓公说道："寡人从未听说有此曲。"

"此乃蔡国著名琴师丹韵偶然得之，妾百般恳请，他才将此曲传授于妾。"蔡姬朝桓公嫣然一笑，"妾现在就弹给主公听。"说完，坐正姿势，调好琴弦，静坐一会，稳定一下情绪，抬起手，轻轻地拨弄琴弦，立即传出美妙的琴声，乐曲悱恻缠绵，似怨似思。

"好！此曲只应天上有，人间怎得几时闻？"齐桓公叹一口气说，"只是曲调太过忧郁，听起来使人伤感无限。"

"此曲取材于'伯牙摔琴断知音'，乃无名氏所作。俞伯牙和钟子期因一曲《高山流水》结为知音后，约定来年仍在汉阳龟山相会。当时俞伯牙在常州任职，任满后携琴赴约时，钟子期已病故，俞伯牙于子期坟前祭悼，弹奏此曲，而后愤然摔琴，自以为世上再无知音。乐曲悱恻缠绵，寄托伯牙对知音故去的无比惆怅和无尽的哀思，余情袅袅，感人至深。"蔡姬亦叹口气说，"只是可惜……"

"可惜什么？"齐桓公问道。

第 14 章 高山流水觅知音

蔡姬说:"丹韵琴师也只是偶得此曲,而于《高山流水》曲,他却弹不全。"

"《高山流水》真的那么神秘?"齐桓公问道。

蔡姬说:"当然,不是谁都能弹这首曲子,臣妾也只是听丹韵琴师弹过几次,但每次都不全,因为丹韵琴师没有学全。"

齐桓公问道:"《高山流水》真的如此神龙见首不见尾吗?"

"《高山流水》后面,隐藏着一个美好动人的故事。"蔡姬说。

齐桓公两眼看着美貌娇妻说:"什么故事?说来听听。"

蔡姬说道:

相传楚国有琴师俞伯牙,精通音律,琴艺高超,但他却常为其演奏不能达到出神入化而烦恼。其师得悉后,带着俞伯牙乘船来到东海之蓬莱岛,让他欣赏大自然的景色,倾听大海的涛声,伯牙为这浩瀚的大海、激溅的浪花、飞翔的海鸟所陶醉,呼啸的涛声、悦耳的鸟鸣声、游人的欢笑声,还有蓬莱阁传出的钟声,所有这些,构成一曲和谐动听的大自然音乐,他情不自禁地取下肩上的古筝放在海边一块石头上,纵情地弹奏起来,心随意转,意催琴弦,调出一首前所未有的美妙琴声,后来,他进一步将此曲完善,起名为"高山流水"。

《高山流水》的音律虽然优雅动听,但由于太过奥妙,无人能识其真谛。俞伯牙倍感孤独和寂寞,自叹知音难觅。每有闲暇,他便身背古琴,遍游名山大川,继续寻找大自然的音律,寻找知音。在一次回乡途经汉水之时,船泊于汉江码头,夜晚,俞伯牙坐在船中,面对清风明月,岸上游人和滚滚东逝的江水,想到知音难寻,不由思绪万千,坐在船头,弹起无人能识的《高山流水》曲。悠扬的琴声,顿时在湖面飘荡。冥冥中,他感觉有人站在岸边倾听他的琴声,当他弹奏赞美高山的曲调时,听到岸边人赞赏地说:"雄伟而庄重,就像高耸入云的泰山就在眼前!"当他弹奏表现奔腾暴啸的波涛时,岸边人又赞赏道:"宽广而浩荡,犹如涛涛之流水,浩瀚之海洋就在脚下!"

"知音、知音也!遍寻知音不遇,不想却在汉江!"俞伯牙兴奋地站起来,仰天大笑,"船家,快靠岸,快靠岸!"

俞伯牙所觅到的知音,就是钟子期,一个樵夫。二人从此成为知音。俞伯牙为此在汉阳流连三日,二人从此成为莫逆。二人约定,来年中秋月圆之时,在汉阳龟山相聚,抚琴叙旧。当俞伯牙第二年如约而至之时,他看到的只是一座坟墓。原来,钟子期自与俞伯牙一别后,身染怪病,不幸而逝。俞伯牙探知此事，赶到钟子期的坟前，为钟子期弹了一曲完整的《高山流水》，而后尽断琴弦，砸碎琴身。终身不再鼓琴，以为世上再也没有知音者。

正在蔡姬津津乐道、齐桓公聚精会神倾听的时候，随风飘来一阵优美的琴声。蔡姬听到琴声，立即住口不言，侧耳静听。过了一会，蔡姬惊喜地说："《高山流水》，这就是《高山流水》，主公，何人在弹奏《高山流水》？"

齐桓公不以为然地说："一名死囚而已。"

"死囚？"蔡姬惊问道，"怎么会是死囚，死囚能弹出如此高深的曲子，他到底是一个什么样的人？"

齐桓公道："此人名叫管仲，公子纠的师傅。"

"为何成了死囚？"蔡姬问道。

"他为了能使公子纠登上齐国国君之位，在白水之滨，暗射寡人一箭，若不是箭中带钩，寡人早已是黄泉路上客。寡人定报此一箭之仇。"齐桓公咬牙切齿地说。

"啊！"蔡姬叹了一声，"记起来了，竖刁在路上对臣妾说过此人。从琴声可知，管仲绝非平庸之辈。"

齐桓公笑道："好见识，管仲果有经天纬地之才，百步穿杨之能。只可惜他是寡人的仇人，过段时日，寡人要送他到阴间去，同他的主子公子纠团聚。"

"真的？"蔡姬叹道，"太可惜了，能弹《高山流水》者，一定是胸有大志之人，一定是个人才，主公，人才难得呀！"

"别提此人。"齐桓公不高兴地说，"免得扰了雅兴。"

蔡姬见齐桓公突然有些不高兴，吓得赶紧转了话题。正是：

> 蔡姬惊闻稀世曲，忙问弹者何方神。
> 谁知天公不作美，抚琴乃是囚中人。

齐桓公新婚，有了娇妻相伴，整日沉湎于后宫男女之事，乐而忘朝。朝廷一切政务皆落在鲍叔牙的身上。偏偏鲍叔牙事无巨细，事必躬亲，如此一来，鲍叔牙成天陷于繁忙的国事中。齐桓公的婚礼结束后，鲍叔牙终于病倒了，他是累病的。

鲍叔牙见齐桓公新婚燕尔，没有将生病之事告诉他。几天后，齐桓公不见鲍叔牙入宫奏事，经询问，才知太傅病倒了。连忙起驾，亲自到鲍叔牙的府邸探望。

齐桓公来至鲍府，见鲍叔牙卧病在床，面容十分憔悴，动情地说："太傅，几日不见，你脸色如此憔悴，找郎中看了吗？是什么病？"

鲍叔牙在仆人的搀扶下坐起来，喘息未定地说："也没什么，休息几天就好了。只是国事繁忙，臣确实有些力不从心呀！"

"国事就不要操心了，太傅还是安心养病，一切等病好了再说。"齐桓公关心地说。

鲍叔牙说道："臣的病无药可治。"

齐桓公惊问道："太傅到底得的是什么病，怎么就无药可治？"

"臣得的是心病。"鲍叔牙咳了几声说，"臣与管仲乃生死之交，眼见得他身陷牢笼却无能为力，臣愧对管仲呀！"鲍叔牙说罢，抱头痛哭。

"太傅，你这又是何苦呢？"齐桓公有些无奈地说，"寡人身为一国之君，在午门外立下耻辱柱，对天发誓，要将管仲射杀于耻辱柱上，报一箭之仇。寡人能自食其言吗？"

鲍叔牙闻齐桓公如此说，止住哭声，真诚地说："主公，齐国连年内乱，国力空虚，民不聊生，百业待兴，百废待举。诸侯国小视于齐，北面山戎人还不时骚扰边境。主公若得不到能臣辅佐，齐国要想振兴，实在是很难。"

齐桓公满怀信心地说："寡人有太傅辅佐，齐国定能振兴。"

"主公差矣！"鲍叔牙摇摇头说，"不知主公欲做一个什么样的君主。"

"当然要做一代名君。"齐桓公不假思索地说。

"主公若只想做一个平稳之君，臣虽不才，尚能凑合。"鲍叔牙叹口气说，"若欲富国强兵，称霸中原，成为一代名君，臣就难以胜任了。"

齐桓公说道："太傅是寡人的师傅，在寡人的眼里，太傅的学识、人品，无人能及，何必要如此谦虚。"

鲍叔牙说："臣说的是实话。主公治国，要寻找一个好相国。相国必须是济世之才，内能安百姓，外能抚四夷，勋加于周王室，泽布于诸侯，只有这样，齐国才能坚如磐石，国君威加四海，功垂金石，名扬千秋。"

"太傅此言，正合寡人之意，太傅可有人选？"齐桓公见鲍叔牙谈话不同以往，好像成竹在胸，忙问道。

鲍叔牙道："相国人选非管仲莫属，得管仲者得天下，臣绝不是危言耸听。"

"哈！哈！哈！"齐桓公突然爆发出一阵狂笑，"太傅，你是与寡人开玩笑吧？"

鲍叔牙严肃地说："此乃肺腑之言，主公何故大笑？"

齐桓公满脸恨意地说："太傅与管仲乃挚友，朋友之交，义也；寡人与太傅乃君臣，臣事于君，忠也。太傅再荐管仲，欲救管仲而存义，而为此义字，就要屡逆寡人之意，舍忠而成义，难道义重于忠吗？"

鲍叔牙惶恐地说："臣对主公之心，天理可鉴，臣欲救管仲，并非仅仅是尽一个'义'字，臣之所思，实乃为江山社稷作想，绝非弃忠存义。"

"一箭之仇，不共戴天，逆寡人之意乃是不忠。"齐桓公正色地说。

"管仲侍奉公子纠，他箭射主公，乃是为其主、尽其忠，正如臣向主公献计，胁迫于鲁侯，借鲁侯之手除掉公子纠一样，都是忠心事主。这一点是没有区别的。"

"管仲欲置寡人于死地！"

"可臣已把公子纠送上了黄泉路。"

"公子纠死了，难以向你寻仇，寡人还活着，有仇必报。"

"主公……"鲍叔牙痛苦万分。

齐桓公打断鲍叔牙的话，说："寡人主意已定。在所有大臣中，太傅最忠诚、最可靠、最有才能，寡人要拜太傅为相国，寡人相信，太傅能帮寡人得到天下，也一定能助寡人治理天下。"

"臣与管仲比，有五不如。"鲍叔牙几近哀求地说，"宽惠待民，我不如他；治国不失权柄，我不如他；忠信以交好诸侯，我不如他；制定礼仪以示范于四方，我不如他；披甲击鼓，立于军门，使百姓勇气倍增，我不如他。臣举荐管仲，绝不是意气用事，有此济世之才而不荐，臣则真是不忠不义了。主公欲治理好齐国，必须倚靠管仲。"

"什么五不如？太傅早就向寡人说过。"齐桓公越听越烦，但又不好发作，只好耐着性子说，"太傅，若非是你，寡人早已将进谏之人同管仲一同治罪了。管仲乃寡人的仇人，卧榻之旁，岂容仇人鼾睡？"

"主公……"

齐桓公烦躁地打断鲍叔牙的话头："今天不提此事，待太傅病好之后再说吧！国事繁多，寡人实在是难以应付，寡人真不知该如何是好。"

鲍叔牙听齐桓公虽然没有答应自己，但态度似乎没有以前决绝，也不好再苦苦相逼，于是说道："臣这里有几篇治国之论，主公带回去瞧瞧，看是否有

第14章 高山流水觅知音

可取之处。"

鲍叔牙所说的几篇治国之论，实际上就是管仲在狱中写的《牧民》《权修》《立政》《形势》几篇文章。为了避免齐桓公先入为主，鲍叔牙只是含糊其辞地说有几篇文章，并未明说是管仲所写。

齐桓公命侍从拿了鲍叔牙呈上的几卷竹简，嘱鲍叔牙好好养病，然后起驾回宫。正是：

叔牙荐友为国忧，桓公记恨不点头。
呈上竹简言治国，为友亦是为国谋。

第15章 竖刁献媚

齐桓公探望鲍叔牙回宫,心里有一种说不清、道不明的感觉,是愤怒?不是。是失落?也不是。到底是什么?嗯!说不清楚。

蔡姬见齐桓公气色不佳,小鸟依人似的扑在齐桓公的怀里,撒娇地说:"主公,早上出去好好的,回来为何如此闷闷不乐,谁惹你不高兴?"

"鲍太傅!"齐桓公说道,"他自己卧床不起,却还要惦记他的朋友,寡人的仇人。"

"主公将臣妾说糊涂了。"蔡姬双手勾住齐桓公的脖子,娇滴滴地说,"太傅的朋友,怎么又成了主公的仇人?他是谁呀?"

"就是那个死囚管仲。"齐桓公说道,"管仲乃鲍太傅的挚友,却也是白水之滨箭射寡人的仇人,太傅多次请求寡人赦免管仲,还举荐管仲为相国。寡人若答应了太傅,那这仇就不报了?若真的要报仇,寡人又怎么向太傅交代?"

"就是那个能抚《高山流水》曲的死囚?"蔡姬问道。

齐桓公回答:"除了他,还能有谁?"

"主公!"蔡姬轻轻地叫道,"臣妾有句话,不知当问不当问。"

齐桓公将蔡姬搂在怀里说:"问吧!"

"臣妾乃女流之辈,是不该过问朝政的,否则就是后宫干政。"蔡姬说。

"问问又何妨!"齐桓公抚弄着蔡姬的秀发说,"问问不算干政,决定权还在寡人嘛。"

"鲍太傅如何?"蔡姬看着齐桓公,"对主公忠心吗?有做相国的能耐吗?"

"太傅是寡人的师傅,对寡人忠心耿耿,也有能力当相国。"齐桓公说,"但是,寡人几次欲拜他为相国,都被他拒绝了。"

"那又是为何?"

齐桓公回答说:"他说他不如管仲,管仲更适合做相国。"

"臣妾虽孤陋寡闻,未曾见拒任相国之位,心甘情愿地让与他人之事。"蔡姬看看齐桓公,继续说,"出现这种情况,臣妾以为只有两种解释。"

齐桓公急忙问:"哪两种解释?"

"要么就是此人大奸大滑,要么就是此人大忠大义。"

"不、不、不。"齐桓公制止道,"太傅对寡人忠贞不渝,没有他,寡人不可能继承国君之位。他绝不是大奸大滑之人。"

"若是这样,则太傅是大忠,而管仲确有过人之处。"

齐桓公说道:"寡人也知道管仲是个人才,否则,鲍太傅也不会一而再,再而三地举荐。只是一箭之仇,实在是叫寡人之恨难消。"

"主公身为一国之君,难道还不如臣下的度量?"蔡姬从齐桓公怀里下来,走到案几前拿起齐桓公刚刚放下的一卷竹简看了起来,不一会,只听蔡姬惊叫道,"主公,这是谁写的,写得真是好,可惜没有写完。"

"有什么特别之处,值得如此大惊小怪?"齐桓公问道。

蔡姬将竹简拿过来递给齐桓公说:"主公请看,这是一篇策论,讲的是治国之道,臣妾在故国时,也看过哥哥蔡侯的不少书函,从未见有此精辟之论。"

齐桓公接过来一看,原来是一篇政论文章:

牧民

国颂:

凡是拥有国土治理人民的君主,要注意四时农事,保证粮食储备。国家财力充足,远方的人民就自动迁来;荒地开发得好,本国的人民就能安心地留住。粮食富裕,人民就知道遵守礼节;衣食丰足,人们就懂得荣辱。君主的服用合乎法度,六亲就可以团结;国家的四维(礼、义、廉、耻)能够发扬,君令就可以贯彻……

齐桓公放下手中竹简,再拿起第二卷观之:

权修

拥有万乘兵车的国家,军队不可以没有统帅;土地博大,田野不可以没有官吏;人口众多,官吏不可以没有常规;掌握人民的命运,朝廷不可以没有政令。

地大而国家贫穷，是因为土地没有开辟；人多而兵力薄弱，是因为人民缺乏督促。所以，不禁止奢侈品的工商业，土地就不得开辟；赏罚都不信实，人民就缺乏督促。土地没有开辟，人民缺乏督促，对外就不能抵御敌人，对内就不能固守国土。所以说，空有万乘兵车的大国虚名，而没有千乘兵车的实力，还想君主的权力不被削弱，那是办不到的……

齐桓公看了这几篇专论治国之道的策论，惊叹不已，自言自语地说："这个太傅，怎么搞的，口里说不宜于担任相国之职，却又胸藏如此精妙绝伦的治国之道。若非济世之才，怎能有此经天纬地之略？他真的将寡人搞糊涂了。《牧民》《权修》《立政》《形势》，一篇比一篇好，篇篇皆是锦绣文章。"

至此，他做出一个重大决定：无论鲍叔牙愿意不愿意，一定要拜鲍叔牙为相国，并且还要举行一个隆重的拜相仪式，即筑坛拜相，让天地神灵和天下百姓来鉴证这一伟大事件。想到鲍叔牙，不由又想到管仲，管仲该怎么办，若杀了管仲，如何向鲍太傅交代？为救管仲，他连相位都不要，以他的脾气，也许还会死谏，到时该怎么办？他可是寡人的师傅呀？寡人真的要这样绝情吗？但是，自己对天发誓，一定要报一箭之仇，且还在午门外竖起了耻辱柱，一定要将管仲钉在耻辱柱上，以雪一箭之耻，以报一箭之仇。若轻易地放过管仲，寡人身为一国之君，君无戏言，说出的话岂能当儿戏？思来想去，总找不到一个妥善的解决办法，齐桓公不由得轻轻地叹了一口气。

蔡姬看到齐桓公脸色瞬间数变，站在旁边一言不发，又见齐桓公叹了口气，关切地说："主公，休息一会吧！要不，臣妾再为你抚一曲？"

齐桓公看着这个善解人意的美人，心里不由升起一丝暖意，放下手中竹简，一把抱住蔡姬走向睡榻，嬉笑道："寡人不要抚琴，现在就要你。"

夫妻恩爱的鱼水之欢，也是排泄思想压力的一种有效方式。

有词为证：

鲍叔病榻呈竹简，桓公寝宫叹文章。
欲待筑坛拜相国，岂料背后有隐藏。

且说竖刁侍奉在齐桓公左右，时刻观察着齐桓公的一举一动，寻找献媚的机会以讨好齐桓公。这几天，他见齐桓公似乎是心事重重，眉梢间透出一股犹

第15章 竖刁献媚

豫和忧虑。君心莫测,臣子是不敢询问个中缘由的。但他却知道,齐桓公此刻最需要什么。他到齐桓公面前献媚说:"主公,臣闻南山兽多,不如到南山去散散心,狩猎去!"

狩猎乃齐桓公除女人外的又一嗜好,这几天,他正为管仲之事而烦恼,竖刁此时提出去南山狩猎,正搔到齐桓公的痒处,他也想借此机会轻松一下,过一把狩猎之瘾,从烦恼中摆脱出来。于是,他欣然同意了竖刁的建议,并命竖刁安排狩猎事宜。

第二天,齐桓公在竖刁及侍卫的簇拥下,带上蔡姬,乘车出了临淄城往南而去。

蔡姬坐在齐桓公身旁,看着沿途的湖光山色,一脸得意之色。

不远处的山坡上,一个牧童横坐在牛背上,手握竹笛,正在吹奏一首欢快的牧牛曲,笛声飘飘扬扬,犹如林中雏鸟啼鸣、雀跃、欢腾;田间青苗摇曳起舞、山坡小草翘首聆听,迎风摇晃,仿佛都是在点头赞许;牛群似乎也受到感染,走动、啃草似乎也有了节奏。真可谓是天地一色,人景相融。

蔡姬沉溺于这大自然的美景中,正自浮想联翩,突然,牧童停止吹奏,放喉高歌一首《骑牛歌》:

骑牛迤逦走出家,羌笛声声迎朝霞。
一拍一歌无限意,知音何必鼓唇牙。

"好动听的曲子,好动听的歌!"蔡姬兴奋地叹道,见齐桓公没有回话,转过头来一看,见他目注远方,似乎在想着心事,她撒娇地倒在齐桓公的身上,轻轻地说道,"主公,既是出来散心,就不要多想了嘛!"

齐桓公此时还在想管仲的事情,两个声音一直在他耳边回响,一个声音是鲍叔牙之声:管仲乃济世之才,是齐国相国最合适的人选,只有他才能使齐国走上富国强兵之路。一个声音是自己的心声:管仲与自己有一箭之仇,有仇不报非君子,自己对天发誓,必报一箭之仇。两个声音激烈地斗争着,谁也难以说服谁。

"啊!"齐桓公见蔡姬如小鸟依人般地倒在怀里,如梦初醒,收回遐思,笑了笑说,"好,狩猎去,不想了,今天定要尽兴而归。"

南山是齐国的一个天然猎场，这里，山虽不高，却怪石林立，林虽不阔，却藏匿着豺狼虎豹。齐桓公一行来到南山猎场，在山脚下一片空地上停下来。他指着前面一道山坳对竖刁说："将侍卫们分成三拨，分别从山坳的三面包抄上去，将兽群向山坳驱赶，寡人则带一部分人守住山坳出口，守株待兔。"

竖刁按照齐桓公的指示，将人员作了部署，他自己则跟在齐桓公的身边。

稍时，山间便传来阵阵吆喝声，先是野兔、獐、山鸡等小野兽从山林间、石洞里逃向山坳，接着便有较大的兽群如狼、野猪等向山坳逃窜。

突然，竖刁大叫道："主公，快看，有匹饿狼跑过来了。"

齐桓公定眼望去，看见一匹饿狼正从树林中窜出，站在一块大石边东张西望。竖刁挥动手中令旗，侍卫们手持兵刃，弓箭都引而不发，只是将兽群向齐桓公的车前驱赶。

齐桓公见饿狼逼近，弯弓搭箭，嗖一箭射去，正中饿狼的屁股，饿狼带箭向树林逃窜，齐桓公驱车追赶。

突然，怪石后闪出一个猎人，手持一杆狼牙棒挡去饿狼的去路，大叫一声："孽障往哪里逃，看棒。"说罢，举棒向饿狼击去。

饿狼见状，一个急停，四肢用力向旁一窜，接着调转头，向齐桓公的车前扑来，齐桓公又搭上一箭，瞄准饿狼头部，嗖的一声，射出一箭，正中饿狼的脖子，饿狼应声倒下。

蔡姬坐在齐桓公身边，高兴得手舞足蹈，大声叫道："射中了！射中了！"

齐桓公正欲跳下车去看自己的战利品。突听猎人急叫一声："小心，狼尚未死！"

齐桓公举目一看，果见狼又站了进来，正着势向齐桓公扑过来，说时迟，那时快，只见猎人丢掉手中狼牙棒，取下腰间弓箭，弯弓搭箭，向饿狼补射一箭，正中狼之咽喉，饿狼倒地弹了几弹才死去。

齐桓公惊奇地看着猎人，说："壮士从哪里来？"

猎人翻身叩拜道："小人乃卫国猎人开方，叩见君上。"

"卫国猎人，怎么到齐国来狩猎？"齐桓公问道。

开方瞟了一眼竖刁，满眼媚态地说："小人听说齐国出了一代贤君，特来投奔。"

竖刁献媚地补了一句："主公刚刚即位，便已名扬四海，传遍中原。"言语间，两人似乎有一种默契。

第 15 章 竖刁献媚

齐桓公见开方豹头环眼,虎背熊腰,加之刚才箭射饿狼,出手不凡,心里已是有些喜欢,于是问道:"开方,你千里迢迢投靠寡人,必有所求吧?"

开方道:"鸟择良木而栖,人择贤君而事。小人闻齐侯是一位明主,特来投靠,小人愿为齐侯效犬马之劳。"

竖刁道:"主公,此人武艺超群,是个狩猎好手,主公将他留在身边,狩猎时更具乐趣,且有他侍候在主公身边,还多了一份安全。"

齐桓公点点头:"好,寡人收下你,专门陪寡人打猎。"

"还不快谢主公!"竖刁向开方使了个眼色。

开方拜倒在地,叩头道:"多谢主公,小民定效犬马之劳。"

齐桓公哪里知道,开方乃竖刁臭味相投的朋友,今天出现在猎场,也是竖刁与开方谋划已久的引荐之法。谁曾想到,此时收下开方,无异于为齐国埋下了一颗炸弹。正是:

贼臣事君敢为非,又引奸佞到君前。
堪嗟桓公受蒙蔽,引狼入室祸有年。

第16章 鲍叔牙三荐管仲

齐桓公打猎归来,仍未能摆脱烦恼,上朝没精打采,下朝也心不在焉,群臣都感到不解,不知君上为何突然间像变了一个人。

这一天,齐桓公正在后宫同蔡姬喝茶闲聊,忽闻宁越、隰朋求见。蔡姬见有大臣奏事,正欲退出,齐桓公说道:"爱姬别走,宁越、隰朋都是寡人的肱股之臣,见见也无妨。"蔡姬见说,又坐了下来。

宁越、隰朋进殿,行叩拜之礼后,隰朋奏道:"主公,鲁庄公遣使来齐。"

"所为何事?"齐桓公问道。

"鲁侯有书信一封与主公。"隰朋呈上鲁国国书,"要求齐国退还干时之战夺得鲁国的汶阳城。"

齐桓公怒道:"岂有此理,汶阳城已属齐国版图,岂是说还就还的?"

"主公英明。汶阳城,土地肥沃,水源充足,是一块不可多得的风水宝地,决不能再还给鲁国!"宁越是大司农,主管农业生产,对土地有特别的感情。

齐桓公问隰朋:"隰朋大夫,你说呢?"

"汶阳城既已入齐国版图,当然不能再还给鲁国。"隰朋回答。

"好,汶阳之事就这样定了。"齐桓公又问道,"隰朋大夫,寡人问你一件事。"

"主公所问何事?"隰朋说。

"管仲是你从鲁国押回来的,你出使鲁国,是否发现管仲与鲁侯有异常行为或举动?"齐桓公做了个手势,"比如说,勾结、阴谋,等等!"

隰朋想了想说:"这倒没有发现,只是,管仲归齐,确实是费尽周折,若不是运谋得当,管仲必死无疑。"

"啊!"齐桓公惊愕地说,"有这等事?说说看。"

"鲁国大夫施伯,此人是鲁侯手下第一谋士,为人足智多谋。此人对管仲知之甚深，对管仲也特别感兴趣。"

"啊！为什么？"齐桓公问。

隰朋说："施伯认为，管仲身怀文韬武略，乃旷世之才，劝鲁侯留下管仲委以重任，以便与齐国抗衡。"

齐桓公惊问道："施伯真有此想法？"

"施伯确实有此想法。"

齐桓公问道："鲁侯作何想？"

"鲁侯说，管仲是齐国指名道姓要的人。他不敢违背主公旨意而得罪齐国。施伯见鲁侯难以留住管仲，便向鲁侯建议：管仲若不能为鲁国所用，就杀掉他，将尸体交给齐国。"隰朋说。

齐桓公惊异地问："为何要杀掉管仲？"

"施伯说，管仲乃旷世之才，若鲁国不能用，也不能让齐国得到他，管仲一旦归齐，定会得到重用，将对鲁国甚至诸侯国构成巨大的威胁。"隰朋说。

齐桓公身体前倾，紧张地问："施伯真的是这样说的？"

隰朋肯定地说："原话不是这样，意思绝对不错。"

"管仲为何又能活着回来？鲁侯怎么没有杀掉他？"齐桓公问。

"臣出使鲁国时，鲍太傅特别交代，一定要将管仲活着带回来。当臣知道鲁侯要杀管仲的消息后，连夜找到鲁侯，威胁说，在齐国杀人，是杀齐国的犯人，在鲁国杀人，是杀鲁国的犯人。管仲箭射齐侯带钩，齐侯对管仲恨之入骨，欲手刃管仲，以报一箭之仇。若得不到活的，等于你和齐国之叛贼站在一起，这不是齐侯所要得到的。齐、鲁两国若因此而刀兵相向，责任可不在我。"隰朋看了齐桓公一眼，补充说，"当时，齐国战车五百乘驻扎在汶阳，鲁侯就是有一百个胆子，也不敢违背齐国之意而明目张胆地杀死管仲。"

齐桓公惊叹一声，愣在当场。

"施伯对齐国心存惧意，既不敢公然杀掉管仲，又不想使管仲活着回齐，他想出了一条毒计，就是逼迫管仲、召忽自杀。"隰朋说。

"施伯是如何做？"

隰朋回答说："施伯采用激将法，用恶毒的语言百般地羞辱公子纠、管仲和召忽。召忽难受其辱，当场撞柱而亡。管仲识破施伯之诡计，泰然处之，使施伯之计未能得逞。"隰朋看了齐桓公一眼，继续说："施伯一计不成，又施一计。晚上派数名杀手潜入驿馆，欲行刺管仲。幸亏管仲有先见之明，提前向臣示警，臣才连夜起程，不辞而别。否则，就是有十个管仲，也不能活着回到齐国。"

齐桓公问道："后来呢？"

隰朋说："施伯见暗杀不成，臣又带着管仲不辞而别，更坚定了除去管仲之心。完全扯破面皮，公然同公子偃率战车五十乘，沿途追杀。管仲创《黄鹄之歌》以激励兵士。幸亏王子成父将军在汶阳城边境接应，臣才能顺利将管仲安全地带回来。"

"啊！"齐桓公如释重负似的叹了一声，"原来还有这段故事。管仲呢？他怎么说？"

隰朋说："管仲说，他身是齐国人，死是齐国鬼，若能活着回齐，定要效忠齐国。"

齐桓公问道："还有什么事吗？"

"没有了！"两人齐声回答。

齐桓公挥挥手："你们下去吧！"

齐桓公听完隰朋述说使鲁之旧事，心情更是难以平静。蔡姬知道齐桓公还在为管仲之事烦恼，特地命人多炒了几个菜，伺候齐桓公坐在餐桌旁，斟上一爵酒，殷勤地劝道："主公，喝爵酒解解闷，臣妾再为你弹奏一曲，以助酒兴，好吗？"

"不用弹曲。"齐桓公将另外一个酒爵斟上，"来，陪寡人饮几爵。"

蔡姬也不推辞，先饮一爵，明知故问地说："主公郁郁寡欢，何事如此心烦？"

"唉！"齐桓公长叹一声，"还不是那个死囚管仲。他与寡人有一箭之仇，太傅不但阻止寡人报仇，还力荐他为相国。今天，寡人询问宁越、隰朋两位大夫一些情况，他们虽然没有明言，寡人也看得出，他们对管仲也有好感。"

蔡姬莞尔一笑，问道："鲍太傅对主公怎样？"

齐桓公道："鲍太傅是寡人的师傅，没有他，寡人也不会有今天。"

"宁越、隰朋大夫又如何？"

"都是朝中大臣，对寡人也是忠心不二。"齐桓公答道。

"主公，臣妾乃女流之辈，本不该过问朝政，只是有句话如鲠在喉，不知该说不该说？"

桓公爱抚地看着蔡姬说："有话尽管说，这不算干政。"

第16章 鲍叔牙三荐管仲

"管仲其人,臣妾不敢妄加评论,但以鲁国拼着得罪齐国,也要将管仲杀死的事实来看,管仲的存在,对鲁国甚至对诸侯国似乎是一个威胁。主公说是不是?"

"可能吧!"齐桓公点头,沉思起来。

蔡姬见状,继续说道:"对一个敌人非常害怕、冒着得罪齐国的危险也要除掉的人,主公为报那一箭之仇,却要将他杀掉,主公不是做了一件亲者痛,仇者快的事吗?"

齐桓公一时语塞。蔡姬见齐桓公无言以对,继续说:"鲍太傅多次恳求主公赦免管仲,力荐其为相国。主公欲报一箭之仇而不允。主公若杀了管仲,鲍太傅一定会伤心。鲍太傅是主公的师傅,是主公的亲人。主公杀管仲则又是一件亲者痛的事情。既然是亲者痛、仇者快的事,主公为何还要去做呢?"

齐桓公似有所悟,端起酒爵说道:"谢爱姬提醒,来,寡人敬你一爵!"

蔡姬见齐桓公眉头舒展,想必心头疙瘩已解,不再多说,端起酒爵高兴地说:"臣妾敬主公,祝主公得贤臣辅佐,创齐国霸业。"

齐桓公哈哈大笑。正是:

箭中带钩恨难休,欲刃管仲令难行。
蔡姬巧妙论仇亲,一语点醒梦中人。

且说鲍叔牙自从将管仲的几篇策论递交给齐桓公后,见齐桓公一点动静也没有,觉得有些奇怪,以齐桓公的性格,看了那几篇文章,绝对不会无所触动。正欲进宫探个究竟,恰在此时,几件国事又搅得他坐卧不安,只好进宫奏事。

齐桓公闻鲍叔牙进宫奏事,止欲起身相迎,鲍叔牙已进殿。欲跪下行叩拜之礼,齐桓公阻止道:"寡人说过,鲍太傅见寡人,不必行此大礼。太傅的病好了吗?"

鲍叔牙说:"臣的病倒是无碍,只是有几件事非常棘手,请主公示之,该如何处理。"

桓公急忙问:"什么事连太傅都觉得为难?"

鲍叔牙说:"今秋遭灾,粮食歉收,已出现饥民逃离齐国的迹象,据各地来报,已有近千人逃往他国,已经闹得人心惶惶,满城风雨。"

齐桓公惊问道:"事态竟有如此严重?"

"不仅如此,山戎外族又来骚扰边境,掠我财物,掳走妇女。边地生灵涂炭,百姓处于水深火热之中。"鲍叔牙焦急地说。

"师傅,你快想想办法,该如何处理?"齐桓公着急地说。

"臣力不从心,实在没有好办法!"鲍叔牙摇摇头,"臣恳求主公赦免管仲,只有他能收拾齐国这个烂摊子。"

齐桓公见鲍叔牙无奈的样子,一脸肃容地说:"谁说太傅没有这个能力?寡人仔细地研读了太傅撰写的《牧民》《权修》《立政》等文章,篇篇讲的都是治国之道,令寡人耳目一新。此等治国之道,恐怕是前无古人,后无来者。寡人正准备筑坛拜相,拜太傅为相国,为齐国之社稷作想,太傅再不要推辞了。"

鲍叔牙闻齐桓公赞扬那几篇文章,不由得哈哈大笑。他笑管仲的才能终于得到齐桓公的认可,自己曲线救人的谋略开始奏效。因为,《牧民》《权修》《立政》,正是管仲的杰作。笑过之后,鲍叔牙又抱头痛哭起来。

齐桓公被鲍叔牙搞得莫名其妙,不解地问:"太傅为何又是笑、又是哭?"

"笑由心发,喜极而泣。臣这是高兴。"鲍叔牙回答。

"太傅同意就任相国之职了?"齐桓公双手握拳,兴奋地说,"寡人马上令人筑坛,拜鲍太傅为相国。齐国有相国啰!"

"主公!"鲍叔牙知道齐桓公会错了自己的意思,连忙说道,"臣并未说同意就任相国之职,真正的相国另有其人。"

齐桓公收住笑容,不解地问:"谁?"

"管仲!"鲍叔牙说,"管仲才是齐国的相国。"

"太傅为何老提管仲?"齐桓公不高兴地说,"他是寡人的仇人,寡人欲杀之而后快,怎么能拜他为相国?"

"主公,其实,《牧民》《权修》《立政》,不是臣写的,是管仲的杰作。"鲍叔牙见齐桓公一脸惊愕之色,继续说,"管仲身陷牢笼,以为自己是要死之人,昼夜不停地写,欲将其治国之道留给臣。他才是相国最合适的人选呀!主公。"

"你说的都是真的?"齐桓公惊讶地问。

"这样的事情,臣敢欺君吗?"鲍叔牙信誓旦旦地说。

齐桓公坐在那里一言不发,心里想:这该怎么办,看来管仲真是个人才,杀之实在是可惜,然而,不杀他,那一箭之仇该怎么办?自己可是对天发誓,要报一箭之仇,赦免管仲,岂不成了失信之人?人无信不立,寡人身为一国之君,怎么能够做一个失信之人呢?

第 16 章　鲍叔牙三荐管仲

鲍叔牙看到齐桓公脸色数变，非常害怕，轻轻地叫了一声："主公，你怎么了？"

齐桓公摇摇手："太傅，你先去吧，寡人有点不舒服，相国之事，改日再议。"

鲍叔牙知道齐桓公已是心有所动，他也不想逼得太急，悄悄地退了出来。

齐桓公看着鲍叔牙的背影，陷入了沉思。

第二天，齐桓公为处理管仲之事征求监国、上卿高傒和国子费的意见。

国子费说："主公乃一国之君，考虑问题必须站在国家的角度，若跳不出个人恩怨的圈子，如何治国？如何处理管仲，还请主公三思。"

高傒则说得更是明白："主公当初能宽恕东郭牙等人，其度量可是令人刮目相看，为何总是对那一箭之仇耿耿于怀呢？"

齐桓公再征求雍廪、宾胥无、王子成父、竖刁等人的意见。除竖刁一人外，没有人赞成处死管仲。

齐桓公心里想，管仲不能杀，那一箭之仇又怎么办，那可是发过誓的，齐国朝野之人都知道，还有竖立的耻辱柱作证。赦管仲却是自食其言，失信于天人。一国之君，发过的誓言能不算数吗？齐桓公绞尽脑汁，欲寻求一条既救管仲，又能使自己体面下台的办法。连日冥思苦想，终于找到一条通向光明的隧道。

第17章 智报一箭之仇

且说齐桓公经过冥思苦想，终于想出了一个绝妙之策，向管仲讨还一箭之仇。为了保证计策能顺利实施，他瞒着鲍叔牙，亲自安排竖刁协助实施这个计划。

临淄城闹得沸沸扬扬，人们都在说着同一个话题：齐桓公决定，择日在午门外的耻辱柱前公开处置管仲，以报一箭之仇。几乎所有的人都知道这个消息，唯独鲍叔牙一人尚蒙在鼓里。

这一天，鲍叔牙正准备上朝，突然看到人群浪潮般涌向午门，觉得奇怪，拉住一位行色匆匆的老者问道："请问，午门发生了什么事？"

老者回答："午门外杀人，快去看呀！"

"杀谁？"鲍叔牙惊讶地问。

"不清楚。"老者边走边说，"好像姓管的吧！"话音刚落，人已去远了。

鲍叔牙听罢大吃一惊，心里想：姓管的，难道是管仲？主公怎么会如此绝情，不顾自己多次求情，竟瞒着自己开杀戒。想到这里，鲍叔牙像疯了一样向午门冲去。

且说午门外的广场上，管仲被五花大绑地捆在耻辱柱上，四周被刀斧手团团包围，圈外站满了围观的百姓。

齐桓公站在圈子里面，竖刁趾高气扬地站在他身边。隰朋、宾胥无、王子成父、宁越等大臣站在齐桓公的身后，焦急地东张西望，盼望鲍叔牙赶快出现。

齐桓公见状冷冷地问："你们是在等鲍太傅吗？"

"是呀！"隰朋如实地说，"主公，鲍太傅怎么还没来？"

齐桓公微笑着说："寡人根本就没有通知他，他怎么会来？"

第17章　智报一箭之仇

"鲍太傅来了，今天的戏就演不成了！"竖刁阴阳怪气地说，"主公叫我通知各位，唯独没有通知鲍太傅。"

耻辱柱前的管仲听了竖刁之言，痛苦地闭上了眼睛。几位大臣见齐桓公如此安排，心里失望到了极点。

齐桓公见群臣失望的表情，脸上露出一丝不易觉察的微笑。抬头看看天上的太阳，见太阳已移至头顶，再看竖立在广场中央的一根竹竿，已经没有了阴影。他向竖刁点点头，竖刁手中的令旗一挥，只听咣的一声锣响，一人大声喊道："午时三刻已到，行刑啰！"

齐桓公伸手接过竖刁递过来的长弓和管仲在白水之滨射他的那支箭，走到离管仲三十步之处站定，大叫道："管仲，白水之滨，你射寡人一箭，所幸天不灭寡人，箭中带钩，今天，寡人要还你一箭，报白水之滨一箭之仇。"

"哈！哈！哈！"管仲突然狂笑起来，双目圆睁，大声说道，"管仲以为，公子小白乃顶天立地的英雄，未想到竟是如此气量。齐国内乱初定，社稷创伤未复，身为一国之君，不思治国之道，却对一箭之仇耿耿于怀，可悲呀！"

齐桓公手持弓箭，问道："可悲什么？"

"齐国衰落，振兴无期！"管仲痛苦地摇摇头。

"管仲！"齐桓公大声说，"你已死到临头，认命吧！"

管仲双眼一闭，大声说："来吧，不要射歪了。"

"站好了，寡人定叫你一箭穿喉！"齐桓公弯弓搭箭，拉满硬弓，正在千钧一发之际，忽听场外传来一声嘶哑的叫喊声，"箭下留人！"话音刚落，只见鲍叔牙拨开人群，跌跌撞撞地冲进包围圈，扑通一声跪在齐桓公脚下，叩拜道："主公，箭下留人呀！"

齐桓公冷笑一声："太傅，不是寡人无情，寡人对天发誓，要报一箭之仇，寡人身为一国之君，怎能言而无信？"

"臣保管仲，不仅是为义，而是为大齐呀！"鲍叔牙跪在地上，哭求道，"臣教主公箭法，欲使主公射得天下，而不是射杀贤士，主公手中之箭离弦，齐之霸业将被射落，齐国欲称霸，无望矣！"

齐桓公心里虽是感动，但仍不想放弃计划，硬着心，冷着脸说："太傅让开，让寡人报一箭之仇。"

鲍叔牙声泪俱下，苍凉悲怆地喊道："主公，你不能这样做啊！你要杀，就连臣一起杀了吧！"

管仲朝鲍叔牙吼道："叔牙兄，站起来！别求此昏君。"

齐桓公示意竖刁拦住鲍叔牙，竖刁立即命几名武士将鲍叔牙强行拉开，鲍叔牙奋力挣脱，上前抱住齐桓公的腿，凄惨叫道："主公，不能杀呀！鲍叔牙不要你的官爵，不要你的赏赐。全都还给你，如果还不够的话，再加上我这条命，你将臣也杀了吧！"

"叔牙兄，站起来，别求了。"管仲见鲍叔牙以死相求，仰天大笑道，"想我管夷吾，侥幸逃过鲁侯追杀，却又死在齐侯手中。不是我不愿为国家效忠，而是不能呀！"

竖刁见人群都被管仲所感动，担心齐桓公改变主意，大声喝道："大胆狂徒，竟敢自夸其才，辱骂君上，活得不耐烦了。"接着对武士说："将太傅拽到一边去。"

鲍叔牙挣扎着，疾呼道："苍天哪，你睁开眼吧！"

群臣听到鲍叔牙的哭诉，无不动容。东郭牙见竖刁在齐桓公身边推波助澜，欲置管仲于死地，心里早就有气，见武士对鲍叔牙无理，实在是看不下去了，只见他猛地跳出人群，几掌将拖拽鲍叔牙的几名武士推到一边，大声喝道："岂有此理，竟敢对鲍太傅无礼！"

几名武士看着竖刁，竖刁看着齐桓公，齐桓公朝几名武士吼道："谁叫你们如此放肆，竟敢对太傅无理？退下！"

武士们看了竖刁一眼，委屈地退到一边。竖刁也不明白齐桓公葫芦里到底装的什么药，不敢吭声。

齐桓公放下手中弓箭，俯身扶住鲍叔牙说："太傅请起！"

鲍叔牙挣脱齐桓公的手说："主公若杀了管仲，臣愿跪死在这里。"

隰朋亦跪下说："管仲天下奇才，臣恳求主公开恩，饶管仲不死。"

东郭牙也说："主公能宽宏大量，赦免臣这等平庸之辈，为何不能赦免管仲这样的旷世奇才。齐国需要管仲呀！"

宁越、雍廪、宾胥无等人一齐跪倒在地，齐声说："求主公开恩！赦免管仲。"

鲍叔牙跪在地下，眼巴巴地看着齐桓公，等待着他的回答。

管仲对鲍叔牙喊道："叔牙兄，别求了，管仲与其苟活于世，与桀纣为伍，不如昂首而死，去相伴尧、舜英魂！"

"好你个死囚，竟敢在大庭广众之下贬损君上，罪上加罪，死有余辜！"竖刁向齐桓公道，"主公仁慈，不忍杀戮，让为臣代劳，杀掉这个狂妄之徒。"

齐桓公不理竖刁，对管仲说："管仲，你听着，寡人要亲手了断与你的一箭之仇。"

齐桓公说完，拉满长弓。鲍叔牙及跪在地下的众人齐声惊呼："主公，不能，不能呀！"

围观的百姓亲身经历了这一惊心动魄的场面，大家深深地被管仲、鲍叔牙以及众大臣的真情所感染，呼啦一下全都跪下，齐声恳求："求主公开恩，赦免管仲！"

齐桓公不理会众人，重新弯弓搭箭，屏住气，眯起眼，瞄准管仲。管仲见状，流下几滴英雄泪，痛苦地闭上眼睛。

说时迟，那时快，只见齐桓公左手握弓，右手持箭，轻展猿臂，嗖的一声，箭离弦，飞向耻辱柱。

很多人用双手蒙住了眼睛，顷刻间，空气凝固了，时间停止了，全场出现了瞬间的寂静，静得连针掉在地下的声音都能听见……

突然，全场爆发出一阵惊呼，人群立即沸腾起来。

鲍叔牙已经瘫软在地，几近昏厥，突听全场一片惊呼声，睁眼一看，管仲仍好好地站在耻辱柱前，箭贴着管仲的头皮钉在耻辱柱上。鲍叔牙翻身跪在齐桓公面前，叩拜道："主公圣明，谢主公不杀之恩！"仿佛活命的不是管仲，而是他自己。

众人也一齐跪拜："谢主公！"

齐桓公丢掉手中强弓，大笑着对管仲说："管仲，寡人曾对天发誓，要将你钉在耻辱柱上，报一箭之仇，若放过你，便是失信于天。今天将你钉在耻辱柱上，就是当着天下百姓之面，信守誓言。寡人身为一国之君，无信何以治国？你在白水之滨箭中带钩，马失前蹄，今天寡人箭贴头皮，箭走偏锋。一报还一报，此乃天意！咱们的恩怨，从此一笔勾销。"

齐桓公上前扶起鲍叔牙，两眼含泪地说："师傅，苦了你了，寡人感谢你，管仲就交给你了。"正是：

治国由来待有才，何使名士屈尘埃？
只缘誓言须承兑，耻辱柱前巧化解。

管仲经过耻辱柱前惊魂的一幕，掂出了齐桓公的分量：有气魄，有度量，有谋略。箭走偏锋，却是一箭数得：救管仲；应鲍叔牙及众臣之请；顺民心，当着天下百姓之面,风风光光地报了一箭之仇,在臣民面前树立了一个守诚信的君王形象。

管仲不死,最高兴的人当是鲍叔牙,当天晚上,鲍叔牙在府上设宴为管仲压惊,一双兄弟,终于又能够坐在一起喝酒了。

鲍叔牙端起酒爵说:"夷吾兄弟,有道是,大难不死,必有后福,为兄敬你一爵!"

管仲端起酒爵一饮而尽,感慨地说:"若不是叔牙兄为小弟以死相求,咱们兄弟只怕早已是天人相隔了。小弟谢叔牙兄的活命之恩。"

"贤弟,万事皆天定,半点不由人。你本有百步穿杨之功,白水之滨却箭中带钩,使主公逃过一劫;主公的箭法乃为兄所教,不说箭法如神,五十步之内,却也是箭无虚发,从未失手,今天仅三十步,箭却射偏分毫,擦着头皮,钉在耻辱柱上。此乃天不灭贤弟,天不灭齐也。"

管仲看着鲍叔牙,笑着问道:"叔牙兄,你认为主公真的是射偏了吗?"

"你以为不是吗?"鲍叔牙诧异地问。

管仲哈哈大笑道:"上一次在白水之滨,他诈死骗过了我,这一次,他箭走偏锋,又骗过了你。"

"此话怎讲?"鲍叔牙问道。

管仲问道:"以你之见,三十步之内,一个站着不动的大活人,他能射不中?"

鲍叔牙恍然大悟。管仲笑看着这位宽厚的兄长,感激地说:"叔牙兄的真情感天动地,感动了主公,是你救了小弟一命呀!"

"愚兄原以为主公心肠太狠,总是记恨着那一箭之仇,只是没有站在他的角度想想,他对天发过毒誓,见他不答应我的请求,失望至极,甚至有了弃官不做的念头。看来,还是我错了。"鲍叔牙笑了笑,又喝一爵酒。

"叔牙兄识人,果然胜我一筹。"管仲心服口服地说,"小白较之公子纠,确实有过人之处,等你当了相国,小弟一定协助你治理好齐国。"

"哈!哈!哈"鲍叔牙大笑道,"谁是相国,还说不定呢!"

"好热闹呀!"话声刚落,隰朋已迈步进来,"有酒不可独饮,我也有份呀!"

管仲忙取来一个空酒爵,斟满酒,双手递给隰朋说:"感谢隰朋大夫的救命之恩!"

"要谢也得谢鲍太傅,我等却未出什么力。"隰朋接过酒爵说,"大难不死,必有后福,来,敬你一爵!"

　　管仲又斟上一爵,递给隰朋,说:"从鲁国回齐,一路承蒙照顾,又在君前求情,活得管仲一命,敬你一爵,以表谢意。"

　　隰朋连连摆手道:"求情不止我一人,高上卿、国上卿,还有宁越、东郭牙、雍廪、王子成父等,都在主公面前求过情。大家都知道你乃济世之才,希望你能辅佐主公,使齐国走上富强之路,可别辜负大家的期望哟!"

　　管仲拱手施礼道:"振兴齐国,匹夫有责,管仲一定会为国家鞠躬尽瘁,死而后已。"

第18章　祖庙荐英才

齐桓公在高傒、国子费两位监国上卿和大夫雍廪、隰朋、东郭牙、王子成父、宾胥无等人的陪同下，一大早就来到祖庙，等候管仲与鲍叔牙的到来。

管仲虽然已经成为了自由身，由于此前他还是一个囚犯，没有以自由人的身份正式同齐桓公会面，加之在午门外他痛骂齐桓公，齐桓公不计个人恩怨，反而还饶恕了他，内心里觉得愧对齐桓公。管仲垂下帽缨，掩着衣襟，背插荆条，还让人拿着斧子跟在背后来见齐桓公。

齐桓公站在祖庙前，突见管仲如此模样，连忙上前，抽出管仲背上的荆条摔在地下说："何必如此！"接着向管仲身后的持斧人说："退下！"然后，亲手替管仲松绑，见持斧人仍然站在管仲的身后，补了一句："叫你们退下，怎么还站在这里？"

两名持斧者看着管仲，不知是退还是不退。齐桓公见状，大喝道："退下！"持斧者见齐桓公动怒，看了管仲一眼，只好退到一边。

齐桓公对管仲说："既已垂下帽缨，拉下衣襟，负荆而来，这样谢罪也就够了。寡人准备正式接见你。"

管仲叩头再拜说："臣在耻辱柱上痛骂主公，犯了欺君之罪，蒙主公恩赦，死罪已了，然活罪难逃，请主公惩罚。"

"一概免了！"齐桓公手携管仲，进入庙堂，群臣紧跟其后，一同进入。

齐桓公先自在宗庙供奉的齐国列祖列宗的灵位前跪下，虔诚地说："列祖列宗，管夷吾乃济世之才，小白欲重用此人。不敢擅专，故以告知先君。"

齐桓公向列祖列宗推荐完毕，站起来，以命令的口气对管仲说："管夷吾，帮助寡人治理齐国。"

管仲听齐桓公以如此口气命令自己，转身向祖庙门口走去。鲍叔牙见状大惊，

第18章 祖庙荐英才

赶上去叫道："管夷吾，你哪里去？"

大家也都莫名其妙，不知管仲为何突然愤然离去。

齐桓公见状，突然意识到是自己失礼，管仲现在还是客位，与自己并无君臣之份，用命令的口吻与客人说话，有失礼仪。连忙叫道："先生请慢行！"

管仲闻声止步，齐桓公上前一步，双手一揖道："寡人失礼，请管先生不要见怪。"

管仲见齐桓公态度诚恳，重新转回祖庙。有词为证：

管仲垂帽拜君上，桓公祖庙荐英才。
君臣从此相携手，大展宏图创未来。

且说齐桓公赦免了管仲后，欲拜鲍叔牙为上卿，委以国政。

鲍叔牙推辞道："臣是庸臣，主公欲加惠于臣，使臣饿有所食，寒有所衣，就是主公对臣的恩赐。至于治理国家，则非臣之所能。"

齐桓公说："太傅乃寡人师傅，举国政之事，非太傅莫属，请不要推辞。"

鲍叔牙说道："主公知臣，只知道臣小心谨慎，循礼守法而已。这都是做臣子的本分，非治国之才。治理国家的人，内要能安抚百姓，外要能安抚四夷；要能勋加于王室，泽布于诸侯；国有泰山之安，君享无疆之福；功垂金石，名播千秋。此乃帝臣王佐之任，臣才疏学浅，实不堪以任。"

齐桓公不觉欣然动色，认真地问："如太傅所言，当今之世，有这样的人吗？"

鲍叔牙说道："臣已多次向主公举存，难道主公忘了？"

"你是说管仲？"

"管仲之才，胜臣十倍、百倍，若要使齐国走富国强兵之路，非管仲莫属。"

"好吧！"齐桓公说道："耳听为虚，眼见为实，你将管仲带来，寡人要亲自测试管仲之所学。"

"臣闻'贱不能临贵，贫不能役富，疏不能制亲'。主公在祖庙举荐管仲时，已见过管仲的性格，他是个极有主见，不是招之即来，挥之即去的人。"鲍叔牙说，"主公欲用管仲，就必须重任，请主公委管仲以国政，厚其俸禄，以父兄之礼待之。一国之相，乃一人之下、万人之上的职位，轻易相召，非礼也。既是非常之人，必待之以非常之礼，请主公择吉日，郊迎管仲。天下若闻主公尊贤礼士而不计私仇，贤者定当蜂拥而来。"

齐桓公不假思索地说："不行，除了太傅，寡人谁都不相信，更不能贸然将一国之政交与他，请太傅带管仲进宫，待寡人与他交谈之后再说。"

第二天，鲍叔牙和管仲一同进宫，管仲稽首谢罪，齐桓公亲自扶起，赐之以坐。管仲谦恭地说："臣乃槛车人，得蒙赦免不死，实乃万幸，怎能承主公如此厚礼？"

"寡人有事相询。"齐桓公说，"坐下来，寡人才好请教。"

管仲告罪坐下，鲍叔牙坐在旁边。

齐桓公对管仲说："齐本是千乘之国，先父僖公时代，威镇诸侯，号称小霸。可襄公继位后，政令无常，朝纲混乱，国力不振，百姓遭殃。寡人继位以后，人心未定，国力衰弱，百废待举。寡人担心国家因此而灭亡，社稷因此而毁于一旦，宗庙会出现无人祭祀的一天。寡人对此深感不安，欲修理国政，建纲立纪，你看该从哪里着手才好呢？"

管仲回答说："礼、义、廉、耻，乃国之四维。没有四维，国家就会灭亡。今日主公欲立国之纲纪，必须要弘扬四维，以四维来约束人民。这样，国家的纪纲就可以建立，国势也可以振兴。先王周昭公和周穆王效法文王、武王的业绩，获得了好的名声。他们组织德高望重的老人，选择、考查庶民中的德才兼备之士，由朝廷树为典型，作为庶民的楷模。建立相应的法度，树立权威，与之密切配合。端治国之本，正庶民之末。用赏赐勉励庶民向善，用刑罚惩处他们的过失。提倡尊老爱幼之俗，使之成为庶民的道德规范。"

齐桓公问道："如何能使人民听从使唤呢？"

"欲使唤人民，首先必须爱民，只有爱民，人民才会服从您的使唤。"

齐桓公点头，又问："爱民需要哪些具体措施？"

"减少刑罚，薄收赋税，人民就富裕了；各乡选用贤士，使之施教于国，人民就有礼了；出令不改，人民就务正了。这些就是爱民之道。"

"如何划定人民居处，安排人民职业？"齐桓公问道。

"士、农、工、商四民，是国家的基本人民，不可使他们杂居。圣王总是安排士人住在闲静的地方，安排农人住在靠近田野的地方，安置工匠靠近官府，安置商人靠近市场。此所谓物以类聚，人以群分。让他们各守其业，子从父职，百姓就安定了。"

齐桓公问道："齐国的军事力量非常虚弱，如何迅速强大起来？特别是武器严重不足，你有什么好办法吗？"

管仲答道:"武器问题不难解决。朝廷可以制定以兵器赎罪的办法。犯重罪的人用一套犀甲和一支戟赎罪;犯轻罪的人用一只盾牌和一支戟赎罪;犯小罪的人用铁赎罪;一般民事纠纷,令其交纳箭作为诉讼费。质量好的铁用来铸造剑戟,质量差一点的铸成农具。"他见齐桓公听得入迷,微微一笑,道:"当然,光兵械充足还不行,还得有强大的财力。臣以为,齐国丰富的铁矿可以冶铁,海水可以煮盐,这两项就可以通利天下。以此为基础,与各国做买卖,互通有无,天下客商一定会云集临淄。到时,主公只要安排好税官收税就行了。这笔钱收入相当可观,解决军费绰绰有余。"

齐桓公禁不住击掌称妙,又问道:"兵械、财源解决了,可兵士不足怎么办呢?"

"实行'三国''五鄙'之建制。"

"何为'三国''五鄙'?"齐桓公问道。

"定全国为二十一乡:工、商之乡六个。士、农之乡十五个。主公统帅十一个乡,高子、国子各统帅五个乡。三国就成了三军。主公安排三国之官吏。工商之乡解决财源,士农之乡解决兵源。确定五家为一轨,设轨长一人。十轨为一里,设里司一人。四里为一连,设连长一人。十连为一乡,设良人一人。每户出一个兵士,一轨就是五个,轨长率领;一里就是五十名兵士,由里司率领;二百人为一连,由连长率领;二千人为一乡,可称作旅,由乡良人率领。五个乡成为一个军,每军一万名兵士,十五个乡就可以出三万兵士,五乡定为一帅。编成三个军。主公统帅中军,高、国二位上卿各统帅一个军。农闲时练武、打猎。这样,一轨的五个兵士,大都有血缘关系,祭祀时一个祖宗,生老病死互相关照,居则同乐,死则同哀,守则同固,战则同强,有这样一支三万人的军队,攻无不克,战无不胜,主公可以横行于天下。"

齐桓公问道:"'五鄙'又是怎么回事?"

"确定五家为一轨,轨有轨长;六轨为一邑,邑有邑司;十邑为一卒,卒有卒长;十卒为一乡,乡有良人;三乡为一属,属有大夫。五属设五大夫。武事听从于属,文事听从于乡,各自保证其所管,不准有所荒怠。"

齐桓公听后耳目一新,高兴地说:"如此一来,寡人就可以征服天下,称霸诸侯了。"

管仲摇摇头说:"不行,现在周王朝虽然衰弱,可总还是大家公认的天子。主公一定要打着尊周的旗号,与各诸侯国建立友好关系,使他们心悦诚服,逐步确立齐国盟主之位。"

齐桓公听管仲亲口论政，佩服得五体投地，这才明白鲍叔牙为何崇拜管仲，为何要拼死举荐管仲。他以商量的口吻问道："管仲，寡人决定命你为大夫，并委以齐国之政，你可愿意？"

"不愿意。"管仲毫不迟疑地回答。

鲍叔牙惊讶地看着管仲，心里想，好你个管仲，你的志向不就是要掌齐国之政，带齐国走富国强兵之路吗？现在机会来了，怎么又要拒绝呢？

齐桓公更是不解，反问道："这又是为何？"

管仲指着鲍叔牙说："执掌齐国之政的人应该是鲍太傅，臣愿意协助他。"

"有意思，有意思，鲍太傅在寡人面前拼命举荐管仲，管仲却又拒绝寡人的礼聘，甘愿协助鲍太傅。"齐桓公听罢哈哈大笑，"俞伯牙与钟子期因一曲《高山流水》而相识，彼此成为知音而成千古美谈，管仲与鲍叔牙贵为知己，惺惺相惜，相互举荐。管鲍之交，果然是名不虚传。"

"主公，别听管仲的。"鲍叔牙说，"他的才干，今天仅露冰山一角，一旦他执掌齐国之政，齐国一定会起翻天覆地的变化。"

"叔牙兄！"管仲真诚地说，"执掌齐国之政的职位本该是你的，小弟可不能鸠占雀巢呀！"

"管夷吾！"鲍叔牙怒吼道，"你我相交多年，还不了解我鲍叔牙，我之所以举荐你，完全是为齐国之大业作想，你本乃济世之才，胜叔牙十倍、百倍，只有执掌齐国之政，才能实现你的理想，为何心存庸人之念，故意推诿？你这是亵渎管鲍之交。太令我失望了。"

"叔牙兄！"管仲满脸愧疚地说，"小弟是人，不是神，以常人之心论之，小弟说的本不错。小弟不该以常人之心来度叔牙兄。"接着，管仲面对齐桓公，两眼精光四射，神采奕奕地说："主公，臣愿掌齐国之政！"

"好！"齐桓公兴奋地叫道，"拿酒来！"

蔡姬闻声，也不要宫女侍候，亲自斟好三爵酒，用托盘端上来，三人不约而同地伸手端起一爵酒，齐桓公说道："干！咱们君臣三人喝爵同心酒！"

第二天早朝，齐桓公面对群臣大声叫道："管仲！"

管仲第一次上朝，站在百官的最后面，听到叫自己的名字，忙答道："臣在！"

"站到前面来！"齐桓公见管仲已站到前列，接着说，"各位臣工，寡人今天要宣布一项重大决定。寡人要拜管仲为大夫！"

管仲忙跪下叩拜："谢主上宏恩！"

"平身！"齐桓公抬抬手，接着说，"委管仲统领百官，执掌齐国之政。"

鲍叔牙带头击笏，隰朋、东郭牙、宾胥无等人跟着也猛击手中之笏板，表示赞同。竖刁站列班中投过轻蔑的一笑。

齐桓公欲当着群臣之面，向管仲请教安邦之策，一来，进一步考察管仲的治国理念，二来，也好让群臣认识管仲。待大家安静下来之后，他向管仲问道："管大夫，寡人问你，以齐国当前之局势，国家能够安定么？"

管仲回答："主公若能建立霸业，国家就能安定。"

齐桓公所想的，就是如何尽快地稳定齐国、稳定君位，至于建立霸业之事，他连想都没有想，听管仲如此说，脸露不愉之色，说道："寡人不敢有那么大的雄心，只求国家安定就行了。"

管仲见齐桓公丝毫没有称霸之心，坚持说道："臣讲的不仅仅是国家安定，而是要使齐国称霸诸侯。"

齐桓公想了想说："不行，寡人没有称霸的雄心。"

管仲见齐桓公胸无大志，气愤地说："主公免臣一死，是臣的幸运。但臣之所以不死节于公子纠，是为了要把国家真正地安定下来，国家不真正安定，要臣掌握齐国的政事，臣是不敢接受的。"说完，扭头便走。

"慢！"齐桓公叫了一声，已走近殿门的管仲闻声停了下来，"请管大夫回来，有事好商量，何必动怒呢？"

管仲正色地说："臣是为齐国的霸业而活，忍辱负重地从鲁国回到齐国来，就是要为齐国尽忠尽力，成就霸业。若不能，不如守节追随公子纠于地下。"

齐桓公汗流满面地说："如果管大夫一定要坚持，寡人就勉为其难，努力图霸吧！"

管仲躬身再拜，然后说："今天，主公同意完成霸业，那臣就可以秉承君命，执掌齐国之大政。"

殿中群臣击笏之声震耳欲聋。有词为证：

小白志浅求小安，管仲雄心图霸业。
道不相同不为谋，愤然请辞君汗颜。

第19章　急功近利

且说齐桓公在朝堂上答应管仲，谋求齐国之霸业，退朝后又暗暗后悔。其实，他不是不想称霸诸侯，号令天下，而是他知道，自己的缺点太多，不足以称霸，没有称霸的信心。在委政于管仲的第三天，他又将管仲召进宫中，有些难为情、但却又是真诚地说："管大夫，寡人想了几天，齐国实在是难以称霸，还是将目标修改一下吧！"

管仲见齐桓公说得如此认真，不解地问："主公，前天在朝堂上，您不是亲口答应了的吗？为何又要出尔反尔？"

齐桓公歉疚地说："寡人有三大缺点，还能够将国家治理好吗？还能够称霸吗？"

"臣不知道主公到底有什么缺点。"

齐桓公说："寡人嗜好打猎，黄昏时还要到薮泽野地打猎，直到田野静寂，不见野兽踪影之后才回来。诸侯使者不得当面致意，百官也无从当面汇报。"

管仲说："这虽然不是一件好事，但还不是最要紧的。"

齐桓公又说："寡人嗜酒贪爵，夜以继日，无酒不餐，诸侯使者不得当面致意，百官也无从当面汇报。"

管仲笑了笑说："这虽然不是一件好事，但还不是最要紧的。"

齐桓公脸有愧色地说："寡人还有一个污行，就是好色，连表姐也不欲嫁与人的。"

"食、色，性也，太过好色虽不是一件好事，但还不是最要紧的。"管仲宽慰地说。

齐桓公见管仲说三大缺点都不是最要紧的，便对管仲有所怀疑，认为管仲是个佞人，故意阿谀以讨自己欢心，马上翻了脸，大声斥道："此三者都可以，

第19章 急功近利

难道还有什么不可以的吗？"

管仲不为所动，淡淡一笑说："人君唯有优柔寡断和不奋勉为不可。优柔寡断则无人拥护，不奋勉则不能成事。"

齐桓公心里赞成管仲的观点，但他觉得有些累了，想休息一下，于是对管仲说："你的意见很好，但是，今天寡人有点累了，请你先回去，改日我们再详谈。"

管仲见齐桓公刚才还同意奋勉，马上就要偷懒，不客气地说："有些事情马上就可以办，为什么要改日呢？"

齐桓公有些不耐烦地说："现在该做什么？"

管仲仍然是不动声色地说："公子举为人见闻广博而且识礼，好学而且言语谦逊，请派他出使鲁国，以结国交；公子开方为人灵活敏捷，可出使卫国，以为国交；曹孙宿为人有小谦，而且有小聪明，十分谦恭而且善于辞令，正合乎荆楚的风格，请派他去那里，以结楚国。"

"好！"齐桓公同意管仲的建议，立即当着管仲的面下了诏令，打发了三位使者。管仲见这几件事办完了，这才请辞。

齐桓公看着管仲离去的背影，脸上露出一股不易觉察的微笑。

齐桓公气度非凡，办事有魄力，好战心理很强，并且性子也很急。在他答应管仲称霸诸侯的目标之后不几天，他便对管仲说："寡人想乘诸侯间没有战事的时候，加强一下军队建设。"

管仲毫不犹豫地说："不行呀！齐国内乱多年，国家疮痍满目，百姓生活非常困难，主公应该先解决百姓的吃饭问题，而将军队收藏起来，与其厚于军队，不如厚于人民。国家尚未安定，主公不将人民生活放在首位而先扩充军队，那就将外不亲于诸侯，内不亲于百姓。这样，国家凭什么生存下去呢？"

齐桓公思考了半天，勉强同意了管仲的意见。没过多久，他又对管仲说："管大夫，请你加强军备。我的战士没有训练，兵力又不充足，武器短缺，怎么能够称霸诸侯？必须在国内加强武备。"

"不可以这样做呀！"管仲着急地说，"这样齐国就危险了。国内夺取民用，鼓励兵士打仗，这是乱国之根源。国外侵犯诸侯，各国人民必怨恨齐国，仁义之士就不肯到齐国来，这样，国家还能没有危险吗？"

齐桓公将眼光投向旁边的鲍叔牙，似乎是在征求他的意见。

鲍叔牙劝谏道："主公，夷吾之言有理，请听从他的意见吧！"

齐桓公看着管仲,冷冷地说:"寡人本不欲称霸,是你硬要寡人称霸,现在寡人要称霸,你却又百般阻挠,到底是什么意思?"显然,齐桓公开始怀疑管仲的忠心了。

管仲心底透亮,委屈地说:"主公,欲强兵,必须先富国,如果内政不修,国内经济得不到开发,国力不强,何以称霸呀!"

"你是说国力不足吗?寡人自有办法,不需要你操劳。"齐桓公下了逐客令。

管仲痛苦地退出,鲍叔牙也有些无可奈何地跟了出来。

且说齐桓公同管仲、鲍叔牙商量,欲加强军备而受阻,心里非常气恼,甚至怀疑管仲的忠心和能力。但是,国家财力不足,这是一个很具体的难题,非一蹴而就就能解决。这一天,他一个人在后宫喝起了闷酒。蔡姬见齐桓公回宫后一言不发,不知所为何事,凑过来试探地说:"主公,臣妾抚一曲,为你助兴如何?"

齐桓公焦躁地说:"心烦,不听!"

蔡姬见状,只好转个话题说:"竖刁来找过主公。"

齐桓公闻蔡姬提到竖刁,想到此人说话很中听,忙问道:"他人呢?"

"还在外面候着呢!"蔡姬说。

齐桓公说道:"叫他进来!"

竖刁应召而入,见齐桓公刚喝一爵酒放下酒爵,忙上前端起酒壶,满满地酌上一爵,献媚地说:"主公可是海量,千爵不醉呀!"

"找寡人有事吗?"齐桓公问道。

竖刁犹豫了半天说:"也没什么事!"

齐桓公见状,不高兴地说:"有话就说,何必吞吞吐吐!"

竖刁站在齐桓公的身边,小心翼翼地说:"臣有句话,不知当说不当说!"

"有话就说,有屁就放。"齐桓公端起酒爵一饮而尽。

竖刁忙又酌上一爵,轻声问道:"主公,你看以管仲的智慧和才干,能不能谋取天下?"

齐桓公毫不犹豫地说:"能。"

竖刁又问:"那么,以管仲的魄力,是不是一个敢作敢当、敢做大事的人?"

齐桓公又毫不犹豫地说:"是。"

"主公明知管仲的才智能谋取天下,而其魄力也敢干大事,主公却将国家

第 19 章　急功近利

权力完全交给他，以管仲的才能，借助主公的权势来治理齐国，难道不危险吗？"

齐桓公听到这里出了一身冷汗，觉得竖刁说得有理。

第二天，齐桓公召来管仲、鲍叔牙和隰朋，对三人说："从今日起，隰朋大夫负责内务，管仲大夫负责对外事务。"

"主公，管仲大夫不是管得好好的吗？怎么要做如此决定？"隰朋不解地问。

齐桓公不容置疑地说："就这样定了，不要问为什么。"

管仲瞪着一双眼睛看着齐桓公，他心里明白，这一定是昨天劝谏主公不要对外用兵而引起主公的误会，从而对自己起了戒心。这样的误会，当事人是很难说清楚的。他暗暗地叹了口气，没有申辩。

齐桓公将朝廷内务委于隰朋，命令齐国的所有封地加强军备，并发出诏令，提高全国的关税和市场税，将筹措到的资金用于将士们的俸禄以及赏赐作战勇敢的将士。一时间，举国上下为军备和赋税的提高闹得沸沸扬扬，至使朝政混乱，人民怨声载道。

管仲找到隰朋，问道："隰大夫，提高关税和市场税的事情办得如何？"

隰朋摇摇头，叹了口气说："难啦，国家内乱刚刚结束，又如此重赋苛索于民，百姓的生活本来就很苦，如此一来更是怨声载道，我真的有些应付不下去了。"

"唉！"管仲叹了口气说，"主公的性子太急，内乱刚息，百废待兴，如此不顾国力地加强军备，增加赋税，此乃饮鸩止渴呀！"

"管大夫！"隰朋着急地说，"我也是心有余而力不足呀，主公的命令要执行，百姓之怨声也不能置若罔闻，我该怎么办？"

"处理好政务，要保证齐国这艘船不能翻，静候主公之醒悟。"管仲沉着地说。

"如何做？"隰朋问道。

"主公的诏令你还是继续执行。"管仲想了想说，"百姓的日子也不好过，所以，催征不必过急，手段也不得太过强硬，否则，官逼民反，齐国这艘船就真的要翻了。"

"好！"隰朋赞成地说，"我对下面的人讲一声，叫他们注意一些方法。"

隰朋刚走，鲍叔牙又来了，他忧心忡忡地对管仲说："主公以前曾答应你成就霸业，但现在国家越来越乱，你说该怎么办？"

"主公的性子急，做事多有后悔，我们劝说不听，看来只能等他自己觉悟了！"

鲍叔牙仍然很担心地说："如果等他自己觉悟，那国家不是要受到很大损失吗？"

管仲很自信地说："不会的，国家的政事，我还在暗中办理着，现在虽然乱了些，但还有时间挽救。现在国外诸侯以及大臣，没有人比我们二人强，他们还不敢贸然侵犯齐国。"

由于百姓不堪赋税之重，已出现逃亡现象，大批百姓流向相邻鲁、莒等国。接着，朝廷里竟然发生为争夺禄位而互相残杀的事情，折颈断头的事情时有发生。

鲍叔牙又找到管仲说："国家死了这么多人，这不是坏了么？"

管仲回答说："问题不会很大，死者都是为禄位之争而死，都是贪人。像那样的人死了，我何必为他们流泪？我所担心的，则是各诸侯国的义士会因此而不到齐国来，齐国的义士不肯做官。这才是我所忧患的。"

且说齐桓公不记前仇，饶恕管仲，并委之以朝政之事，很快就传遍天下。鲁庄公闻之极为震怒，悔不该当初未听施伯之言杀了管仲。他下令全国加紧练兵，打造兵器，疏通曲阜以北的洙水，加强对国都的守备，准备蓄精养锐以报干时一战之仇。

齐桓公听说鲁庄公欲报干时一战之仇，勃然大怒，召集群臣入朝议事。一脸肃容地说："寡人新嗣位，上一次，鲁国数百乘战车打上门来，现在又在那里蠢蠢欲动，齐国向来是不受人威胁的。先发制人，后发制于人，寡人决定，出兵讨伐鲁国，大家以为何如？"

竖刁最是会邀宠于上，率先出班奏道："主公出征鲁国，臣愿当先锋！"齐桓公赞许地点点头。

雍廪出班奏道："臣愿率五百乘兵车，踏平曲阜！"

"好！"齐桓公拍案而起，"鲍太傅，你意下如何？"

鲍叔牙心里不同意出兵，但他深知齐桓公的脾气，决定了的事，旁人是难改变的，只好违心地说："主公欲称霸中原，就要提高威望。齐国乃千乘之国，讨伐小小的鲁国，定会马到成功。"

齐桓公知道管仲是不会同意出兵的，但还是问了一句："管大夫怎么不说话？"

"臣认为，此时不宜擅动干戈。"管仲明知说也无用，但还是要说。

齐桓公不悦地说："管仲，你不是要寡人图霸业吗？寡人现在按你说的做了，为何又要阻拦，什么意思呀？"

管仲心知说也无益，但还想作最后一次劝谏，出班奏道："臣听说，有土之君，不勤于战争，不记恨小辱，不重复过错，国家就能安定；勤于战争，记恨小辱，重复过错，国家就会面临危险。齐国内乱刚息，军政未定，国力不张，有道是，攘外必先安内，内政不稳，怎能擅动干戈？"

鲍叔牙不安地看着管仲，担心他因之而触怒主公，心里暗暗为他捏了一把汗。

齐桓公不耐烦地挥挥手说："寡人主意已定，现在需要的是鼓舞士气，如果是涣散军心的话，就不要说了。"

管仲诚恳地说："主公，齐国并无讨伐鲁国的充分理由，师出无名，出兵鲁国，乃是兴不义之师呀！主公为图霸业而兴不义之师，一定会适得其反，主公要三思呀！"

齐桓公闻言，脸色陡变，怒喝道："管仲，你身为齐国大夫，又主持政事，本该替寡人出谋划策，为何要长他人之威风，灭我之志气，到底居心何在？"

鲍叔牙恐齐桓公发怒，会对管仲不利，忙上前奏道："主公，为振大齐雄风，臣愿率三军伐鲁！"

管仲狠狠地瞪了鲍叔牙一眼，长叹一声，退回班中。

"好！"齐桓公大喜，说道，"鲍太傅为三军统帅，寡人御驾亲征，择吉日出兵，不踏平曲阜，誓不还师！"

第 20 章　曹刿论战

齐桓公急于对外扩张，拒不采纳管仲的正确意见，于桓公二年（公元前684年）春正月，以鲍叔牙为将，亲率战车五百乘，发动了对鲁国的战争。

齐兵伐鲁的消息，很快就传遍天下。鲁庄公也是一个性情刚烈又崇尚武力的人，干时一战，鲁军大败而归，他心中对齐国便充满了仇恨，后又听说齐桓公将管仲引渡回国之后，不但没有杀死管仲，反而还委之以齐国之政，有一种被欺骗的感觉，心中更是恨上加恨。得知齐国进攻鲁国，立即下令，在全国范围内招兵买马，欲与齐国一决雌雄。一时间，战争的气息笼罩着鲁国。

曲阜城东门十里外有一东平乡，乡南头的小山脚下有户人家姓曹，主人叫曹刿。别看曹刿过着日出而作、日落而息的生活，但他自幼饱读诗书，喜研兵法，且造诣颇深，是一位隐士，从未出仕。曹刿听说齐兵伐鲁，知道鲁国已经到了生死攸关的时候，心里非常着急。他虽是一介草民，不是什么肩负国家重任的朝廷官员，但他认为，国之存亡，匹夫有责。于是，他决定到曲阜去求见鲁庄公，为抗齐之战出谋献策。

曹刿的乡亲们知道后，纷纷出面阻拦，他们说："战争是国家大事，让那些成天吃鱼吃肉、酒足饭饱的大官们去谋划吧，你一介草民，何必要多管闲事呢？"

"肉食者目光短浅，见识低下，不会深谋远虑。国家有难，匹夫有责，我怎么能不管呢？"曹刿不顾乡亲们的劝告，只身前往曲阜求见鲁庄公。

是日，鲁庄公召集群臣商讨拒敌之策，他感叹地对施伯说："悔不该当初未听你之言，让管仲活着回到齐国，果然是纵虎归山，遗患于鲁。"

施伯回答道:"如果臣料得不错的话,齐兵伐鲁,绝不是管仲的主意,以管仲的才能,在齐国内乱刚息,国力未复的情况下,绝对不会擅自出兵征伐鲁国。"

鲁庄公不解地问:"你的意思是……"

施伯分析说:"齐侯初立,国之内乱刚息,齐国虽然是大国,经过这几年折腾,国力削弱不少,善治国者,此时应该是整顿军队、发展生产的时候。然而,齐桓公违犯常规,贸然出兵征伐鲁国,师出无名,兴的乃是不义之师,其对外扩张之意图太过明显。管仲乃旷世奇才,这样简单的道理他不会不懂。"

"寡人总听你说夸赞管仲,为何齐国此时出兵伐鲁呢?"鲁庄公问道。

施伯思索了半天才说:"唯一的解释是:齐国内部出了问题。"

"会出现什么问题?"鲁庄公紧张地问。

"齐桓公与管仲意见不统一。齐侯与管仲有一箭之仇,他虽委政于管仲,其实对管仲并不信任,齐桓公出兵,管仲一定是劝谏而未果。因此,我们要在齐国没有真正重用管仲之前,打好这一仗。"施伯说。

"齐国的君臣和与不和,寡人没有兴趣,寡人现在只担心大兵压境,诸位爱卿有何退敌之策?"

"如何退敌,请曹司马出谋划策,他是管军事的。"施伯说。

鲁庄公焦虑地看着大将曹沫说:"曹司马,你有何良策?"

"唉!"曹沫叹了口气,说,"齐强鲁弱,干时一战,我军损失战车近二百乘,元气大丧,这个仗真的很不好打。臣一时尚无良策。"

鲁庄公气急败坏地说:"大兵压境,难道鲁国就此束手待毙不成?你们食朝廷之俸禄,国家危难之时,谁都不能替寡人分忧。难道要寡人向齐国俯首称臣吗?"

大臣们面面相觑,谁也不敢出声。施伯说:"和当然不行,齐国此次出兵,明显地带有扩张的性质,欲在诸侯国间树立威信,若与其求和,鲁国必须付出很大的代价,且齐侯还不一定能答应。"

鲁庄公焦虑地说:"战不行,和也不行,到底该如何是好?"

群臣一个个惭愧地低着头。正在这时,忽听侍卫来报,说外面有个叫曹刿的人求见君上。

鲁庄公道:"不见!"

侍者刚去不久,又来禀报,说曹刿非见主公不可,不然,他要闯进来。

鲁庄公不耐烦地说:"轰他走,没看见寡人正在商议军国大事吗?"

"慢！"施伯出班奏道，"臣素闻曹刿之名，据说此人饱读诗书，满腹文韬武略，有将相之才，从未出仕，乃鲁国之隐士，只是未曾谋面。今日求见，一定与当前的战事有关，说不定是来献策的。"

鲁庄公听了施伯之言，手一挥说："宣曹刿进见。"

侍卫犹豫地说："主公，此人衣衫褴褛。不懂礼仪……"

鲁庄公瞪了侍卫一眼："寡人说宣他进见！"

侍卫答应一声，急忙退出殿去。一会儿，衣衫褴褛的曹刿大步流星走进大殿，朝鲁庄公拱手施礼道："草民曹刿拜见君上。"

曹沫站在班首，见曹刿站着行礼，怒喝道："拜见君上，何不下跪？"

曹刿看了曹沫一眼，道："草民乃山野村夫，拱手即是见面礼。难道朝廷中人见面都要跪拜吗？"

曹沫气急败坏，跨前一步，伸手欲将曹刿叉出大殿。鲁庄公挥手制止了曹沫，对曹刿道："你求见寡人，所为何事？"

曹沫瞪了曹刿一眼，退回班内。

"草民闻齐兵犯境，朝廷的肉食者却无退敌之策。"曹刿故意瞟了曹沫一眼，"国家有难，匹夫有责，草民虽是吃粗食的山野小民，但身为鲁国人，当国家在危难之时，也想为国家略尽微薄之力。"

曹沫手指曹刿，厉声说道："好个大胆的刁民，你有何德何能，竟敢夸如此海口？"

曹刿不理会曹沫，向鲁庄公问道："听说君上正在商议应敌之策，草民斗胆地问一声，鲁国凭什么同齐军作战？"

鲁庄公正需要人帮助他出主意，知道曹刿此问必有原因，于是便答道："寡人对人还算是宽厚，凡衣食这些用以养生的东西，寡人从不独享，总要分一些给别人。"

曹刿对鲁庄公说："君上所施，乃小恩小惠，且能受此小恩小惠者也很有限，多数人并不知君主有这些小恩上惠。老百姓更不知道这些，他们是不会跟着你去战场上卖命的。"

鲁庄公说："寡人不仅待人好，对待天地神明，寡人也很虔诚，祭祀天地使用的牛、羊、猪和宝玉、丝绸等祭品，总是有多少就说多少，从来不敢夸大。寡人这样诚实，天地神明一定会帮助寡人打败齐国。"

曹刿还是不以为然地说："君上不虚报祭品的数量，只能算是有点信用，还说不上是很有信用。单凭这些,老天爷不会降福于你,老百姓也不会信服你。"

鲁庄公沉默了一会,继续说:"鲁国每年要发生千百起诉讼案件,寡人虽然不敢说件件了如指掌,判决公平,但是,寡人总是尽最大的努力,慎之又慎,使之趋向合理。人民一定会相信寡人、支持寡人的。"

曹刿听到这里,果然连连点头说:"诉讼案件,无论大小,都关系到当事人的生命财产,案件处理得公平与否,会直接影响到人们的切身利益,君上能够这样重视诉讼案件,并尽可能地公平处理,就是为百姓办了一些好事。若此,百姓一定会支持君上,草民认为,鲁国可以与齐国一战。"

鲁庄公为之一震:"敌众我寡,如何应敌?"

"兵不在多而在于精,将不在勇而在于谋,鲁与齐战,要以智取,不可力敌,干时之战,鲁国三百乘战车,并不输于齐,为何大败而归?一来,鲁国擅自出兵,乃不义之士,二来,作战的将军逞匹夫之勇,孤军深入,中了敌人的圈套。"曹刿有意无意地又瞟了曹沫一眼。

曹沫狠狠地瞪着曹刿,恨不得一口将其吞下。

鲁庄公倾身问道:"能说得具体些吗?"

曹刿答道:"战场之事,变化多端。兵事须随机应变,非事先可以预料,请君借草民一辆战车,跟随在君上身边,臣将根据战场上的实际情况,为君上出谋划策。"

鲁庄公见曹刿很有智谋,想了想欣然说道:"你就与寡人同乘一辆战车,率领鲁国大军,去抗击入侵之敌。"正是:

齐兵压境举朝忧,君臣技穷难谋筹。
莫道边庭少捷报,由来肉食少佳谋。

且说管仲自齐桓公率兵征伐鲁国之后,料定此次出兵,定是凶多吉少,忧虑过度,猝然病倒,且病情来势凶猛,一卧不起。他躺在病床上想了很多。他恨齐桓公刚愎自用,不听忠言;也恨鲍叔牙推波助澜,不阻止齐桓公出兵;还恨朝廷那些文臣武将,一个个四肢发达,头脑简单,只知道迎合君上之意,不顾大局,不管齐国的利益和百姓死活。几天以后,管仲病稍有好转,他硬撑着爬起来,叫家人管芰备好文房四宝,夜以继日地奋笔疾书,就像担心时间不够似的。管芰将饭菜送到他的手边,他也懒得看一眼。数日间,他又写出了《七法》

《兵法》《法禁》《幼官》《侈靡》《枢言》《轻重甲》《轻重乙》等著名文章，篇篇皆是锦绣文章，条条都是治国之道。

隰朋听说管仲卧床不起，来至管仲家里探视，他关心地说："管大夫，主公出征，朝廷政务正要你主持，而你又病倒在床，这便如何是好？"

管仲担忧地说："齐国此时是不宜兴兵的，你们为何不劝阻主公呢？"

"管大夫，当时的情况你也在场，主公意已决，他能听劝吗？再说，竖刁、王子成父都是力举出兵。"隰朋说。

"王子成父是武将，考虑问题不周，情有可饶。竖刁乃阿谀奉承的小人，只知迎合主公之意，主公放个屁，他也说是香的。鲍太傅呢？他可是有头脑的呀，怎么也推波助澜？"管仲问道。

"管大夫，你可错怪鲍太傅了。"隰朋说。

管仲问道："我为何错怪了他？"

"当时的情况你很清楚。"隰朋说，"主公面色铁青，鲍太傅担心会对你不利，才出此下策，请缨率兵出征。"

"唉！"管仲叹了一声，"这个鲍叔牙，他就知道尽忠，他就知道守义，怎么能如此不顾大局呢？"

"我说你呀！"隰朋劝道，"也要收敛一些，不能总跟主公对着干，他不听你的，硬顶有用吗？"

管仲看了隰朋一眼，咳了几声说："我预料，此次齐国必败无疑。而主公一旦败归，我恐怕就有些不妙。"

"这又是为何？"隰朋惊问道。

"主公败归，一定愧于见我，即使不找个机会将我除掉，恐怕朝廷也无我立身之地。"管仲指着柜子里的几卷竹简说，"这是我最近一段时间整理出来的一些治国之道，今后，齐国只有鲍叔牙和你才能理政，留给你们作个参考。"

隰朋着急地说："你怎么能如此灰心，主公若败，就证明你是正确的，他一定会信任你、重用你。"

管仲摇摇头，懊丧地说："主公刚愎自用，自尊心特强，若胜了，他一定会继续对外扩张，这对于齐国，将是一个灾难。我倒宁可他大败而归，尽管我会因此而消失，但能唤醒主公，我看也值。"

"不会的！"隰朋说，"你说的事情绝对不会发生，若真出现这样的情况，我和鲍太傅就是拼一死也要阻止主公。"

第 20 章 曹刿论战

"这次出兵鲁国呢？你们劝得住吗？"管仲算了算时间说，"大军出发已有十天，齐军恐怕已过汶阳，进入鲁国国境了，决战之期，也就在这几天了。"

隰朋见管仲如此忧心忡忡，这才真正体验到鲍叔牙为何要拼死举荐管仲的良苦用心，同时，也从心底产生了对管仲的莫大敬意。

第 21 章　长勺之战

且说齐桓公率领五百战车、近二万名将士，浩浩荡荡，杀奔鲁国。兵马行至汶阳，鲍叔牙下令三军于城外安营扎寨，埋锅造饭，休整一日。齐桓公与鲍叔牙及众将军进入汶阳城。

是日晚，齐桓公将鲍叔牙、王子成父等人召集在一起商讨军情。他问鲍叔牙："太傅，鲁国有何动静？"

鲍叔牙说："据探子回报，鲁庄公下令在全国征集壮士入伍，欲与我军一决雌雄。"

"鲁国乃寡人手下败将，还有胆量抵抗齐军？"齐桓公哈哈一笑道，"打听到他们此次以谁为将？"

"听说鲁庄公正在为此事犯愁。"鲍叔牙看了一眼齐桓公说，"闻鲁国司马曹沫自干时之战以后，对齐国已是闻风丧胆，施伯虽然是足智多谋，但对于打仗，似乎并不在行。还有一条消息说，鲁国内部已有主战与主和两派。到底是战还是和，应该有个结果了。"

"主和？"齐桓公冷哼一声，"除非他割让十座城池，否则，寡人一定要杀进曲阜城，直捣鲁国老巢。"

正在这时，侍卫引进一名齐国探子，探子进来跪下奏道："启禀主公，鲍帅，据小的打探，鲁庄公命一个叫曹刿的人为将，率军抗击我军。"

齐桓公问道："此人是何来历？"

"此人从未出仕，据说乃一介草民，无人知道其来历。"探子回答。

"还有什么消息？"齐桓公问道。

探子回答："没有了。"

"好！下去领赏！"齐桓公补了一句，"再探再报。"

第21章 长勺之战

齐桓公遣走探子，笑着对大家说："看来鲁国真的是朝中无人，竟然拜一个山野草民为将。"

鲍叔牙提醒说："主公，我们尚不知曹刿这个人的来历，不可轻敌呀！"

"鲁军乃寡人手下败将，干时一战，寡人仓促应战，就杀得他个落花流水、大败而归，此次寡人亲率战车五百乘，雄兵二万，有备而来，岂能不胜？"齐桓公大手一挥，"明天三军休息一天，后天兵发曲阜。"

鲍叔牙见齐桓公如此气盛，心里不禁生出一丝隐忧。但他也认为齐强鲁弱，打赢这场战争不会有问题，虽有隐忧，却也并不很在意。

且说鲁庄公听过曹刿的一席之谈，料定此人文韬武略胜于常人，但如何使用此人，心里又有些犹豫，连夜问策于施伯，施伯建议："臣素闻曹刿乃鲁国隐士，饱读经书，精通战法，有将相之才，若要用此人，必当委以重任。"

鲁庄公有些担心地说："鲁、齐一战，事关国家的生死存亡，稍有不逊，将功亏一篑，委以重任，是否有些冒险？"

"疑人不用，用人不疑。"施伯略顿一会儿后说，"主公已令曹刿同乘一车，在战场上随时问策于他，若真是帅才，就将指挥权交与他，主公以为如何？"

"好！"鲁庄公赞同地说，"就按这个意见办。"

第二天，鲁庄公亲至校场点兵，正待点将之时，他突然同施伯耳语了几句，施伯频频点头，接着，他对曹刿说道："曹刿，今天由你点兵。"

鲁庄公向施伯点点头，施伯站起来，面对台下将士大声说道："各位将士听着，主公有命，今天，由曹刿点兵。"

曹刿为难地说："草民乃山野小民，毫无资历，怎么能将台点兵？"

"去！"鲁庄公鼓励地说，"寡人信得过你。"

台下众将士听到主公命一个无名之辈校场点兵，立即沸腾起来。

曹刿看看鲁庄公，又看看施伯，有点不知所措，施伯用期待的眼神看着曹刿说："主公叫你点兵，还愣着干什么？"

曹刿犹豫再三地说："草民乃一布衣，凭何上台点将？谁人能服？"

鲁庄公取下身上佩剑，双手递上说："寡人赐你尚方宝剑，违令者斩。"

曹刿当着众将士之面，在点将台上双膝跪下，接过尚方宝剑，大声说："臣遵旨！"曹刿接过尚方宝剑之后，立即像变了个人，只见他眼露精光，气宇轩昂，眉梢间透出一股杀气。

鲁庄公心头为之一震，心里想：好重的杀气，果然是个帅才。

施伯坐在旁边暗暗点头。

曹刿手持尚方宝剑，雄赳赳地站在台上，大声叫道："曹沫将军听令！"

曹沫站在台下正在生气，为什么呢？心里不服呀，他堂堂鲁国司马，竟然被一个山野村夫夺去彩头，他能甘心吗？由于思想开了小差，没有听到台上的曹刿在喊他的名字。

曹刿见曹沫站在那里不动，以为是瞧不起自己，提高嗓门叫道："曹沫听令！"

曹沫这才听清楚，曹刿是在点自己的名字，忙出列应道："末将在！"话刚出口，心里又有些后悔，自己怎么能够答应一个山野村夫的点将呢？

曹沫还在这里胡思乱想，台上的曹刿说话了："命你率战车五十乘为先锋，出长勺、沿途迎击齐军，若遇齐兵，只许败，不许胜，逐步向长勺撤退。"

"这打的是什么仗？哪里有只许败，不许胜的道理？"曹沫暴跳如雷。

"曹沫，你想违抗军令吗？"曹刿怒喝道，"本人有主公亲赐尚方宝剑，违令者斩！"

曹沫心里虽是不服，但曹刿手中有尚方宝剑，不服也不行，只好忍气吞声地退到一旁，心里想：等打完仗再说，若是胜了，倒也罢，若是败了，本将军定会出这口恶气。

曹刿见曹沫不服气，问了一句："曹将军还记得干时之战吗？"

曹沫以为曹刿故意以干时之战来羞辱他，反问道："什么意思？"

"记得当时齐国的隰朋是怎样做的吗？"曹刿问道。

曹沫略一思索，恍然大悟一想，大声说："知道了！"

"公子偃听令！"曹刿继续叫道。

公子偃出列："末将听令！"

曹刿大声说："长勺以东三里有座山名叫大牯岭，岭后山谷可以屯兵，命你带战车百乘，潜伏于山谷之中，曹将军撤退之时，齐军必定尾追而至，你只管按兵不动，让他们过来，待齐兵溃败之时，但闻三通鼓响，便率兵从左右杀出痛击之，记住，不可将退路全部封死，要给齐军留一条退路。"

公子偃不解地问："既然齐军溃败，为何还要留给退路，一举全歼不好吗？"

"凭鲁军实力，若能击退齐军已是侥幸，绝难将齐军一口吃掉。若将其退路封死，齐军必作困兽之斗，到时，鹿死谁手就不好说了。"曹刿补充一句，"记住，给齐军留一条退路。"

公子偃应声入列。

"主公的中军驻扎在长勺,鲁、齐两国之兵,将在长勺决一死战。"曹刿振臂一呼,"鲁军必胜!"

"鲁军必胜!"全体将士高举手中武器,齐声高呼。

且说齐桓公率领齐国战车,从汶阳城出发,一路上未见鲁国的一兵一卒,齐军大队人马也就像游山玩水一般,缓缓而行。齐桓公志高意得地对身边的鲍叔牙说:"看来,鲁侯龟缩在曲阜城不敢出来了?"

鲍叔牙说道:"鲁庄公绝不会让齐国兵临城下,在都城曲阜与齐军决战,从这里到曲阜,还有两天行程,鲁军一定在途中的哪一个地方等着我们。"

恰在此时,探子来报,前面发现鲁军。

鲍叔牙问道:"有多少战车?谁为将?"

探子道:"大约有战车五十乘,战旗上大书一个'曹'字。"

"定是曹沫无疑,干时一战,杀得他丢盔卸甲,此时又来丢人现眼。"齐桓公说道。

鲍叔牙立即传令前军王子成父:"冲上去!"

且说曹沫领了将令,率领五十乘战车来到大牯岭,探子来报,前方两里处发现齐军,正在向大牯岭进发。曹沫令战车停止前进,将五十乘战车排成两个方阵,停在道路中间,刚刚排好阵势,齐军便如潮般杀到。曹沫见齐军摆好战阵,大声问道:"来者何人,为何要侵犯鲁国?"

王子成父催车出阵,大笑道:"我道是谁,原来是曹沫将军,干时一战,听说你身受重伤,怎么样?好些了吗?今天要小心了,可别旧伤未复,又添新伤哟!"

曹沫怒道:"大胆狂徒,不必夸下海口,有胆量就前来送死吧!"

王子成父也不答话,拍马杀了过来。曹沫拍马迎上去,大战几合后,佯装不敌,且战且走,鲁军的战车早有准备,有条不紊地相互掩护,向长勺撤退。

齐桓公见鲁军败退,忙令擂响战鼓,齐国将士听见进军的号角,催动战车,跟在鲁军之后,一路追杀。曹沫并不恋战,指挥战车,按既定方案,且战且走,撤向长勺。

公子偃带领百乘战车埋伏在大牯岭山谷之中,见曹沫带领战车匆匆而过,齐军大队人马尾追而至，心里赞叹曹刿料事如神，令手下将士加强警戒，不得发出半点声音。

曹刿与鲁庄公站在山坡上，远远看见曹沫败下阵来，鲁军后面，尘土飞扬，知是齐军大队人马已到。曹刿命让过曹沫的战车，在道路中间布下铁犁犄角，令一千盾牌手列阵于前，三千弓箭手排成三排，站在盾牌手之后，严阵以待。

齐桓公率领大队人马尾随曹沫之后，一路追了下来，鲍叔牙见鲁军并无太多抵抗，顿起疑心，立即派人赶到队伍前面告诉王子成父，嘱其一定要保持队形，切不可孤军深入。

齐桓公一旁说道："太傅何必如此小心，鲁军已成惊弓之鸟，不足为虑。"

竖刁献媚地说："我看鲁侯是吓破了胆，此刻不知躲在哪里打哆嗦呢！"

鲍叔牙冷冷地看了竖刁一眼。

王子成父率兵尾随曹沫人马紧追不舍，突见前方战旗猎猎，大批鲁国战车在大道上一字排开，战车上书有"鲁"字的杏黄色大旗迎风飘扬，知是鲁庄公中军。连忙收住战车，并派人向齐桓公报告前面的情况。齐桓公见前面人马停滞不前，正欲派人前去打探，前方探子来报，鲁军的大队人马已列阵等候。齐桓公问身边的鲍叔牙："这地方叫什么名字？"

鲍叔牙答道："长勺。"

齐桓公又问："此处离曲阜还有多远？"

鲍叔牙答道："不足百里。"

齐桓公决定采取先发制人的战略，传令立即向鲁军发动猛烈进攻，鼓声震天动地。鲁庄公见齐军来势凶猛，心中颇有几分胆怯，担心齐军冲破鲁军阵地防线，欲下令击鼓反击。曹刿连忙阻拦说："不可，眼下齐军士气正旺，此时出击，难以与其争锋。"接着大声传令："三军将士，严阵以待，齐军远了，不要理他，到了弓箭的射程之内，听号令，用箭招呼他们。违令者，斩！"

说话间，齐军大队人马随着咚咚的战鼓声冲杀过来，眼看就要攻入鲁军阵地，曹刿手中令旗一挥，大声吼道："放箭！"

刹那间，鲁军阵地上突然万箭齐发，齐军遭此突袭，死伤无数，前进不得，只好后退到一箭之地以外。

王子成父见鲁军不应战，令齐军骂阵，鲁军仍是充耳不闻。他来到鲍叔牙车前道："这个仗怎么打？"

鲍叔牙笑道："鲁侯在干时吓破了胆，只要冲开阵脚，他就会全军崩溃！"

说罢，二次擂起战鼓。

齐军将士喘息未定，听到鼓声，重新抖擞精神，掉转车头，向鲁军冲杀过去。

鲁庄公又欲擂鼓出击，曹刿制止道："不可，此时不宜出击，还是以箭招呼齐军。"于是，令旗一挥，鲁军又是万箭齐发，不让齐军靠近一步。

齐军在箭雨之中难以前进，只好带着死伤的兵士再次退到一箭之外的地方。将士们经过两番冲锋，已是疲惫不堪，皆倚靠在战车上，摘下头盔扇风乘凉，解开犀甲擦汗，战马也累得大汗淋漓。

王子成父对鲍叔牙道："大帅，鲁军这次作战与以往不同，战阵布得十分严密，军队井然有序，要小心才是。"

鲍叔牙点点头，手搭凉棚向鲁军察看，边看边说："鲁军阵法不乱，将士精神抖擞，毫无倦意，真的得小心对待。"

齐桓公笑道："鲁军不敢接战，这是在做最后的垂死挣扎。只要再发起攻击，他们定会弃甲丢车，大败而逃。擂鼓进攻，先冲破敌阵者，重重有赏！"

鲍叔牙第三次擂响了战鼓。齐军将士鼓起最后一点力气冲向鲁军，但喊杀声明显降低，步伐也显散乱。

鲁庄公又欲击鼓反击，曹刿仍然制止道："不可，此时出击并无胜算，还是用箭招呼齐军。"只是，这一次他将齐军放得更近，待到齐军迫近二丈之地，曹刿突然令旗一挥，大喊一声："放箭！"

由于两军相隔很近，鲁军几乎是箭无虚发，箭箭皆射中齐兵。齐军本已是疲惫不堪，又遭此致命一击，遂掉转车头，拼命往回退。

曹刿看准时机，抢过鼓槌，重重地击鼓三通，顿时，战鼓齐鸣，杀声四起，鲁军兵士如下山猛虎般向齐军冲杀过去。

齐军经过三番冲锋，疲态尽显，突见鲁军如猛虎般冲杀过来，顿时乱作一团，后军冲倒前军，前军堵住后队，阵脚大乱，人仰马翻，丢盔弃甲，狼狈逃窜。尽管鲍叔牙拼命嘶喊，可兵败如山倒，怎能喝止得住。只好保护着齐桓公，节节败退。

鲁庄公见齐军败退，催促曹刿击鼓乘胜追击，曹刿制止道："且慢！"说着，跳下车，仔细地察看齐军撤退时战车留下的车辙，接着又攀到战车前的扶手上，手搭凉棚向齐军逃窜的方向观看，然后对鲁庄公说："可以下令乘胜追击。"

顿时，战鼓齐鸣，喊声震野，鲁军军心大振，如潮水般杀向溃退的齐军。

齐军刚退至大牯岭，公子偃的伏兵从山谷中杀出，将逃窜的齐兵拦腰切断，只杀得齐军尸横遍野，血流成河，丢盔弃甲，望风而逃，哭天喊地，只恨爹娘少生了两只脚。

鲁军乘胜追击，一口气追杀三十余里。鲁庄公尚无收兵之意，曹刿见齐军渐渐去远，对鲁庄公说道："穷寇勿追，让他去吧！"

鲁军打扫战场，仅缴获战车就有百余乘，其余刀、枪、箭、戟，不计其数。

鲁国虽然打了胜仗，但鲁庄公对曹刿的军事指挥却是不解。战斗结束后，鲁庄公向曹刿问道："齐军第一次、第二次发起冲锋后，寡人欲击鼓反击，你为何说不可？而第三次却又说可以出击，以一鼓胜三鼓，这是什么道理？"

曹刿回答说："打仗凭的是一股勇气。击鼓乃为鼓舞士气。一通鼓响，士气正旺；若第一次冲锋没有成功，二次击鼓冲锋时，士气已经衰弱；到第三次击鼓，战士经过两次冲锋，士气已经消失殆尽，已经没有多少战斗力。在齐军三通鼓后，齐军勇气衰竭，兵士个个都是疲惫不堪。此时我军以逸待劳，士气高昂。此时击鼓反攻，正是以勇猛之师攻打疲惫之敌，虽然敌众我寡，但我军可以以一敌两，甚至更多。战胜齐军，也就不是一件难事了。这就叫做：一鼓作气，再而衰，三而竭。"

鲁庄公又问道："齐军败退之时，为何不立即乘胜追击，而要下车察看，攀上车栏眺望呢？"

曹刿一笑道："齐国是大国，不能低估其实力，齐军开始溃退之时，臣担心其是假败，故不敢立即追击，以免遭到齐军的暗算。后来，臣下车察看，见齐军车辙混乱，举目眺望，见其旌旗也东倒西歪，这说明他们的军容不整，十分狼狈，这才肯定他们是真的溃败。所以才下令追击。"

鲁庄公叹道："爱卿可谓深知兵法也。"于是，拜曹刿为大夫，并厚赏施伯举荐之功。

第22章 管仲大祸临头

齐军战败的消息传回临淄，举国上下一片惊慌，特别是那些有随军出征的人户，更是惊恐万状，忧心如焚，家家户户，扶老携幼，天天站在城门口、爬到山坡上，翘首以盼，等待出征的亲人归来。整个临淄城被一股哀伤的气氛所笼罩。

管仲虽然预料到此次齐国出兵征讨鲁国必败，但当战败的消息传来之后，还是像遭到雷击一样，整个人都惊呆了。他连忙找来隰朋，问隰朋知道不知道更多的情况，隰朋回答，只知前方战败，其他的也知不甚详。管仲叫隰朋准备做善后工作，他自己也做了最坏的打算。

数日后，在一个大雨瓢泼的下午，齐国战败的大队人马狼狈不堪地回到临淄，全城的百姓，特别是出征的家属，男女老少、全家出动，淋着雨，站在城门口，等候亲人归来。当丢盔卸甲、疲惫不堪的败军接近城门时，呼兄唤弟声，妻子叫夫声，儿女喊爹声，爹娘唤儿声，此起彼落。当找到自己的亲人时，不论旁边有人无人，俱皆相拥而泣，庆幸能够活着回来和家人团聚；当见到自己的亲人缺胳膊断腿时，皆抱头痛哭；而那些不见活人面，唯见一具僵尸，甚至连尸体也不见的人家，则是呼天抢地，号啕大哭，其声撕人心肺，其状惨不忍睹。

管仲站在人群后面，眼见此情此景，不由珠泪双流，时间一久，泪水夹杂着雨水，雨水又带着泪水，顺着两颊向下流淌，滴在地下，不知哪是雨水，哪是泪水。他既为齐桓公不听劝告而痛心疾首，也为这些死难将士悲哀。一场毫无意义的侵略战争，夺去了数千齐国子弟的生命，阎罗殿前，添了数千柱死的冤魂。他再也看不下去了，默默地转回身，回到家里，躺在床上，静静地等候着属于他的那一刻。有词为证：

> 桓公刚愎擅征伐，损兵折将返回程。
> 哭声震天撕心肺，枉死城中添冤魂。

却说鲍叔牙率着残兵败将回到临淄后，怀着愧疚的心情赶到管仲府上，他想告诉管仲，齐国战败的经过，他想向管仲告罪，是他没有附和管仲一同劝阻主公出兵，且还对出兵起着推波助澜的作用，他是齐国的罪人。

管仲躺在床上，从脚步声就知道是鲍叔牙来了，他翻过身去装睡，故意不理鲍叔牙。鲍叔牙同管苂打过招呼后，进入管仲的卧室，见管仲面里而卧，知道是故意不理他，以他的脾气，齐国发生了这么大的事，绝不会在此时安然入睡。他轻轻叹了口气，却又不想离去，见案上堆积着如山的竹简，蹑手蹑脚地走到案前，翻开一看，有《七法》《兵法》《侈靡》《枢言》《轻重甲》等篇，他顺手拿起《兵法》看了起来。

管仲见鲍叔牙进来半天没有动静，故意翻了个身，见鲍叔牙正在看竹简，轻轻地咳了一声。鲍叔牙闻声放下手中竹简，轻轻叫道："夷吾弟，我回来了。"

管仲从床上坐起来，愣在那里，一言不发。鲍叔牙痛苦地说："是我错了，我不该赞同主公的意见，出兵进犯鲁国，我是齐国的罪人。"说罢，抱头痛哭。其实，鲍叔牙之所以出兵，在很大程度上是为管仲开脱，现在兵败长勺，他将全部的过失揽在自己身上。

管仲淡淡地问："阵亡的将士有多少？"

"据不完全统计，共死亡两千八百九十六人，损失战车二百乘，丢失辎重、兵器不计其数。"鲍叔牙痛苦地说，"我来请你一同进宫，同主公商量一下，该如何善后。"

"主公性情极傲，此次若打了胜仗，我必无恙，若战败，必羞于见我，此时我若去见他，必使他无地自容。"管仲痛苦地指着案几上的竹简说，"这些都是我近些天赶写出来的，都是我对治国的一些看法，或许对你有所帮助。我为齐国恐怕只能做这些了。"

鲍叔牙吃惊地问："为什么？"

"主公若获胜而归，定会高兴非常。我们君臣之间也许会相安无事。偏偏天不遂人愿，齐军大败而归。"管仲摇摇头，叹了口气说，"主公性情孤傲，大败而归，必羞于见我，我命休矣！"

第22章　管仲大祸临头

"不会的，绝对不会。"鲍叔牙肯定地说，"主公怎么会自损股肱呢？若真是这样，为兄我必将以死相谏。"

"没用的。"管仲说，"真的没有想到，小白竟如此固执，给他讲了那么多道理，就是听不进去。他要做的事，你能改变得了吗？"

鲍叔牙痛苦地蹲在地下。

"回去吧！"管仲关心地说，"家里人还等着你呢！"

却说齐桓公狼狈不堪地带着残兵败将回到临淄，丧魂落魄地回到寝殿，关上门，谁也不理。他怎么也想不通：鲁国乃手下败将，此次出征怎么就一败涂地呢？曹刿，曹刿是什么人？一介山野草民，无名之辈，三百乘战车，怎么就打败了齐国五百乘战车呢？齐军伐鲁，天下皆知，如今却大败而归。岂不贻笑天下？连一个鲁国都难以降服，怎能服诸侯？还有那个管仲，坚决反对打这一仗，没有听他的，结果打了败仗，寡人还有脸见他吗？唉……

几天来，隰朋协助管仲和鲍叔牙，夜以继日地做善后工作，但他时刻又担心着管仲所说的事，待诸事都办得差不多的时候，进宫面君，欲一探虚实。不料齐桓公将自己关在宫中，闭门谢客，任何人也不见，只好悻悻而返。

蔡姬端来一大碗排骨炖山药，小心翼翼地来到齐桓公身旁说道："主公，山药炖排骨，补补身子吧！"

齐桓公一挥手："去！去！"不意间手碰到蔡姬的手，蔡姬猝不及防，汤碗掉在地上，叭的一声，摔得粉碎，汤水溅了一地，也溅了蔡姬一身。外面的宫女闻声，连忙进来打扫地下的碎片。蔡姬不恼不火，忙进内换了一身衣服，再来到齐桓公的身边，安慰地说："主公，几天了，你不吃不喝，这怎么行呢？"齐桓公还是不出声。蔡姬继续说："主公向来雄心万丈，吃了一次败仗怎么就如此懊丧？胜败乃兵家常事，吃了败仗不要紧，只要找出失败的原因，以后就会打胜仗了。"

齐桓公两眼看着蔡姬，心里升起一股暖流，顷刻间，这股暖流冲遍全身，激发出身上的一股冲动，他猛地站起来，抱着蔡姬，向睡榻走去。蔡姬双手搂住齐桓公的脖子，两眼痴迷地看着齐桓公。

侍女们见状，连忙退出寝宫，关上宫门。

蔡姬躺在睡榻上，任由齐桓公将自己全身衣服剥得精光，一丝不挂，齐桓公鼻孔里扑哧、扑哧地冒着粗气，三下五除二地脱去自己的衣服，饿狼似的扑到蔡姬的身上，一股原始的野性在他的身上纵情暴发。蔡姬如同一只温驯的小绵羊，闭上眼睛，任由齐桓公一番折腾。

云雨过后，蔡姬帮齐桓公穿好衣服，重新端来一碗山药炖排骨，齐桓公狼吞虎咽地吃了个精光。

"再加一碗如何？"蔡姬温柔地问。

齐桓公抹了抹嘴说："不用了。"

正在这时，内侍来报，鲍太傅在偏殿求见。齐桓公恼怒地说："不见！"

"慢！"蔡姬叫住了正要离去的内侍，对齐桓公说，"主公，你已经几天未见大臣了，鲍太傅求见，必定有事，你不能总是将自己关在宫里，不理朝政吧？"

齐桓公想了想，看了蔡姬一眼，起身去了偏殿。

鲍叔牙手拿几卷竹简坐在偏殿，见齐桓公进来，吃惊地问："主公，几天不见，怎么如此憔悴？"

齐桓公摇摇头，唉声叹气，情绪十分低落。

鲍叔牙自责地说："都怪臣无能，指挥不力，才使齐军兵败长勺。"

"不说这些了。"齐桓公问道，"阵亡人数多少？"

鲍叔牙回答："据不完全统计，共死亡两千八百九十六人，损失战车二百乘，丢失辎重、兵器不计其数。"

齐桓公惊问道："这么多？"

"其实……"鲍叔牙试探地说。

齐桓公追问一句："其实什么？"

"管仲当初的意见是正确的。"鲍叔牙看了齐桓公一眼。

"不要再提这个人。"齐桓公突然大发雷霆。此时的齐桓公心情异常复杂，当初，他不听管仲的劝告，强行出兵，结果是损兵折将，大败而归，他无颜见齐国的列祖列宗，无颜见齐国的百姓，更无颜见管仲。正是：

纵使汲尽黄河水，难洗今朝满面羞。

鲍叔牙见齐桓公连管仲的名字都不愿意听，知道管仲所料不假，一颗心马上悬了起来。临来之前，隰朋也向他说过管仲的预料，起先他还不相信，如今看起来，似乎真的有这个意思。

第22章 管仲大祸临头

"主公!"鲍叔牙叫了一句。

"不要再提管仲。"齐桓公压住火说,"死亡将士的善后做得如何?"

鲍叔牙只好回答:"阵亡将士的家属都给了抚恤金,伤者也在安排救治。"

"好吧!"齐桓公说,"择个时间,寡人要祭奠阵亡将士。"

鲍叔牙见齐桓公不愿多谈,放下手中的竹简,转身离去,临出门时回头说了一句:"主公如果有时间的话,请将案几上的竹简看看。"

齐桓公见鲍叔牙走远,急迫地拿起案几上的竹简,一看,原来都是一些政论与兵法的简策,有《七法》《兵法》《侈靡》《枢言》《轻重甲》等,顺手拿起一篇《兵法》,只见上面写道:

晓万物根源,可成皇业;明治世之道,可成帝业;懂实行德政,可成王业;谋战争胜利,可成霸业。故,战争,虽非完备高尚之道德,但可辅助王业和成就霸业。今用兵者不识其理,不懂用兵须权衡得失。所以,发动战争就使国内贫穷,打起仗来无必胜之把握,胜则死亡甚多,得土地而伤国家元气。此四者,乃用兵之祸。四者害其国,无不危亡者……

齐桓公看罢《兵法》,坐在那里一动不动,他知道这是管仲所写,炷香之后,他站起来,将案几上的竹简收拾好,带回寝宫。回宫后,他又将《七法》《兵法》《侈靡》《枢言》《轻重甲》翻来覆去地看了无数遍。再加上上次管仲在牢中写的《牧民》《权修》《立政》等篇找出来看了又看。这些文章对国家的内政、外交、用兵、安民以及霸政、霸术等,都作了精辟的阐述。看着眼前这些精辟的治国之道,齐桓公陷入了深思,他又站在了一个重大决策的十字路口上,何去何从,一时举棋不定……

墓地,一座又一座的新坟,数也数不清。白色的灵幡插在坟头随风摇摆,显得是那样的凄凉。坟地里,有老人祭奠儿子的、有妇人祭奠丈夫的、有幼儿祭奠父亲的,一阵阵哭声,听起来是那样的恐怖、那样的凄惨。管仲跪在墓地旁,一边烧冥钱,一边哭着说:"阵亡的将士们,你们为国捐躯,齐国人民会记得你们的。你们本不该这样死去,齐军伐鲁,是一场不义之战啊!"

管仲跪着烧完冥钱,再将三爵水酒和祭奠的祭品洒在坟地的坟头上。站起来,向整个坟地扫视一眼,转身离去。

齐桓公带着鲍叔牙、隰朋、东郭牙等人，带着祭品来到墓地祭奠阵亡的将士。隰朋指着远处的一个身影说："那不是管大夫吗？他怎么一个人来了？"

东郭牙说道："快，将管大夫叫回来。"

"不必了！"齐桓公制止道，"让他去吧！"

鲍叔牙与隰朋互看了一眼，内心升出一股寒意，忧虑之情溢于表面。

管仲正在屋内整理行装，突然，竖刁带着一队卫士来到管仲府第，皮笑肉不笑地对管仲说："管大夫，主公有令，请你搬到郊外驿馆去。"

管仲知道自己大限已到，并不惊慌，平淡地问："现在走吗？"

"车子就在外面，请管大夫上车。"竖刁手一伸，做了个请的姿势。

管仲放下手中的东西，空着双手，昂首阔步地跟在竖刁后面走出门，正要上车的时候，鲍叔牙突然出现在面前。他见管仲准备上车，惊问道："夷吾弟，到哪里去？"

管仲向竖刁一摆头："问他吧！"

"竖刁大夫，这是怎么回事？"鲍叔牙惊讶地问。

"主公有令，请管大夫住到郊外驿馆里去。"竖刁得意地说，"没有主公的命令，任何人也不能相见。"

鲍叔牙手指着竖刁说："你给我听着，不得对管大夫无礼，我这就去找主公问个明白。"

"去吧！"竖刁不屑地说，"我也是奉命行事。"

鲍叔牙看了管仲一眼，转身离去。

第 23 章　筑坛拜相

齐国的宗庙，这几天显得格外的庄重、肃穆，庙门悬挂着一条长长的白绸，门两边贴着一副挽联：

三千健儿，长勺之战湛碧血。
数万国子，祖庙哭祭悼冤魂。

祖庙内供奉着齐先祖太公姜尚的塑像。两边依次是历代国君的牌位，旁边还加了一个新的牌位"长勺之战英魂牌位"。祖庙内的气氛异常庄重、肃穆，一群乐工，头缠白色哀带，腰捆草绳，正在演奏哀乐。

祖庙外的院子里，密密麻麻地站满了披麻戴孝的人们，人虽然很多，却听不到一点声音，大家一个个表情木然，脸露哀伤，他们在向战死的冤魂默哀。

齐桓公迈着沉重的脚步走进祖庙，向站在院内的人们扫视了一眼，什么也没有说，低下头，迈着沉重的步伐，缓缓地走进庙堂。

鲍叔牙、宁越、隰明、郭东牙、王子成父、竖刁等大臣跟在桓公身后，走进庙堂。鲍叔牙进来后，示意哀乐暂停。

齐桓公来到香案前，拿起三炷香伸向火中点着，然后双手撮香跪在太公姜尚的塑像前，恭恭敬敬地磕了三个响头，再将三炷香插在香炉上。后面的群臣见齐桓公跪下，亦跟着跪下一片。齐桓公磕过头，站起来，从怀中掏一份帛书祭文，满含热泪地宣读：

长勺之战死难的将士们：

你们浴血奋战，英勇杀敌，为祖国流尽最后一滴血。你们是为齐国之霸业而死，死得光荣！

你们之死，乃寡人之失，若非寡人急功近利，你们不会成为战死的冤魂。寡人向你们谢罪！

你们之死，催国人泪下，你们之死，催国人奋进，你们之死，催寡人猛醒。

出征前，有人劝寡人不要兴兵，称内政未修，不宜擅动干戈，称擅伐他国，挑起的是不义之战争。寡人不听，致使长勺战败，齐国付出惨重的代价，这是血的教训。

你们的血，不会白流，你们的死，也不会白死。寡人一定要使齐国称霸诸侯，以齐国的霸业，告慰你们的在天之灵。

安息吧！战死的英魂！

齐桓公念完祭文，再次向供奉的牌位三鞠躬，然后走出庙堂，扑通一声跪在地下，向在场的百姓咚、咚、咚，磕了三个响头。众百姓见齐桓公向他们跪下，慌乱间跪下一片。

齐桓公站起来，后面的大臣们站起来，跪在地下的百姓也站起来。齐桓公看了众人一眼，大声地说："父老乡亲们，长勺之战，是齐国之耻辱，也是寡人之耻辱，寡人要将这件事情记在耻辱柱上，让齐国的后人知道这件事。长勺之战，是一场不该发生的战争，是寡人不听忠言，擅自出兵，教训深刻，寡人饮恨终身。寡人对不起列祖列宗，也对不起各位父老乡亲。"

鲍叔牙一直跟在齐桓公的身后，从进庙堂起，齐桓公无论是祭文还是对百姓的表白，似乎都有一种悔过之意，这是以前是从未有过的事情，不由疑团顿起：难道主公真的已经认识到自己的过失？难道他真的认为这次战争是一个错误的决策？既然是这样，那为何又将管仲送到郊外驿馆中软禁起来呢？难道……想到这里，内心不由一阵振奋。这时，齐桓公的话又传到他的耳里。

"长勺之战，寡人败在一个绝世奇才之手，这个人就是鲁国的山野村夫、无名之辈曹刿。几天来，寡人痛定思痛，先是觉得败得冤，仔细想来，失败又是一种必然。古人云：得人才者得天下。鲁侯大胆地起用曹刿，以弱胜强，大败拥有五百乘战车的齐军，证明这句话就是真理。"齐桓公看了大家一眼，继续说，"鲁国有人才，齐国也有人才，这个人就是管仲。管仲满腹文韬武略，乃旷世之才，鲍太傅在寡人面前三荐管仲，寡人有眼不识泰山，一直犹豫不决。现在，寡人想通了，要使齐国称霸诸侯，就得要重用贤士，重用人才。因此，

第 23 章 筑坛拜相

寡人宣布：寡人要三沐三熏，筑高坛，拜管仲为相国。"

鲍叔牙听到这里全明白了，齐桓公将管仲软禁在郊外驿馆，用的是先抑后扬之法，他是要选择这个时候，在祖庙宣布这个重大决定。

齐桓公要拜管仲为相国的消息如一阵风一样，迅速传遍了临淄城。然而，事件的主角管仲却还蒙在鼓里、毫不知情。管仲住在郊外驿馆中，除了继续将他的治国之道书写在竹简上之外，就是坐在案几旁抚琴。这一天，他刚写完《五辅》的最后一段：

英明君主的急务，在于加强农业，废除无用之物的生产，然后人民可以富裕；选拔贤才，任用能臣，人民就可以得到治理；减轻赋税，不苛求于民，并以忠爱相待，就可以使人民相近。这三项就是成就王、霸之业的大事。

写完这篇后，管仲卷起竹简放到一边，随手拉过古琴放在案几之上，试了试弦，又弹起了他最喜爱的《高山流水》。

鲍叔牙和隰朋进来，二人蹑手蹑脚来到管仲身后，静静谛听管仲的琴声。

管仲完全沉浸于优雅流畅的旋律之中，身心已入无我之境，完全不知道有两个人已悄无声息站在他的身后。一曲终了，他轻轻地叹了一口气。突然听到身后有击掌之声，猛然回头一看，原来是鲍叔牙、隰朋站在身后。只听鲍叔牙说："夷吾弟好清闲呀！"

"黄连树下唱歌，苦中有乐啊？"管仲调侃地说。

"总算是苦尽甜来了。"鲍叔牙笑着说，"我们来，要向你报告一个天大的好消息。"

管仲说道："我已是死到临头之人，有什么好消息？"

"主公今天在祖庙面对列祖列宗和在场群臣与百姓，当众宣布……"鲍叔牙说到这里，突然停了下来。

管仲知道鲍叔牙在卖关子，故意抚弄琴弦，不闻不问。

鲍叔牙说道："你怎么不问宣布什么呀？"

"想说你就说出来，不想说我又何必多问？"管仲预料到齐桓公宣布之事一定与自己有关，故意装作若无其事地说。

鲍叔牙还是忍不住，双手一挥，学着齐桓公的口吻说："寡人要三沐三熏，筑高坛，拜管仲为相国。"

"真的？"管仲霍的一下站起来，惊喜地问。

隰朋笑着插话道："你以为我们专门来这里骗你吗？"

管仲一听，高举双手哈哈大笑道："齐国有救啰！"

管仲、鲍叔牙、隰朋三人击掌相庆。

齐桓公在祭奠战死英魂的仪式上，突然宣布拜管仲为相国，给臣民带来莫大的惊喜。他自己也为制造这个惊喜而得意。战败之后，他将自己关在寝宫里闭门思过，这期间，他反复研读管仲的《牧民》《权修》《立政》《七法》《兵法》《侈靡》《枢言》《轻重甲》等文章，这些文章涉及治国的各个方面，读起来令人耳目一新。从这些文章中，齐桓公真正地认识了满腹经纶、身怀济世之才的管仲，也从内心里佩服鲍叔牙慧眼识人，更感激鲍叔牙拒任相国、举荐管仲的良苦用心。齐鲁之战，鲁国仅凭一个曹刿，一举扭转了鲁国之劣势，大败齐国。使他真正地认识到，人才对于一个国家是多么的重要。他下决心，要重用人才，重用管仲，拜管仲为相国。

齐桓公自从宣布管仲为相国，觉得浑身轻松，仿佛齐国的霸业就在眼前。他命鲍叔牙亲自督造拜相台，命隰朋筹备拜相仪式，亲择吉日良辰拜相。

吉日良辰逐渐来临，拜相台也修造完成，各项筹备工作进展也很顺利。

齐桓公在选定良辰吉日的前三天就宣布：三天不上朝，不出门，不接见任何人，斋戒三日。他要在寝宫里用香料熏身，然后再沐浴，一天一熏一沐，三天则是三熏三沐。

沐、熏之事，由两名侍女侍候。首先，侍女们将香料涂在齐桓公身上，两个时辰以后，再用温水将香料洗尽。浴室里，热气腾腾，温度极高，两名宫女仅穿着一个红肚兜，仍然是香汗淋漓，气喘吁吁。齐桓公本是个渔色之人，前两天，齐桓公尚能静心寡欲，任由宫女在身上涂抹香料，然后又用温水将香料一点一点地洗去。第三天，当宫女在他的身上涂抹香料时，从鼻孔里呼出的热气，轻轻地吹拂在齐桓公的身上，感觉是那么的舒服，那么的撩人，突然间，一股欲火从丹田升起，迅速地冲破七经八脉，刹那间，齐桓公突然呼吸加快，气喘如牛，伸手抓住一名宫女，欲行那苟且之事，宫女惊叫一声说："主公，三熏三沐！"

齐桓公顿时惊醒，顺水推舟道："寡人是想闻闻你手中的香料，好香啊！"

说罢，微闭双目，态度虔诚，仿佛入定一般，任凭宫女在身上涂抹香料，再用温水洗去。

良辰吉日逐渐逼近，拜相的时刻即将到来。齐桓公带领满朝文武以及装饰一新的仪仗队来到郊外驿馆。此时，驿馆的大门紧紧关闭。

拜相司仪隰朋大夫高声喊道："放炮开门！"

咚！咚！咚！三声炮响，驿馆大门洞开。

鲍叔牙引道，齐桓公随后，一行人来到驿馆大堂。

隰朋喊道："请管相国叩见君上。"

管仲身着朝服，从后面急步来到齐桓公面前跪下："臣管仲叩见主公。"

齐桓公扶起管仲："爱卿平身！"

管仲站起来，面对齐桓公一揖道："主公，拜相之前，臣有话要说。"

"好！"齐桓公爽快回答。

"臣不愿为相国！"

齐桓公惊问道："寡人采纳你的治国之策，成就你的志向，故而拜你为相，为何又不受呢？"

鲍叔牙、隰朋等人也一脸惊愕之色，心里想，你不是一再宣称，要当就要当相国吗？怎么机会来了却突然出尔反尔？

管仲回答："臣闻高楼大厦，非一木所能成，大海之川，非一流之归，主公欲成其大志，非管仲一人之力所能为，因此，必须要广纳人才方可。"

齐桓公高兴地说："言之有理，寡人答应你。拜相之后，要任用哪些人才，寡人听你的。"

管仲深知，齐国的贵族地位高，财富多，他们倚仗自己有钱，是很难服管的。比如高傒和国子费，都是周王室所任命的上卿，比一般诸侯的卿大夫地位高出许多，而且掌握着齐国的实权。自己当过牧马人，做过贩夫走卒，是布衣出身，地位低贱，后虽为公子纠的师傅，再承蒙齐桓公信任被任命为大夫，但比起齐国世袭的卿大夫，地位不知要低多少。在这个等级社会里，地位低贱的贫穷之人要去管理那些地位很高的纨绔子弟，是相当困难的。于是，他又说："虽然臣能得到主公的信任，但臣的地位卑下，古人有言：地位低贱之人不能指使地位高贵之人。"

齐桓公是个很聪明的人，一听就知道管仲需要什么，爽快地回答："寡人擢拔你为上卿，同高、国二位上卿地位相等。"

管仲又说："承蒙主公的提拔，然而，臣的地位虽然提高了，但却很贫穷，古人云：贫穷的人不能指使富人。"

齐桓公想了想说："寡人赐齐国一年的市租给你，使相国成为齐国首富。"

管仲又说："承蒙主公的恩赐，臣已经很富有了，但是臣与主公的关系很疏远。"

齐桓公这下可就犯难了，怎么样才能使管仲与高贵的王室扯上关系呢？所谓亲疏，无外乎先天的血缘关系，后天的姻亲关系，但这两条同管仲都是八竿子也打不到一起去呀？齐桓公脑海飞转，突然，他面对诸大夫说："各位大夫，寡人欲拜管仲为仲父，同意的站到左边去，不同意的站到右边去。"

在场的大夫们哗的一下向左右两边分开，唯独有一人站在中间未动，这个人就是大夫东郭牙，齐桓公问道："东郭牙大夫，为何站着不动？"

东郭牙反问道："主公，您看以管仲的才智，能否谋得天下？"

齐桓公毫不迟疑地回答："能！"

东郭牙再问："那么，以他的魄力，是不是个敢干大事的人？"

齐桓公仍是毫不迟疑地回答："敢！"

东郭牙接着说："主公明知管仲的才智能谋天下，而其魄力也敢干大事，主公却把国家的权力完全交给了他，以管仲的才能和主公赋予他的权力，让他治理齐国之政，主公不担心他篡权谋国吗？"

齐桓公一愣，东郭牙提出的问题，也是竖刁向他提过的问题，正是由于竖刁提出了这个问题，齐桓公才对管仲有了戒备之心，才有了此后一些不愉快的事情发生。这一次，齐桓公不冒冷汗了，也不犹豫了，而是爽朗地说："疑人不用，用人不疑，寡人信得过管仲。"

东郭牙见说，马上站到左边队伍中去。

"管仲！"齐桓公微笑着对管仲道，"寡人拜你为'仲父'。"说罢，面对管仲深深一揖。

管仲报之以微笑道："臣没有其他要求了。"

隰朋看了齐桓公一眼，齐桓公点点头，隰朋喊道："主公亲请相国登辇！"

管仲复又叩了一个头："谢主公。"然后同齐桓公分左右并行至大门口，门外已停着一辆辇车。

齐桓公欠身打躬道："请相国登辇。"

第23章 筑坛拜相

鲍叔牙和隰朋一左一右扶管仲登上辇车，然后请齐桓公亲手扶着辇尾，推着辇车前进三步。然后上了御辇，跟在管仲的车子后面。文武百官跟在御辇后面一同向拜相台走去。

隰朋一招手，鼓乐齐鸣……

拜相台高九尺，共有三层。第一层东、西、南、北四面分别站立二十五名身穿黄、白、红、皂颜色的衣服，手持同衣服颜色相同的旗子。

第二层上站着一圈武士，身穿红衣，每人手持红旗。第三层上站立着三十六员武将，各执剑、戟、戈、抓、锤等兵器。台两边的仪仗队，雁翅排列。台子四周，人山人海，将拜相台围得水泄不通。

鲍叔牙来到齐桓公的御辇前说："请主公下辇。"

齐桓公从车上下来。

鲍叔牙引导齐桓公来到管仲的辇前说："主公请相国下辇。"

齐桓公欠身道："请相国下辇。"

管仲急忙下辇，在鲍叔牙的引导下来到拜相台前。

"请相国面南而立。"隰朋待管仲站定之后，从怀中掏出帛书祝文大声念道：

齐桓公二年春，齐桓公小白遣上大夫隰朋敢昭告五岳、四渎、名山、大川诸神：为大齐民富国强，称霸中原，谨择今日，特拜管仲为相国。伏惟尚飨！

鲍叔牙引导管仲上了第二层台，恭声说："请相国面东而立。"待管仲站定。鲍叔牙从怀中掏出帛书祝文大声念诣：

齐桓公二年春，齐桓公小白遣上大夫鲍叔牙敢昭告日、月、星辰、风伯、雷电、雨师以及历代圣帝明王之神：为大齐民富国强，称霸中原，今特拜管仲为相国。伏惟尚飨！

鲍叔牙读罢祝文，上卿高傒引导管仲登上第三层台："请相国面北背南，拜受龙章凤篆。"

管仲朝北面跪下，双手高举，从高傒手中接过齐桓公亲笔写的八个大字"民富国强，称霸中原。"

高傒开读祝文道：

齐桓公二年春，齐侯小白敢昭告昊天上帝、后土神祇：小白意使大齐民富国强，称霸中原，特拜管仲为相国，以助小白。伏惟尚飨！

高傒读罢祝文，传令："取相国印、剑！"
二侍从双手捧剑、印上台，高傒取过呈与管仲，管仲接过，高捧过顶。
鲍叔牙在台下喊道："请主公拜相！"
齐桓公在台下朝台上的管仲大拜三拜。
管仲令侍从："请主公登台。"
齐桓公登上拜相台，面南而坐，向台下臣民大声宣布："寡人今天拜仲父为相国，诸位臣工听着，今后朝中大政，先告仲父，寡人次之。所有政令施行，一律听凭仲父裁决。"
管仲跪拜道："臣既受君命，定尽心戮力，虽肝脑涂地，亦在所不辞，以报主公知遇之恩。"
拜相仪式结束，空场上举行庆祝活动。顿时，具有浓郁的齐国文化色彩的民俗舞蹈、秧歌、龙灯等民间传统文艺表演节目争相上场，场面顿时热闹起来。齐国君臣和百姓沉浸于欢乐的海洋中。这真是：

齐国本有济世才，弃之不用太不该。
长勺战败终觉醒，桓公筑台拜相国。

第 24 章　齐桓公当甩手掌柜

齐桓公筑坛拜相的当晚,在宫中单独宴请管仲,欲听管仲的治国、用人之道。齐桓公端起酒爵,先向管仲敬酒道:"寡人采纳仲父称霸之策,以成就寡人之志,故拜仲父为相国,请仲父助寡人称霸诸侯。"

管仲端起酒爵,一饮而尽,而后道:"臣闻大厦之成,非一木所能独支,大海之阔,非一流之归所能成。俗话说:一个篱笆三个桩,一个好汉三个帮。欲治理好齐国,非管仲一人之力所能成。"

"千军易得,一将难求啊!"齐桓公道。

"天下不患无能臣,患无君主去使用他们;天下不患无财,患无人去管理它们。"

齐桓公点点头,表示赞同。

管仲接着说:"所以,通晓天时的,可以任命为官长;没有私心的,可以安排做官吏。"

齐桓公道:"仲父是相国,为百官之首,如何人尽其才,请说说看。"

"齐国有五杰!"管仲道,"主公欲成就大志,请用五杰。"

"齐国有五杰?"齐桓公道,"谁是五杰?"

"升降揖让有礼,进退熟悉礼节,说辞刚柔有度,臣不如隰朋。"管仲端起酒爵自饮一口道,"请任命他为'大行'(负责礼仪的官员)。"

"好!"齐桓公爽快地道,"寡人同意!"

"开发荒地,使之成为城邑,开辟土地,使之增产粮食,增加人口,尽地之利,臣不如宁越。"管仲接着道,"请任命他为'大司田'(负责农业的官员)。"

"好!"齐桓公不假思索地回答,"寡人同意!"

"在平原旷郊之上,指挥千军万马与敌交战,三军用命,战车不乱,闻鼓而进,闻锣而退，臣不如王子成父。"管仲道，"请任命他为'大司马'（负责军事的官员）。"

"好！"齐桓公毫不迟疑地回答，"寡人同意！"

"判案公平，不乱杀无辜之人，不冤枉无罪之人，臣不如宾胥无。"管仲道，"请任命他为大司理（负责司法的官员）。"

"好！"齐桓公毫不犹豫地说，"寡人同意！"

"敢于冒犯君上的威严，进谏必忠，不避死亡，不贪图富贵，臣不如东郭牙。"管仲道，"请任命他为大谏（谏官）。"

"好！"齐桓公微笑着说，"寡人都答应你。"

"五个人各有所长，都是专才，臣一个也比不上。主公若欲治国强兵，用这五个人就足够了。"管仲话锋一转道，"但是，要臣去换他们，臣却不愿意。"

"为什么？"齐桓公问道。

"此五人都是治国的专才。"管仲自信地说，"主公若欲图霸王之业，则非臣莫属。"

"好呵！"齐桓公大笑道，"此五人德才兼备，口碑也好，寡人完全同意，明日早朝便下诏，任命这五个人的官职。"

管仲夹了点菜放进嘴里，边吃边说："鲍叔牙是主公的太傅，管仲的兄长，天下无人不晓鲍叔牙与主公之恩缘，也无人不知管仲与鲍叔牙的交情，主公如何安排鲍叔牙？"

"唉！"齐桓公感叹地说，"寡人几次欲拜太傅为相国，他都拒而不受，坚意要让相国于仲父，他说仲父才是齐国相国最合适的人选。"

"叔牙兄的为人，臣最清楚，他考虑问题，不考虑自己，而是为国家的利益出发。"管仲赞赏地说，"这就是叔牙兄的可贵之处。"

"太傅真乃大忠、大贤之臣也！"齐桓公感慨地说。

"尽管叔牙兄拒绝高官，但是，主公不能忘记他，没有他，主公可能不会有今天。"管仲真诚地说。

齐桓公道："寡人将终生尊鲍叔牙为太傅。仲父为相国，寡人拜太傅为亚相，有管、鲍二人共同辅佐寡人，何愁霸业不成？"

管仲微笑道："论仁和宽厚，管仲不及鲍叔牙十之一二，亚相对鲍叔牙焉能匹配？只是，鲍叔牙之志在于高远，不在于官位。"

齐桓公问道："太傅有何想法？"

管仲道:"鲍叔牙一生,无半分私念,一心只为齐国,正因为如此,他才拒做相国。他对齐国有功,是齐国之楷模,臣之兄长。"

"嗯!寡人一定会善待太傅。"齐桓公不无担忧地说,"现在朝廷不愁无人做官,而是僧多粥少,求索者众,寡人真不知该如何应付。"

"主公不必听左右的请求,要因能而受禄,因功而受官。"管仲道,"在用人上,请主公遵循'三本'之则。"

"何为三本之则?"

"治国有三本。一是臣子的品德要与地位相称;二是臣子的功劳要与俸禄相称;三是臣子的能力要与官职相称。这三个根本问题,是国家治乱的根源。"管仲进一步解释道,"一个国家,对于德义没有显著于朝廷的人,不可授予尊高的爵位;对于功业没有表现国家的人,不可给予优厚的俸禄;对于主持政事没有取信于人民的人,就不能让他们做大官。"

"嗯!寡人将尽量做到这些。"齐桓公回答得不甚坚决。

管仲见状,语气和缓、以退为进地道:"臣知道,依靠血缘关系和祖宗功勋而享受爵禄的世官世禄制,已经是根深蒂固,要主公打破世官世禄制的陋习,实在是有些强人所难。"

"不、不、不!"齐桓公道,"仲父说得有理,今后用人,寡人定当按三本之则而行,绝不拖仲父的后腿。"

"谢主公!"管仲深深一揖道,"最后一点,请主公一定要远小人,亲君子。特别是左右亲信,别让他们'出则为势重以收利于民,入则比周谩侮蔽恶民欺君'。这类人犹如社鼠,令人防不胜防。"

"社鼠?"齐桓公不解问道,"何为社鼠?"

管仲道:"社乃祭祀之所,常有祭祀之物如六畜、熟食、粮食等,常引来老鼠偷食。这些老鼠很难对付,捉,捉不着,用火烧,会把社里的木梁烧毁,用水淹,又担心墙上的涂料泡坏。这就叫'投鼠忌器'。"

齐桓公若有所思,没有出声。

第二天早朝,齐桓公任命:上大夫、太傅鲍叔牙为亚相;上大夫隰朋为大行;上大夫宁越为大司田;上大夫王子成父为大司马;大夫宾胥无为大司理;大夫东郭牙为大谏。

齐桓公的任命,令群臣振奋,唯有一人却倍感失落,这个人就是竖刁。他站列在班，满以为会叫到他的名字，谁知直到最后也没有听见，他不甘心，认为这都是管仲从中作梗，对管仲更是怀恨在心。

管仲对如何治理朝政，早已胸有成竹，筑坛拜相之后，他将亚相鲍叔牙和大行隰朋、大司田宁越、大司马王子成父、大司理宾胥无、大谏东郭牙召集在一起商讨治国之策。他真诚地对大家说："蒙叔牙兄数荐于主公，管仲才得以拜相。我欲除积弊，举新政，使齐国走上富国强兵之路以称霸诸侯，请各位帮助我。"说完拱手一揖。

"相国之才我最清楚。"鲍叔牙率先发言，"你尽管放手一搏，我们大家一定支持你。"

隰朋、宁越、王子成父、宾胥无、东郭牙五人对能被管仲称之为"齐国五杰"，心里非常高兴。现在又见管仲当面诚邀，都站起来答道："主公将齐国大政委之于相国，我等今后唯相国马首是瞻，愿协助相国治理齐国，绝不怠慢。"

"好！好！好！"管仲大叫三声，接着说，"大家坐下来说话，不必多礼。"他见大家都坐下来了，说："改革是全方位的，包括内政、军政、经济三个方面。"说到这里，管仲站起来，拿起案几上的竹简，一人给了一卷说："所有改革方案都在这上面，请你们认真地研究一下，特别是你们各自分管的部分，更要详细研究，有何不足之处，要予以完善，大家意见统一了，即便颁布实行。"

大家接过竹简，认真地看了起来，管仲等了一会说道："我看今天的会议到此为止，各位将竹简带回去，认真研究，三天后再集中讨论，确定最终方案。"

且说齐桓公拜管仲为相国之后，将所有朝廷政务都交给管仲管理，只要管仲不来找他，他是绝不会过问朝政的，落得个逍遥快活。

这一天，齐桓公同蔡姬在众宫人的陪同下，在御花园观看一个小戏班子演出。戏班子是竖刁特意从宫外请来的，据说班子里的伶人，都是临淄城的名角，吹、拉、弹、奏，在临淄城皆属一流。齐桓公听到高兴处，常情不自禁爆发出阵阵笑声。蔡姬也是琴、棋、书、画样样精通的才女，听到精妙的琴声和伶人的歌声，不由赞叹道："嗯！齐曲同中原的梆子腔确实不同，好听极了。"

蔡姬见齐桓公没的搭腔，扭转头一看，见他已看得入神，根本就没有听到自己刚才说的话。便从果盘中拿起一个苹果，削了皮，递给齐桓公道："主公，吃苹果。"

齐桓公接过苹果，向蔡姬报以微笑，接着，眼睛又转向场中的伶人。正在这时，

第24章 齐桓公当甩手掌柜

掌管礼仪的司官走过来，凑到齐桓公的身边道："主公，晋国使臣到，该用何种等级的礼仪接待？"

齐桓公头也没有动，说道："去问仲父吧！"说罢，边吃水果，边与蔡姬谈笑风生，观看伶人演唱。

过了一会，司官去而复返，再次来到齐桓公身边，谦恭地问道："晋国使臣要求商谈两国的贸易，请主公明示。"

齐桓公手一挥："不是讲了吗？去请示仲父。"

司官去后不久，再次返回来，站在齐桓公身边，面有难色，欲言又止。齐桓公见状，不耐烦地问道："又有何事？"

司官轻轻地道："晋国使臣请求面见主公！"

齐桓公大声地说："去请示仲父，有何事，叫他处理就是。"

演唱的伶人，是个很有趣的人，见掌管礼仪的司官三次请示齐桓公，齐桓公三次回答都是一样的，什么事情都委托仲父去处理，觉得当个君王也太清闲自在了，一时兴起，灵机一动，以带有嘲讽的口吻，现编一段唱词唱了起来：

> 晋国使臣来大齐，司官三次询礼仪。
> 当个君王不操心，推给仲父万事吉。

一般来说，伶人都有急才，在演唱的时候，有时突然间忘了唱词，他们可以临场发挥，触景生情，现编几句唱词补上救场。有道是：外行看热闹，内行看门道。像这种现编救场的唱词，外行根本就发现不了，内行虽然能听出个中差别，一般不会责怪，反而还会赞叹其能随机应变，往往还报之善意的微笑。今天演唱的伶人也是唱得得意忘形，忘了他所嘲讽的对象是谁。唱词一出口，班主知演唱的伶人惹下滔天大祸，目瞪口呆地站在那里不知所措。齐桓公是什么人，他是一国之君，一个聪明绝顶之人，他虽然一边听唱，一边在同蔡姬窃窃私语，却还是听出了伶人的嘲讽之词，谁知他不恼不怒，站起来，学着伶人的腔调唱道：

> 求索人才费精力，使用人才却安逸。
> 寻得仲父不容易，放着不用多可惜？

现场先是一片寂静，接着是一片叫好声，特别是班主，当他看到齐桓公站起来的时候，一颗心算是悬到嗓子眼里了，害怕齐桓公起来要惩罚演唱伶人，后见他模仿伶人的唱腔，字正腔圆地唱了起来，而且唱腔还非常地道，不由得拼命地拍巴掌，大声赞叹道："好！好！简直是太妙了。"

演唱的伶人突然觉得自己闯了大祸，连忙跪下磕头，谢齐桓公不罪之恩。

齐桓公一挥手道："起来吧，你说的是实话，寡人说的也是实话，继续唱吧！"

一场滔天大祸，就这样轻描淡写地消弭于无形。

第25章　奸佞歃血为盟

管仲自筑坛拜相之后，完全就像变了一个人，整日里，不是找人到相国府议事，就是带着侍从，或是到乡下去，找种地的农民拉家常，或是到海边去，找晒盐的盐民了解情况，没日没夜地连轴转，跟在他身边的侍从轮班倒都觉得吃不消。管仲则像没事人一样，精神抖擞，毫无倦意。朝臣们从他的身上体会出了一股锐气，一股杀气，这种感觉，是一种前所未有的感觉。人们从这种感觉中体会到，一场伟大的变革，即将在齐国这片土地上发生。

经过一段时间的深入调查研究，管仲将改革方案作了进一步的修改完善。这一天，他带着改革方案进宫面君。进宫后，将手中的竹简放在齐桓公面前道："主公，这是改革方案，请过目。"

"放下，寡人慢慢看。"齐桓公道，"寡人拜仲父为相国，朝政大事全权委托给仲父，仲父认为可行，就放开手脚去干，寡人支持你。"

管仲道："谢主公的信任和支持。"

"谢什么呀？"齐桓公哈哈笑道，"寡人是疑人不用，用人不疑，既拜仲父为相国，就要放手让仲父去干，如果捆住仲父的手脚，那还能干事吗？"

"好，那臣也不客套了。"管仲一脸肃容地说，"改革的方针是先治内，后治外。为了保证改革的顺利进行，国内要有一个安定的环境。臣恳请主公，五年之内不得用兵。"

"五年？"齐桓公问道，"为何要五年？"

"国力不强，何以对外用兵？"管仲道。

"好！"齐桓公道，"只要别人不骑在寡人头上拉尿，寡人就不向别人动手。"

管仲道："改革的目标是走富国强兵之路，当然，最终目标是称霸诸侯。"

"好、好！"齐桓公哈哈大笑，"寡人做梦也想称霸诸侯。"

"修旧法，择其善者而业用之。"管仲道，"这是臣整顿齐国国政所提出的口号。"

"好、好！"齐桓公重复道，"修旧法，择其善者而业用之。"

管仲道："对那些不符合国情的旧法，坚决予以废除。借助先王成法的名义，减少旧贵族的反对而造成的阻力，在旧有的口号下，注入新的内容，进行根本性的改革。"

"嗯！"齐桓公点点头道，"有道理。"

管仲继续说道："政令之所以能推行，在于顺应民心；政令之所以废弛，在于违背民心。人民怕忧劳，我要使他安乐，人民怕灭绝，我要使他生户繁息。"

"爱民，顺民心，从民所欲，民才能为我所用。"齐桓公赞赏道，"仲父真是深识驭民之道呀！"

"对！"管仲道，"将欲取之，必先予之，对民有所予，才能取得民的拥护，才能向民有所索求。这就是牧民之道。"

齐桓公听管仲一席谈，兴奋异常，高兴地说："仲父的思路有见地，好。具体将如何进行呢？"

"改革分内政改革和经济改革两个方面。"管仲喝了一口水说，"内政改革就是行政体制改革，臣准备推行'三其国而五其鄙'和'四民分居'制度。"

"此事寡人同高傒、国子费两位上卿交流过，都同意你的方案。"齐桓公也喝了一口水，接着说，"'三国''五鄙'，实际上就是朝野分治，是吧？"

"对、对！"管仲心里暗暗高兴，齐桓公对自己的改革方案已经作了细致的研究，这对下一步全面推行改革会起到推动作用的，想到这里，接着说，"三其国就是将国都和附属的郊区分成二十一个乡，其中工商之乡六个，这六个乡是国家赋税征收的主要来源，由国君直接管理，其余十五个乡，由国君和世为齐国上卿的高子、国子各领五个乡。不但将国都的土地和居民一分为三，就连国政、官宰、百工、市商以及山林川泽也随之一分为三。国都内的行政区划是五家为一轨，十轨为一里（五十家），四里为一连（二百家），十连为一乡（二千家），分别由轨长、里司、连长、乡良人或乡大夫率领。"

"嗯！"齐桓公道，"这个寡人知道，也同意。"

管仲接着说："五其鄙，就是将国都以外的齐国其他地区划分为五个部分，称之为'五属'。具体划分：以三十家为邑，邑有司；十邑为卒，卒有卒帅；十卒为一乡（三千家），乡有乡帅管理；三乡为一县（九千家），县由县帅管理；

十县为属,属由属大夫管理。朝廷设立五大夫,各管一属。他们主要负责属内的司法工作,划分田界之类的事由县帅负责,其余的一般政事则由乡帅全权负责。这样从上到下,建立起统一的官僚机构,以统治全国,各级官吏保治一方。"

"嗯!太好了。"齐桓公赞赏地说,"普天之下,莫非王土。率土之滨,莫非王臣,寡人的权力就可以延伸到齐国的每一个角落。"

管仲道:"行政区划和官僚机构建成后,要推行'四民分业定居'的制度。士、农、工、商,是国家的基本人民,不可使他们杂居,说的话、做的事都不一样,很不方便。因此,安排士住在闲静的地方,安排农民住在靠近田野的地方,安置工匠靠近官府,安置商人靠近市场。使'士之子恒为士''商之子恒为商''工之子恒为工''农之子恒为农'。四者职业世代相传,既保证了社会生产,也避免人们为谋求职业而使社会动荡不安。"

"四民分居,各施其业,民有所业,则社会安定,好。"齐桓公击案叫绝。

管仲以商量的口吻说:"臣还有一个想法。"

"什么想法?"齐桓公问道。

管仲回答:"军政改革与行政改革相结合,同步进行。"

"啊!"齐桓公急切问道,"说说看,如何结合?"

管仲从容不迫地道:"作内政而寄军令。"

"何为作内政而寄军令?"齐桓公问道。

"作内政而寄军令,也叫寓兵于民。"管仲解释道,"就是把居民组织和军事编制统一起来,建立军政合一的体制。新设的轨、里、连、乡的行政编制,又是军事编制。一轨五家,出五名兵士;一里五十家,出五十名兵士;一连二百家,出二百名兵士;一乡二千户,出二千名兵士,分别由轨长、里司、连长、乡良人领导。五乡一万户,出一万名兵士,为一军。全国士乡共十五个,就是三万户,出三万名兵士,组成三个军。分别由主公、国子、高傒统帅。农忙时,兵士则是农民,照样参加农业生产,农闲时,将他们召集在一起进行军事训练。有这样一支常备军,待国力富强以后,齐国就可以无敌于天下,称霸诸侯。"

"好!这个思路太好了!"齐桓公赞不绝口。

"臣有一个请求。"管仲说。

齐桓公问道:"什么事?"

"将午门外的耻辱柱改为政令台。"管仲进一步解释说,"今后,朝廷凡有新的政令出台,都在政令台上公布,让人民及时了解朝廷的政策、法规。"

"好，好，好！"齐桓公赞成道，"随时将国家的政令晓之于民。"

"行政体制改革完后，经济改革也要全面展开。行政体制改革是为经济改革服务的，只有经济改革成功了，国家才能够真正的富强起来。"

齐桓公鼓励道："仲父尽管放手改革，寡人一定支持你。"

"有主公的信任和支持，臣对改革就更有信心。"管仲高兴地说，"经济改革的具体内容主要是相地而衰征和官山海，具体内容竹简上写得很详细，主公先看看，有何疑问，随时传臣进宫释疑。这是改革的关键所在，臣还要进一步琢磨。"

齐桓公说道："好的，咱们君臣同心，放手一搏。"

正是：

英才本是囚槛客，未逢明主徒悲哀。
若非鲍叔具慧眼，何来今朝管相国。

管仲拜相，齐国的朝野臣民都感庆幸，唯独有一人却高兴不起来，这个人就是竖刁。竖刁本是齐桓公身边的幸僮，主要负责侍候齐桓公的起居，由于他善于钻营，齐桓公封他为下大夫，也常讨一些外差。当初，他随隰朋出使鲁国，将管仲从鲁国引渡回齐国时，以为管仲是个死囚，回到齐国是死定了，在押解管仲回齐国的途中，对管仲是百般羞辱，肆意虐待，甚至当管仲口渴讨水喝的时候，他不但不给，反而还当着管仲之面，将水袋中的水倾倒在地，并用兵器将管仲打得头破血流。怎料管仲引渡回国后，不但没有被处死，反而还得到齐桓公的重用，先是封为大夫，后又拜了相国。竖刁已在暗中不知后悔了多少次。他恨自己有眼无珠，为什么没有识透鲍叔牙定要死保管仲这步棋，悔不该得罪了管仲，自己给自己树了一个宿敌。早知今日，何必当初啊！

当管仲奏明齐桓公重用"五杰"之时，竖刁知道自己高升无望，但他心里不服呀！干时之战，他同隰朋充当先锋，立下了赫赫战功，接着又与隰朋一同出使鲁国引渡管仲，没有功劳，也有苦劳呀？为何封官的时候没有自己的份呢？真是越想越想不通，越想心里越烦。也不知是不是老天故意与他作对，当他与朝臣们照面的时候，总觉得大家对他是敬而远之，有时碰了面，尽管是笑脸相迎，总觉得背后别人在指他的脊梁骨。他将这些都归结于得罪了管仲。竖刁心里苦呀！这么多心事无处倾吐。

第25章 奸佞歃血为盟

竖刁想起了一个人，这个人就是公子开方，那个从卫国来，由他在猎场上介绍给齐桓公的公子开方。其实，竖刁对公子开方也不十分了解，但他知道此人来头不善。要不，凭着堂堂的卫国公子不当，却要跑到齐国来伺候人？最近一段时间，开方的心情似乎也不大痛快，整天抱着酒瓿喝酒，喝醉了在家不是摔盆子就是砸碗，打老婆、打孩子，搞得全家人都提心吊胆。

这一天，竖刁准备去找开方聊聊，刚出家门，见公子开方正向他家走来，忙上前问道："开方兄，你这是到哪里去？"

"找你，走，我带你到一个地方去。"公子开方走上前，不由分说地拉着竖刁就走。

竖刁边走边说："什么地方呀？神秘兮兮的？"

"去了就知道了。"公子开方带着竖刁走了半天，指着前面的一家店面说，"到了，就在这里。"

竖刁抬头一看，一家店面门前挂着一个布幌，上面写着四个大字"易牙酒家"，竖刁不解地问："不就是一个小酒店吗？何必如此神秘？"

"竖刁兄，不要小看这家小店，只要你进去吃一次，你就永远会记住这个地方。"开方说着话，迈步进了酒家，刚进门就喊道，"掌柜的，客人来了呀？"

"我这不是来了吗？"话音刚落，一个满身肥肉的胖子走了出来，只见他每走一步，身上的肥肉就一颤一颤的，好像要从身上掉下来似的，满脸堆笑，一双眼睛只见两条缝，胖子上来就笑眯眯地说，"开方兄，几天不见你的人影，什么风将你吹来了呀？"

"今天我给你带了一位贵客。"公子开方拉着竖刁的手介绍道，"这就是我常对你说的竖刁大夫，他可是君上身边的大红人，叫红不绿。"

掌柜的笑眯眯地说："久闻大夫之名，幸会、幸会，屋里请。"

公子开方又向竖刁介绍道："这是'易牙酒家'的掌柜、我新交的兄弟，姓雍，名巫，字易牙，是'易牙酒家'的老板兼大厨。其烹饪手艺，精妙绝伦，称得上是临淄一绝，整个临淄城，独一无二。他炒出来的菜呀！"公子开方嗒嗒嘴道，"其味无穷，其味无穷，是天底下最美最美的佳肴。今天请大夫来，就是品尝易牙大厨师烹调的美食。"

易牙将两人让进酒店，开方道："有安静点的地方吗？我与竖刁大夫有话说。"

"有！有！"易牙连忙说，"后面有个小雅间，安静得很，专门留给贵客使用。"

公子开方与竖刁刚在雅间坐定，店小二沏了两杯浓茶送了上来："二位客官慢用，菜马上就到。"说罢退了出去，并知趣地将门带上。

竖刁不相信地说："别说得太神了吧？"

"真的是神！"开方神秘地说，"易大厨在祖传技艺的基础上，研制出一种调料，叫'易牙十三香'，无论什么菜，只要加入那么一点点易牙十三香，顿时就变得鲜美无比，回味无穷。"

竖刁见开方的神态，不由得也来了兴趣，笑着说："耳听为虚，口尝为实，我倒要看看，易大厨师的手艺高在哪里。"

开方说得不假。易牙是鲁菜的开山鼻祖，烹饪业界的奇才，相同的原料，到了他的手里，就可以烹制出与众不同的味道。其他厨师站在旁边盯住看，就是学不会。他研制出的最负盛名的一道菜是"鱼腹裹羊"，取一斤重的活鲤鱼一条，去鳞去内脏洗净，乳羊肉半斤洗净，塞进鱼腹之中，再加上调料和易牙十三香。不过，这道菜他是不轻易示人的。有幸吃过此道菜的人，能说出的只有一个字"鲜"，汉字中的"鲜"字，就是根据这道菜的原料"鱼"和"羊"二字造出来的。

中国有句俗语"打牙祭"，传说与易牙有很大的关系。由于易牙烹饪技艺高超，被后世的厨师奉为师祖爷，每年易牙的诞辰日，天下厨师都做出自己最拿手的菜肴来祭祀易牙师祖。天下乞丐在这一天，可以讨到祭祀易牙的美味佳肴，乞丐们笑称这是打牙祭，"牙"当然指的是易牙了，"祭"指的是祭品。

竖刁和开方正说得起劲，店小二像变戏法似的接连端上八道菜，竖刁见满桌的菜，不知为何物所做，向转身欲去的店小二招招手道："等一会！"

"客官，有事吗？"店小二满脸堆笑地问。

竖刁道："将菜名介绍一下呀！"

店小二顺手指着桌子上的一盘菜说："这盘是红烧鹿脯，是一岁左右的幼鹿后腿肘肉，以易氏烹饪法特制，再添上一点点易牙十三香即可。"

竖刁拿起筷子夹了一块放进嘴里，嚼了几下就吞了下去，赞叹地说："嗯！落口消融，味道美极了。"

店小二又指着另外一盘荤菜说："清炒果子狸，味道怎么样，尝尝就知道了。"

竖刁又夹了一块放进嘴里，吃完后又是赞叹说："美味佳肴，真是好吃呀！"

公子开方接着说："好了，你去忙吧，易大厨忙完了，请他过来。"

店小二说:"易老板叫你们先用,待会他就过来。"

公子开方给竖刁和自己斟满一爵酒,端起爵来说道:"来,干了再说。"

竖刁喝干了酒,不吃菜,又自斟自饮了两爵,三爵酒下肚,话也就多起来,他吃了一口菜,怨气冲天地道:"真是郁闷呀,连个说话的地方也没有。"

"何事如此闷闷不乐呀?"开方喝了一口酒,夹了一口菜边吃边说。

"不公平!王子成父,凭什么当大司马?东郭牙,当初他还是拥戴公子纠的呢,也当了大谏!干时之战,我是先锋,立过大功,打仗的时候有我,封官时没我的份,你说这公平吗?"竖刁气愤地说。

公子开方同情地说:"确实有些不公平,论竖刁大夫的功劳和才干,当个大司马还算是屈才。"

竖刁站起来感激地说:"生我者父母,知我者开方兄也,都是那个该死的管仲,他是小人,他在报复我。"

公子开方把竖刁摁在座位上道:"竖刁将军,发牢骚有个屁用?想飞黄腾达,就得想办法,否则,就永远只能寄人篱下,任人宰割。"

竖刁眼望着开方道:"有什么办法?他是相国,谁不听他的?"

公子开方冷笑道:"别看管仲大权在握,有道是:三十年河东,三十年河西,风水轮流转呀!说不定有一天太阳会照到我们头上来。"

竖刁追切地问:"别卖关子,有什么好办法吗?"

"办法是人想出来的。"公子开方说道,"齐国姓姜,不姓管,齐国是主公的齐国。咱们兄弟欲想飞黄腾达,就要紧紧抓住主公,这才是大树。"正在这时,易牙端了一盘菜进来,公子开方说道:"来、来,坐下喝酒,有事要商量,这台戏没有你唱不下去。"

易牙向竖刁点头笑了笑说:"我一个炒菜的,能干什么?"

"坐下来。"公子开方说,"听我说了你就知道了。"

竖刁迫不及待地问:"说呀!有何妙法?"

公子开方故弄玄虚地问:"我问你,你想巴结一个人,用什么办法?"

竖刁正在冥思苦想,易牙却抢着说:"投其所好呀!"

"对,投其所好。"竖刁赞成地说。

"易牙果然不同凡响,一语中的。"公子开方问竖刁,"主公的嗜好是什么?"

"女人、打猎、美食。"竖刁脱口而出道,"没有女人,他不能活;三天不狩猎,他便寝食难安;一日无美食,他便摔碗砸锅。"

"那我们就在女色、打猎、美食三个方面想办法,贴近主公,以取得主公的信任。"公子开方道,"有了主公的信任,何愁不飞黄腾达?"

易牙听到这些新闻,简直惊得目瞪口呆,看看公子开方,又看看竖刁,充满了好奇感。

公子开方对竖刁说:"主公好色,恨不得将天下的美人都搂入怀中,为主公寻找美人的差事就交给你,你不断要将天下的美女搜寻出来送进宫去,而且要想办法当上后宫总管,别看后宫总管的官不大,权力可是不小,在主公面前一句话,要谁掉脑袋,谁也不敢不到阎罗王那里去报到。"

竖刁眼放绿光,端起酒爵喝了一大口,笑着说:"好,好,好,我就当后宫总管!"

"陪主公打猎的事,由我来。我保证把主公侍候得舒舒服服。"公子开方给自己安排了差事。

"你是打猎好手,准能干好。"竖刁奉承地说。

"至于主公的美食嘛……"开方看了易牙一眼,笑着说,"远在天边,近在眼前,非易大厨莫属。"

竖刁高兴地一拍桌子道:"怪不得你拉我到这里来,原来是蓄谋已久呀?"

易牙不知所以地问:"我一个炒菜的,能做什么呀?"

"用你的烹饪手艺,做出最好的菜,让主公吃了还想吃。你说,除了你,谁能做得了这件事?"公子开方强调道,"不过,此事关系到咱们三人的前途和命运,不得让外人知道,就是老婆、孩子也不能说。"

竖刁正色道:"我提议,咱们结拜为兄弟,歃血为盟,有福同享,有难同当,不知二位意下如何?"

"好!结拜兄弟,有福同享,有难同当,团结一心,共同对付管仲!"易牙像在黑暗里发现了光明,高兴得手舞足蹈。

易牙到后面去捉来一只鸡,摆上三只碗,碗里斟满酒,把鸡血滴进酒里,开方按照年龄把三人名字写在黄绢上,开方年长,竖刁次之,易牙再次之。三人举行了隆重的结拜订盟仪式。有词为证:

宵小为非也歃血,欲邀君宠出阴招。

莫道奸佞人数少,为非作歹亦乱朝。

第26章 管仲求变

　　春秋时期，人们都非常重视等级和礼仪，迎接四方之贤才，当然要用高规格的礼仪接待。按当时的规定，邦国在朝觐、祭祀和商议军国大事时，都要在大庭中燃烧火炬，称之为"庭燎"，庭燎之数视爵位之高低而定，如天子为一百，公侯为五十或三十不等。为了招揽人才，齐桓公竟僭用天子之礼节来接待士人。然而，年余时间，招贤榜虽然更新了几次，贤士却一个也没来。齐桓公大感不解，不知为何没有贤士来。

　　临淄城东十里处，有个地方名叫十里墩，十里墩有个乡下人，姓石，名旺伢，其人天生善筹算，九九乘法算诀倒背如流。闻朝廷招贤纳士，动了应聘之念。这一天，他起了个大早来到临淄，找到有司，要求应试。齐桓公闻此人的技能太过平常，本不欲见，但转念一想，招贤榜出了很长时间无人前来应聘，善筹算、会背九九乘法算诀虽不算什么异能才士，但好歹也是来应聘的，若拒之不见，世人一定会说朝廷招贤纳士没有诚意。于是，他还是叫人将石旺伢请了进来。

　　石旺伢刚进来，齐桓公劈头盖脸地将了一军："会九九之术，算不得什么大能耐，为何还要见寡人？"

　　石旺伢不卑不亢地说："小民也不认为九九之术是什么大能耐，不过，小民听说朝廷设庭燎之礼以待贤士，但过了年余时间，未见贤士到来，主公想过是何原因？"石旺伢看着齐桓公茫然的神色，稍停一会继续说："士人之所以不来，是因为主公乃天下闻名的大国之君，四方之士人都以为见解不及主公，所以，他们不是不想来，而是不敢来。九九之术确实微不足道，但如果主公连会九九之术的人都能重视，以礼待之，何愁天下才士不来呢？泰山不拒壤石，所以才那样高；江海不拒细流，所以才那么大。《诗》云：'先民有言，询于刍荛。'意思就是要集思广益。"

"说得好！说得好！"齐桓公不由对这个乡下人肃然起敬，当即命令以礼优待石旺伢。

齐桓公优待会九九之术的乡下人的故事，很快传遍了临淄城，进而传遍中原地区，于是，四方仁人志士蜂拥而来，投靠齐桓公。齐桓公不但设立庭燎之礼，同时还在国内每三十里设一驿站，派专人管理，负责接待各诸侯国来齐的使臣。且还规定，凡国内官吏引荐诸侯国的士人来齐国做事，引荐得好，视所荐对象能力之大小，给予赏赐；引荐得不好，也不追究责任。正是由于齐桓公这样礼贤下士，广纳人才，为管仲的改革提供了人才基础，为改革的成功提供了巨大帮助。正是：

桓公治国果非常，庭燎之礼揽人才。
筹算小技礼犹厚，四方贤士蜂拥来。

管仲的内政改革和军政改革，得到了大多数人的拥护和支持，进展很顺利，只用了年余时间，改革便基本完成。内政改革是为经济改革做准备的，目的就是保证经济改革的各项政策、措施能得到贯彻执行。

管仲是商贾出身，善于理财。他既有商人审时度势、权衡轻重的灵活性，又有政治家注重大节、果敢坚毅的气魄。在内政改革和军政改革基本完成之后，便着手进行经济改革，他计划在最短的时间内，整顿和发展农业，完善赋税制度，发展工商业，走利民富民、富国强兵之路。

经济改革的主要政策就是相地衰征以调整农业生产关系；官山海以实行盐铁专卖，增加国家财政收入；开放边关以加强贸易往来，进而增加赋税之源。

管仲认为，欲"王天下"，必须"国富而粟多"，要做到"国富而粟多"，就必须发展农业生产。要发展农业生产，就必须改革现行的土地制度、农业赋税制度。改革的措施就是相地衰征。"相地"，是观测评估土地，以区分土地的肥瘠好坏；"衰征"是依土地等级征收赋税。

管仲为何要将农业改革放在改革的首位呢？这要从春秋时期齐国当时的土地制度、农业赋税制度和现状说起。

春秋时期，中国进入封建社会初建时期——封建领主制时期，作为东方大国的齐国，也是个封建领主国家。齐国的国君，是国中最大的领主。齐国公室直属的领地上，也还保留着"公田"。套用"借民之力助耕"的名义，实行劳役地租制度，对已有自己份地、自己家庭经济的新的农奴进行封建剥削。

封建的劳役地租代替奴隶制的实物地租,在一定时期内有它历史的进步性。经过若干代后,农民对公田的热情减弱甚至消失,他们在公田上敷衍、应付式的劳动,使公田的产量一年不如一年,与此相反,他们将更多的精力用在了自己的份地上,如果有了多余的时间,他们会去开垦荒地,增加私田。"公田"已经走上了穷途末路。

《诗经》的《齐风·甫田》是齐襄公时的作品,诗中描写:

无田甫田,维莠桀桀。

意即别想耕种那大田,密密麻麻稗长生。这是对齐襄公时(公元前697—前686年)齐国徭役田实况的真实描述。当时齐襄公是"九妃六嫔,陈妾数百,食必粱肉,衣必文绣",大量的宫廷靡费都出自于对农奴的压榨。

齐桓公即位时,齐国不但"公田不治"的情况极为严重,贵族们侵吞国君的公田,掠夺农民的土地和国家山林川泽的情况也很严重。有些失去土地的农民纷纷进入城市,从事工商业。这些人称之为"民移",这种情况带来的后果:一方面使齐国的农业生产陷入危机之中,另一方面又使国家的财政收入锐减。

齐桓公面对这一现实,束手无策,紧急召见管仲,焦虑地问:"如何对待五鄙的农人?"

管仲回答说:"相地而衰征,则民不移。"

"何谓相地而衰征?"齐桓公不解地问。

"相地衰征就是按土地的等级来征税。"管仲解释说。

齐桓公惊问道:"农民按土地等级纳税后,还种公田吗?"

"相地衰征以取消公田和私田的划分为前提条件,农民在自己的份地上劳动,按农作物的产量纳税,当然不种公田。"管仲回答。

齐桓公担心地说:"那公田谁来种?王室的费用从哪里来?"

管仲解释道:"实行'均地分力','均地',就是将'维莠桀桀'的公田分给各农户去耕种,具体方法是把公田和农民的私田集中起来平均分配,一般是每户分田一百亩。做到耕者有其田。'分力',就是打破公田和私田的界限,实行授田制下的一家一户小农经济的分散经营。"

齐桓公又问道:"这样做有何好处呢?"

管仲道:"土地分下去,实行分户经营,农民耕种的是自己的份地,其劳动的勤惰直接影响到收获的多寡，可以大大地激发他们的生产积极性。他们会知道季节的早晚，光阴的紧迫和饥寒的威胁。这样，他们就能够晚睡早起，父子兄弟、全家老幼齐上阵，不知疲倦并且不辞辛苦地经营。"

齐桓公赞许地说："下一步该怎么办？"

"与之分货。"管仲进一步解释道，"就是按土地质量测定粮食的产量，生产者按规定缴纳赋税后，其余部分归自己支配（大体上主缴与留下各半），这就是地租实物分成制。实行分租制后，分租比例固定，多产多得，耕者就会为增加产量而尽力，就会起早贪黑，不惮劳苦。"

从这里可以看出，相地衰征是一项新的土地租税制度，这既是对农业的改革，也是对生产关系进行一次重大调整，具有划时代的意义。

管仲把农业改革作为经济改革的首要任务，足见其对农业的重视程度。然而，经济改革没有行政改革进展顺利，特别是相地衰征的政策，在贯彻过程中遇到很大阻力。

这一天，管仲找来分管农业的大司田宁越，询问有关相地衰征的执行情况。

宁越叫苦道："仲父，相地衰征的推行，难度确实很大。"

"不好办？"管仲反问道，"说具体些。"

"相地衰征分三个步骤，一是相地；二是均地分力；三是与之分货。相地又称'正地'和'相壤'，正地就是测量土地面积，相壤就是将土地按肥沃程度分等定级。仅在这个环节我就已经是焦头烂额了。"宁越叫苦不迭。

"主公招揽了一个叫石旺伢的人，善筹算，将此人派给你，对测量土地的计算可能有些帮助，测量的人手不够，可以办个培训班，叫石旺伢讲讲筹算、九九之术。"管仲道。

"除了正常耕种土地优劣标准难定之外，还有非耕地的问题。"宁越说，"如山林、水面等，该如何征税，也不好确定。"

管仲本有一套改革方案，见宁越开口一个困难，闭口一个难办，似乎少了些热情，多了些抱怨，一时没了兴趣，打消了继续谈下去的念头。他决定亲自再做些调查研究。

烈日炎炎，骄阳似火，路面晒得发烫。管仲顾不得天热难耐，一身便装，带着两名随从，出了城门，向田野走去。

田野上，有农夫正在犁地，管仲手一指道："走，到那里去看看。"说罢，

第26章 管仲求变

便向田野中的耕者走去。

原野里，散落着耕地的农民，大多三人、四人组成一组，一人扶犁，两到三人拉犁。少数是一人扶犁，一人拉耕。

管仲走近一个一人扶犁、一人拉犁的组合边，不由分说，上去解下缠在犁头上的绳索，搭在肩上，帮助拉犁。边拉犁边问扶犁的老者："老人家，耕田呀？"

扶犁的老人惊问道："你是谁，怎么帮俺拉犁呀？"

管仲的两名随从见相国帮人拉犁，连忙上前解开缠在犁头上的绳索搭在肩上，跟着一同拉犁。一名随从见老人询问，回答道："老人家，他是管相国呀！"

"管相国？"老人惊惶地说，"快，停下来，小人怎么能让相国替俺拉犁呀？"

老人放下手中的犁把，连忙跪下叩头。

管仲看到犁是拉不成了，放下肩上的绳索，扶起老人道："老人家，不必多礼。俺今天来，是有事要请教于你。"

"相国大人，请教可不敢当。有事俺们到前边树林里坐下来说。"老人道，"小人给相国多叫几个人来好吗？"

"好！"管仲高兴地说道，"那就有劳你老人家。"

管仲趁老人喊人之际，将倒在地下的木犁扶起来，看着木犁，管仲心里想，木犁头太钝了，若是湿地还可以，换上干硬的黄土地，耕地的速度肯定慢。他放好木犁，跟在老人身后向树林走去，边走边问道："老人家，如果将木犁头换成铁犁头，耕地的速度是不是更快些？"

"什么？铁犁头？"老人摇摇头道，"祖祖辈辈都是用木犁，从来没有听说过用铁犁的。"说着话，一行人已来到不远处的一片树林里。有几位老农听到刚才老人的喊声，已经放下手中的活儿来到树林里。

先来的几位老人听说是管相国来了，连忙大礼拜见。后见管仲和蔼可亲，也就少了些拘谨，有人提起身边的瓦罐递给管仲道："管仲国，天气炎热，喝口水吧！"

管仲也不推辞，接过瓦罐，咕嘟咕嘟地大喝起来。齐鲁之人本就豪爽，他们见相国能喝他们的水，心里特别高兴，将彼此的距离拉近了不少。待管仲喝完水坐下之后，一位老农凑过来问道："天气炎热，相国大人为何要到田野中来？"

"政令展台上张贴的布告你们知道吗？"管仲问道。

"相国说的是相地衰征吗？"一个老农说，"若真能这样，我们的日子就有盼头了。但地怎么还不分下来呢？"

"正在抓紧丈测，很快就会分下来的。"管仲指着远处一片郁郁葱葱的庄稼问道，"为何那边一片庄稼长得郁郁葱葱、粗壮得很，这边却长得稀稀疏疏，又瘦又矮？"

一个老农说道："人家地好呀！地下六尺就是水，旱涝都不怕，可俺这地是涝洼地，地下一尺就见水，当然和人家没法比了。"

管仲又问："那是谁家的地？"

另一位老农说道："伯大老爷的，前几天他打这路过，告诉我们说，相地衰征肯定搞不下去，相爷，这是真的吗？"

"你说的伯大老爷是什么人？"管仲警觉地问，"他为何说相地衰征搞不下去？"

"伯大老爷是大司田宁越大夫的儿女亲家。"老农道，"他肯定是从亲家口中得到这个消息的。"

"老人家，相地衰征是主公定的大计，是国策，齐国要走富国强兵之路，一定要改革。我身为相国，一定要将改革进行到底。"管仲若有所思，稍停一下继续道，"我今天就是为相地衰征来的。"

"啊！"一位老农惊叹一声，"我说呀，朝廷的政令既然张榜公布了，怎么能说变就变呢？"

"我想请教大家。"管仲说道，"地下水对农作物生长有多大的影响。"

"相国不要客气。"一位老农解释道，"一般来说，一尺见水的土地，不会发生大涝；五尺见水的土地，不会发生大旱。"

"我有一个想法。"管仲想了想问道，"以旱地八尺见水，征税十分之一，地势越高，税越少，至四十尺见水的旱地，减征一半。涝洼地五尺见水，轻征十分之一，地势越洼，税越少，一尺见水的地和水泽一样，一亩折合五分交税怎么样？"

老农们齐声道："相国这法子好啊，这样就公平了。"

"山林、湖泊呢？"其中一个农民问道，"这些地方是不产粮的土地。"

"山林、泉泽虽然不产粮食，但可栽树，可捕捞鱼虾。"管仲解释道，"根据山林、湖面的情况，从百亩折合一亩好地到五亩折合一亩好地交税，你们觉得怎么样？"

老农高兴地说："好哇，如果真能这样，那就合理了，俺们干活也就有劲头，生活也有盼头了。"

第 27 章　淄河邂逅美娇姝

且说管仲通过与几位老农的一席交谈，对完善相地衰征的农业改革政策有了更深刻的认识。告别几位农民，沿着淄河岸继续前行。此时已近正午，一位随从小心地问道："相国大人，种田的人都回家了，前面就是梧如镇，我们是不是到那里去用餐？"

管仲停住脚步，朝四周扫视一遍，指着前方河边的几间房子道："前方淄河岸边不是有个路边小店吗？就到那里去凑合一餐。"说罢，迈步向路边小店走去。

管仲一行刚走近路边小店，店小二便迎了出来："客官，请里面坐，本店有井水冷冻的西瓜，吃一片解凉又解渴。"

"有冷冻西瓜就拿来，啰嗦什么？"一位随从有些不耐烦地说。

"不得无礼。"管仲喝住随从，转头对店小二说，"店家，请上西瓜，再炒几样下饭菜即可。"

店家见管仲说话和气，讨好地说："客官，要酒吗？本店有家酿米酒。"

"天太热。"管仲坐下来，打开手中折扇边扇边道，"酒就不要了，快将西瓜拿来解渴。"

"好咧！"店家走向旁边树荫处的一口井边，揭开井盖，井盖下面露出几根麻绳，店家抓起其中的一根，几下倒手，便从井里提出一个十来斤重的大西瓜，解开绳索，将西瓜放在旁边桌子上，进店拿来一把切瓜刀，舀了一瓢水将刀洗净，将瓜切成片，用托盘装好送到管仲的面前说，"客官请用瓜，小人这就去准备饭菜。"

管仲和随从拿起西瓜，大口大口地吃了起来，边吃边说："解渴，过瘾。"

正在这时，只见几名武士押着十来个五花大绑的人走过来。押解的人边走边用鞭子抽打着被捆绑着的人,边打边呵斥道:"该死的奴才,还不快走。"这队人来到路边小店,见管仲一行在吃瓜,其中一个领头的武士道:"热死了,吃了瓜再走。"押解的人命令捆绑着的人站在太阳底下,他们自己则进了路边小店的棚子里。

领头的武士将手中的鞭子啪的一声放在桌子上,大声说道:"店家,来个西瓜,要井水泡过的。"

店家赶出来赔着笑脸道:"官爷稍等,西瓜马上就到。"说罢,到井边提起一个大西瓜,切好后送到武士的桌前道:"官爷吃瓜,又凉又甜又解渴。"

几个武士狼吞虎咽地吃了起来。

站在太阳底下被捆绑的十来个人个个热汗淋漓,用舌头舔着干裂的嘴唇,哀求地说:"老爷,给我一口水喝吧!"

武士怒吼道:"去,去,去!死到临头了,还要水喝?"

管仲看到捆绑着的人口渴的样子,不由想起自己从鲁国押回齐国的路上,自己口渴难受的情景,冷冷地问道:"他们犯了什么罪呀?连水也不给他们喝?"

押送的武士进店时只顾吃瓜,没有仔细看店内吃瓜的人是谁,一名武士不满地说:"你是谁呀?管得着吗?"

管仲的随从见有人对相国无礼,正欲出面喝止,管仲摆摆手,示意他坐下。那押送的领队猛然觉得管仲有些面善,再一想,原来是相国大人驾到,他也来不及告诉其他人,慌忙跪下叩拜道:"原来是仲父大人在此,小的有眼不识泰山,请仲父大人恕罪。"

刚才呵斥管仲的武士,见被呵斥的人是管相国,吓得跪在地下一个劲地叩头,不敢起来。

"都起来吧!"管仲抬抬手,叫他们起来,然后问道,"你们是什么人,为何将这些人捆起来?"

"回仲父,我们是方家堡的堡丁。"领头的堡丁指着被捆着的人说,"这几个人是堡主人的家奴,逃跑后被我们抓了回来。"

"抓回去后该如何处理?"管仲问道。

"我家老爷有令。"领头的堡丁做了个抹脖子的手势,"凡逃亡的奴隶,格杀勿论。"

管仲知道事态严重,在当时,奴隶是没有人生自由的,生杀大权,完全操在主人的手中,若奴隶违了国法、家规,主人就会像踩死一只蚂蚁一样,随意

第27章 淄河邂逅美娇姝

将奴隶杀掉。管仲不知如何处理这件事，正在犹豫之际，被捆绑着的奴隶听说眼前之人就是大名鼎鼎的管相国，全都跪下哭求道："相国老爷，救救我们吧！"

管仲以商量的口吻对押送人犯的堡丁道："先给他们松绑，给他们点水喝，行吗？"

一名堡丁望着领头的堡丁，不知如何是好，领头的堡丁道："还愣着干什么？按仲父的吩咐办。"

店主人见状，忙到井旁打来一桶冰凉的井水，拿过水瓢，松了绑的奴隶跑到树荫下，接过水瓢，拼命地喝起水来。管仲等他们喝足水后问道："既为家奴，就得为主人做事，为何要逃跑呢？"

"相爷，实在是活不下去了呀！"一个面如黑炭、满脸络腮胡子、身材魁梧的大汉跪下哭诉道，"俺们都是打铁的，干的都是力气活，每天起早贪黑，一天只给一顿饭，且吃的还是猪狗食，累死、饿死也是死，不如逃亡，若逃得出去，说不定还能捡条性命。"

管仲听说他们都是打铁的，不由眼前一亮，惊喜地问："你们都是打铁的工匠？"

"是，相爷，俺们都是打铁的工匠。"一名奴隶手指刚才说话的黑面大汉道，"他叫莫仲柏，世代以打铁为业，是百里挑一的能工巧匠，方圆百里之内，没有谁的手艺能超过他。"

"啊！"管仲叹了一声，思索一会后对领头的堡丁说，"你回去禀报你家老爷，这几名奴隶本相要替他们赎身，为难吗？"

领头的堡丁说："既然是仲父吩咐，小人怎敢违抗？只是，仲父可否给小人个凭证，小人好向家主人回话。"

"好的。"管仲说道，"本相给你立个字据，你凭此向你家老爷回话，二天之后，到相府去取赎金。"

几名庄丁拿了管仲的字据，告别管仲，回方家堡复命去了。

众人犯见管仲为他们赎身，一齐跪下，感激涕零地道："谢相国爷活命之恩！"

"齐国要振兴，除了发展农业外，还要发展工商业，今后会需要大量的能工巧匠。你们是铁匠，正是齐国需要的人，朝廷要设百工作坊，你们就到那里去做事，管饭，酌给工钱。"管仲接着对随从道，"记下他们的名字，三天后到相府报到，安排他们到作坊继续打铁。"

"店家。"管仲冲着店伙计喊，"给这些人准备饭，账由我付。"

店家目睹了管仲救人的一幕，心里对这位没有一点架子的相国爷也是敬佩得很，高兴地答应了，连忙进店准备饭菜去了。正是：

　　　　刚进小店才歇脚，又见堡丁押逃奴。
　　　　果断赎身活巧匠，留着改革派用途。

管仲处理完逃奴之事，吃了一碗高粱米饭，嘱咐随从在小店旁的树荫底下休息。便独自一人沿着淄河岸行走，欲觅个清静的地方洗个凉水澡。

淄河是齐国都城临淄附近的一条河流，向东北流入小清河，然后注入大海。淄河水清澈见底，水底的水草清晰可见，鱼儿欢快地穿梭其间；河两边，垂柳夹岸，浓荫茂密，微风吹拂着水面，微波荡漾，好一个清凉幽静的地方。管仲见此优雅清静的环境，浑身爽快不少，见前面柳林深处有个小河汊，便信步向小河汊走去，刚靠近河汊，忽听河汊内传出一阵优美动听的歌声：

　　　　采采芣苢，薄言采之。
　　　　采采芣苢，薄言有之。
　　　　采采芣苢，薄言掇之。
　　　　采采芣苢，薄言捋之。
　　　　采采芣苢，薄言袺之。
　　　　采采芣苢，薄言襭之。

这是《国风·周南》中的一首名为《芣苢》的劳动诗，是妇女们采芣苢时所唱的歌，反映了妇女们在劳动中欢乐的情景，她们是既紧张又愉快，充满了劳动的热情。

清新明快的节奏，透出一股快乐的气息。管仲屏住呼吸，静静地聆听着，从心底叹道：想不到在这荒郊野外之地，居然能听到如此奇妙动人的歌声。他拨开荆棘，寻声向前走去，转过几株垂柳，放眼望去，被眼前的情景惊呆了：河汊中，一位妙龄少女赤裸着身子正在河里洗澡，双手拨弄着河水，口中欢快地唱着歌，怡然自得。突然，只见她纵身一跃，双手划水，宛如一条美人鱼似的在水中畅游，一忽而，又见仰卧水中，一动不动，丰满的胴体，坚挺的双乳，雪白的肌肤，犹如玉人浮在水面上，又似天仙下了凡尘。即使是神仙看到此等妙处，也会神魂颠倒，心猿意马。

管仲看到此等情景，不由发出一声惊叫。突然间，他意识到，堂堂的相国，竟然偷窥人家女儿家洗澡，实在是有失身份，赶忙闭住嘴，呆若木鸡地站在柳树底下，痴迷地看着水中的美人。

河中少女听到惊叫声，连忙将身子沉入水中，仅露头出水面，惊叫道："什么人，偷看人家洗澡？"

管仲见行踪已露，索性走出柳林，笑着道："淄河并不是你家的，光天化日之下，竟敢在此戏水，却还指责别人偷看，真是岂有此理！"

河中少女急了，大声叫道："快走开，让俺上岸穿衣裳。"

"你上岸吧！俺才懒得看呢！"管仲退回几步，故装轻松地转过身去。其实，他心里多想再转头看上一眼啊，只是不好意思罢了。

少女蹑手蹑脚地爬上岸，匆匆穿好衣服，顺手理理云鬓，走到管仲身边，仍是不依不饶地质问："喂，你从哪里来？一个大男人，在此偷窥女儿家洗澡，羞也不羞？"

管仲见刚出浴的少女，体态婀娜，貌若天仙，一下子看得呆了。

少女被管仲看得有些不好意思，满脸含羞地道："你这人好没道理，刚才偷窥人家洗澡，现在又两眼发直，没有见过漂亮女人呀？"

管仲虽然是满腹经纶，站在这位天真活泼、性格开朗、刚出浴的少女面前，似乎有些乱了方寸，突然局促不安起来，语无伦次地道："姑娘，俺从临淄来，从此地路过，可不是有意偷窥。漂亮的姑娘在河中戏水，四周莫遮没拦的，既然被俺碰上了，想不看也不行呀？"其实，管仲的内心对面前这个漂亮的姑娘，已经产生了极大的好感，涌出一股只有见到自己心爱的女人时才有的那么一股冲动。

原来，管仲流落鲁国时便已丧偶，回到齐国后，鲍叔牙一直张罗着要替他续弦，苦于没有管仲合意的，事情就一直拖了下来。今天，管仲见到眼前这位天真活泼、貌若天仙的少女，不由眼前一亮，大有一见钟情之感。从内心里惊叹道：好美呀！这不正是自己所寻求的心上人吗？

姑娘见管仲一个大男人，面红耳赤地站在自己面前，像个做错了事的小孩子一样回答自己的问题，内心里也有一种好感，不由得将管仲多看了几眼，只见眼前的这位汉子：

>年约四十略开外，浓眉大眼宽脸膛。
>五短身材好魁伟，浑身英气溢出来。

姑娘从内心里也发出一声赞叹道：好一个伟男子。想到这里，不由脸一红，心中已有了暗许之意。

原来，姑娘乃一农家少女，年龄二十出头，待字闺中，是个黄花闺女。虽不是名门望族，大家闺秀，却也是个独女，自小就被爹娘娇生惯养，粗活重活从不要她沾边。自小在饱读诗书的父亲的教导下，读了不少书。姑娘聪颖过人，颇有过目不忘之能，故而琴棋书画样样精通。正因如此，便有些心高气傲，欲寻一个春风得意的夫婿，故而东家不成，西家不就，一直待字闺中。

齐鲁风俗，未婚女子，除了自己的父母、丈夫之外，胴体不得为外人窥见。今天，管仲将这位女子的全身看了个透，该女子除了管仲外，还能嫁人吗？故而心生暗许之意并不是轻薄，而是一种必然，也是天意。

姑娘问道："你从临淄来？叫什么名字？你见过管仲相国吗？"

"我就是管仲呀！你是谁？为何要问管仲？"管仲好奇地问。

"俺叫闵婧。"姑娘偏着头看了管仲一眼，天真地说，"管相国？骗人的吧！"

管仲问道："婧姑娘，你认识管仲？"

"不认识。"姑娘摇摇头，"听俺娘说的。"

"你娘是怎样说的？"

"娘给俺说了管鲍之交，也说了君王筑坛拜相，还说了管相国正在进行改革，要带领齐国走上富国强兵之路。"姑娘充满憧憬地说，"改革成功了，俺们一定会过上好日子。"

管仲万万没有想到，一个乡下女子，竟有如此见识，他对闵婧产生了浓厚的兴趣，想见一见闵婧的母亲，说道："知道的事还真不少，闵婧姑娘，你家在哪里，俺想见见你母亲，行吗？"

"你要见俺娘？"闵婧姑娘睁着一双水灵灵的大眼睛问道，"俺还没有查明你的身份，怎么能够带你去见俺娘？"

管仲道："俺就是你要见的那个相国管仲呀！"

闵婧姑娘不相信地道："空口无凭，谁能证实？"

"哈哈哈，那你说我是谁呀？"管仲被姑娘天真无邪的样子逗乐了。

正在这时，管仲的两名随从满头大汗地跑来，上气不接下气地道："啊呀！

第 27 章 淄河邂逅美娇妹

相国老爷,您在这儿,叫俺们好找呢!"

"你们来得正好,来证实一下。"管仲指着闵婧道,"这位姑娘不相信我,你们向她说,我是谁。"

随从呵斥道:"你好大胆,敢怀疑相国老爷。"

姑娘死死盯着管仲的脸,脸刹那间就红到耳根,连忙跪下叩拜道:"相国爷,民女有眼不识泰山,请老爷不要见怪!"

管仲哈哈大笑,伸手轻轻一托道:"姑娘不必多礼,这回相信了吧?"说罢,转身欲同随从离去。

闵婧见管仲欲离去,急了,一下子窜到管仲的前面挡住去路,娇声说道:"不能走!"

管仲惊愕地问:"怎么,我欠你钱呀?"

"不能走,就是不能走。"闵婧急得快要哭了,其实她心里想的是:你将我的全身都看透了,就这样一走了之,叫俺今后怎样嫁人呀?必须给个交代。然而,一个姑娘家,这样的话又怎么能说得出口呢?情急之下说道:"你不是说要见俺娘吗,俺带你去。"正是:

> 微服私访淄河边,恰逢美人水中浴。
> 赤裸胴体窥视透,娇妹挡道有噱头。

第28章 开辟财源走富国之路

闵婧拦住管仲不让走,并答应带管仲去见她的母娘,管仲本欲见见这位织娘,见闵婧答应带他去,当然是求之不得,爽快地答应了。闵婧见管仲答应,心里暗暗高兴,忙在前面带路,转身向旁边柳林后走去。

柳林后有座小村庄,名叫闵家墩,闵家墩村子不大,只有七八户人家,村东头有处农家小院,那就是闵婧的家。此时的小院里,叽叽的织机声响个不停。闵婧带着管仲和两名随从刚走近院门口,就冲着农家小院欢快地叫道:"娘,有客人来。"

闵婧的叫声刚落,叽叽织机之声停了,从屋内走出一位四十出头、体态丰盈的半老徐娘,她就是闵婧的母亲。闵母刚出门,看到闵婧身后面的管仲,以为是看走了眼,揉了揉眼睛再看了看,惊叫道:"这不是管相爷吗?"说罢,翻身叩拜道:"民妇叩见相国老爷。相国大驾光临,令寒舍蓬荜生辉呀!"

管仲双手虚托一下道:"夫人快起来,不必多礼。"

闵母站起来,喜笑颜开说:"婧儿,你怎么将管相国请到家里来了?"

"娘,你认识管相国?"闵婧惊讶地问。

"君上筑坛拜相,围观之人何止千万,娘有幸去了现场,目睹了管相国的风采。当时的情景,历历在目,怎么不认识管相国呢?"闵母谦恭地对管仲道,"相国老爷,民妇孤儿寡母,家道贫寒,若不嫌弃,请屋里坐。"

"贸然造访,请不要见怪。"管仲见闵母出语不凡,料知非一般村妇,进得屋来,见堂屋内有一乘织机,走近织机一看,织机上的布匹正是早已失传的齐国民间传统手工艺品青州花边大套素,管仲吃惊地问,"夫人,你织的可是失传已久的青州花边大套素?"

婧母道:"相国老爷果然是行家,这正是青州花边大套素,乃家传技艺。"

"我派人到处寻找能织青州花边大套素的织工,一直没有找到。都说此手艺失传已久,不想却在此地找到能织青州花边大套素的人,真是天助我也。"管仲喜出望外地问,"夫人还能织些什么品种?"

"三色彩支绫、织锦、绫罗,只要有材料,民妇都能织。"闵母自豪地说。

"啊!"管仲惊叹一声道,"夫人随我到临淄去,好吗?"

闵母满脸含羞地问:"随你到临淄去?"

"夫人别误会。"管仲解释道,"朝廷要发展工商业,需要能工巧匠。"

"啊!"闵母失望地道,"相国老爷考虑的是天下事,民妇只会织布,不懂这些。"

"我要你的手艺,请你将织锦工艺传授于人,行吗?"管仲用期待的眼神看着闵母。

"这是家传绝艺呀!"闵母有些为难地说,"教熟徒弟,饿死师傅,祖传之艺,怎能轻易授人?这是我们母女安身立命的本钱哟!"

"夫人!"管仲以哀求的口吻道,"能不能考虑一下,我也是为齐国作想呀!冒昧地问一句,你家还有哪些人?"

"丈夫在长勺之战中以身殉国,就我母女俩相依为命,本想将织技传给婧儿,怎奈她就是不专心,女儿家,成天抱着她父亲留下来的几卷简书不放。"闵母说。

"啊!原来是功臣之家。"管仲重新深深一揖道,"管仲代表朝廷,谢谢你了。"

正在这时,婧母突然看见女儿在厢房里暗暗向她招手,歉意地道:"相国老爷,请稍等片刻,民妇去去就来。"

闵婧将母亲叫进内屋,嘀咕了一阵。过了一会,闵母从里屋出来的时候,轻轻地叹了一口气,似乎有一种依依不舍之感。闵婧随后也从屋里出来,只是手中捧着一个托盘,托盘里摆放着洗净、切成片的黄澄澄、香喷喷的大香瓜。她红着脸对管仲和随从道:"相国老爷、官爷,请坐,吃几片香瓜解渴。"说罢,放下瓜,向管仲瞟一眼,转身进了里屋。

婧母趁机请管仲坐下,请客人吃瓜。她满面含笑,深情地看着管仲吃瓜,突然,只见她脸色一整,似乎作出了一个重大的决定,吞吞吐吐地道:"相国老爷,民妇有事相询,不知相国老爷能否回答。"

"夫人有话尽管问,管仲当知无不言。"管仲边吃瓜边说。

闵母两眼盯着管仲,认真地问:"相爷有几房妻室?"

"哈！哈！哈！"管仲大笑道，"孤家寡人一个，何谈几房妻室。"

闵母看着管仲的两名随从，似是用眼色询问：此话当真？

有一名随从很聪明，知闵母话里有话，认真地说："夫人，真的，相爷前年丧偶，至今尚未续弦。夫人是否有合适的，给相爷说门亲事？"

闵母听后不由喜上眉梢，轻声道："相爷，可否借一步说话？"

刚才说话的随从笑着说："借什么步呀？我们出去溜达溜达不就行了。"说罢，拉着另外一名随从向门外走去，临出门时，向管仲投过狡黠的一笑。

婧母见两名随从走了，忙跪下说道："相爷，请救命呀！"

"夫人，谁有危险？救谁的命？"管仲大惊，忙伸手扶起闵母。

闵母起来坐在凳子上道："请救小女一命。"

"婧姑娘不是好好的吗？"管仲诧异地问，"为何要救命？"

婧姑娘的母亲满脸哀伤地说："女儿刚才将民妇叫进屋去，说她不想活了。"

管仲大吃一惊，问道："为何不想活了？"

"相爷。"闵母问，"相国老爷是否在河边偷窥过小女洗澡？"

闵母这一问，将管仲问得个面红耳赤，脸红脖子粗，急忙分辨道："夫人，完全是无心之过，我管仲对天发誓，绝不会将此事向外泄露半分。"

"相国老爷。"闵母说道，"一个女孩子家，全身都被人看透了，她还有脸活下去吗？"

管仲站起来，急得团团转，忧虑地道："这便如何是好！这便如何是好！"

闵母抹了把眼泪道："只有相爷才能救小女。"

"夫人，你说，怎么救？"管仲着急地说，"只要我能做得到的，一定答应你，以弥补我的过失。"

"相爷！"闵母满怀期待地说，"你就将小女娶了吧！"

"不行，不行。"管仲连连摆手道，"我已过不惑之年，怎么能娶令嫒？这不是折辱了令嫒吗？"

闵婧在里屋听到管仲拒绝了母亲的请求，绝望地抽泣起来。闵母听到里屋的动静，流着泪道："民妇只有这个女儿，若有个三长两短，叫民妇怎么活呀？"说罢轻轻抽泣起来。

"夫人！"管仲急得抓耳挠腮，为难地说，"不是我管仲不答应，令嫒年轻貌美，我管仲配不上她呀！"

闵母听到这句话，心里有了底，知道管仲心里对女儿有意，连忙说："相国老爷，小女若能侍候你，也是她前世修来的福，民妇高攀了。"

"管仲本无妻室，若夫人不弃，我管仲是求之不得。"管仲喜出望外，向闵母深深一揖。

此时，屋里的抽泣声停止了，静悄悄的，没有任何声音。

闵母道："既然如此，婧儿就是相国老爷的人了。你随时可以将婧儿带走。"

管仲摆摆手道："这怎么可以！"

"相国老爷待要如何？"闵母不解地问。

管仲认真地说："管仲要择吉日良辰，明媒正娶婧姑娘。"

闵母乐得合不拢嘴："好！好！好！小女有福有缘，能侍候相爷，真是三生有幸。民妇就将女儿交给你，一切听相爷安排。"

"那传授织工手艺之事……"管仲问道。

"宝贝女儿都给了相爷，这点手艺还能带到土里去吗？"闵母笑着说。

管仲道："好！好！好！这我就放心了。"

"好！"闵母高兴地说，"婧儿，你都听见了吧，快出来重新拜见相国老爷。"

闵婧娇媚万丈、满面含羞地从里屋走出来，向管仲福了一福，含情脉脉地说："小女子拜见相国老爷。"

管仲心中一阵狂喜，不顾闵母在侧，忘情地抓住闵婧的双手，两眼痴迷地看着闵婧，语无伦次地说："姑娘太……太美了。"

婧姑娘的双手被管仲紧紧地抓着，欲推则不舍，欲倚却还羞，使得一个貌美如花的少女更显得娇羞万丈。

闵母看着眼前这对璧人，笑得合不拢嘴，知趣地退了出去。

正是：

> 河边偷窥答难辞，岂料芳心已暗许。
> 婧母启口亲为媒，管仲有幸拥娇妹。

管仲从闵家墩回来后，立即将鲍叔牙请至府中，叫家人管芨炒了几样下酒菜，两人坐下对饮起来。鲍叔牙以为又是谈改革之事，干脆不开口，只顾喝酒、吃菜，静等管仲发话。谁知酒过三巡，管仲还是没有开口，鲍叔牙觉得奇怪，开口道："怎么？改革遇到难题了？"

管仲笑了笑道："难题是有，今天先不说这个。"

"你除了改革,还能说什么?"鲍叔牙反问道。

管仲憨厚地笑着说:"有事请叔牙兄帮忙。"

"夷吾兄弟,几时学会婆婆妈妈的了?"鲍叔牙看了管仲一眼,突然似有所悟,调侃地道,"是不是看上了哪家姑娘,要请我喝喜酒呀?"

"生我者父母,知我者鲍叔牙也!"管仲哈哈大笑道,"真的,小弟看上了一位姑娘,想请叔牙兄保媒。"

"真的?"鲍叔牙惊喜地问,"谁家姑娘,一定很漂亮吧?"

"此次出巡,在淄河边一个叫闵家墩的地方偶然遇上的。"管仲道,"姑娘天真活泼,知书达理,真是难得。为了表示对她的尊重,我要明媒正娶。"

"好!"鲍叔牙端起酒爵,高兴地道,"来,敬你一爵,我这次一定要将你的婚事办得轰轰烈烈,让整个临淄城都知道相国要娶亲。"

"别、别、别!"管仲喝了一口酒,放下酒爵,连忙制止道,"明媒正娶,是表示对姑娘的尊重。但婚事却不能铺张。"

"这又是为何?缺钱呀?"鲍叔牙不解地问。

"我身为相国,主公对我的赏赐很多,并不缺钱。"管仲喝了一口酒继续说,"只是齐国正处在创业阶段,须倡导节俭之风,若我自己不能为表率,怎能率领百官励精图治、发奋图强呢?"

鲍叔牙想了想道:"好!这件事就依你。"

管仲通过调查后,对农业改革方案重新进行了部署和安排,嘱咐大司田宁越加快改革步伐。

农业改革,是逐步建立一套新的土地制度和税收制度。但是,一个国家,仅仅依靠农业是很难成为经济强国,真正走上富国强兵之路。管仲深刻地认识到这一点,为了使齐国走上富国强兵之路,他以商人特有的敏锐眼光,计划将改革的触角伸向工商业。

齐国历来有重视工商业的传统。据说姜太公初封齐国时,齐地是"地潟卤,人民寡"。但是,齐国有山有海,可以通过发展工商业来带动农业发展。于是,雄才大略的姜太公在实行"简其政""因其俗"政策的同时,又"劝其女功,极技巧,通鱼盐",大力发展工商业,结果使齐国很快富强起来,成为了东方大国。正是齐国这种重工商业的传统,为管仲改革打下了基础。

管仲准备在工商业的改革上再有一番作为,为此,他曾专门与齐桓公讨论了这个问题。

齐桓公曾问管仲："国家财用匮乏，寡人欲征收房屋税，仲父以为如何？"

"这等于叫人拆毁房子。"管仲摇头回答。

齐桓公继续问："寡人要征收树木税呢？"

"这等于是叫人砍伐树林。"管仲继续摇头回答。

齐桓公问道："征收牲畜税呢？"

"这等于是叫人杀死幼畜。"管仲回答。

齐桓公说："那就对人口征收赋税吧！"

"这等于是叫人抑制情欲。"管仲仍然是不赞同。

齐桓公有些不愉快地说："什么税都不能征收，寡人靠什么来管理国家？国家财用不足，总得要有一个解决的办法吧？"

"当然有办法。"管仲胸有成竹地说。

齐桓公迫切在问："什么办法？"

"官山海，也就是国家对盐铁实行专卖政策。"管仲道，"这是齐国走富国强兵的主要途径。"

盐铁专卖，齐桓公闻所未闻，于是问道："何为官山海？"

"官山海就是官府专营山海资源，具体地说，就是国家对盐铁垄断经营，实行专卖政策。"管仲进一步解释道，"靠海的资源成王业的国家，要注意征税于盐的政策；靠山的资源成王业的国家，要注意征税于铁的政策。"

齐桓公道："为何要实行盐铁专卖？"

"盐、铁都是人们生活的必需品，人离开了盐、铁就不能生存。故其在市场上有一个稳定的销售量。"管仲算账道，"以盐为例：十口之家，就是十人食盐，百口之家，就是百人食盐。一个月，成年男子食盐近五升半，成年女子食盐近升半，小孩食盐近二升半。这是个大概数字。"齐桓公点点头，表示赞同。管仲继续道："过去，这两种商品实行的是自由放任政策，完全私营，官府只是象征性地征收山泽之税及关市之税，国家财政收入并不多，厚利却为商贾所获。臣乃商贾出身，深知经营盐铁获利之厚。"

齐桓公道："怎样才能将经营盐铁之厚利归之于朝廷呢？"

"官府对盐、铁这两个商品实行专卖政策。"管仲道，"具体地讲，将盐、铁的生产权放给私人，但他们生产的盐、铁，全部由官府收购，再由官府向外销售，官府控制流通环节。一买一卖之间的差价，包括官府经营盐、铁的费用，还包括税收,这叫做寓税于价,将盐铁之厚利从商人手中拿过来,官得厚利百民不察。"

齐桓公听到这里,总算是明白了,问道:"仲父算过账没有,从盐铁专营中能得到多少收益?"

管仲道:"以盐为例,盐一百升为一釜。使盐的价格每升增加半钱,一釜可收入五十钱。每升增加二钱,一釜可以收入二百钱。一钟就是二千,百钟二十万,千钟二百万。一个万乘的大国,人口总数千万人。合而算之,约计每日可得二百万,十日二千万,一月可得六千万钱。一个万乘的大国,征人口税的当征人数为一百万人,每月每人征税三十钱,总数才不过三千万。官山海之后,朝廷没有向任何人直接征税,就有相当于两个大国的六千万钱的税收。"

"啊!"齐桓公惊叫一声,"仅仅食盐一个品种,竟有如此多的收入?"

管仲道:"假若君上发布命令,说要对全国的大人、小孩征税,一定会在全国引起震动,也一定会遭到强烈的反对。现在实行食盐专卖政策,寓税于价,即使君主得到十倍、百倍的收入,谁也逃避不了,谁也难以反对。这就是理财之法。"

齐桓公激动地说:"寡人该怎么做?"

"齐国有展渠之盐,请君上下令,无论是齐国人还是其他诸侯国的人,都可以到展渠来,砍柴煮盐。"管仲强调一句,"所煮之盐,由政府给出一个合理价格,全额收购,任何人也不得带走一粒盐。"

"然后呢?"齐桓公问道。

"所产之盐由政府统一销售,叫做官运、官销。禁止私人销售食盐,有贩私盐者,抓住后严惩不贷。"

"好!"齐桓公道,"请仲父拟诏,寡人明日早朝,向天下宣布:齐国官山海。"

官山海,即盐铁专卖政策,是中国历史上最有名的一项经济政策,它是由管仲审时度势同齐桓公研究国家财政问题时提出并一道确定的。它是中国封建时代国家经济政策上的一个新事物,开创了中国经济专卖政策之先河,影响了中国几千年的历史。

在春秋前期,中国的自然经济占绝对的统治地位。唯独盐、铁这两个品种是不能随地生产,而又为人民生活和生产所必需,非依赖市场供应不可。盐,作为人们生活的必需品,"恶食无盐则肿",这个道理谁都懂得。铁,在当时已由块炼铁向铸铁方向发展，用铸铁做砍伐工具和农具，生产效率可大大提高，为人们所乐于使用。经营盐铁正是一个大有发展前途的新兴行业。盐和铁在当时市场上是销售面最广的两种举足轻重的商品。

在管仲改革之前，盐、铁这两个品种，实行的是租税制，即征收山泽税和关市税，开放私营，大部分收益归于私人，政府从中得到的收入并不多。政府对其实行专营，把这两项重要商品的利源控制起来，使之不再散落于私营工商业者之手，这比利归私商，而另向人民征收强制性的人头税或其他捐税确实要好得多。

管仲本来就是商人出身，私营盐铁利入之厚他是了如指掌，主持国政，欲开辟财源，先从盐、铁这两个品种入手，实行专卖，是一件很自然的事情。正是由于他倡导了这一独特而又影响深远的经济政策，以及此后一系列的经济政策的出台，奠定了他在中国历史上第一理财家的地位，成为中国古代理财家之开山鼻祖。有词为证：

> 富国强兵匮财源，桓公技穷询相国。
> 天纵英才展奇策，筹谋理财官山海。

第 29 章　宁大夫唱起了反调

且说管仲经过同齐桓公的商讨,决定推出经济改革的第二项政策:官山海。

是日早朝,齐桓公面对丹墀下的文武百官,大声道:"相地衰征的农业改革政策推行了年余时间,改革虽未完成,效果却已显现,百姓的米罐有了余粮,逃亡在外的人也陆续返回家园,这说明,改革正在向好的方向发展。"

群臣听到这里一阵热议,齐桓公故意停下来,让大家相互交流一下。待声音稍低之后,齐桓公接着说:"目前,改革遇到了一道坎,就是国家财用不足。仲父讲:齐国要走富国强兵之路,仅仅对农业进行改革远远不够。农业改革,充其量只能解决吃饭的问题,要走富国强兵之路,必须另辟财源。仲父议定,下一步,对工商业逐步进行改革,推行官山海之策。寡人宣布:实行官山海政策。具体方案,具体怎样进行,由仲父负责。"

管仲出班,侧身面对大家道:"各位同僚,承蒙大家配合,农业改革、相地衰征还算顺利,虽然还有不尽如人意的地方,以后再逐步完善。现在我要说的是'官山海',这是马上要推行的一项新政策。"

群臣听到管仲的发言,有人问道:"官山海怎么解释?"

"官山海就是实行盐铁专卖。"管仲扫视大家一眼说,"齐国有展渠之盐,这是上天对我们的恩赐,放着这么好的东西不加以利用,岂不是暴殄天物?"

有人问:"如何利用?"

"从现在起,盐、铁生产仍由私人经营,但生产出来的盐、铁,全部由政府统购统销,任何私人都不得运销盐、铁。为了使煮盐不误农时,每年十月至下年正月乃农闲季节,可以任意煮盐。初春一到,农事即已开始,各大夫家里不得修坟、修屋、建台榭和砌砖墙垣。沿海岸的人们,亦不得雇人聚众煮盐。"

管仲的话声刚落,大司田宁越出班奏道:"主公,臣有话要说。"

第29章 宁大夫唱起了反调

"大司田有什么话就说吧!"齐桓公道。

宁越清了清嗓子道:"相地衰征就有违祖制,现在又搞出个官山海,臣以为不妥。"

管仲听到这里终于明白,农业改革进展不快的真正原因在宁越身上,他做为主管农业的上大夫、大司田,对这项政策本身就有想法,改革怎么能快得起来呢?

齐桓公过去也曾听到宁越对管仲改革的嘀咕,甚至还发过牢骚,他都及时地制止了,不想今天在朝堂之上,又公开发表反对意见,只好问道:"大司田认为有何不妥?"

"周厉王时,任荣夷公为卿士,为了增加财政收入,抑制庶姓家族经济势力的增长,下令把山林川泽收归国家专劳,垄断工商山泽之利,侵夺了中小领主的利益;又不许百姓进入山林川泽樵采捕捞,侵夺了百姓的利益,从而引发了'国人暴动',直接导致周厉王垮台。管相国先是相地衰征,现在又是官山海,这可是周厉王的故伎重演,齐国祸不远矣!"宁越振振有词地说。

竖刁站列班中,总算是看到了一个同管仲叫板的人,宁越话音刚落,他马上站出来附和道:"大司田言之有理,官与民争利,必引起民怨,怨声起,齐国祸不远矣!"

众人惊异地看着宁越、竖刁,像看两个怪物一样,然后又将眼光投向管仲,看他如何应对这个场面。

管仲冷冷地看了竖刁一眼,竖刁胆怯地低下头,双脚无意识地向后挪了挪,整个人向后缩了半个身子。管仲的眼光在竖刁的身上一扫而过,最终落在宁越身上,他针对宁越提出的问题,大声说:"大司田只知其一,不知其二。周厉王专山泽之利,是对自然资源从生产到销售的完全垄断,而凭当时的国情是很难做到这一点的。我所提的官山海,即盐铁专卖,同周厉王专擅山泽之利是有本质区别的。表现在,盐铁的生产允许私人经营,任何人,只要你有技术,有能力,都可以砍伐柴薪,雇人煮盐,上山采矿,开炉炼铁,私营经济在这里有很大的发展空间。政府实行的是专卖政策,所采取的形式可归纳为八个字:民制、官收、官运、官销。之所以如此,盐、铁等自然资源归国家所有,不属于私人,更不属于某个人。"管仲扫视大家一眼,斩钉截铁说:"齐国要走富国强兵之路,就必须进行改革,官山海是国策,一定得实行,为了保证这项国策的顺利实施,政府要成立专门的征稽查队伍,专门打击贩运走私者。"

齐桓公见两人发生了争执，对鲍叔牙道："亚相，你说呢？"

鲍叔牙毫不犹豫地道："请主公听仲父的。"

齐桓公大声说："官山海是国策，不必争议，听仲父的。要议的只是如何执行的问题。"

宁越是三朝元老，并没有被管仲的气势压倒，鼻子里哼了一声，抗辩道："老臣言尽于此，听与不听，悉听尊便。"说罢退至一边，一言不发。

"还有谁有不同意见？"管仲扫视大家一眼，见无人回答，说道，"没有意见的话，官山海之策明天将在政令展台上张榜公之于天下。"

第二天，政令展台前围满了人，大家争相观看张贴在展台上的布告，前面的人边看边议论，后面的人什么也看不见，不知谁喊了一声："前面的，出来个人念念吧！"一个小伙子跳到旁边的一块石头上喊道："大家静一静，我来念。"说罢，转身看着布告念了起来：

官山海之策

齐国乃海王之国，有渠展之盐。山泽之源，归国家所有。国家将实行官山海之策，即实行盐铁专卖政策。规定：盐、铁之生产仍由私人经营。所产之盐、铁，三层缴纳产品税，七层归生产者所有，由官府给出合理价格统一收购。盐之运、销统由官营，私人不得插手其间。每年十月至次年正月，乃农闲季节，国人皆可砍伐枯柴，任意煮海水制盐。孟春即至，农事且起，各大夫家里不得修坟、修屋、建台榭和砌砖墙垣。北海沿岸的人们，亦不得雇人聚众煮盐。

国人凭户籍计口授盐：月供，成年男子食盐五升，成年女子食盐三升半，小孩二升半。

齐桓公二年九月二十日

齐桓公刚回到寝宫，蔡姬亲自沏了一杯热茶呈上，见齐桓公满面春风，笑眯眯地问："主公，何事如此高兴？"

齐桓公端起茶爵喝了一口，赞叹地说："真是天纵奇才，天助我也！"

"主公说的是谁呀？"蔡姬问了一句。

"仲父！"齐桓公乐滋滋地说，"寡人正在为国用不足而犯难，欲开征房屋税、林木税、牲畜税、人头税，都被他一口否决了。"

第29章 宁大夫唱起了反调

"那他一定有比这更好的办法。"蔡姬猜测地说。

"夫人果然说得不错。"齐桓公道,"仲父居然想出了官山海之策,对盐、铁实行专卖。真是旷古未有之良策!"

蔡姬也被齐桓公的情绪所感染,笑逐颜开道:"主公如此高兴,盐铁专卖之策,定能给国家带来丰厚的财源吧?"

"盐、铁生产仍由私人经营,销售却由政府垄断经营,这就是盐铁专卖。"齐桓公仍沉浸于美好的憧憬之中,"仲父说:'盐一百升为一釜。使盐的价格每升增加半钱,一釜可收入五十钱。每升增加二钱,一釜可以收入二百钱。一钟二千钱,百钟二十万钱,千钟二百万钱。万乘之国,人口总数千万人。合而算之,约计每日可得二百万,十日二千万,月可得六千万钱。万乘之国,征收人口税的人数约为一百万,月每人征税三十钱,总数才不过三千万。实行官山海,朝廷没有向任何人直接征税,就有相当于两个大国的六千万钱的人口税的收入。'政府将税钱隐藏在盐价之中,人人都要食盐。唉!盐铁专卖,太妙了,太神奇了。仲父真是理财圣手哟!"

"寓税于价,虽无征税之名,却有征税之实,表面上不曾征税,但人人都要吃盐,相当于人人都纳了税。相国的官山海真是太厉害了。"蔡姬兴奋地说。

齐桓公道:"铁也是一样,针、剪、刀、锯、锥、凿、耒、耜、锄,谁少得了?"

蔡姬道:"表面上没有征税,实际上,凡担任生产之人,没有不向国家负担租税的。"

齐桓公得意地看着蔡姬,笑着说:"夫人果然聪明,一点即通。"

蔡姬问道:"听说管相国出巡,带回一个姑娘?"

"姑娘叫闵婧,是亚相保媒,明媒正娶的。"齐桓公道,"闵母是位织娘,失传已久的织技她都会,寡人已封她'百工'之职,主管作坊的织造之事。"

"主公要做商贾呀?"蔡姬打趣地问。

"不是寡人要做商贾,是仲父要开百工作坊。"齐桓公道,"仲父还替几个铁匠赎身,其中有个叫莫仲柏的铁匠,据说铁匠技艺百里挑一,寡人封他为'百工'之职,主管作坊的锻造之事。"

"看来,管相国治国,真的是别具一格。"蔡姬笑了笑说,"这些方法,臣妾在蔡国是闻所未闻。"

齐桓公道:"不仅是你,就是寡人,也是头一遭碰到这样的事。仲父的每一项政策,总会给你带来惊喜。"

蔡姬妩媚地一笑道："用膳时间到了，臣妾叫人开饭了。"

齐桓公听说吃饭，忙问道："今天有何美食？"

蔡姬神秘地一笑道："主公吃了就知道。"

齐桓公与蔡姬来到餐厅，饭菜早已备好。蔡姬为齐桓公斟满一爵酒。齐桓公尚未就座，端起酒爵就一饮而尽，坐下来，拿起筷子，夹起一块菜放进嘴里，稍微嚼了几口，便已溶化下咽，连忙再夹一块送进嘴里，慢慢地嚼，细细地品味，然后吞咽，赞叹地说："这道菜是什么菜，以前从未吃过？"

蔡姬笑道："怎么样，好吃吗？"

"味道鲜美，落口消融，回味无穷，真的是美味佳肴呀！"齐桓公问道，"这道菜叫什么菜，谁做的？"

蔡姬品尝一口，赞道："果然味道鲜美。"

齐桓公追问一句："此菜何人所做？"

侍女回道："启禀主公，这道菜乃竖刁大夫敬献。"

"竖刁大夫进献？"桓公高兴地问，"他人呢？"

"还在宫外候着呢！"侍女说。

齐桓公道："传他进来。"

不一会，竖刁快步跑进餐厅，进门的时候，右脚在门槛上绊了一下，一个踉跄，差点跌倒，刁竖顺势跪下："微臣竖刁叩见主公。"

"平身。"齐桓公指着餐桌上刚才吃的一道菜问，"此菜是你进献？"

"回禀主公，此道菜是微臣进献。"竖刁恭恭敬敬地回答，两眼盯着齐桓公，像是要窥视出齐桓公问话的用意。

"何人烹制？"齐桓公继续问道。

竖刁察言观色，知道这道菜合了齐桓公的口味，献媚地说："臣知道主公好食，寻遍了临淄城的每一个角落，终于找到一个烹饪高手，此人名叫易牙，身怀祖传绝艺，烹饪手艺精湛，举世无双。"

齐桓公道："这个易牙在哪儿，寡人要见他。"

竖刁答道："易牙献佳肴尚未出宫，臣去把他领来拜见主公。"说完转身大步流星地出门，一会儿便领着易牙走进餐厅。

易牙双膝跪倒，叩头道："草民易牙叩见主公！"

"平身！"齐桓公细看此人，年约三十，白白嫩嫩，一身肥肉，动一动，身上的肉一颤一颤，似乎要掉下来似的，两只小眼睛闪着亮光，透出精明干练

第29章 宁大夫唱起了反调

之气,问道:"易牙,这道菜是你做的吗?"

"是草民烹制的,不知合不合主公口味?"

"味道十分鲜美。这道菜是怎么做的?"

易牙站起来,毕恭毕敬地说:"回主公,这道菜名叫鳖鳝羹,用淄河河鳖和乌河白鳝,再佐以参片清炖而成,属大补之品。"

"寡人最喜美味佳肴。"齐桓公问道,"你还能做些什么菜?"

易牙仍然是毕恭毕敬地说:"做什么菜,须要看有什么料,即使是相同的料,不同的人烹饪,味道就不同,小人的手艺是家传,相同的料,可以做出与众不同的口味,这是绝活。"

齐桓公一听大喜,挥手道:"好,寡人封你为下大夫,掌管宫中膳食,你可愿意?"

易牙扑通一声跪下,连叩三个响头道:"谢主公,小人愿为君上效犬马之劳。"易牙在叩头之际,向站在一旁的竖刁瞟了一眼,两人的眼光正好碰在一起,脸上皆露出一股不容觉察的笑容。有词为证:

小白天生好佳肴,奸佞蓄谋欲乱朝。
欲近君侧献美食,引君入瓮果中招。

第30章　鲍叔牙失踪了

深秋，天气倒是凉爽了不少，太阳也没有三伏天那样毒，但秋天闷热的气候，有时也使人很不好受。

大路上，一辆普通篷车飞快地行驶着。

驭手坐在篷车的左边，扬鞭策马，不时娴熟地将鞭子甩得劈啪山响。篷车右侧坐着一个看起来很精干的年轻人，两眼如鹰一样四处张望，眉宇间透出一种英武威猛之气。

管仲身着麻布长衫，一副商贾打扮，坐在篷车之内。只见他眉头紧锁，目不斜视，似乎在想着心事。闵婧女扮男装，充着侍仆坐在管仲身旁，手执团扇，替管仲扇风。

闵婧见管仲一言不发，为了调节气氛，故意天真地问："相爷，俺们去看海吗？"

"看海！"管仲看了爱妻一眼，收回遐想，微笑着说，"天高任鸟飞，海阔任鱼游，站在海边，可使人产生无尽的遐想。"

"相爷绝不是到海边去产生遐想的吧？"闵婧打趣地问。

"我哪里有那个闲工夫哟！"管仲面有忧色地说，"海边有展渠之盐，那是齐国之宝，齐国要走富国强兵之路，就靠这个宝。"

"鲍大哥不是去了吗？你为何还要去？"闵婧关切地问。

"嗯！"管仲有点茫然地应了一声，眼睛却瞟向车外。

鲍叔牙到展渠巡视盐场已经是半个月之前的事。去的时候，管仲叫他带上全副仪仗，大张旗鼓地去，鲍叔牙却坚持要微服前往，说这样才能了解到真正的情况，只带了一个随从便去了展渠。谁知此一去却音讯全无，管仲心里好不牵挂。

第30章 鲍叔牙失踪了

原来，自官山海政策公布之后，国人砍柴伐薪，成群结队地到海边去煮盐，朝廷也设置了专门的盐政管理机构，负责食盐的收购。除国内的计口授盐之外，其余的盐则沿着黄河、济水，运到梁、赵、卫等诸侯国去销售，获利甚巨。不知何故，近来朝廷的盐利之入明显减少，据传，盐民与盐监的矛盾越来越激化，甚至还出现盐民逃亡的现象。鲍叔牙就是为此事而去的。管仲原本想亲自走一趟，可鲍叔牙说国事繁忙离不开他，坚持要自己去。其实，他考虑的是管仲新婚燕尔，四十多岁的单身汉子，娶到貌美如花的嫩娇妻，正如同干柴遇到烈火，定要好好地燃烧一阵，这才是鲍叔牙要代替管仲前去展渠的真正原因。

管仲同意鲍叔牙去展渠，但心里老是不安，半月过后，一点音讯也没有，心里似乎有一种不祥的预感。他将情况向齐桓公作了汇报，齐桓公也有些不放心，同意管仲前去看一看。于是，管仲将朝廷相关的事情委托给隰朋打理，带上贴身护卫，匆匆上路了。为防万一，管仲还带了十乘战车，只是，战车并不和他走在一起，只在五里开外跟随着，相互之间时刻保持着联系。

闵婧见管仲心事重重，也就没有再出声，含情脉脉地看着自己的丈夫，一声不吭，也想起了心事。自从与管仲结婚以来，她觉得自己是天下最幸运的女人。管仲是国人心目中的偶像，是她心目中的好丈夫，尽管管仲的年纪大她一倍，是真正的老夫少妻，但她从丈夫的身上，体会到了男人的威猛、男人的体贴。管仲不仅生得威风凛凛，相貌堂堂，而且还满腹经纶，有无穷的智慧和力量。闵婧为有这样的丈夫而骄傲。她全身心地爱着自己的丈夫。

其实，除了闵婧之外，还有一个女人也深深地爱着管仲，这个人就是闵母。算起来，闵母比管仲还要小一岁，自从丈夫长勺之战阵亡之后，她便带着女儿守寡在家，日子过得倒也清静，谁知管仲这时候从天而降，打乱了她平静的生活。本来，死了丈夫之后，她也就认命了，当女儿将管仲带至家门时，管仲说要带她到临淄去时，她以为管仲要收了她，芳心一阵狂喜，四十岁的女人，正是春情最旺的时期，她能不兴奋？谁知会错了意，管仲要她去临淄，是要她传授织技。天缘巧合，女儿在河里洗澡又被管仲窥见，对管仲又是一见钟情，管仲对女儿更是喜爱有加。她便成全了这一对璧人，将自己对管仲的爱慕深深地埋在心里。然而，爱之苦又有谁知？

闵婧当然不知道母亲的心事,她只庆幸上天赐给她一个好丈夫。本来,姑娘二八之龄不嫁就已是少见,而她双十之龄却仍待字闺中,不为别的,皆因她心高气傲,发誓非意中人不嫁,才将婚事耽搁,偏偏天缘巧合,她在河中洗澡,被管仲碰个正着,赤裸的胴体被他看了个透,命中注定是管仲的人了,原以为能做个小妾就已是心满意足,谁知管仲将她明媒正娶,做了准相国夫人。新婚之夜,文武百官来了不少,连齐桓公也到场祝贺,真是荣耀至极。送走宾客,喝过交欢酒,夫妻双双上床,管仲对她是那样的温柔,那样的体贴,黄花闺女,破瓜之时,她体会到了做女人最大的快感。想到这里,婧不由得笑出声来。

管仲被闵婧的笑声惊醒,好奇地问:"夫人,笑什么?"

闵婧调皮地问说:"你猜!"

"女人最难忘的是:洞房花烛夜,破瓜落红时。"管仲狡黠地一笑。

"你坏、你坏,你怎么能看透我的心?"闵婧扬起粉拳,雨点般地擂在管仲的身上,只不过力气不大,似按摩一般。

"要是连夫人的心思都猜不透,怎能理解天下百姓之心,怎能治理齐国之政?"管仲颇为自负地说。

闵婧依偎到管仲怀里,撒娇地把耳朵俯在管仲的胸上说:"妾也能猜到相爷在想什么。"

管仲轻轻抚摸着闵婧的秀发道:"噢,那你说说看?"

闵婧把头抬起来,说:"齐国有展渠之盐,大海之鱼,本应是财源滚滚,家给人足,府库充盈,百姓安居乐业。可是……"

管仲忍不住笑了,轻轻拍了一下闵婧的头:"可是什么?"

"唉!"闵婧故意叹了口气,学着管仲的口吻说,"最近渔盐之利甚少,不知原因何在,鲍大哥出巡又杳无音信,真的是令人好担心呀!"

"好个聪明的夫人,你也将我的心思窥个透彻。"管仲笑着说,突然,脸上的笑容又骤然消失。此刻,他心里又想起了鲍叔牙。

日暮降临,马车驶近一座小镇,坐在前面的侍卫冲着车内问:"主人,天将晚,前面有座小镇,我们是否在此投宿一晚,明天再赶路。否则,过了这一村,就错过了宿头。"

"行!"管仲在车内回答,"就在此投宿,也可顺便打听一下情况。"

话音刚落,车已驶入小镇,看到街边有个招牌,上面写着四个大字"悦来客栈",侍卫跳下来,站在车厢一侧。闵婧跳下车,转身扶管仲下车。

店伙计走上前来问道:"客人要住店?"

侍卫道:"店家,可有上房?"

店伙计看看管仲,道:"上房已客满。"

管仲看着闵婧道:"既然没有上房,普通客房也行,要两间。"

管仲一行四人住进悦来客栈之后,洗漱已毕,便到客栈的餐厅就座,叫了几样菜,打了二斤酒,几个人边吃边聊了起来,店小二上完菜,正欲离去,管仲招招手道:"小二哥,请过来,有话问你。"

"客官有何事?"店小二过来站在管仲身边,毕恭毕敬地问。

"半月之前,是否有一主一仆两人从此路过?"管仲说,"主人五十左右,仆人二十挂零。"

店小二想了想说:"嗯!有这么两个人,还在本店住了一宿呢!"

"没听说他们到哪里去了?"管仲问道。

店小二手一指说:"好像是向展渠方向去了。"

"谢了,你去忙吧!"管仲知道店小二只能知道这些,故而也就不再多问。

临淄城里,竖刁正在府中接待两个不速之客,一个是刚被齐桓公封为下大夫的易牙易大厨师,另一个就是易牙的弟弟、展渠地心场盐监主管易武派来的亲信易猛。

易牙指着易猛对竖刁说:"大哥,我弟弟易武是展渠地心场盐监的主管,这个你是知道的,这是他派来送信的亲信。"接着又对易猛说:"这是竖刁大夫,你将情况向他说清楚。"

"大人,情况是这样的。前几天我家主人抓住一主一仆两个人,据他们自己讲,主人是当今亚相鲍叔牙。"易猛说。

"亚相?"竖刁紧张地问,"此人长相如何?"

"年龄五十上下,中等身材,国字脸,卧蚕眉,双目炯炯有神,蓄尺余长胡须,已显花白之色,说话文质彬彬,颇有儒雅之风范。"易猛说。

"是了,是了。"竖刁说,"此人正是鲍叔牙,你们怎么将他抓起来了?"

易猛道:"鲍叔牙也真是神通广大,一到展渠,就将我们用假秤收购亭户之盐的事情调查得一清二楚。抓他的时候,并不知他是什么人,抓起来以后,才知道他是鲍叔牙,现在是进也难、退也难,主人要小的来问,该怎样处理。"

竖刁在屋里来回走动，边走边埋怨道："谁个不能抓，怎么将鲍叔牙抓起来了？他可是当今太傅，当朝亚相呀。现在该怎么办？关也关不得，放也放不得，这该如何是好？"

竖刁为何对此事如此关心呢？原来，易武地心场盐监主管之职是他为其谋得，易武在盐监里向盐民收购食盐，大秤进，小秤出，多出之盐都被他们私自运出境外销售，此等无本买卖，竖刁、易牙从中都得了好处。现在，闹出了鲍叔牙事件，一切事情眼看就要穿帮，他能不着急吗？

易牙也不是善良之辈，他见竖刁急得团团转，拿不出办法，恶狠狠地说："一不做，二不休，我看不如一了百了。"

竖刁也想到了这个办法，只是一时难以下定决心，他知道，鲍叔牙同管仲乃生死之交，若除去鲍叔牙，等于去掉管仲一臂，可谓是一箭双雕。见易牙也有此想法，咬咬牙，低声说道："看来也只有如此了。"竖刁向易猛口授机宜，将诸事如此这般地安排一番。

展渠滨临渤海之莱州湾，是齐国海盐的产地，这里的百姓世代以煮盐为业。临海处有一个村庄名为范家墩，村里有百来户人烟，大多都是以煮盐为业的亭户。

管仲一行来到展渠后，弃车步行来到范家墩，管仲见闵婧累得够呛，指着前面一棵大树说："走，到树底下去歇歇脚。"说罢，率先向大树走去。

三人在树底下落坐不久，从前面村子里走出一老一少两个人，老者肩扛一把铁锹，头戴一顶破草帽，身上穿着补丁叠补丁的衣服，少年仅穿一条短裤衩，连帽子也不带，浑身晒得黝黑黝黑的，肩上同样扛着一把铁锹，快到大树底下时，老者转头喊道："你走快些行不行？"当他看到少年只扛着铁锹，大声地吼道："我叫你带的茶壶呢？"

少年大惊地说："哦，忘了，我去拿！"说罢，也不等老人回话，转身向村里跑去。

老人来到大树底下坐下，管仲主动搭腔道："请问老人家贵姓呀？这地方叫什么？你是亭户吧？"

老人望望管仲回答道："我叫范大海，这里地名叫范家墩，村子里的庄户人家都是亭户，隶属于地心场管辖。"

第 30 章　鲍叔牙失踪了

"天气这样热，怎么不在家歇歇，还要出来干活呀？"

"天气炎热，正是刮碱的好时机，刮碱淋卤要的就是这样的天气。"

"什么叫刮碱淋卤？"

范大海指着不远处的海边说："看到海边一堆一堆土墼了吗？"

"看到了！"

"海水涨潮的时候，整个海滩都泡在海水里，退潮后，海滩又暴露在太阳底下，经太阳暴晒后的海滩，地面干燥松起，土壤含盐量极高，亭户们将这些干松的碱土铲刮起来堆成那样的土墼，这就叫刮碱。"

闵婧好奇地问："刮碱后又怎样将碱土制成盐呢？"

范大海解释说："每堆土墼称为一溜，溜高二尺，溜大者见方一丈以上，每溜的旁边都挖有一口井，制盐的下一道工序就是淋卤，就是舀水淋浇于溜之上，淋溜之卤水经过溜底铺的草的过滤而流入旁边挖好的井中，这就叫做淋卤。"

刚说到这里，小孩提着一个装茶水的瓦罐来到大树脚下，道："爷爷，茶来了。"

范大海接过瓦罐："几位喝茶！"

管仲等人也不客气，接过老者递过来的凉茶，一人喝了一碗，喝过茶后，管仲说道："老人家，我们想跟着你去看看刮碱淋卤行吗？"

"没有问题，要看你们就跟着去看吧！"

海滩上，到处都堆满了亭户们刮起堆好的碱土，范大海指指旁边的水井说："水井是用来装卤水的，淋卤后，要迅速将卤水舀起来，拿去煮盐，淋过卤的碱土仍然抛回到海滩上，以待涨潮后再重新刮碱。"

管仲问道："一溜可成盐多少？"

"一溜之卤分三盘至五盘，每盘成盐三至五石。"

"大家都是这个水平？"

"那也不一定，出盐率的多少，一要看天气，二要看技术，天气好，技术也好，当然出产的盐要多些了，否则，出盐就少。"

"你们生产的盐怎么卖？"

范大海又看看管仲说："我们是亭户，自从朝廷实行官山海政策后，亭户所煮之盐都是由地心场统一收购。不能私自出售。"

"有人来向你们购盐吗？"

"盐都由官府收购，谁敢私自销售呀？"范大海说。

管仲不相信地道："不一定吧？"

范大海直言道："你们就别拐弯抹角了，我知道你们是干什么的。"

"你说我们是干什么的？"

"不就是想要点盐吗？"

管仲见范大海将他们当成了贩私盐的，索性就将错就错，不置可否地笑了笑。范大海继续道："在大树底下看见你们，我就知道你们是干这个的。"

管仲有点吃惊地问道："真的？"

"范家墩除了盐，没有什么别的东西可以吸引人的，你一个外乡人，大老远地跑到这里来，绝不会是为了看看海，吹吹海风那么简单吧，那么目的就只有一个，为了盐。"

管仲故作神秘地说："不瞒你说，我还真的是想要点盐。"

"就你们几个人？"

"要很多人吗？"

"你们在盐监里面有人吗？"

"我们不认识盐监的人。"管仲疑惑地看着范大海。

"不要看着我，我劝你们还是别做贩私盐的生意了，你们连行情都不懂，还贩什么私盐啊。"

管仲道："我以前是做粮食生意的，最近粮食生意不好做，想做点盐的买卖，你能给我们讲讲做盐生意的道道吗？"

范大海说："官山海政策，实行的是民制、官收、官运、官销，盐监对私盐查得很紧，没有门路，你别想从这里运走一粒私盐。"

"那私盐又是怎样从这里运出去的呢？"管仲继续问道。

范大海神秘地说："有些事情不要问得太多了，问了我也不知道，总之，要想贩运私盐，你人生地不熟的是入不了门，盐监里必须要有人。连这样常识性的事情都不懂，还贩什么私盐，我劝你还是早点走的好，不然偷鸡不成反蚀把米。"

"假如盐监里有人呢？"

"盐监内部有人，你就大胆地去赚钱吧！反正官商勾结，这都是公开的秘密了。"

管仲满怀感激地说道："多谢你的指点，否则，我一个做小本生意的，被

第30章 鲍叔牙失踪了

他们抓住了,可就是血本无归,倾家荡产了。"

"前些时,来了两个外乡人,我也是这样劝他们的。"

管仲紧张地问:"什么样的两个人?"

"一主一仆,两个爷们,主人年龄五十上下,中等身材,国字脸,卧蚕眉,双目炯炯有神,蓄尺余长胡须,已显花白之色,说话文质彬彬,颇有儒雅之风范。"

管仲见他说的正是鲍叔牙,紧张地问:"后来呢?"

范大海手指远处的海边说:"向那个方向去了,那里有很多煮盐的亭户。"

管仲随着范大海指的方向看去,远处有一片海滩,一直延伸到不远的山脚下。管仲马上站起身,告别了范大海,向他指的那片海滩走去。

第31章 大营救

蔚蓝色的天空，蔚蓝色的海洋，成群的海鸥在天空中畅意翱翔，成群的鱼儿在水里追波逐浪，如此一幅天海嬉戏图，是多少文人墨客刻意追求的美景。但是，那些身处大海边的盐民们，却没闲情逸致来欣赏天高任鸟飞，海阔任鱼游的景色，他们周而复始，日复一日地向大海讨生活，以追求那日图三餐，夜图一宿的人类最起码的生存需要，然而，就是这样最低的需求，却有无数的人是可望而不可即。

闵婧是第一次见到大海，面对如此迷人的海景，高兴得又蹦又跳，像一个小孩子一样，在海滩上来回奔跑，见到好看的贝壳，便捡起来抓在手中，后来看到实在是太多了，捡也捡不完，只好选了几个中意的带上，其余的仍然丢在海滩上。

海边上，散落着无数的窝棚，窝棚的四周都用荆条编成的篱笆圈成简易的围墙，这就是盐民生活和煮盐的地方。

管仲走进一道篱笆墙，见院子里一溜摆满了大大小小的陶盆瓦罐，里面盛满了卤水。走近一看，都是水面结痂、水底沉盐，旁边散乱地放着些草席、瓦罐、盆、勺等淋卤用具。窝棚里，两个赤裸上身的齐鲁大汉正在对饮，健壮的体魄，古铜色的皮肤，焕发出一种无穷的活力。下酒的菜肴是煮得透红放亮的大虾和海蟹。两人见管仲进来，其中一个年约四十，满脸络腮胡子的汉子站起来问道："先生有事吗？"

"能讨口水喝吗？"管仲满脸堆笑地说。

络腮胡子见管仲讨水喝，豪爽地说："这里有酒，何须水？来吧，喝两口。"

管仲也不客气，坐下来，接过另外一位年轻人递过来的一碗酒喝了一大口，伸手抓起一只海蟹，剥开蟹壳吃了起来，边吃边说："好鲜美的海蟹呀！"

第31章 大营救

两人见管仲如此随便，神情也就放松不少，还是络腮胡子问道："先生不像本地人，是来贩盐的？"

管仲不置可否地问："怎么样，煮盐的收入还好吧？"

管仲的问话，似乎触动了煮盐汉子的某根神经，只见他瞪圆了眼睛，恨声说："都被狗日的压得抬不起头来了。怎么好得起来？"

"谁压你们了？"管仲关心地问。

"就是盐监的那些狗东西。"络腮胡子提起来似乎有气，愤愤不平说，"俺一担盐足有二百斤，可到盐场一过秤，不足一百五十。他们在秤里捣鬼。"

年青的盐民在一旁轻声说："叔，小声点，当心惹祸！"

"唉！"络腮胡子重重地叹了口气，"这些人不得好死。"

管仲问道："知道他们秤里有鬼，为何不戳穿他们？"

"盐场监司易武是什么人？他有后台呀，谁人惹得起他？"络腮胡子恨声说。

"什么后台，这样厉害？"管仲不经意地问。

络腮胡子压低声音说："他大哥叫易牙，是个炒菜的，听说一步登天，被君上封为下大夫，成了君上身边的大红人。"

"啊！"管仲惊叹一声，"易武在这里很牛吗？"

"何止是牛？"络腮胡子有点谈虎色变地说，"简直成了展渠一霸，想灭谁，就灭谁，没有人能反抗得了。"

管仲双眼圆睁，气愤地说："有这种事？"

"他们暗地里将官盐卖给私贩，不准其他任何人染指。"络腮胡子压低声音说，"赵老八背地里与私盐贩子做生意，易武知道后，将赵老八一家五口都扔到大海里喂鱼，真是惨不忍睹。"

管仲击案而起："简直是无法无天，反了！"

"客官。"络腮胡子见管仲动怒，反而担心起来，劝道，"你是外乡人，不要管这些闲事，前些时有两个外乡人，也是像客官这样问长问短，结果被易武的爪牙逮个正着。"

"这两个人长得什么模样？"管仲表面上看似若无其事，内心里却紧张得很。

络腮胡子想了想说："一老一少，老者年龄五十上下，中等身材，国字脸，卧蚕眉，双目炯炯有神，蓄尺余长胡须，说话很文雅，像是个读书人。少的二十多岁，像是个随从。"

管仲神经顿时紧张起来，心想，如此看来，鲍叔牙一定是落入了盐霸之手，看来已是凶多吉少。正在这时，一个满脸横肉的家伙撞了进来，冲着管仲大吼道："哪来的杂种，在这里窜来窜去，想买盐你也找错了地方。"

络腮胡子见此人进来，慌忙站起来说："满大爷，这位客人到此看海，进来讨口水喝。"

被称为满大爷的人叫满大龙，是地心场盐监监司易武的手下，听络腮胡子说管仲是讨水喝的，瞪眼吼道："讨水喝？有人看见他在这里转悠了几天，想贩盐吧？"他指着络腮胡子对着管仲说："朝廷实行官山海，你问问他，谁敢私自卖盐。"

管仲见侍卫已经跟了进来，故意装着讨好地说："大爷，你能卖一点吗？"

满大龙冷笑道："果然是个贩私盐的，跟老子走一趟。"

"到哪里去？"管仲跟着满大龙走出窝棚。

满大龙傲慢地说："去见易老爷！"

管仲不屑地问："谁是易老爷？"

满大龙跨上一步，一把抓住管仲："你不认识易老爷？那在这里转悠个屁？前几天有两个人也说不认识易老爷，已经抓起来了，走，乖乖跟我走！"

管仲的侍卫纵身上前，挥拳打倒满大龙，抬脚踩住满大龙的胸膛，怒斥道："瞎了你的狗眼，竟敢动粗。"

满大龙见侍卫身手了得，躺在地下动也不敢动，满脸怯意地问："你们到底是谁？"

管仲沉声喝道："快说，前几天你们抓的那两个人姓什么？叫什么？"

"听说叫鲍叔牙，可不是我抓的。"满大龙看看踩在胸脯上的大脚，像个泄气的皮球，刚才的凶煞之气一扫而光。

"现在何处？"管仲追问。

"关在盐监的地牢里。"满大龙老实地回答。

管仲叫侍卫将满大龙绑起来，交给从窝棚里跟出来，吓得目瞪口呆的络腮胡子，说："大哥，我是相国管仲，请你们把这个坏蛋看好，千万别让他跑了！"

络腮胡子一听是相国老爷，连忙跪下叩头道："小民有眼不识泰山，相国老爷恕罪！"

四周陆陆续续已经围过来不少的盐民，他们听说眼前之人就是当朝相国，纷纷跪下叩拜着："恭迎相国老爷！"

"大家都起来，别客气。"管仲道，"请大家关照一下，不要走漏风声，我立即派兵捉拿易武,为国为民除害。"

"谢相国老爷!"

管仲将侍卫叫到身边嘀咕了几句,然后对身边的盐民说:"谁给我们带路?"

盐民们问:"相国老爷要到哪里去?"

"地心场盐监,捉拿盐霸易武。"管仲果断地说。

立即有两位小伙子自告奋勇地站出来,跟着侍卫去了。

闵婧兴冲冲从海边跑过来,手里拿着两只大海螺,看到这个场面,惊得将海螺扔在地下。管仲拉着闵婧的手说:"快,上车。"说罢,告别众盐民,上了刚刚驶过来的篷车,急驰而去。

鲍叔牙确实被关在地心场盐监监司易武私设的地牢里。

十天前,鲍叔牙带着一名随从来到展渠,穿梭于海边的盐民之间,了解有关煮盐的生产情况,无意间发现地心场盐监监司易武在秤头上做假坑害盐民,并与私盐贩子勾结,暗地里官盐私卖。导致私盐贩子在这一带十分猖狂,几乎到了明目张胆的地步。正当他欲作进一步调查的时候,行动被易武的爪牙发现,几个恶奴将鲍叔牙主仆二人抓起来。易武一伙先还以为鲍叔牙只不过是一个盐贩子,想在盐民中间搞点私盐而已,谁知一了解,事情远远超出他们的意料,来人似乎不是为贩私盐而来,而是在调查地心场官盐私卖的问题。易武这下可就慌了神,一经审问,才知道抓的人是当朝亚相鲍叔牙。易武知道捅了大娄子,一时没了主意。据爪牙们报告,鲍叔牙很可能掌握了他们私售官盐、欺压盐民的事实。

朝廷颁行的盐铁专卖政策,是民制、官收、官运、官销,严格禁止私盐贩卖。易武不仅将官盐卖给私盐贩子,且还侵吞盐款。因为这些盐,是在秤头上做文章,从盐民身上搜刮而来。为了镇压盐民的反抗,他雇用打手,几个带头闹事的,都被他的爪牙抓起来,丢到大海喂鱼去了。私卖官盐,欺压盐民,草菅人命,哪一条都是死罪。放了鲍叔牙,就等于是将自己送进鬼门关。

既然不能放,那就只能杀,然而,杀掉当朝亚相,这可是天大的事情,一旦泄露了消息,可是满门抄斩,诛灭九族之罪。干系确实是太大了。他不敢做主。

欲放不能,欲杀不敢,易武只好派堂弟易猛火速赶往临淄,问计于宫里的大哥易牙和竖刁。他的监司职位,是易牙和竖刁二人谋得,私售的官盐,他们两人也坐得一份,出了事,当然要去请示他们。

易武派出易猛之后，如热锅上的蚂蚁，惶惶不可终日，眼巴巴地盼望易猛能带回一个好办法。等了七八天，易猛终于回来了。他一把将易猛拉进密室，迫不及待地问："大哥怎么说，你快说！"

"大哥亲自带我去找竖刁大夫，他们都怪我们做事太莽撞。"易猛说。

"啊！"易威惊叹一声，着急地问，"他们到底说没说怎么办？"

易猛说："说了。"

"你快说呀，急死我了。"

"他们说，放了就等于是放虎归山，自投罗网，叫我们将错就错。"易猛说。

"将错就错？"易威不解地问，"什么意思？"

"竖刁大夫说，叫我们一了百了。"

易威问道："真的是这样说的？"

"不过，手脚得干净，不能留下任何蛛丝马迹。否则，将是天大的灾难。"

易武脸上露出杀机，击案而起道："好，今晚就下手，去把鲍叔牙带到这里来。"

一会儿，反绑着双手的鲍叔牙和侍从被带进来。

易武冷笑地问："我再最后问你一遍，你到底是谁？"

鲍叔牙冷笑一声，鄙夷地说："凭你还不配问我！"

鲍叔牙的侍从大声说道："他就是当朝亚相鲍叔牙，你敢动他一根汗毛，要你满门抄斩。"

易武冷笑一声说："你说他是鲍叔牙，谁信呀？堂堂的朝廷重臣，来这里干什么？"

侍从道："鲍亚相是奉君上和管相国之命，下来了解食盐产销情况的。"

易武大声喝道："大胆狂徒，明明是私盐贩子，竟敢冒充当朝亚相，活得不耐烦了。"

鲍叔牙从易武的神色中看出他有杀人灭口之意，不由警觉起来。正在这时，易武在易猛耳边嘀咕着，鲍叔牙隐隐约约听到说的是对自己不利的事情，挣扎着大声呵斥道："易武，你敢？"

"有什么敢不敢的？"易武冷冷地说，"像你这种冒充朝廷大臣的小人，杀了等于踩死一只蚂蚁，丢到海里喂鱼，就当什么事也没有发生。"

鲍叔牙的侍卫大怒斥道："你敢？"

"有什么敢不敢的？"易武大声叫道，"来人，将这两个冒充朝廷大臣的骗子装进麻袋里，拖到断崖边，扔到大海里去喂鱼。"

几个如狼似虎的恶奴一拥而上,抓住鲍叔牙、侍从,准备装进麻袋。

　　鲍叔牙叫道:"易武,你会遭到报应的,管相国来了之后,一定会将你碎尸万段,你等着吧!"

　　"临死还要嘴硬,管相国怎么能认识你这种骗子?"易武对打手们说,"愣着干什么,装进去,拖到断崖边,扔到大海里去喂鱼。"

　　四名恶奴将鲍叔牙、侍卫分别塞进麻袋里。

　　"将这两个骗子抬到后崖,丢到海里去喂鱼。"易武见四个家奴将鲍叔牙和侍卫抬了出去,对着易猛,用手掌做了个抹脖子的手势说,"跟上去。"

　　易猛会意,从墙上取下一把刀紧随其后跟了出去。

第32章 易牙烹子

　　管仲坐在篷车里，由一名盐民带路，急如星火地赶往地心场盐监，靠近盐监之后，弃车步行，登上盐监左面一座小山包，居高临下地察看地形：盐监的房屋坐西朝东，背山而建，正面是一片开阔地，右边百丈开外是一处断崖，断崖下便是奔腾暴啸、波涛汹涌的大海。察看完地形，管仲一行下了小山，到前面路口等候后面增援的十乘战车。

　　大道上，三百五十名兵士乘十乘战车，风驰电掣驰向地心场盐监，转过山口，一名戎装千夫长从第一辆战车上跳下来，跑到管仲面前，大声说道："千夫长皮宏刚参见管相国！"

　　管仲命令道："留下十名兵士守车，五十名兵士跟着我，你带上其余的人悄悄地迂回过去，包围盐监，不准放走一人，有抵抗者，格杀勿论，尽量活捉监司易武。"

　　"遵命！"皮宏刚转身指着二名武士分别说道，"你带领四十九名兵士跟着管相国，你带领九名兵士守护战车，其余的人跟我上。"

　　管仲亲自带着五十名兵士，穿过树林，以最快的速度跑到盐监后边的断崖上。轻声对兵士们吩咐了几句，随后，二十名兵士到断崖边的一块大石后埋伏起来，他自己带着三十名兵士埋伏在五十步开外的树林里。

　　管仲等人刚埋伏下不久，便见一辆敞篷车从盐监驰出来，径直走向断崖，走近树林，管仲示意放他们过去。小车在众人的眼皮底下，叽叽喳喳地走了过去，管仲带上侍卫和三十名兵士，悄悄地尾随其后。小车到断崖边停下来，从车上跳下五名大汉，其中一位带刀大汉恶狠狠地说："快，将这两个骗子扔到海里去喂鱼。"

　　四名大汉从车上拖下两个麻袋扔在地下，忽然，麻袋内传出了骂声："无法无天的贼徒，胆敢对我鲍叔牙下毒手，我的兄弟管相国是不会放过你们的。"

一名大汉上前朝麻袋踢了一脚，恶狠狠地骂道："死到临头了，嚎叫个屁，天皇老子也救不了你。想活命，下辈子吧！"

管仲听出麻袋里面叫骂的人是鲍叔牙，正欲冲上去，突见两名大汉弯下腰，抬起麻袋准备扔向大海，管仲迅速弯弓搭箭，瞄准其中的一位，嗖的一箭射了过去，箭头正中一名大汉背心，一箭穿胸，中箭大汉惨叫一声，倒在地下动也不动。

持刀大汉见自己的同伴中箭倒地，挥舞着手中的大刀惊恐万状地问："谁？"见无回声，连忙举起手中的砍刀，猛然向地下的麻袋砍去，说时迟，那时快，只听嗖的一声，从旁边又飞来一箭，不偏不倚，正中举刀大汉脑门，举刀汉子连哼都来不及哼一声，脑浆迸出，扑倒在地，到阎罗王那里报到去了。

另外三名大汉见两个同伴先后中箭，吓得拔腿就跑，管仲毫不迟疑，再搭上一支箭，瞄准其中一个的后心，狠狠地射了出去，口中说道："叫你跑！"大汉刚逃出几步，应声倒地，眼看性命已是不保。其他两个贼人被一涌而出的兵士乱刀砍死。

管仲箭步冲向地上的麻袋，抢上去解开捆扎在袋口的绳索，三下五除二地为鲍叔牙松了绑，抱着鲍叔牙哭着喊着："大哥，你受苦了！"

鲍叔牙见是管仲，恍若是隔世中人，猛地抱住管仲，颤声说道："夷吾弟，我还以为与你已是天人各路，再也见不着你了呢，你怎么来的？"

管仲擦一把泪道："大哥出门之后，杳无音讯，小弟心神不定，仿佛有大难临头之感，觉得要出什么事，便一路跟踪过来，不想大哥果然出事了。天缘巧合，天助管仲、鲍叔牙，天不灭管鲍之交啊！"

鲍叔牙惊奇地问："你为何在此地埋伏？"

"我上午抓住一个监司易武手下的打手，知道大哥关在盐监的地牢里。我断定他们一定要杀人灭口，故火速赶来。我察看了盐监四周的地形，两面环山，正面是开阔地，唯有这边是断崖，断崖下是大海，是杀人灭口最好的地方。我已派人捉拿易武去了，为防万一，便带人到这里来设伏，果然碰个正着，冥冥之中，仿佛是有天意。"管仲庆幸地说。

正有这时，千夫长派人来报，易武及其爪牙悉数抓获，搜遍地牢及盐监的每一个角落，不见亚相的踪迹。

管仲指着鲍叔牙，高兴地对报信的兵士说："亚相在这里。"

管仲和鲍叔牙来到盐监，派人找来称盐的大秤，管仲拿起秤杆仔细地察看了半天，没有看出破绽，接着将秤杆摇了摇，点点头，脸上露出一丝冷笑，然后将秤递给鲍叔牙，鲍叔牙同管仲一样，都是商贾出身，对奸商在秤中做假的伎俩也是了若指掌，他从管仲的脸色中已察觉到这杆秤有问题，接过秤杆问道："问题在哪里？"

　　管仲指着鲍叔牙手中的秤杆说："就在秤杆上。"

　　鲍叔牙摇摇秤杆，已知个中奥妙，叫人拉过旁边一袋盐，再找来一条木杠穿进秤毫，鲍叔牙挂上秤砣，先将秤头向上翘了翘，有二人抬起盐袋称了称，一百二十斤，鲍叔牙叫他们别动，上前将秤头向下按了按，再一称，九十斤。众人发出一阵惊叹。

　　管仲与鲍叔牙商量了一下，决定当众戳穿易武在秤上做假的真相。

　　管相国到了盐场，带兵捉拿易武的事情像风一样，迅速传遍整个盐场，海边煮盐的盐民放下手中的活计，涌向盐监，盐监被围得水泄不通。

　　管仲和鲍叔牙一前一后从盐监里走出来，几名兵士押着五花大绑的易武跟在后面，盐民们自发地让开一片空场。管仲面对群情鼎沸的盐民，大声道："各位父老乡亲，我叫管仲，是你们的相国。"

　　盐民听说眼前这位说话和蔼可亲的人是当朝相国老爷，纷纷跪下叩首道："恭迎相国老爷，请相国老爷替小民们做主呀！"

　　"大家都起来。"管仲掌心向上，伸出双手向上托了托，"盐监监司易武欺压盐民，私卖官盐的罪行，我们已经调查得清清楚楚。他害怕罪行败露，甚至要杀人灭口，将亚相关在地牢里七八天，正在他们要杀人灭口之际，被我们及时赶到，救了下来。"管仲将鲍叔牙拉向前一步介绍说："这就是被易武抓住关押在地牢里，刚刚脱险的当朝亚相鲍叔牙。"

　　"拜见亚相老爷！"盐民万万没有想到，除了君上，齐国官职最显赫的两个人相国、亚相，都到了这里。

　　"大家都起来。"鲍叔牙说，"经过数天调查，我掌握了监司易武大量的犯罪证据。易武在展渠称霸一方，草菅人命，官盐私卖，用灌了水银的假秤称盐。"鲍叔牙转身取过一杆大秤说："很多人对我讲，在家称好的盐，到了盐监，数量就变少了。"

　　数千名盐民群情激愤，大声喊道："假秤！假秤！"

第32章　易牙烹子

"对，这是杆做了手脚的假秤。"鲍叔牙将秤放在秤架上，叫过二名军士抬进一包盐，挂到秤架上。鲍叔牙站在秤前移动着秤砣说："这是一百五十斤。"他把秤杆向下压了压，重新移动秤砣说："你们来看，这是多少？"

有盐民跑到秤前仔细看了看秤星，惊呼道："一百二十斤！"

鲍叔牙叫两名兵士放下盐，再分别抓住秤杆的两头，中间放在石头上，两头用力一按，只听咔嚓一声，秤杆应声而断，流出了水银。秤杆里边是空心的，中间有一道长槽，秤尾处有一圆球形空洞。

盐民见此情景，大声叫道："请相国老爷为民做主，杀了这个狼心狗肺的盐霸。"

管仲大声说道："各位盐民兄弟，易武丧尽天良，十恶不赦，我们要将他带到临淄去，挖出他的后台，为民除害。"

盐民们一阵欢呼。

管仲道："地心场监司，朝廷将另派人来。展渠之盐，是齐国一宝，只要你们努力煮盐，一定会过上好日子。朝廷实行食盐专卖政策，是民制、官收、官运、官销，你们生产出来的盐，由政府统一收购，不要卖给私盐贩子，私人交易，是走私贩私，是违法的。政府一旦发现，是要重处的。可要记住了。"

易牙和竖刁万万没有想到，他们的如意算盘全被管仲打乱了，管仲去了一趟展渠，不但救回鲍叔牙，而且还将易武缉拿归案，押到临淄交给宾胥无讯问。幸亏易武嘴硬，将所有的罪责一人承担，什么也没说，才使得他和竖刁逃过一劫。

管仲明知道易牙是易武的后台，但易武却一口咬定，所有的事情都是他一人所为，与他人无关。虽然是和尚头上的虱子，明摆着的事情，但是，没有证据，自然不能将易牙怎么样。尽管不能治易牙的罪，管仲还是强烈要求齐桓公将易牙从身边清除出去。

齐桓公对于易武这个人并不陌生，盐铁专卖政策实行了几个月，易武就被人告了几个月，有告他克扣斤两的，有告他私盐官卖的，还有告他草菅人命的。每次都是易牙说情，竖刁打边鼓，有此哼哈二将从中周旋，齐桓公也就没有深究此事。谁知这个易武越来越不像话，居然要谋杀亚相。一怒之下，他批准了宾胥无的奏请，判了易武的死刑，也采纳了管仲的意见，将易牙从身边遣走。

竖刁闻知齐桓公要遣走易牙，心中大惊，易牙是他好不容易才安插在齐桓公身边的一步棋，若将其遣出宫，岂不是前功尽弃？竖刁连夜进宫找齐桓公，叩拜道："主公，若遣走易牙大厨师，谁来替主公做美味佳肴呀？"

"仲父说了，易牙乃奸佞之人，不能留在寡人身边。"齐桓公叹了口气道，"至于美食吗，爱卿再去替寡人寻找一位神厨就是。"

"易牙的烹饪手艺天下无双，再也没有人能超过他。"竖刁看了齐桓公一眼，见没有收回成命的意思，眉头一皱，转而求其次地说，"念在易牙侍候主公这长时间，让主公尝遍天下美味佳肴的份上，臣恳求主公给他最后一次机会。"

"什么机会？"齐桓公问。

"让他再给主公做一道菜。"竖刁换了口气，接着说，"主公吃了之后，认为易大厨实在是没有留在身边的必要，那就遣走算了，微臣也不再替他说情。"

"好吧！"齐桓公挥挥手道，"寡人就准你所奏，叫他替寡人再做一道菜。"

易牙回到家里，晚饭也不吃，衣裳也不脱，一头倒在床上，蒙着被子便睡。老婆、儿子来叫他吃饭都被他轰走了。易武被抓，没有供出他，让他逃过一劫，他已是暗中庆幸，但管仲却死死抓住他不放，非要逼着齐桓公将他逐出宫去。齐桓公出于无奈，派人告诉易牙，从明日起，不准入宫。经竖刁苦苦哀求，齐桓公才给了他做最后一道菜的机会。竖刁向他传旨时的话还在耳边回响："易牙老弟，明天这道菜，决定着你的前途和命运，可得要拿出浑身解数哟！"

易牙绝不甘心失去下大夫的爵位和御厨的职位，他虽然是一个厨师，但却身怀一颗炒天下之心，做厨师并不是他的目的，做更大的官，则是他最大的愿望。他不甘心就此退出政治舞台，他要想办法留在齐桓公身边。他躺在床上翻了个身，掀掉蒙在头上的被子，仰卧在床上，两眼呆呆地看着天花板，他要想个办法，做出一道天下无双的佳肴来感动齐桓公，使他能够收回遣送自己出宫的成命。

夜深了，老婆、儿子都睡着了。易牙仍然睁大眼睛躺在床上，回想菜谱，欲找出一道没有做过的菜。哪知道平常为了讨齐桓公欢心，变着法子做菜，已经使出了浑身解数，要找出一道齐桓公没有吃过的菜还真是不容易。突然，前些时给齐桓公做他的绝活"鱼腹裹羊"时的情景出现在眼前。

那一天，易牙亲自到淄河去网了几尾活鲤鱼，又到羊圈去宰了只刚降生的羔羊，回到御厨房，关上门，精心烹制他那不轻易示人的绝活"鱼腹裹羊"。齐桓公同蔡姬吃过"鱼腹裹羊"这道菜后，惊叹地说："寡人真是口福不浅，'鱼腹裹羊'乃人间极品，没有什么菜比这道菜更鲜美的了。这人间的美味佳肴，

第 32 章　易牙烹子

除了人肉寡人未曾尝过之外，已经是吃遍天下所有美食了！"

易牙想到这里，突然眼前一亮，人肉？对，主公说过，天下美食，除了人肉，他已是吃遍天下。那就做一道"人肉羹"给主公吃。想到人肉，易牙犯难了，市场上没有人肉卖，到哪里去取呢？买不到，那就只有杀了，易牙府内仆人倒是有几个，杀哪一个好呢？又一想，随便杀一个仆人，齐桓公也看不出他的忠心呀？他摇摇头，看来，只有将自己的亲人杀给齐桓公吃，才能体现自己的忠心，才能感动齐桓公。易牙的亲人只有两个，一个是老婆，另一个就是儿子易聪。杀老婆还是杀儿子？老婆杀了可以再娶一个，儿子杀了可就没有了。易牙翻身下床，抽出挂在墙壁上的短剑，用手指试了试剑刃，两眼冷酷地看着熟睡的老婆。转念又一想，儿子比老婆重要，自己留下重要的，杀掉地位次的，就证明自己存有私心，要想体现忠心，就必须将自己最心爱的东西献出来。易牙心一横、牙一咬，转身走进儿子的卧室。

窗外残月西斜，月光透过窗棂照在熟睡的儿子的脸上，儿子似乎在做一个美好的梦，小小的脸蛋上洋溢着天真无邪的笑容。易牙站在床边，看着自己唯一的宝贝儿子，泪水止不住地流了下来。他就这么一个儿子，儿子是他的心肝宝贝，他怎能忍心杀死自己的儿子？可如果不杀，明天就得滚蛋。他的官梦、富贵梦都将化为泡影，一去而不复返。舍不得儿子，套不到狼啊！想到这里，他举起了手中的剑。

突然，易聪在睡梦中咯咯地笑出声来："爹爹，我长大了要当相国！"

"儿子哟！你怎么同爹做的是同一个梦呀？"易牙轻轻地叹了口气，退了一步。手中的剑无力地垂了下来。

虎毒不食子呀！兽类尚有舐犊之情，难道我易牙连禽兽都不如？怎么办？易牙在心中无数次地问着自己。突然，他又想起了一句：无毒不丈夫。对，我易牙是一个顶天立地的大丈夫，要做一番轰轰烈烈的大事业，怎么能如此儿女情长呢？想到这里，他走到儿子的床边，伸出左手捂住儿子易聪的嘴巴，右手举起短剑，一闭眼，剑锋刺进儿子的胸膛……

第二天中午，易牙提着烹好的一陶罐人肉羹进宫，竖刁早在宫门口等候着，见易牙提着陶罐走过来，上前问道："易老弟，做的是什么菜？"

"童子羹！"易牙有些哀伤地说。

"什么？"竖刁惊叫道，"童子羹？什么是童子羹？"

"实在是没有办法。"易牙无奈地说，"主公说过，他已吃遍天下，唯人肉未曾尝过，我只好杀了儿子易聪，烹了一罐童子羹送来。"

竖刁惊得目瞪口呆，心里想，易牙呀易牙，你也太狠了呀！为了升官发财，连儿子都要杀？

"愣着干什么？"易牙推了竖刁一把，毅然决然地说，"走，进宫去，成与不成，在此一举。"

两人一起进宫，易牙献上冒着热气的人肉童子羹。

齐桓公尝了一口，嗒嗒嘴，称赞道："好香、好鲜呀！寡人从来没有喝过如此鲜美可口的汤。"他一连又喝了几口，问道："爱卿，此汤用何肉烹制，怎么如此鲜呀？"

易牙泪流满面，扑通一声跪在齐桓公面前，泣不成声地说："主公……"

齐桓公一惊，看了竖刁一眼，像是在问：怎么呀？不就是一道菜吗？用得着如此此动情吗？

竖刁在旁奏道："易牙为了让主公尝遍人间百味，将他的儿子杀了，做成这道佳肴童子羹，敬献给主公品尝。主公，易牙对主公的一片忠心，苍天可鉴呀！"

齐桓公大吃一惊，问易牙："这是真的？"

易牙点头："为了主公，易牙剖腹剜心也心甘情愿！"

齐桓公大为感动，上前扶起易牙道："爱卿对寡人如此忠心，实在难得，实在难得呀！"

竖刁试探地问："主公，易牙能留下来吗？"

"主公，让小人留下吧！小人是主公身边的一条狗，随时听候主公的差遣。"易牙跪在地下哀求道。

齐桓公说道："你对寡人如此忠心，寡人不能没有你，留下来吧！"

竖刁追问一句："仲父那边怎么办？"

齐桓公笑着说："这个不用你们操心，寡人自有办法。"

竖刁、易牙二人向齐桓公叩头谢恩，欢天喜地退出来，找地方庆贺去了。

第 33 章　卫姬入宫

齐桓公吃了易牙烹制的童子羹，先是惊叹，后是感动，再后是震撼，认为易牙是天底下对自己最忠诚的人。同时他也担心，将易牙逐出宫后，谁来给他烹调美食呀？他决定要找管仲谈一谈，要将易牙留在身边。本来，对易牙发出逐客令，是应管仲之请，齐桓公心里是一百个不愿意，因为，他离不开易牙天天变着花样做出来的美味佳肴。

第二天，齐桓公召管仲与鲍叔牙进宫议事，对管仲道："仲父，寡人有件事想同你商量一下。"

管仲道："主公有什么事？"

"易牙之事。"齐桓公吞吞吐吐地说，"是不是将他留在宫中，不要逐出宫？"

管仲道："主公不是已经同意将此人逐出宫吗？怎么又要反悔？"

"嗯，寡人是答应过。"齐桓公有些不好意思地说，"寡人想了一夜，觉得还是将他留在身边的好。仲父是知道的，寡人好色、好猎、好美食，没有美食，寡人食不甘味。易牙的烹饪技艺天下无双，寡人吃了他烹制的美食，食欲大振，若无易牙，寡人的日子怎么过呀？"齐桓公眼巴巴地看着管仲，等待着他的回答。

管仲知道，将易牙这样的奸佞留在宫中、留在齐桓公的身边，迟早是一大隐患，一定会成为改革的绊脚石，正在犹豫不决之时，齐桓公以为管仲要拒绝他的要求，语气有点激动地说："易牙对寡人忠心耿耿，为了给寡人调口味，竟然将亲生的儿子都杀了，烹制成童子羹给寡人食用，他对寡人是如此忠心，寡人怎能忍心将他逐出宫呢？"

管仲闻易牙烹子之事，心里异常震惊，知此人乃是大奸，心里想：易牙为了达到其目的，竟不惜烹子以讨好主公，这样的人，什么事他做不出来？但是，主公只识其忠、只识其厨艺，只贪其美食而不识其奸。若坚持将易牙逐出宫，一定有伤君臣之间的和气。经过一阵思索,管仲决定退而求其次,对齐桓公说:"主公坚持要将易牙留在身边,臣也无话可说,但请主公答应臣一个条件。"

"什么条件?"齐桓公迫切地问。

"易牙留在主公身边,要控制其行。"管仲态度严肃地说,"他只管御厨房的事情,不得过问他事,更不得参与朝政。"

"这……"齐桓公有些犹豫不决。

管仲补了一句:"主公若不答应这个条件,臣定将此人逐出宫去。"

齐桓公用企求的眼光看着旁边地鲍叔牙说:"亚相以为如何?"

鲍叔牙毫不犹豫地说:"请主公听仲父的。"

齐桓公见管仲与鲍叔牙的意见是那么的一致,只好回答:"好,寡人同意。不让易牙参与朝政。"

易牙的御厨职位总算保住了,但却断了参与朝政之路,他恨透了管仲。保住了御厨职位之后,又有了救易武的念头。他多次同竖刁、开方密谋此事,皆无计可施。

这一天,三人又聚集在一起商讨对策。竖刁突然一拍大腿说:"有了,君上不是有三大嗜好吗?"

"对呀!"易牙说道,"好美食、好猎、好色。"

公子开方试探地问:"美食之计易牙贤弟刚刚试过了,狩猎,此时好像还派不上什么用场,那就只要在'色'上做文章了。"

"二弟的美食计保住了御厨之位。"竖刁兴奋地说,"说不定再来个美人计,也能保住易武一命。"

"急切之中,到哪里去寻找美女呀?"易牙忧虑地说。三人同时陷入了沉思。

公子开方想了想说:"我有两个堂妹,生得天香国色,貌美如花,若是将她们送给君上,君上一定会高兴的。"

"真的?"易牙惊喜地问。

公子开方认真地说:"这样的事情,小弟能说假吗?"

"好!"竖刁拉了一把开方说,"三弟,我们进宫去,向君上禀报此事。"

齐宫偏殿,公子开方和竖刁跪在齐桓公面前,竖刁献媚地说:"恭喜主公,贺喜主公!"

第 33 章 卫姬入宫

"何喜之有?"齐桓公有些莫名其妙,"站起来说话。"

竖刁色眯眯地说:"开方说,他有两个堂妹,长卫姬和少卫姬,生得天姿国色,貌若天仙,欲献与主公。"

齐桓公问开方:"真的吗?"

"是!"开方一脸媚态地说,"臣的两位堂妹,长卫姬年方二八,少卫姬年方二七,皆生得天香国色,貌若仙人,是卫国有名的美人。主公若是不弃,臣和竖刁大夫愿为使,赴卫国替主公迎娶长卫姬、少卫姬。"

好色,是齐桓公三大爱好之一,他听说有美人进献,立即来了精神,眉开眼笑地说:"寡人命你们二人出使卫国,迎娶二位美人归来,事成之后,一定重重有赏。"

竖刁和开方带上国书和聘礼,连夜出发,赶往卫国替齐桓公保媒。

卫国的一所宅院内,两名少女正在追逐嬉闹,突然看见公子开方走进门来,年长少女惊叫道:"开方哥,你不是在齐国做官吗?几时回来的?"

"开方哥,齐国好玩吗?你这几年过得怎么样?"另一名少女问。

公子开方微笑着说:"怎么样,是不是在家里待不住,想跟大哥一起到齐国去吗?"

"什么?到齐国去?"两名少女高兴得跳起来,"你真的能带我们到齐国去?"

公子开方将两名少女叫到身边,悄悄地向她们说着什么,说到最后,只听他嬉皮笑脸对两名少女说:"怎么样,愿意吗?"

两名少女满脸羞涩,举起粉拳擂向开方,撒娇地说:"开方哥,你坏,你坏!"

"长卫姬,少卫姬,别没礼貌,开方哥刚进门,你们就欺负他。"从里屋走出一位四十左右的中年男子和一位妇人,说话的是那位男子。

中年女子对开方说:"大侄子,几时回来的?快进屋坐。"

开方连忙上前,跪下叩头道:"叔叔,婶婶,侄儿向您请安。"

"快起来!"开方叔上前扶起开方,冲着两名少女说,"快去给你大哥沏茶。"

公子开方随叔叔走进堂屋,刚坐下,长卫姬沏好一爵茶端上来,放在开方身边的桌子上说:"大哥请喝茶!"说罢,冲着开方笑了笑,跑进里屋去了。其实,她并没有走远,而是同妹妹少卫姬躲在里屋门后,竖着耳朵听堂屋的父亲同开方大哥说话。

"大侄子，听说你在齐国混得不错，做官了，是真的吗？"开方叔问道。

"侄儿到齐国后，一直在齐国国君身边做事，颇得齐桓公喜欢。"开方有些得意地说。

"是吗？"开方叔惊叫起来，"在国君身边做事，大侄子的本事真大呀！这次回来，有何贵干？"

公子开方压低声音说："侄儿专程为两个妹子的婚事回来的。"

长卫姬、少卫姬站在里屋门后，神情紧张地倾听外面的说话。

"男家是谁？"开方婶迫切地问。

"齐侯！"开方喜形于色地说，"齐国的国君。"

"齐国国君？"开方婶睁大眼睛道，"你不是骗婶婶的吧？"

"侄儿时刻记挂着叔叔、婶婶和两位妹子。"开方吹嘘道，"侄儿常在齐桓公面前夸耀两位妹子生得貌若天仙，谁知齐桓公听了以后，央求侄儿回卫国替他求亲。就等叔叔、婶婶一句话。"

开方叔和开方婶对望一眼，大喜过望，不约而同地说："好、好，这是天大的喜事呀！怎么能不愿意呢？"

"婶婶去问问这两位丫头。"开方婶起身欲进里屋。

"别去了，两个妹子高兴得不得了，就等二老一句话呢！"公子开方拦住开方婶，冲着屋内喊，"出来吧，别躲在门后听了。"

长卫姬、少卫姬羞答答地从里屋走出来，站到娘亲身边，开方婶侧身问道，"都听见了？"

"娘！"长卫姬、少卫姬娇声娇气地叫了一声。

开方婶微笑着说："那就是同意了？"

"娘！"长卫姬羞羞答答地说，"女儿的事，娘亲做主，何必要问我们呀？"

公子开方见状，起身出院门，招招手，竖刁带八个人，抬着四抬聘礼进了开方叔家的大院。开方叔、开方婶被眼前的情景惊呆了，他们完全没有心理准备，刚答应了亲事，四抬聘礼就已经抬进家门。

长卫姬、少卫姬闪进里屋，躲在门后，偷偷地向外张望。

公子开方指着竖刁对叔、婶说："这是随侄儿来的竖刁大夫，奉国君之命，专程前来迎娶二位妹子。"

竖刁上前一揖道："侄子参见叔叔、婶婶！"

"竖刁大夫别客气，快进屋坐。"开方叔忙将大家从院子让进屋里。

第33章 卫姬入宫

公子开方府上，开方跪在母亲脚下说道："娘，孩儿又要走了，娘在家要多保重。"

开方母抽泣着说："儿呀！你一去就是几年不归，回来才两天就要走，娘舍不得呀！"

"娘，不是有那么多下人吗？是不是他们做得不好，您说出来，孩儿去教训他们。"

开方娘哭泣着说："娘要的不是下人侍候，娘要的是亲情，难道这一点你也不明白吗？在卫国你也是世袭子爵，在卫国做官不好吗？为什么偏要到齐国去呢？"

"娘！"开方有些不高兴地说，"齐国是大国，孩儿在齐国深得齐国国君的器重，孩儿要在齐国成就一番事业。"

"那你就不管娘了？"开方母反问道。

"娘……"

开方母摇摇头，无奈地说："你去吧！"

公子开方站起说："娘，萍儿我要带走！"

"怎么，你想收了她？"开方母问道。

"不。"开方若有所思地说，"孩儿带她去齐国另有用场。"

开方母说："萍儿是娘身边最漂亮、最懂事的丫环，你带她去，千万不可亏待她。"

"娘放心，孩儿知道。"开方说。

齐桓公正在同管仲及几位大臣议事，一名近侍来报，竖刁和开方从卫国回来，在宫外求见。齐桓公宣布散会，传竖刁、开方进内殿。

竖刁和开方进内殿拜见齐桓公，二人叩拜道："臣竖刁、开方叩见君上。托君上洪福，臣等此行不辱使命，迎回卫国二姬，现在外听宣。"

齐桓公高兴地说："快，宣她们进来。"

长卫姬和少卫姬进殿，双双盈盈跪下，姐姐娇滴滴地说："长卫姬拜见主公。"

妹妹亦跟着说："少卫姬拜见主公！"

齐桓公见两位娇妹，喜不自胜，起身离座，上前一手拉起一个，笑着说："免礼，平身！"然后左看看，右看看，见二位娇妹，肌如瑞雪，脸赛朝霞，粉面桃腮，娇媚动人。真个是姿质艳丽，国色天香。不同的是，姐姐长卫姬文静深沉，妹妹少卫姬天真烂漫。

齐桓公见色如命，若遇到美貌佳人，常常不能自制，今见这两位风情万种的异国佳丽，顿时魂游荡漾三千里，魄绕山河十万重，恨不得把姐妹二人搂在怀里亲个够，只是竖刁和开方在场，他只能强压欲火，对侍女说道："带长卫姬、少卫姬去拜见夫人。"

两名侍女领命，带领长卫姬、少卫姬进入内殿。

齐桓公对竖刁、开方道："二位爱卿长途跋涉，迎娶二姬，辛苦了。"

竖刁、开方献媚地说："能为主公效劳，是做臣子的荣幸，何言辛苦？"

"好、好、好！"齐桓公大笑道，"来人！"

一名近侍上前答道："主公有何吩咐？"

"取白璧十双，黄金百两，赏赐二位爱卿。"齐桓公吩咐道。

竖刁、开方连忙跪下谢道："谢主公赏赐！"

寝殿里，蔡姬在案几旁正在朗读管仲所写之简策：

凡治国之道，必先富民。民富则易于治理，民贫则难以治理。何以知其然？人民富裕了，就安于乡居而爱惜家业，安乡爱家，就恭敬君上而畏惧刑罪，敬上畏罪就容易治理了。人民贫穷，就不安于乡居而轻视家业，不安于乡居而轻视家业，就敢于对抗君上和违犯禁令，抗上犯禁就难于治理了。

正在这时，侍女前来禀报："夫人，主公新选的美人长卫姬、少卫姬拜见。"

蔡姬闻报一惊，抬头问道："你说什么？"

侍女答道："主公新选美人长卫姬、少卫姬前来拜见夫人。"

长卫姬和少卫姬盈盈而入，跪倒在蔡姬面前道："长卫姬、少卫姬拜见夫人。"

蔡姬站起来，伸手搀扶起二人道："二位妹妹，快请起，不必多礼！"

长卫姬站起来，看了蔡姬一眼，心里一沉，暗赞道：真是美艳绝伦，看来，有这位夫人在，我们姐妹俩恐怕永无出头之日。想到这里，一丝嫉火在心灵深处燃烧。

少卫姬天真烂漫，见到文雅淑静的蔡姬，脱口惊叹道："夫人真美呀！"

长卫姬一听，回眸瞪了少卫姬一眼，少卫姬赶紧敛口退后半步。

第33章 卫姬入宫

蔡姬见她二人一个性情内敛，一个天真烂漫，不知是喜还是忧，笑了笑，说道："两位妹妹请坐。"又对侍女说："看茶！"

长卫姬道："谢夫人。"

蔡姬道："君上委托我掌管后宫。两位妹妹入宫，备位如夫人。"

长卫姬低眉顺目，应道："谢夫人。"

少卫姬真挚地说："贱妾年幼不懂规矩，今后请夫人多加教诲。"

蔡姬微笑道："妹妹不必客气，主公是有大抱负、大作为的明君，日夜勤劳，励精图治，欲图齐国之霸业。两位妹妹要善事主公，行于正道，切忌侈靡淫戏，荒废国事。早就听说两位妹妹自幼生长于卫国宫廷，家教有方，不必多说。否则，后宫自有法度，决不宽贷。"

长卫姬道："多谢夫人教诲。"

少卫姬见蔡姬说话和颜悦色，心里也就不那么紧张，问道："夫人，后宫之中，也可以弹琴鼓瑟、歌舞娱乐吗？"

蔡姬笑道："只要不误国事，自然是允许的。想来妹妹一定精于此道了？"

少卫姬羞涩地一笑，又转而问道："姐姐读的什么书呀？"

蔡姬看了案上的简策一眼，答道："是管相国的《治国》篇。"

少卫姬好奇地问："管相国非常了不起吗？"

蔡姬道："管相国雄才大略，学识渊博，多谋善断，乃盖世奇才。是主公的股肱之臣，主公欲图霸业，完全倚仗管相国治国。"

长卫姬从堂兄开方嘴里，对蔡姬已有了几分了解。知道蔡姬不但貌美如花，而且知书达理，只是进宫几年，未曾生育。长卫姬心里暗暗想，别这么趾高气扬地教训人，只要我为主公生个儿子，这正位夫人就是我的。开方堂兄也嘱咐她要多亲近主公，争取早日生个儿子，以邀君宠。好一个长卫姬，刚进宫，却有如此野心。

少卫姬比她姐姐小两岁，今年才十四岁，她的想法没有长卫姬那么复杂，临出门时，母亲教导她，宫廷内如何侍奉国君、夫人，床笫上如何侍候丈夫，她听了心里就觉害怕，但一进内殿后，她便被齐桓公英俊的仪容、王者的气派所征服，进入寝殿，又为蔡姬和蔼可亲的气度所感染，心里的怕意全都没了，有的只是高兴和欢喜。

蔡姬正在同长卫姬、少卫姬说话，侍女进来深施一礼道："夫人，主公传旨，二位如夫人今晚临幸。"

蔡姬对长卫姬、少卫姬吩咐道:"二位妹妹大喜,主公今晚就要临幸你们。"嘴里虽然是这样说,心里仍有一股醋意上涌。

长卫姬、少卫姬羞涩地说:"谢谢夫人。"

管仲在家里同夫人闵婧拉家常,他对夫人说:"夫人,你娘在百工坊做事,虽然只是指点技艺的,也很辛苦,几时做点好吃的,请她过来补补身子。"

"谢相国记得俺娘,俺明天就做。"闵婧笑盈盈地说。

管茇进来道:"相爷,竖刁大夫求见。"

"竖刁?他有何事?"管仲一怔,随后把手一挥道,"不见!"

"是!"管茇答应一声,转身欲去。

"慢!"管仲又改变了主意,"请他到客厅见。"

管仲前脚刚进客厅,竖刁后脚也跟了进来,对着管仲深施一礼,说:"拜见仲父!"

"请坐!"管仲道。

竖刁环顾左右后,小声说道:"我到卫国为君上迎娶长、少卫姬,也给相国选了一位倾国倾城、国色天香的美人。"

管仲一愣:"有这等事?怎不带进来?"

"相国稍等片刻,我去去就来。"竖刁媚笑一声,转身出门。

管仲也站起来,注视着门口。不久,竖刁带着卫女萍儿进来。卫女萍儿刚出现在门口,管仲的眼前一亮:真是貌若天仙,美妙无双啊!只见那卫女盈盈下拜,口中道:"小女子叩见相国老爷。"

管仲连声夸赞道:"好,好,请起。"

竖刁凑到管仲跟前,笑嘻嘻地问:"仲父,怎么样?还满意吗?"

管仲微笑着说:"那就谢谢竖刁大夫,人我收下了。"

竖刁紧跟着小声问道:"仲父,下官有一事相求。"

管仲知道竖刁此来必有所求,否则,像他这样的人,是不会轻易出血的。听到竖刁开了口,问道:"何事?请讲。"

竖刁吞吞吐吐地说:"易武乃易牙的兄弟,念在易牙侍奉主公的份上,是否可以从宽发落,恕他不死。"

管仲明白了,不由笑着说:"好说,好说,看在竖刁大夫之面和易牙侍奉主公的份上,我就从轻处置。"

第33章 卫姬入宫

"谢仲父!"竖刁忙拜谢。

"我话尚未说完呢!"管仲道,"主公判易武斩首,死无全尸,本相会向主公求情,处决时,赏他个全尸。"

"这……"竖刁愣在当场。

管仲冷冷地说:"竖刁大夫还不满足吗?"

"下官替易牙谢过仲父。"竖刁连忙说。

管仲冲着内室喊道:"夫人,你出来一下。"

闵婧从内室盈盈而出:"相爷有何吩咐?"

管仲指着卫女道:"这是卫女萍儿,竖刁大夫美意相送,你将她带进去问一问,她若愿意留下就留下,不愿留下就派人送她回家。"

闵婧微笑着答应道:"是。"引着卫女萍儿进入内室。

管仲对竖刁道:"竖刁大夫,还有何事?"

"谢仲父关照!"竖刁勉强从牙缝里挤出几个字,"下官拜辞了。"

"竖刁大夫请慢走!"管仲客气地将竖刁送出门。

竖刁转身出门,走到转角处,转头望着已退入室的管仲,狠狠地一蹬脚,咬牙切齿吐了一口痰,愤然离去。

闵婧从内室里走出来,笑着说:"妾问过了,卫女萍儿愿意侍候相爷。"

管仲笑着问道:"那夫人呢?意下如何?"

闵婧娇嗔地说:"只要相爷高兴就行。不过,妾以为竖刁此举,恐怕是美人之计吧!"

"哈!哈!哈!"管仲大笑道,"美人,留下;计,带回去了!"

第34章 民情是风向标

管仲同齐桓公同乘一辆车视察马场,整个马场里的人都在忙碌着,有的在切草备料,有的在钉马掌,有的在立马栅栏。齐桓公向旁边一位管马厩的弼马总管问道:"马厩的事,哪一样最难做?"

管仲不待弼马官开口,抢着说道:"臣过去替人牧马,对马厩的事也知道一些,以臣看,马厩里最难的事就是立马栅栏。"

"立马栅栏有什么难?"齐桓公不解地问。

管仲指着旁边正在立马栅栏的几个人说:"栅栏是用一根一根的木料并排竖立而成,如果先用弯木料,后面都要用弯木料拼接,结果是都用弯木料,直木就派不上用场了;如果先用直木,结果都用直木,弯木也就无处可用了。"

齐桓公当然明白,管仲这是借题发挥,劝谏自己要亲君子,远小人,于是,他指作不远处的一片树林,也机智地回答:"仲父你看那片树林,有的树很直,有的树却是弯的,这都是自然天成,是不以人的意志为转移的,你不可能将所有的弯木都砍伐掉,只活直木,这是不可能的。有时候,有些东西,偏偏还要用弯木,比如木犁,就必须要用弯曲之木,用直木反而还不好用。所以说,有时候,弯木看起来似乎很别扭,用起来却还蛮舒服。你说是不是?"

管仲面对齐桓公的狡辩,申辩道:"臣不是说要砍掉所有的弯木,而是说直木好用。"

齐桓公笑着说:"不争了,这个问题就留给弼马官去研究吧!"

齐桓公同管仲视察马厩之后,顺便游览临淄城的市容。车马进入闹市,大家下车步行于闹市之中,一路走来,大街小街上,只见车连车,车水马龙,人挤人,熙熙攘攘,处处呈现出一派繁荣昌盛、兴旺发达之景象;路口上,街角处,

第34章 民情是风向标

随处可见吹竽、鼓瑟、击筑、弹琴的艺人，吹、击、弹、唱，悠扬的乐声回荡在空中，听起来使人心旷神怡，也吸引着不少的围观者；斗鸡、杂耍、踢毽子、下棋，围观者一堆又一堆，时不时传出叫好声、吆喝声，好不热闹。

齐桓公看到此等情景，心里非常高兴，这是国富民强的象征呀！但是，他发现街上有很多人都穿着紫色的衣服，心里有一种隐忧。原来，紫色染料在当时很昂贵，一件紫色衣服可抵十件白色衣服之价。齐桓公心里想，虽然说管仲改革，使国家和百姓逐渐富裕起来，但也不能如此奢侈呀！他对身边的管仲说："仲父，紫色衣服很昂贵，寡人喜欢这种衣服，但是你看，全城的百姓都穿紫色的衣服，这也太奢侈了吧！"他又想到朝廷官员最近的一些动态，接着说："寡人发现，最近大臣们穿的衣服，坐的车子，都比以往奢华多了。这种奢侈之风不能长，寡人欲限制一下，仲父说该怎么办？"

管仲回答说："臣听说过：'君王尝一下，臣下就要吃；君王爱好衣，臣下就要穿。'现在主公喝的是琼浆玉液，吃的是美味佳肴，穿的是昂贵的紫色绸缎、孤裘做的衣服，这就是大臣们之所以奢侈的原因啊！《诗》说：'不躬不亲，庶民不信。'主公欲限制大臣、百姓，为何不从自身做起呢？"

齐桓公沉思良久，再问管仲："仲父以为，寡人该怎样做才好？"

管仲说道："主公不妨试试不穿紫色的衣服，并对左右侍从们说：'很讨厌紫色衣服的气味。'如果有人穿着紫色的衣服求见，主公就说：'退开一些，寡人很讨厌紫色衣服的气味。'"

齐桓公怀疑地问："能行吗？"

"行不行，试试就知道。"管仲笑着说。

齐桓公回宫后，第一件事就是脱下身上紫色的衣服，递给管衣着的侍女道："将寡人所有紫色的衣服都锁起来，再也不要穿了。"

侍女惊讶地问："主公不是非常喜欢这些衣服吗？为何突然就不穿了？"

"寡人讨厌紫色衣服发出的怪味，闻到了就想吐。"齐桓公指着侍从们说，"还有你们，统统将紫色衣服换掉，不要穿着紫色衣服在寡人面前晃来晃去。"

侍女和侍从们诺诺连声，纷纷退出去换衣服。

竖刁匆匆忙忙地进宫欲求见齐桓公，一名侍卫拦住他，神秘地说："竖刁大人，你就穿这身衣服去见主公？"

竖刁在自己身上左看看、右看看，莫名其妙地问："我这身衣服有什么不妥吗？"

"你的衣服是什么颜色的？"侍卫问道。

竖刁道："紫色呀！这可是最高档的面料。"

"高档个屁。"侍卫神秘地说，"君上得了一种怪病，见到紫色就两眼放花，闻到紫色衣服放出的气味就恶心。特别盼咐小的们，若有穿紫色衣服求见者，叫他们站得远远的，由人传话就是了。难道竖刁大人想去触这个晦气吗？"

竖刁连忙向侍卫作揖道："多谢指点，多谢指点！"说罢，转身离去，刚走出几步，马上又转身身来，从袖内掏出一些钱递给刚才给他说明情况的侍卫，感激地说："多蒙关照，不成敬意，拿去喝杯茶。"也不等侍卫答谢，转身匆匆而去，回家换衣服去了。竖刁将齐桓公讨厌紫色衣服的消息传了出去。

第二天，齐桓公穿着一身朴素的丝帛衣服，带着白色的帽子上朝。大臣看到齐桓公一身俭朴的打扮，暗自庆幸自己得到消息，换掉了高档的紫色衣服。少数未得到消息，仍然穿着紫色衣服上朝的大臣，听到身边人轻声的议论，都悄悄地躲到后面去。

齐桓公退朝回到后宫，蔡姬亲自沏上一杯热茶送上，然后转到齐桓公身后，悄悄地取出一件紫色衣服在齐桓公的身后晃来晃去，齐桓公自顾喝茶，一点反应也没有。蔡姬将衣服藏在身后，站到齐桓公面前说："主公在说谎！"

齐桓公莫名其妙地问："寡人何时说谎？"

"主公是不是说，闻不得紫色衣服的气味，闻了就恶心？"蔡姬笑着说，"刚才臣妾在主公后面将这件紫色衣服晃荡了半天，主公一点反应都没有，证明闻到紫色衣服气味就恶心的话是假的。"

齐桓公大笑地站起来，一把抓住蔡姬说："好呀！你竟敢戏弄寡人。"

"怎么能说是臣妾戏弄呢？"蔡姬笑着说，"要说戏弄，也是你戏弄了众人，怎么说是臣妾戏弄主公呢？"

蔡姬笑过之后问道："主公为何如此？"

"寡人喜欢紫衣，平时非紫衣不穿，文武百官纷纷效仿，皆以穿紫衣为荣。"齐桓公停了一下说，"然而，紫衣价格昂贵，一件紫色衣裳的价格可抵十件白色衣裳的价格，这么多人都穿紫衣，太过奢侈。"

"于是，你就想出了这个办法，叫人不穿紫衣？"

齐桓公说："不是寡人想出来的，是仲父出的点子。"

"仲父？"蔡姬叹道，"仲父真乃奇人。"

第34章 民情是风向标

竖刁、易牙与开方暗结同盟，且都得宠于齐桓公，他们三人，被人称之为齐桓公身边的"三贵"，但他们知道，管仲君宠如日中天，其位难撼，于是便暗暗蓄势，欲谋管仲身后之天下。易牙因易武之事严重受挫，为挽回颓势，烹子而邀君宠，才避免被逐出宫。竖刁在此案中差点也被牵涉其中。由于易武独揽其罪而使二人逃过一劫。三人之中，只有开方身居事外，未损分毫。

开方奏请齐桓公到城南金岭峪去狩猎。齐桓公正是技痒，听到开方的建议，慨然应允。公子开方做好狩猎的一应准备，第二天，齐桓公带上蔡姬，在开方和侍卫的陪同下，兴致勃勃地来到城南金岭峪。

开方是狩猎行家，进入狩猎区之后，对侍卫们逐一作了安排，有进山中驱兽的，有在路口拦截的，他自己则不离齐桓公的车驾左右。

齐桓公坐在车上，手持弓箭，两眼左右扫视，见兽群尚未出现，令驭手驱动坐车慢慢向谷口靠近，蔡姬小鸟依人似的坐在齐桓公身边，也瞪大眼睛左右张望。开方等了半天，不见野兽出现，手持弓箭钻进树林中去。

突然，树丛中逃出一只梅花鹿，站在路口紧张地东张西望，蔡姬惊叫一声："快看，梅花鹿！"

"别出声！"齐桓公连忙制止，可惜还是晚了，梅花鹿听到人声，转头向谷中跑去。齐桓公射出一箭，可惜还是晚了一步，只射中梅花鹿的屁股，梅花鹿带箭负痛向谷中跑去。

"快！"齐桓公命令驾车的驭手，"追上去！"

驭者连忙驱车紧随在梅花鹿后面追进谷中。梅花鹿见有人追赶，拼命地奔跑，齐桓公的乘车紧追不舍。突然，梅花鹿向右一拐，钻进树林中没了踪影。齐桓公失去追逐的目标，有些失望，左顾右盼，猛然发现谷中地势险峻，风景秀美，一向好玩的齐桓公竟然忘了追逐鹿，让驭者驾车缓缓而行，齐桓公边走边欣赏山色美景。他问身边的驭者："好美的风景呀！知道这个山谷叫什么名字吗？"

驭者摇摇头："不知道。"

齐桓公再问其他人，没有一个知道此山谷之名。正在这时，前面过来一位老人，齐桓公停车问道："老人家，请问这是什么山谷？"

老人回答说："愚公之谷。"

齐桓公觉得这个名字很是奇怪，好奇地问道："为何取这样一个怪名？"

"这是以我的名字命名的。"老人回答。

齐桓公更觉得奇怪,说:"我看老人家的样子,并非愚人,为何取这样的名字呢?"

"让我慢慢地跟你说吧。"老人叹了口气说,"我以前曾喂养了一头母牛,生了一头小牛犊,因为个头特别大,我卖了它后又用钱买了一头小马驹。有个年轻人跑过来对我说,牛不能生马,便将小马驹牵走了。邻居们知道后,以为我很傻,所以把我住的地方叫做'愚公之谷'。"

"哈!哈!哈!"齐桓公听罢大笑道,"真有趣,我看你老人家真是有点傻,你为什么要让那个恶少将你的小马驹牵走呢?"

老人看看齐桓公,摇摇头,什么也没有说,向林间小道走去。

正在这时,开方带着众侍卫赶了过来,来到齐桓公的车前跪下说道:"臣有罪,没有跟上主公。"

"起来吧!"齐桓公笑着说,"走,狩猎去!"

第二天早朝之后,齐桓公叫住管仲,两人至偏殿坐下,齐桓公把在"愚公之谷"遇到老者的情况当成笑话说给管仲听,没想到管仲听完之后,翻身跪倒在地说:"主公,臣有罪。"

齐桓公大吃一惊,问道:"仲父何罪之有?"

"这是我管夷吾的愚蠢呀!"管仲愧疚地说,"假如是尧为君主、皋陶为司法官,哪里会有随便把别人的马驹牵走的道理?如果有人看见恶少对这个老人如此强暴,必定不会袖手旁观。这个老人知道朝廷的司法不公正,没有地方说理,所以恶少将他的马驹牵走之后,他才忍气吞声,不加理论。也不向官府告发。"

"仲父……"齐桓公起身伸手扶起管仲。

管仲坐下后,严肃地说:"主公拜臣为相国,臣应该竭尽全力整顿吏治,肃正朝纲,看来,臣有负主公重托,竟使齐国境内出现了这样的事情,臣有愧呀!"管仲说罢,痛苦地摇摇头。

"仲父不必如此自责。"齐桓公有些不好意思地说,"寡人看问题没有仲父这样深刻,竟然将这样的事情当成笑话说给仲父,寡人有失人君之道呀!"

本来是君臣之间的一次闲聊,到头来君臣二人都自责起来。过了一会,管仲正容地说:"明天,我将亲到'愚公之谷',找到那位老人,严惩强抢马驹的恶少。主公!"

"仲父有何话说？"齐桓公问道。

管仲说："臣要以此例为突破口，整顿吏治，今后，绝不能再让这类事情发生了。"

齐桓公起身向管仲深深一揖道："寡人谢谢仲父了！"

第35章　孽缘

　　齐桓公虽说好美食、好色、好猎，但却是一个胸怀大志的君王。这一天，他召见管仲，直截了当地问："仲父，经过改革，齐国卒伍已定，国家的经济实力也增强了不少，寡人欲干预诸侯国的事情，应该可以了吧？"

　　"不可以。"管仲斩钉截铁地说，"关于军事，臣虽寄内政于军令，但齐国的盔甲和兵器还是很缺乏，拿什么去打仗？"

　　"啊！"齐桓公惊叹一声，"仲父将采用什么办法来解决这个问题？"

　　"御作坊成立之后，臣筹建了锻造和织造两个作坊，锻造作坊专门打造兵器和农具，织造作坊纺织齐国的特色品种花边大套素，三色彩支绫、织锦、绫罗等丝绸制品和大众穿的麻织布料。"管仲喝了一口茶继续说，"但是，由于铁的数量不是很足，加之除了少数工匠之外，大部分的技艺还不熟练，打造出的兵器为数有限，满足不了称霸的需要。"

　　"那该怎么办？"齐桓公着急地说，"仲父要想想办法呀！"

　　管仲道："臣想在惩处犯人的时候，将过去的赎金赎罪改为盔甲、兵器赎罪。"

　　齐桓公道："怎么改？"

　　管仲回答："规定犯重罪者交纳盔甲、兵器、犀皮的胁驱和两支戟，犯轻罪的交纳兵器架、盾牌、胸甲皮与两支戟，犯小罪者纳金属一钧半；宽宥薄罪，只纳金属半钧。至于没有冤屈而从事诉讼，官长再三劝禁不成而理不直者，则须交纳一束箭，以示惩罚。"

　　齐桓公点点头道："嗯！这倒是个好办法。"

　　"至于收回来的金属，好的拿来铸造戈、剑、矛、戟，用于之军事；不好的金属用来铸造木工和农具如斤、斧、锄、镰、锯等，用之于生产。"

　　"好！好！寡人同意仲父的想法，就按仲父的意见办。"齐桓公站起来说，

第35章 孽缘

"走，到御作坊去看看。"

御作坊分锻造作坊和织造作坊。齐桓公在管仲和鲍叔牙的陪同下先到锻造作坊巡视，还没到作坊，远远地便听到乒乒乓乓的铁器敲击声，远听，清脆悦耳，近听，却有些震耳欲聋。

锻造作坊内，炉火熊熊，热浪扑面，工匠们有的拉风箱；一位老工匠，左手握钳从炉中夹出一块烧得通红的铁块放在铁砧上，右手拿起一把小铁锤，抡起来在铁砧上空锤一下，旁边拉风箱的徒弟拿起大铁锤，抡起来向铁砧上的铁块砸下去，顿时火花四溅，大锤离砧，小锤又落了下去，师徒二人轮流锤锻。忽然，师傅手中的小铁锤轻轻地击在铁砧上，徒弟放慢速度轻捶一下，师傅左手乘势将铁块翻个面，然后继续锤炼，铁块冷却之后，师傅将小铁锤停在铁砧上，徒弟放下手中的铁锤。

锻造作坊的百工长，就是管仲从死神手中救出来的那个莫仲柏，手持一根小鞭子在工匠们中间来回巡视，不时地分别向工匠们指点着，只见他来到一位年青的工匠旁边，取过铁钳夹起地下锻造完工的一个铁箭头看了看，突然大发雷霆，挥起手中的鞭子狠狠在抽在年青工匠的身上，边抽边说："你这是做的什么活，箭头没有刃，箭尾也不直，这样的废品也能交差，打死你。"

管仲陪同齐桓公来到锻造车间，听到惨叫声，大老远就喊："莫仲柏，你这是做什么？"

莫仲柏见齐桓公、相国和亚相都来了，丢下手中的鞭子，慌乱地跪下叩拜道："小的拜见君上，小的拜见相国、亚相。"

工匠们见齐桓公、相国、亚相进来，呼啦啦地跪下一大片。齐桓公微笑着说："大家都起来，继续干活吧！"

管仲走到挨打的工匠身边，将他从地上拉起来，见他遍身鞭伤，面显愠色地问："莫仲柏，这是怎么回事？"

莫仲柏指着地下的箭头说："他将箭头锻造成了废品，小人才惩罚他。"

"想想你是怎样来的吧！"管仲有些不悦地说。

莫仲柏一愣，突然醒悟，慌忙跪下叩拜道："相国老爷，小的知罪了。"说罢，自己打了自己三个耳光。

莫仲柏当然记得，他当初也是一个奴隶，逃跑时被主人抓获而遭毒打，命悬一线之时，是管仲替他赎身，并命他为百工长，他才有了今天。管仲道："记得就好，人不要这样，昨天还是被人欺，稍微得势便欺人，岂不是自己作践自己吗？"

"相国老爷，小人知错了。"莫仲柏满脸愧疚地来到刚才被打的青年身边，深深一揖，诚恳地说，"兄弟，对不住你，向你赔罪了。"

管仲缓和了语气，对莫仲柏说："好了，今后注意些就行。锻造作坊的情况如何？向主公汇报一下。"

"是！"莫仲柏谦恭地对齐桓公说，"生产走上正轨，只是铁不够用。如果有足够的铁，工匠们一定会锻造出更多、更好的兵器。"

"齐国要称霸诸侯，就必须有一支强大的军队，强大的军队，要有足够的兵器武装，锻造作坊是寡人的兵工厂，要为齐国生产出更多更好的兵器。"齐桓公指着管仲说，"至于铁不足的问题，仲父会有办法的。"

"主公说得不错，我一定会想办法弄到更多的铁。"管仲充满憧憬地说，"我们的铁，不仅要锻造戈、剑、矛、戟等兵器，走强兵之路以称霸诸侯，还要锻造斤、斧、锄、镰、锯等农业生产用具，发展齐国的生产，走富国之路。先富国，而后才能强兵。只有富国强兵，才能称霸诸侯。"

齐桓公听到管仲之言，满脸笑容。

齐桓公与管仲、鲍叔牙出了锻造作坊，又来到纺织作坊。纺织作坊同锻造作坊相比，又是另一番天地：纺车的欢叫声，织机的叽叽声和机上的穿梭声，构成一曲交响乐，显得格外悦耳动听。

齐桓公走进纺织作坊，不由眼前一亮，锻造作坊都是五大三粗的黑面大汉，个个身上都是黑不溜秋的，实在是难以恭维，而织造作纺织工，多是一些二八少女或半老徐娘。有姿色者也是不少。素性渔色的齐桓公来到这样的环境之中，岂能不眼前一亮？

纺织作坊百工长正是闵母，也就是管仲的岳母。此时，她正在织机旁手把手地教一名年青织工织布，突见齐桓公和管仲进了作坊，忙走过来福了一福道："百工长参见主公！参见相国老爷！"

齐桓公知她是管仲的岳母，连忙回答道："百工长不必多礼！"接着指着作坊内的织工们说："这些人都教会了吗？"

"正在教呢！"闵母笑眯眯地说，"有的已经能独立操作了。"

"百工长的功劳不小呀！"齐桓公笑着走到织机旁，伸手摸摸织机上的三

第35章 孽缘

色彩支绫,赞赏地说:"好漂亮呀!这叫什么布?"

"三色彩支绫。"闵母边说边瞟了一眼身边的管仲。管仲微笑着向她点点头。

齐桓公抬起头,恰好看到了他们用眼光打招呼,故意咳了一声,打趣地说:"织出的布漂亮,百工长更漂亮。"

闵母满脸绯红地说:"主公,别取笑小人。"

齐桓公听罢哈哈大笑。

相国府里,闵婧正在收拾东西,突然看到娘亲笑眯眯进来,放下手中的东西,高兴地迎上前去:"娘,您来了?快坐。"

闵母看到女儿高兴的样子,乐得合不拢嘴,关切地问:"女儿,好吗?"

"好、好!"闵婧也关心地问,"娘,在作坊里做事,很辛苦吧?"

"没什么,娘只是教她们怎样做,不是很辛苦,今天,君上和相国都到作坊去了。"闵母说。

"真的吗?他们说了些什么?"

"君上说,娘织的三色彩支绫非常漂亮。"闵母说到这里,脸上涌出红晕,因为她想起了齐桓公当时的一句玩笑话:彩支绫漂亮,百工长比彩支绫更漂亮。

闵婧没有发现娘亲脸上的细微变化,笑着说:"娘的手艺天下无双,织出的布肯定是最漂亮的。"

"女儿,相国对你好吗?体贴吧?"闵母轻声问道。

"好,相国对女儿很体贴,很温柔。"闵婧说到这里,脸色红彤彤的,丝毫不掩饰其喜悦之情。闵母见到女儿的表情,知道女儿过得很好,心里也是美滋滋的。

闵婧看看外面的天色,说道:"娘,相国今晚不回,您别走了,挨女儿睡一宿吧!"

"傻女儿,你也不是小孩子了,有相国陪你就够了,怎么还要娘陪呀?再说,万一相国回来了怎么办?"

"娘!"闵婧撒娇地说,"自女儿出嫁后,娘就没有挨女儿睡过了,今天相国不回来,您就陪女儿睡吧!"

闵母见女儿纠缠不休,笑着说:"好,好,下不为例哟!"

闵婧见娘亲答应了,走到大床旁边拉开被子,铺好床。闵母却走到旁边一乘小床边将被子拉开铺好,说:"娘就睡这张小床陪你一宿。"

"不嘛！"闵婧撒娇地说，"和女儿一起睡大床嘛！"

"傻孩子，那是你和相国睡的床，娘怎么能睡。"

闵婧说道："相国今晚不回来，你就陪女儿一起睡吧！"

闵母拗不过，只好笑着说："好，好，就陪你。"

大床上，闵婧搂着母亲的脖子，凑在母亲的耳边说着悄悄话，母女俩不时地发出阵阵笑声。说着说着，闵婧的声音越来越小，慢慢地睡着了。闵母看着怀里的女儿，心里感到莫大的安慰，慢慢地合上了眼睛。

夜已深，相国值房里还亮着灯，管仲正在伏案疾书，他在赶做一份发展齐国工商业的规划，明天朝议，要将这个规划方案交给群臣讨论。旁边的仆人坐在凳子上正在打瞌睡。一阵梆子声将仆人从睡梦中惊醒，他站起来替管仲重新沏一杯茶，管仲站起来伸了个懒腰，挥挥拳，活动了一下筋骨，借以消除疲态，接着向仆人问道："什么时候了？"

"三更了。"仆人问道，"老爷又要熬通宵？"

管仲看了看案几上的材料，说："原想要一个通宵才能做完，今天的思路特别好，已经差不多了，看来可以睡一下了。"

"老爷要回府吗？"仆人说，"我已通知过相国夫人，说相国今天不回家。"

管仲说："还是回家去吧，家里睡得舒坦。"

相国府卧室里，闵婧睡眼蒙眬下床，走到房角处的净桶小解，返回时却鬼使神差地走到旁边的小床上，拉过被子蒙头便睡。

管仲摸黑进了卧室，为了不吵醒夫人，他摸黑脱了衣服，摸黑爬上床钻进被窝里。由于刚动过脑筋，兴奋度尚未完全降下来，躺在床上一时未能入睡，黑暗中睁着一双大眼睛，翻身之际，手碰到了身边夫人润滑细嫩的肌肤，一时来了情趣，也不叫醒身边的夫人，先脱去自己的衣服，又三把两把地脱去夫人的小衣，翻身压了上去。

闵母正在睡梦之中，正梦见到她的丈夫笑呵呵地进了家门，看着出门已久的丈夫回家，闵母高兴不已，兴奋地迎了上去。丈夫丢掉手中的包裹，抱着闵母就向里间走去。看到丈夫猴急的样子，闵母偎依在丈夫的怀里，心里也是春心荡漾。有道是，久别胜新婚，这对久别的夫妻此时的心情，绝不亚于刚刚婚配的小夫妻，郎情妾意，正是如同干柴遇到烈火一般，很快地便步入云雨之中。

第35章 孽缘

突然，闵母觉得压得喘不过气来，猛然觉醒，她已经知道发生了什么事情。正当她欲出声制止的时候，身上之人凑过嘴唇，用力地贴在她的嘴巴上，已经没了出声的机会，她轻轻地摇了摇头，还是没有摆脱，索性张开嘴巴，任由那身上之人的舌头伸进口中……

闵母只是一个四十余岁的女人，虽是徐娘半老，却正是春情最旺之期，丈夫突然战死沙场，离她而去，几年来一直独守空房，个中的滋味，只有亲身经历者才能体会得到。一旦渴求已久、做梦也想得到的东西突然降临之时，那种既喜且羞的复杂心情，岂是旁人能够体会得到？正在她满面含羞、欲罢不能，欲止难舍的时候，压在她身上的人的动作越来越快，出于一种本能反应，她竟慢慢地迎合着身上人的动作，越来越快，从中体会一种久违了的快感……

管仲事过之后，昏头昏脑地睡了过去。他身旁的那个人，也就是闵婧的母亲、相国的准岳母，在享受一阵快感之后却是为难了，虽然说管仲的年龄与她相仿，但毕竟身份不同，是她的女婿，若是传了出去，怎好面对世人？她听到身边的管仲进入梦乡，悄悄地爬起来，穿好衣服，深情地看了熟睡着的管仲一眼，轻叹一声，悄然无声地离去。

天将黎明，雄鸡报晓已是二遍，闵婧迷迷糊糊地起来，走到房角处的净桶小解之后，又迷迷糊糊地走向大床，钻进被窝，躺进了管仲的怀里，管仲翻了个身，顺势将手搭在闵婧的胸脯上，并未醒来。闵婧突然惊觉，伸手一摸，发现是自己的丈夫，惊得张大了嘴巴不敢出声，伸手在床上一摸，不见母亲的身影，不知发生了什么事，一时没了主张。她慢慢地将丈夫的手从身上挪开，轻轻地坐起来，借着昏暗的光线再将大床看了一遍，确认床上只有丈夫和她两个人，再看看小床，被窝是掀开的，然后将房间扫视一遍，没有哪里能藏得住人。

闵婧百思不得其解，穿上衣服，起身下床，正欲站起离开之时，管仲从后面拦腰一把抱住她，将嘴巴贴在闵婧的耳朵边，嬉皮笑脸地问："夫人，昨晚舒服吧？"

闵婧大脑嗡的一声响，已经知道昨晚发生了什么事，从丈夫的神态可以看出，他并不知底细。难怪母亲早早地就不辞而别，这一切都是阴差阳错，面对管仲的温存，她只好含糊其辞地说："舒服，你再睡一会吧！"

"不了！"管仲道，"今天有事要廷议，我得先行一步。"说罢，起身穿衣。

第36章　奇人奇谋

天空中，有一群鸿雁正从头顶飞过，御花园里，蔡姬正在凉亭里抚琴，齐桓公坐在一侧仰首望天，似乎在想着什么。

管仲、隰朋一前一后走进御花园，见齐桓公在仰首望天，蔡姬在抚琴，站在那里没有出声。过了一会，齐桓公才收回眼光，叹了口气说："仲父，天上的鸿雁，有时往南飞，有时向北走，时往时来，不怕路途遥远，想飞到哪里就飞到哪里。之所以能这样，就是凭着有两个翅膀，所以才能随心所欲。"

齐桓公见管仲、隰朋没有回话，问道："你们为何不说话？"

"主公有成就霸王之业的心愿，而臣则不是成就霸王之业的大臣，所以不敢回答。"管仲微笑着说。

"仲父何必如此？为何不直言，使寡人也有个方向呢？"齐桓公诚恳地说，"寡人之有仲父，犹如飞鸿有了羽翼，过河有了渡船。仲父不发一言教寡人，寡人虽有两只耳朵，又怎么能听到治国之道而学到治国的法度呢？"

"主公要成就霸王之业、举大事么？那就必须从根本上做起。"管仲一边在旁边的凳子上坐下，一边说。隰朋也跟着坐下。

齐桓公移动身体离开座位，双手一拱，问道："何为根本？"

管仲回答说："齐国百姓，就是主公的根本。百姓害怕饥饿，而朝廷的税收很重；百姓害怕死罪，而朝廷的刑政严酷；百姓害怕劳苦，而朝廷征调民夫却没有时间限制。"

"寡人要怎么做？"齐桓公真心诚意地问。

管仲道："主公若能减轻赋税，百姓就不愁饥饿；宽缓刑政，百姓就不愁死罪；举事有时间限定，百姓就不愁劳苦。"

齐桓公对管仲道："寡人欲西行洛邑，朝拜周天子，但贺献之礼和往来费

第36章 奇人奇谋

用不足，仲父有何办法解决？"

管仲道："请主公下令在阴里筑城，城池要设计成三层城墙，九道城门。主公利用这项工程，选派最好的玉匠雕刻石壁，并且规定，一尺见方的石壁，定价一万钱；八寸见方的石壁，定价八千钱；七寸见方的石壁，定价七千钱；石珪定价四千；石瑷定价五百。"

"雕刻这么多石壁有何用？"齐桓公不解地问。

管仲道："请派遣隰朋西行洛邑朝见周天子。"

"这与周天子有关系吗？"齐桓公问道。

"当然有关系。"管仲说，"只要他一声令下，齐国的这些石壁就是钱。"

洛邑王宫里，齐国大行隰朋对正襟危坐的周天子叩拜道："齐侯欲率领诸侯来洛邑朝拜先王宗庙，观礼于周王室。"

周天子见齐国对自己如此恭顺，心里非常高兴，说道："好！"

"齐侯恳请天子发布命令，要求天下诸侯前来朝拜宗庙并观礼周室者，都必须带上彤弓和石壁，不带彤弓和石壁者不得入朝。"

周天子道："可以。"

于是，周天子向天下各诸侯国发出号令：

凡诸侯来洛邑朝拜宗庙并观礼于周室者，必需带上彤弓和石壁，不带彤弓和石壁者，不得入朝。

阴里新城，诸侯国的车辆络绎不绝，这些车辆，满载着黄金、珠玉、粮食、彩绢和布帛而来，换载齐国的石壁而去。齐国的石壁因之而流遍天下，天下的财物如流水般归之于齐。这就是管仲著名的"石壁之谋"，亦称"阴里之谋"。这一谋略的实施，让齐国财源滚滚而来。齐国此后八年没有征收赋税，就是得益于管仲的石壁之谋。

齐桓公西行朝拜周天子归来之后，将管仲、鲍叔牙召进宫。先是闲聊了一会洛邑的新闻逸事，然后转入话题。齐桓公对管仲说："仲父呀，你这个石壁之谋确实是高明，但是，周天子也不傻。"

管仲吃惊地问："出了什么事吗？"

245

"那倒也不是。"

管仲听后松了一口气，道："周天子想分一爵羹？"

"这倒没有。"齐桓公道，"周天子在寡人面前叫苦，说王室财用不足，每次下令向诸侯国征收，都得不到响应，王室的权威江河日下，为财用发愁呀！"

鲍叔牙笑着说："那就请仲父替周天子想想办法吧！"

管仲手抚胡须，思索了半天说："办法倒是有一个……"

齐桓公迫不及待地问："什么办法？"

"长江、淮河之间，也就是周天子的地盘之内，出产一种三条脊梗、直贯到根部的茅草，名叫'菁茅'。请周天子派遣官吏把菁茅产地的四周封禁并看守起来。天子在到泰山祭天，梁父山祭地之前，向天下诸侯下令：'凡随从天子到泰山祭天、在梁父山祭地的，都必须携带一捆菁茅作为祭祀用的垫席。不按照命令行事的不得随同前往。'"

"像齐国的石壁一样。"鲍叔牙笑着说，"奇货可居，菁茅价格暴涨，周天子就可从中得利。"

齐桓公派遣专使到洛邑，将管仲的"菁茅之谋"献给周天子。周天子果然向天下诸侯发布号令：

凡随从天子在泰山祭天、在梁父山祭地的诸侯，都必须携带一捆菁茅作为祭祀用的垫席。不按照命令行事的不得随同前往。

周天子率诸侯在泰山祭天、在梁父山祭地，是一件非常神圣的事，没有哪一位诸侯不去，也没有哪一位诸侯敢怠慢此事，谁敢亵渎神灵？

天下诸侯得到周天子的号令，都载运着黄金争先恐后地去求购菁茅，致使江淮的菁茅价格暴涨，一捆菁茅甚至可以卖到百金。天下的黄金，从四面八方像流水一样聚来。周天子无需向天下诸侯征收钱财，钱财却滚滚而来。仅此一项，周天子七年没有向诸侯索取贡品。这就是管仲"菁茅之谋"暗助周天子的故事。

管仲拜相后，在齐国进行了大规模的改革，大大地提升了齐国的国力。但是，对于广大的平民百姓来说，他们仍然过着饥寒交迫的生活，很多贫民、农夫都还是靠借高利贷来维持生计和农事。管仲知道这个问题，齐桓公也知道这个问题。

第36章 奇人奇谋

但是，国家财力毕竟有限，不可能一下子将这么多的人从高利贷的囚笼中解救出来。齐桓公为这件事忧心，管仲也为这件事动起了脑筋。只是，事情太棘手，很难有一个万全之策。

这一天，齐桓公又在管仲面前提起这件事："朝廷需要办的事情很多，只好派官向富商巨贾和高利贷者征收赋税，来帮助贫民维持生计，帮助农夫维持生产。除此之外，还有别的办法吗？"

"办法倒有一个。"管仲道，"不知能不能奏效。"

"仲父没有试，怎能知道有没有效果呢？"齐桓公从石壁之谋、菁茅之谋中，深深地体会到管仲那高深莫测的智慧和层出不穷的怪招，只要是管仲想出来的办法，就一定是一个怪招。

"看来也只有试一试了。"管仲道，"主公可以用号令来改变这种状况。"

齐桓公问道："具体做法如何？"

"这事就交给出臣来办。"管仲道，"主公只需静候佳音，到需要主公出面时，臣再来请主公。"

第二天，管仲将鲍叔牙、宾胥无、隰朋、东郭牙召集拢来。管仲对他们说："将你们召集拢来，有一件重要的事情要你们立即去办。"

鲍叔牙问道："什么事？"

"东郭牙到东方去、宾胥无到南方去、亚相到西方去、隰朋到北方去。"管仲道，"你们去的任务只有一个，为主公搜集四方各放贷地区的情况，调查那里的人，负债的有多少家，回来向我报告。"

临淄城的东、南、西、北四个城门，分别驶出了一乘轻装简从的篷车，车上自然就是鲍叔牙、宾胥无、隰朋、东郭牙和他们的随从，他们是去执行一项特殊的任务。

旬日后，鲍叔牙从西方率先回来报告说："西部的百姓，多住在济水周围，黄河附近的草泽之地。他们以渔猎打柴为生。那里的放高利贷者，多的有千钟粮食，少的也有六七百钟。高利贷者放粮，借出一钟，收利一钟，利息率达百分之百。那里借贷的贫民有九百多家。"

宾胥无从南方回来报告说："南方的百姓，是住在山上、谷中，天天登山下谷的百姓，他们以砍伐木材，采摘橡栗，并从事狩猎为生，那里的放高利贷者，多的有一千万，少的也有六七百万。他们放贷的利息率大约为百分之五十。那里借贷的贫民有八百多家。

东郭牙从东方回来报告说:"东方的百姓,是住在山地周围,大海附近,地处山谷,上山砍伐木材,并从事渔猎的百姓。他们以纺织葛藤粗线为生。那里的高利贷者有丁、惠、高、国四家。多的放债有五千钟粮食,少的也有三千钟。他们放贷,是借出一钟粮食,收利五釜。那里借贷的贫民有八九百家。"

隰朋从北方回来报告说:"北方的百姓,是住在水泽一带和大海附近,从事煮盐或在济水捕鱼的百姓。他们依靠打柴为生。那里的放高利贷者,多的有一千万,少的也有六七百万。他们放贷的利息率大约为百分之二十。那里借贷的贫民有九百多家。"

上述放高利贷者共放债三千万钱,三千万钟左右的粮食,借贷贫民三千多家。管仲听后感慨地说:"真没有想到,齐国的百姓,竟要负担五个国君的征敛。这样还想国家不穷,军队不弱,百姓不穷困,怎么可能做得到呢?"

针对这个问题,管仲想出了一个办法。几天后的政令展台前,贴出了布告,内容是:

凡前来朝拜齐侯、进献贺礼者,都要献织有"镂枝兰鼓"花纹的美锦。无"镂枝兰鼓"花纹的美锦者,不得入见。

布告张贴出来以后,管仲又暗自下令,朝廷库存的"镂枝兰鼓"花纹的美锦只进不出。此后一段时间内,"镂枝兰鼓"花纹美锦价格暴涨,每匹价格高达万钱。这时,全国的放高利贷者都收到一个请柬,内容是齐桓公设宴款待。这些放高利贷者收到国君的请柬,感到无上光荣,人人都春风满面地赶到临淄赴宴,一时间,朝野都知道了国君设宴招待富豪乡绅这件事。

国宴上,齐桓公起立向与会的富豪乡绅们说:"朝廷要办的事情很多,要支付百官俸禄,要搞建设,还要打仗。所有这些费用,都来自于朝廷的税收。听说在座的各位把钱、粮借给贫民,使他们得以完成向朝廷纳税的任务,寡人非常感激你们。来,寡人敬你们一爵。"

与会者都是放高利贷发了横财的人。他们见国君竟还要设宴款待,感谢他们,一个个志满意得,纷纷端起酒爵,接受齐桓公的敬酒。

齐桓公装着很高兴的样子,看着大家喝完酒之后,话锋一转说:"但是,全国的百姓借高利贷向朝廷缴纳赋税,寡人既感谢天下子民的忠心,但心里也

第36章 奇人奇谋

很不安。寡人身为齐国之君,治下的子民竟要借高利贷度日,心里实在是不安呀!寡人想替齐国子民偿还高利贷的本息,苦于国库里没有钱。目前,市场上'镶枝兰鼓'花纹的美锦,每匹价格在万钱以上,寡人想用这些'镶枝兰鼓'花纹的美锦替贫民们偿还高利贷的本息,使他们免受债务负担之苦。"

高利贷者连忙俯首下拜道:"君上如此关心百姓,请允许我们将债券捐献于堂下,免除百姓的债务。"

"那可不行。"齐桓公体贴地说,"诸位使齐国的贫民春得以耕,夏得以耘,寡人感谢你们都来不及,没有对你们予以奖励,寡人已经是很过意不去了。这点东西你们都不收,寡人心里更要不安了。"

这些高利贷者个个都是人精。他们何尝不清楚,这是国君变着法子要他们出血,但是,国君将高帽子已经戴在他们的头上,想摘也摘不下来,只好接受了齐桓公的"好意",拿出他们所有的借贷凭条,按万钱一匹的价格,拿走了等量的"镶枝兰鼓"花纹的美锦。

朝廷不到三千匹织锦,清偿了四方贫民所借高利贷的本息,免除了他们的债务。四方之贫民听到这个惊天的消息,奔走相告,一会儿是父告其子,一会儿是兄告其弟,大家都说:"种田除草,是君王的迫切要求,我们还可不用心?国君对我们的关怀竟然到了这种地步。"

第 37 章　招徕外商出奇招

齐桓公带着随从巡视各地，这一天到了平陵，见路边有几间茅屋，便停车走了进去。茅屋里家徒四壁，几件缺胳膊少腿的农具靠在墙根，一个底朝天的破米缸孤零零倒在墙角落里，用土砖架起的简陋的床铺上除了草，什么也没有。茅屋的主人、一个年过花甲的老头子见有客进门，满脸堆笑地迎上前。

齐桓公关心地问："老人家，就你一个人吗？没有人供养你？"

老人伤心地道："我有五个儿子，因为家里穷，家徒四壁，没有钱为他们娶媳妇，我让他们出门打工去了，指望能赚点钱娶门妻室。"

齐桓公未曾想到，世上竟有这么多人无妻，而自己却是妻妾成群，后宫还有无数的美人排着队等着临幸，很多宫女连见自己一面的机会都没有。想到没有女人时的烦躁，齐桓公很是同情老人的处境，对老人道："叫你的儿子们都回来吧，寡人送五名宫女给他们为妻。"

开方见老人愣在当场，道："这是国君，还不磕头谢恩。"

老人面对这从天而降的喜事，简直不相信自己的耳朵，惊得一时不知所措，见开方如此说，才知此事是真的，不是做梦，顿时喜极而泣，翻身跪倒在地，不住地磕头。

"起来吧！"齐桓公道，"乡下无妻之人很多吗？"

"很多啊！国君。"老人站起来，指着远处山脚下一个小山村道，"那个村庄叫鹿岭，鹿岭有个老人叫鹿门稷，已经七十多岁了，就是因为穷，无钱娶妻，还是一个鳏夫。"

"啊！"齐桓公发出轻轻的感叹，心里想，回去一定要同仲父讨论这个问题。

管仲知道齐桓公巡视平陵，将五个宫女送给一个乡下老人的五个儿子为妻的事情后，进宫求见齐桓公，带着嘲讽的口吻道："主公所施之恩惠，是不是太小了点？"

齐桓公以为自己做了一件善事，正自洋洋得意，听到管仲的讽刺之词，似乎有些不高兴，反问道："仲父为何要这样说话？难道寡人做错了吗？"

管仲毫不客气地道："如果天下人都等到被主公发现后再施以恩惠，齐国没有粮食吃的人早就死光了，没有妻子的人也不多了。"

齐桓公从来就没有想过这个问题，也不知管仲到底想说什么，但觉得管仲说得似乎有些道理，忙说道："仲父你说，你想要寡人做什么？"

"俗话说，君恩不下乡，是说民间疾苦千千万，靠君主逐个施舍，是难以解决问题的，只能治标，难以治本。若仅仅是施舍，一个土财主就能做到，何须主公亲自出手呢？"管仲道，"君主治国，要从制度、政策上予以完善。比如，解决有人无妻的问题，那就颁布法令，让齐国的男子二十岁而娶，女子十五岁而嫁。"

"好！好！好！仲父说得有理。"齐桓公突然想到鹿门稷，故意问道，"仲父知道不知道，民间有没有老而无妻之人呢？"

管仲虽说是日理万机，但对民间的事情却很留心，略想了想道："臣听说有个叫鹿门稷的老人，已经七十多岁了，还是个鳏夫。"

鹿门稷的遭遇，唤起了齐桓公的怜悯之心，问道："怎样才能让他娶上妻室呢？"

管仲正在筹谋一项政策，早就等待有这么一个劝谏的机会，于是答道："臣听说，朝廷过分聚敛财货，天下百姓必然困穷；宫中有怨女，民间必然有老而无妻之人。"

"仲父说得有理，寡人服了。这样好不好？"齐桓公以商量的口吻道，"宫中所有宫女，凡未被寡人亲幸过的，全部放出宫，一律嫁到民间去。"

"谢主公恩典。"管仲微笑道，"将宫女遣送出宫，臣非常赞同。不过，臣却不想将她们放到民间去，臣要留下来，以作大用。"

"不行、不行。"齐桓公连连摇头道，"寡人之所以将宫女遣送出宫，是要解决民间有人无妻的问题，不是给仲父你的。"

管仲听罢哈哈大笑："主公以为臣自己要这些宫人吗？"

齐桓公反问道："不是吗？"

"差矣！这批宫女，个个都颇有姿色，臣要将她们派大用场。"管仲解释道，"臣欲在临淄及齐国的大城市设置女闾（即妓院），将这批宫女派到女闾去当侍应女。"

"什么？什么？"齐桓公问道，"女闾是怎么回事？侍应女又是做什么的？"

"臣正欲向主公禀报这件事。"管仲道，"自臣颁布招揽外资的优惠政策之后，各诸侯国的商人蜂拥而来，然而，这些外国商人以及游士来到齐国后，由于是只身在外，妻妾皆留在家里，身边并无女眷。他们都很恋家，难以在齐国久待下去。设置女闾，让这些长居齐国的外国商人能够解除身边没有妻室、女人的烦躁和不安，使他们在齐国感到有一种家的感觉。"

"招徕外商的优惠政策，寡人怎么不记得了？"齐桓公问道。

"主公国事繁忙，可能不记得了，这件事，臣向主公禀报过的。"管仲说。

"啊！"齐桓公拍拍脑袋，"让寡人想想。"

原来，齐国称之为盐铁之国，自然资源最为丰富的当属盐和铁，至于其他商品，如皮、骨、筋、角、竹箭、羽毛、象牙、皮革等等，都很匮乏。一次，齐桓公询问管仲，有什么办法能够得到这些商品。管仲道："齐国没有这些东西，那就只有通过交易，多方收购，别无他法。"

"收购？"齐桓公道，"如何收购，商人不来，总不能上门去将他们拉到齐国来吧？"

"臣有办法让各国的商人都到齐国来做生意。"管仲信心十足地说。

齐桓公问道："仲父有何办法，让各国商人都到齐国来做生意？"

"制定优惠政策以招徕外商。"管仲很有把握地说，"商人走南闯北，贩卖贩卖，买贱鬻贵，为的是赚钱。只要我们制定优惠政策，并公之于天下，让各国商人都知道，齐国的经济环境好，到齐国来经商，能够赚钱，赚大钱。这样，他们一定会趋之若鹜，不请自来。"

齐桓公非常赞同管仲的意见，命管仲制定招商引资的一揽子优惠政策，鼓励、吸引外国商人到齐国来做生意，并将优惠政策张贴在政令展台和各交通要道上，让更多的人知道。其具体优惠政策是：

国君令：

为诸侯国来的商人修建招待客栈，规定：凡来四马所驾一车的外商，免费供给食物；来十二匹马架三乘车的外商，再加供给马匹的饲料；来二十四匹马五乘车的外商，除享有上述优待政策外，另外再配五个专职服务人员。

优惠政策颁布之后，各国的商人果然趋之若鹜，如流水般涌来。齐国的市场经济迅速兴旺繁荣起来。

外商来了，市场繁荣了，经济也搞活了。但是，时间一久，很多外国商人又陆续走了。管仲不明所以，经了解才知道，原来，外商来到齐国，身边并未带女眷，时间久了，生理上、心理上的压力不能发泄，渐渐有了恋家的感觉。故此很多外商先后都回家了。管仲看在眼里，急在心头，总想为外商解决这些具体问题，故有了设女闾的打算。由于女闾中的侍应女不能落实，虽有设女闾的想法，却一直没有付诸实施。

管仲知道宫中侍女很多，她们中间有很多不但从未被齐桓公亲幸过，甚至连见齐桓公一面的机会都没有。那么多如花似玉的妙龄少女，在宫中守着齐桓公一个男人，白白地浪费了青春年华。但在那个年代，宫中的女人没有人身自由，虽有思春之念，却不能、也不敢越雷池一步。

管仲两眼看着齐桓公，等待着他的回答。

"啊！想起来了。"齐桓公有些不好意思地说，"就是那个一乘者供饭食；三乘者外供牲口草料；五乘者配五名侍者的政策？"

管仲微笑地点点头。

齐桓公道："效果如何？"

"优惠政策公布之后，天下客商趋之若鹜，闻风而来。"管仲道："只是，来虽来了，很多却没有留住，来了一段时间又走了。"

"啊……"齐桓公似乎明白了。

管仲道："臣设置女闾，将宫中遣出的宫女派到女闾中当侍应女，通过其他途经挑选一些，充实到女闾中去，借以留住外来宾客。"

"仲父哟！"齐桓公大大笑道，"此等妙招，也只有你才能想得出来。"

"臣也是被逼出来的。"管仲道，"臣设女闾，不仅仅是留住宾客而已。"

"怎么？"齐桓公问道，"还另有文章？"

"当然。"管仲道，"只要有赚钱的机会，臣一定会紧紧抓住，绝不会轻易地让其从手边溜走。"

齐桓公饶有兴趣地看着管仲道："仲父又有何妙招？"

"女闾设置之后，不仅会留住现有宾客，同时还会吸引更多的商贾到齐国来做生意，这样就能极大地促进齐国工商业的发展。"管仲话锋一转，手舞足蹈地说，"同时还可吸引大批游士到齐国，这些游士大多放荡不羁，他们最大的爱好就是喜欢醇酒和女人，齐国设女闾，为他们提供任意挑选的女人，他们一定会像蚂蟥闻到血一样，蜂拥而来。"

"让他们到女闾去销魂？"齐桓公问道，"朝廷能得到什么？"

管仲道："臣要收'夜合之资'以充国用。"

"夜合之资？"齐桓公惊问道，"仲父真是异想天开呀？"

"只要天能开，异想怎么不可以？"管仲反问道。

"寡人不反对仲父这样做。"齐桓公道，"女闾开张了，别忘了通知寡人一声，寡人想看看，仲父开设的女闾，到底是什么样子。"说罢哈哈大笑。

"只要主公有兴趣，随时都可以前去考察体验。"管仲说罢，大笑不止。

管仲为相，在齐国推行了一系列的改革措施，使齐国走上了富国强兵的道路。而其所创设的女闾，只不过是其中的一个小插曲。他设置女闾，完全是出于一种政治目的和经济目的的需要，并不是为了淫乐。然而，他所设置的女闾，却开创了中国古代官妓之先河，对后世中国的公共制度产生了极为深远的影响。在此后的中国历史上，出现了一种专操皮肉生意的行业——妓院，专操皮肉生意的职业——妓女。管仲此后征收的"夜合之资"，也就是后世的所谓"花粉税""花粉捐"。这恐怕是管仲当初所始料未及了。有人说，管仲乃中国妓女之祖师爷，虽是一句笑谈，却也是恰如其分。

茫茫原野上，传来阵阵驴、马欢叫声，数十辆满载着皮、骨、筋、角、竹箭、羽毛、象牙、皮革、中药材、粮食等物资的驴车、马车行走在官道上。

两位衣着考究的商人跟在车队后面边走边聊。其中一位道："阿克苏，听说你回了陈国，打这么多货，要到哪里去发财？"

"满哈里，你不是也回了莒国吗？又准备到哪里去？"

"到齐国去。"满哈里道，"听说齐国设了女闾，到齐国去做生意，再也不愁身边没有女人了。"

"齐国政策优惠，有钱赚，还在美人相伴，我当然也是到齐国去。"阿克苏大大咧咧地说。

第37章 招徕外商出奇招

"过去，出门在外，老婆不在身边，真是难熬呀！"满哈里哈哈大笑道，"现在好，齐国设置女闾，随时想女人，随时可以到女闾去逍遥快活。再也不受身边没有女人之苦了。"

正是由于管仲采取了一系列的优惠措施，天下各国的商人纷纷到齐国经商，真正是"天下之商贾归齐若流水"。

第 38 章　首合诸侯

管仲主政以后，修旧法，举新政，行政上推行"三国""五鄙"的朝野分治制度；军队改革实行"作内政而寄军令"，即寓兵于民；经济上推行相地衰征的农业赋税政策、官山海政策，并实行各项优惠政策吸引外商，大力促进齐国工商业的发展。几年下来，齐国之经济得到了迅速增长，市场出现了欣欣向荣的景象。

正在齐国经济飞速发展之时，宋国却发生了惊天动地的动乱。事情的起因要追索到齐、宋联合攻打鲁国这件事上。宋国大夫南宫长万在那次战争中为鲁国所俘，在宋国的请求和齐国的调解下，鲁国才将南宫长万释放回国。本来，南宫长万在宋湣公心中的地位是相当高的，但自从他战败被俘之后，宋湣公从心里对他萌生了轻视之意。

一次，宋湣公与南宫长万相约打猎，并设赌局，猎物多者为胜，败者摆宴请客。狩猎本是一种游乐，败者摆宴请客，只不过以博一笑而已，算不得什么。谁知两人在狩猎过程中较上了劲，追杀野兽，争先恐后，南宫长万虽说为臣子，但对宋湣公没有丝毫相让之意，为争夺道路而互不相让。宋湣公一怒之下骂道："南宫长万，以前寡人佩服你是一个英雄，很尊敬你，自从你做了鲁人的俘虏以后，寡人就不再尊敬你了，甚至还瞧不起你，由于你无能，才使宋国打了败仗，使寡人蒙受战败的奇耻大辱。"

南宫长万是宋国有名的大力士，为鲁人所俘，是一生之奇耻大辱。宋湣公以此来侮辱他，正是揭了他的伤疤。有道是：打人莫打人脸，骂人莫骂人羞。宋湣公却不识此道，借南宫长万兵败被俘之事羞辱于他，虽图了一时口快，却为他日后惹来杀身之祸。这就是祸从口出。

第38章 首合诸侯

宋国大夫仇牧私下里曾对宋湣公说："君臣之间，应以礼相待，不可随便戏言。君戏臣，是对臣的不尊重，臣戏君，则是大不敬。不尊、不敬则相互间会有怠慢，怠慢则导致失礼，进而滋生悖逆之事。君上一定要戒之，切不可任意而为。"

宋湣公不以为然地说："孤与长万，关系一向很好，没有什么大不了的，言语相激，只不过是戏言罢了。"

齐桓公五年（公元前681年），周庄王驾崩。太子胡立继位，是为周厘王。周室遣使传讣告于天下诸侯国。当使者到宋国时，宋湣公与宫人正在蒙泽玩游戏。南宫长万有一绝技，即将戟掷向空中数丈高，然后伸手接住，从未失手。宫人欲观南宫长万之技，向宋湣公建议，请南宫长万一同出游。宋湣公召南宫长万一同出游。游玩过程中，南宫长万奉命献掷戟绝技，博得宫人满堂喝彩。

宋湣公虽为国君，好胜之心特别强，他见南宫长万掷戟博得满堂彩，颇是不服，心中暗含妒忌之意，命内侍取过博戏，邀南宫长万决赌。输者以喝酒为罚。酒，是烈酒，斗，以大金斗。

博戏是中国最早的一种博弈游戏，又称"六博"，有六支箸和十二个棋子，箸是一种长形的竹制品，相当于打麻将牌时所用的骰子。博弈双方相对而坐，棋盘放在两人中间，盘为十二道，两头当中为水。把长方形的黑白各六个棋子放在棋盘上。又用鱼两枚，置于水中。比赛双方轮流掷骰子，根据掷采的大小，借以决定棋子前进的步数。棋子到达终点，将棋子竖起来，成为骁棋（或称枭棋）。成为骁的棋，便可入水"牵鱼"获筹。获六筹为胜。未成骁的棋，就称为散棋。骁棋可以攻击对方的棋子，也可以放弃行走的机会而不动，散棋却不可。

宋湣公是博戏高手，南宫长万根本就不是宋湣公的对手，连负六局，罚酒六斗，南宫长万已有八九分醉意，连输连罚，心中不服，趁着酒性，抓起骰子说道："来，再博一局，我就不相信赢不了你。"

宋湣公见南宫长万不服气，挖苦地说："囚徒乃常败将军，不是寡人的对手，你就是拿出吃奶的力气，恐也难胜寡人一局。"

"你……"南宫长万见宋湣公如此轻蔑自己，再次以战败被俘之事羞辱，不由怒火中烧，正欲发作。忽有宫侍来报：周王遣使来宋，正在外面候见。

宋湣公博戏之中将南宫长万杀得狼狈不堪，正自得意，闻周室有使者来宋，高兴说道："有请！"

周王室使者应声而入，彼此礼过之后，宋湣公问道："天子使臣来宋，不知有何上命？"

周王室使者朗声说道："庄王驾崩，太子胡立继位，是为周厘王。本使奉周厘王之命，一是传庄王驾崩的讣告，二是通告周厘王即位之讯。"

"啊！"宋湣公正容地说，"周室庄王驾崩，新天子即位，宋国应当派遣使臣前往凭吊和祝贺。"

南宫长万忙奏道："臣从未到过洛邑，不知王都是什么样子，恳请君上，臣愿为使臣赴王都吊贺。"

"嘿、嘿！"宋湣公冷笑两声道，"宋国即使再无人，也不会派遣一个囚徒为使呀！"

宫人听罢，大笑不止，南宫长万听罢宋湣公的讥讽之词，羞得面红耳赤，接着又闻宫人的讥笑声，更是恼羞成怒，兼趁酒性发作，大骂道："无道昏君，你知囚徒也能杀人吗？"

"大胆贼囚！怎敢无礼！"宋湣公也是大怒，伸手去抢南宫长万手中长戟，南宫长万也不来夺，提起博戏，劈头盖脸地击向宋湣公，宋湣公应声倒地，南宫长万飞身上前，举起铁拳就打。南宫长万是宋国有名的大力士，铁拳下去，力有千斤，宋湣公哪里承受得起，三拳两拳，顿时死在南宫长万的铁拳之下。

宫人见南宫长万打死了国君，轰然而散，纷纷大呼道："南宫长万弑君了，南宫长万弑君了。"

南宫长万怒气未消，提戟大步来到朝门，正好遇上大夫仇牧，仇牧问道："主公何在？"

南宫长万答道："昏君无礼至极，已被我杀了。"

仇牧闻南宫长万身上酒气熏人，笑着问："将军醉了吧？"

"谁醉了？"南宫长万伸出沾满鲜血的手说，"你看，这是什么？"

仇牧见南宫长万真的杀了人，勃然变色，大骂道："弑君之贼，天理不容。"举起手中笏板击向南宫长万，南宫长万掷戟于地，空手相迎，看也不看，左手一扫，将笏板打落在地，右手铁拳顺势一挥，将仇牧打得脑浆迸出，当场毙命。南宫长万捡起地上铁戟，从容地登车扬长而去。

太宰华督听到叫声，挥剑上车，带兵前来平乱，刚走到东宫西门，正好与南宫长万相遇，长万也不说话，催车上前挺戟便刺，华督哪里是南宫长万的对手，只一合便坠落车下，南宫长万再补一戟，顿时一命呜呼，到阎王爷那里报到去了。

第38章 首合诸侯

南宫长万弑君后，拥立公子游为宋国国君，将宋湣公手下的大族尽行驱逐。宋国众公子惊闻其变，都逃到萧邑避难，公子御说则投奔到亳邑。

南宫长万知道公子御说有才华，且又是宋湣公的嫡亲弟弟，只要除掉公子御说，其余众公子也就不足为虑。于是，南宫长万派他的儿子南宫牛和大将猛获率师包围了亳邑，欲捉拿公子御说，以绝后患。

萧邑的萧叔大得知南宫牛在攻打亳邑，率领被驱逐的戴、武、宣、穆、庄五族及众公子，又向曹国借来军队，来救亳邑。公子御说得知救兵来了，率亳邑的成姓大开城门，从城中杀出，内应外合，一举击败南宫长万派来的军队，南宫牛被杀，猛获落荒而逃，不敢回宋，投奔卫国去了。

戴叔皮向公子御说献计道："使用降兵旗号，假称南宫牛攻克亳邑，擒了御说，得胜回朝，然后趁机除掉弑君之贼。"

公子御说采用戴叔皮的建议，派人一路传言，说南宫牛得胜回朝，借以麻痹南宫长万，随后带着得胜之师，杀回都城。撞开城门，一拥而入，三军大叫："只杀弑君之逆贼长万一人，其他人等不必惊慌。"

南宫长万闻警，吓得不知所措，仓促间急奔朝中，欲带上新君公子游出逃，奔跑之中，见满街都是甲兵，乱军中有一内侍跑到长万面前说道："主公已被乱军所杀。"

南宫长万长叹一声，知大势已去，思之再三，知列国之中，惟陈国与宋国没有交往，于是杀回家中，将八十岁的老母扶上车，左手挟戟，右手推车而行，一路上竟是无人能挡，杀开一条血路，夺门而去。

宋国众公子杀掉公子游后，拥立公子御说为君，是为宋桓公。公子御说即位后，拜戴叔皮为大夫，选五族之贤者，为公族大夫。萧叔大仍归守萧邑。

宋桓公即位后，遣使到卫国引渡猛获，遣使到陈国引渡南宫长万。当时，公子目夷年仅五岁，侍候在宋桓公的身边，听父亲遣使于陈，笑着说："长万必不能引渡回宋。"

宋桓公说："小孩子，知道个什么？不要乱说话。"

目夷回答说："勇武之人，谁都想得之，长万乃万人敌，被宋国所弃，这样的人，难道陈国会轻易放弃吗？他们必定要加以庇护，宋使必当空手而归。不信就走着瞧。"

宋桓公认为目夷言之有理，系备了一份厚礼，让使臣带往陈国送与陈国国君。

先说卫国，卫惠公接待宋国使臣后，并不想交人，卫大夫石祁子劝谏说："主公，天下之人有共同的是非好恶标准，为宋国所憎恶的人，卫国却要将他保护起来，这有什么好处？为保护而得到一个猛获，但却得罪而失去一个国家，与恶人相处而抛弃友好邻邦，这是不合算的。"

卫惠公听从石祁子的劝谏，把猛获交给了宋国使臣。

再说宋国使臣至陈国，先以重宝献于陈宣公，然后要求引渡南宫长万回宋。陈宣公因收了宋国的财物，欣然同意将长万交给宋国，但担心南宫长万勇武过人，不易擒拿，便设了一个美人计，先是发请柬宴请南宫长万，席间，几个美人轮流敬酒，将南宫长万灌醉，然后，将他装进皮袋里送到宋国。宋国将长万与猛获用酷刑处死。

宋公子御说虽说继承了宋国君位，没有得到诸侯的承认，地位并不牢固。正是这件事，为齐桓公称霸提供了一个大大的机会。

齐桓公五年（公元前681年），齐桓公对管仲说："寡人承仲父之教，对国政进行改革，如今的齐国，兵精粮足，国富民强，百姓都知道礼仪，寡人意欲立盟约，修霸业，仲父以为如何？"

管仲奏道："称霸诸侯，是齐国的既定目标，但对外却不能赤裸裸地这样说，这样，齐国将会成为众矢之的。"

"仲父认为该怎样办？"齐桓公问道。

管仲审时度势地说："当今诸侯，强于齐国的很多，南有荆、楚，西有秦、晋，各自逞英雄，不知尊奉周王室，所以不能成就霸业。周王室虽然衰微，但仍然是天下共主，平王东迁以来，诸侯不朝，不向周天子纳贡，这种不尊礼法的混乱局面应该整顿。如今周庄王驾崩，周厘王初立。宋国又遭南宫长万之乱，贼臣虽然死了，但宋君的地位并不牢固，有可能还要出乱子。主公可派遣隰朋到周朝去，一是祝贺周室新王登位，二是请周天子下旨，以齐为主，大会诸侯，安定宋桓公的君位。以此作为称霸的契机。大会诸侯之后，主公的威信必将大大提升。然后奉天子以令诸侯：对内尊重周王室，对外扶持中原各国中衰弱的国家，抑制强暴国家，讨伐昏淫无道的诸侯，抵制入侵中原各国的外来之敌，使海内诸侯都知道齐国坚持正义，大公无私。这个形象一旦确立，各诸侯国必然都来依靠齐国。如此一来，不需动用兵车，主公就可获得霸主的地位。此举

第38章 首合诸侯

名为高举'尊王'之名，实行'称霸'之实。"

齐桓公采纳了管仲的意见，立即派隰朋出使洛邑，朝贺周厘王。果然不出管仲所料，周厘王见齐桓公如此尊重周王室，非常高兴，立即下旨，由齐侯出面大会诸侯，安定宋君。

齐桓公接旨大喜，问管仲道："王诏已下，何时发兵？"

管仲道："先向诸侯传达天子之命，然后再会诸侯于北杏，在会上公推盟主，由盟主来执行天子之命。然后，诸侯国军队，由盟主统一指挥，这样，就可以战无不胜。"

于是，齐桓公立即遣使，将周王之命传达给宋、鲁、陈、蔡、卫、郑、曹、邾等国，约定三月初一，在齐国的北杏（今山东东阿县境内）召开会议。诸侯得知齐桓公召开盟会，是奉王命而行，都同意参加盟会。

实际上，自曹叔大借兵平息南宫长万之乱、立公子御说为君之后，宋国的局势已逐步走向稳定，根本不存在君位不定的问题。齐桓公召集诸侯在北杏会盟，安定宋国，只不过是一个借口而已，真正的目的，是想显示齐国的权威，以图霸业。

使者派出以后，齐桓公问管仲："仲父，北杏之会，需要带多少兵车？"

管仲摇头说："主公此次是奉周天子之命与各国诸侯相会，不必带兵车，这次大会是衣裳之会。"

管仲安排王子成父率军在北杏筑三丈高坛，坛分三层，坛上左边悬编钟，右边摆上乐鼓，中间摆上周天子虚位。旁边设一土台，摆上玉、帛、酒具等。高台旁边，盖起高大敞亮的馆舍，以备各国诸侯下榻之用。

二月下旬，宋桓公带百乘兵车率先到达北杏。齐桓公与管仲把他安排到馆舍住下。

宋桓公感激地说："齐侯遵周天子之命，召集诸侯集会，帮寡人安定君位，寡人真是感激不尽。"

齐桓公笑道："要感激就感激周天子吧！咱们都是周天子的臣。"

宋桓公想起到北杏之后，没有见到齐国的一车一兵，不禁问道："寡人怎么没有看到齐侯的兵车，难道齐侯没有带兵车吗？"

齐桓公笑道："北杏之会，乃兄弟相会、衣裳之会，何需带兵车？"

宋桓公听后，命令手下，将带来的兵车退到二十里之外驻扎。

安置好宋桓公，陈宣公杵臼、邾子克二君相继到达，蔡哀侯献舞也带兵车来到北杏。他们见会场布置得如此壮观、气派和讲究排场，馆舍修得宽敞、舒适，心里异常振奋,又见齐国没有带兵车,十分感动,都效仿宋桓公,将自家的兵车撤退到二十里外驻扎。

宋、陈、邾、蔡四国到达后,其余各国没有音讯,齐桓公又等了三天,眼看会期将至,有些不耐地对管仲道:"仲父,诸侯不齐,是不是更改会期?"

管仲说:"一人为私,二人为公,三人则为众,现有五国聚会,不为不众。如果改期举行,是失信于人,言而无信,何以称霸?"

齐桓公点头称说:"好,那就不等,时间一到,按期举行会盟之约。"

三月初一,风和日丽。五国诸侯,会集在盟坛之下。彼此礼毕,齐桓公拱手对诸侯说:"近年来,周王室衰弱,天下混乱。寡人奉周天子之命,会诸公以匡周室,诸公可先推举一人为盟主,做到权有所属,令行禁止。大家看,谁最合适?"

陈、邾、蔡三位国君交头接耳,议论起来。宋桓公独自沉吟不语。

按照当时的惯例,诸侯的爵位分为公、侯、伯、子、男,尊卑有序。宋是公国,齐是侯国,宋国地位实际上高于齐国。由于宋桓公新立,还要依靠齐桓公帮助他安定君位,故不敢妄自尊大。

为了使齐桓公得以顺利推选为盟主,几天来,管仲背地里做了陈宣公的工作。陈宣公很想与齐国搞好关系,率先打破沉默说:"天子将召集之命交给齐侯,齐侯是代周天子召集诸侯聚会,齐侯的地位无人能替代,只有以齐侯为主,才能实施周天子的旨意。寡人的意见,推举齐侯为盟主。"

楚国老找蔡国的麻烦,不时挑起事端,而蔡国实力不及楚。蔡哀侯也想依靠齐国抑制楚国。这次来北杏会盟,也想同与齐国搞好关系,听了陈宣公发言,立即应声附和道;"兵强国大,威德兼备,除了齐侯,谁人能够主盟?陈侯言之有理,盟主非齐侯莫属。"

邾是子国,爵位最低,也想讨好齐国,见齐桓公不带兵车,以诚待人,于是也说道:"寡人同意蔡侯、陈侯的意见,推举齐侯为盟主。"

齐桓公面带喜色,对宋桓公说:"宋公之意如何?"

宋桓公虽说在五国之中爵位最高,但他有自知之明,国内政局混乱,君位尚不稳固,还要依靠齐桓公助他一臂之力。且齐桓公是奉周天子之命行事,只好勉强违心地说:"既然陈侯、蔡侯、邾子都同意齐侯为盟主,寡人也无异议。"

齐桓公假意谦让一番,然后登坛。诸侯相继登坛。齐桓公为主,宋桓公次之,随后是陈宣公、蔡哀侯、邾子,皆鱼贯登坛。杀牛马之血,齐桓公请诸侯歃血为盟。

歃血之后，两边钟鼓齐鸣，音乐齐奏。五位国君先在周天子位前行面君大礼，然后互相交拜，共叙兄弟友情。

隰朋手捧约简，在天子位前跪读道：

周厘王元年三月一日，齐小白、宋御说、陈杵臼、蔡献舞、邾克，奉天子命，会于北杏，共同议定，扶助王室，抵御外侮，平定内乱，济弱扶倾。若无周天子之命，诸侯不得擅自征伐。有违反盟约者，列国共伐之！

盟约的核心为：若无周天子的命令，诸侯不得擅自征伐。
齐国拥有征讨不服从天子之命的诸侯的大权，其实并不受此盟约的约束。
齐桓公向周天子位拱手一揖道："齐国唯约是从！"
陈宣公、蔡哀侯、邾子也都各自向周天子位拱手施礼道："唯约是从！"
宋桓公仅向周天子位施了一礼，退过一旁，没有说任何话。
北杏之会虽然参会的诸侯不多，但它的召开，体现了管仲的运筹之能，显示了齐桓公的霸主风度。《论语》称齐桓公九会诸侯，北杏之会是第一会。正是：

北杏之会集五君，巧借扶宋欲为尊。
局中玄机谁能识？唯求公推第一人。

第39章　曹刿劫盟

　　管仲见五国之君都已盟约，登上高坛，向各位诸侯施礼道："鲁、卫、郑、曹，违抗王命，不来赴会，不可不讨伐，以正王命。"
　　齐桓公举手向四君说道："敝国兵车不足，愿请诸君联合，同心协力，予以讨伐。"
　　陈宣公、蔡哀侯、邾子都同意听从盟主的调遣，宋桓公并未明确表态，只是含糊其辞地说："此事容当考虑一二。"
　　宋桓公会盟结束之后回到馆舍，心中闷闷不乐，长吁短叹。相国戴叔皮已经知道会盟的内容，心中也是愤愤不平。见主宋桓公闷闷不乐，关切地问："主公，有什么心事吗？"
　　宋桓公长叹一声道："宋国是公，齐国是侯，齐侯妄自尊大，打着周天子旗号，僭位主盟，欲调遣各国兵车，讨伐不参加会盟的诸侯。陈侯、蔡侯、邾子都看齐侯的眼色行事，以后，宋国恐要为此疲于奔命了。"
　　戴叔皮冷笑一声说："北杏会盟，受邀请的有九国，实际只到了五国，仅过半数而已。可见齐侯威望并不高，尚未形成气候。如果征服了鲁国和郑国，齐国的霸业就成。齐国如果称霸，非宋国之福，与会四国，唯宋为大，宋不出兵，三国自行解体。况且，此次北杏之会，是得到周天子的认可，以巩固主公的地位。现在目的已经达到了。还有必要留在这里吗？"
　　宋桓公想了想，忽地站起来，果断地说："对，寡人堂堂公国，为何要受制于齐侯？传寡人命令，做好准备，今夜五更返程。"
　　第二天，齐桓公发现宋桓公连夜不辞而别，非常恼怒。欲派遣大司马王子成父和大将军仲孙湫率兵去将宋桓公追回来，管仲制止道："我们是请人家来会盟的，人家走了，派兵去追，似乎没有这个道理。暂时将宋国逃盟之事放置一边，以后再处理。眼前还有比伐宋更急切的事情要去做。"

齐桓公看了管仲一眼，问道："什么事比伐宋还急？"

管仲道："宋国尽管背盟，总算还参加了北杏会盟。可鲁国连来都不来，无视主公事小，无视周天子罪大，主公应先伐鲁国，不制服鲁国，怎么能制服宋国。再说，鲁国离齐国最近，讨伐也更方便。"

"好！"齐桓公赞同地说，"那就先征伐鲁国，仲父认为从哪路进军有利？"

管仲分析说："伐鲁先伐遂国，遂国与齐、鲁相邻，国小势弱，是鲁的附属国，全国仅四姓。若以重兵压境，可以轻而易举地灭掉遂国。灭遂，鲁国必然惧怕。主公再派一名特使到鲁国，责备鲁侯不赴北杏会盟。同时派人送信给鲁侯之母文姜夫人，文姜夫人是主公的姐姐，肯定不愿意看到齐、鲁两国兵戎相见。鲁侯内迫于母命，外怵于兵威，必将求盟。如果鲁侯主动求和加盟，主公应当欢迎，鲁国可不战而盟。平鲁之后，再同周天子派来的军队一同讨伐宋国，那一定是势如破竹。"

齐桓公认为管仲之谋高明，欣然采纳了他的建议。

齐桓公一面遣使到洛邑向周天子请命，一面亲自率领齐、陈、蔡、邾四路大军，进攻遂国，遂国乃弹丸小国，怎能与四国抗衡，大军一到，遂国便土崩瓦解。齐桓公轻而易举地灭掉了遂国。

齐桓公灭掉遂国之后，欲乘胜进攻鲁国。管仲说道："鲁国是周室宗国，不可以擅自用兵，联军暂时驻扎在遂国，派人送书到鲁国，责备他们不参加会盟之罪，鲁侯如果继续顽抗，不出城续盟的话，再进兵讨伐，也就出师有名了。"

齐桓公同意管仲的意见，修书一封，派人送往鲁国。

管仲主张灭遂，实际上是"杀鸡儆猴"，做给鲁侯看的，目的就是逼迫鲁国就范。联军灭掉遂国的消息传到鲁国，鲁庄公果然慌了手脚。他认为，一个齐国就难以招架，再加上陈、蔡、邾三国，更难抵挡，连忙召集群臣商量应对之策。

公子庆父挺身而出道："长勺之战，齐军大败而归，齐国是鲁手下的败将，如今竟然又兴兵来犯，臣愿带兵击退齐军！"

"不可，不可！"施伯忙出班奏道，"兵戎相见，决非上策！"

鲁庄公看了这位智囊一眼，问道："施大夫有何高见？"

施伯说道："臣以前曾说过，管仲是天下奇才，精通治国之道。齐国在他的治理下，已经是日渐强盛，羽翼又丰，齐国已不是过去的齐国了。管仲精通治兵之道，现在的齐军，也不是从前的齐军了。再加上陈、蔡、邾三国军队相助，更不可与他硬碰硬。北杏之会，齐侯打的是周天子的旗号，鲁国没有去，违抗了周天子之命，是我们理屈。齐侯率兵来伐，师出有名，不可抗拒。"

"那该如何之好？"鲁庄公急得团团转。

施伯说道："为今之计，不如与齐国修好请盟，齐军一定会不战而退。"

曹刿出班谏道："齐侯是假天子之命而来，主公若出兵相抗，是与天子为敌。主公亲自前往续盟，才是正理。"

正在此时，殿卫官来报，说齐侯派人送信来了。

"传！"鲁庄公手一挥。

齐国使者随侍者入殿，呈上书简说："外臣乃齐国使臣，今奉敝国国君之命，送书简一封。请鲁侯过目。"

侍者上前接过，呈与鲁庄公，鲁庄公道："带齐使馆驿休息，待寡人商议之后再予以答复。"随手将齐国国书交给施伯："念！"

施伯展开书信念道：

寡人与君并事周室，情同兄弟，而且齐、鲁世有婚姻之好。北杏之会，乃周天子之命，君不与会，不知是何原因？周天子令寡人兴师问罪，君如有话说，可修书与来使带回。

鲁庄公听完后沉思不语，正在这时，近侍走到鲁庄公身边耳语几句，鲁庄公站起身说道："众卿家继续商议，寡人去去就来。"

鲁庄公离了大殿，快步向后宫走去。原来，齐桓公在修书鲁庄公的同时，也给鲁庄公的母亲文姜修书一封，文姜接信后，有意要化干戈为玉帛，遣宫人打听，知鲁庄公与大臣们正在商议此事，故召见鲁庄公。

鲁庄公来到后宫，文姜劈头盖脸地问道："在朝堂商议战事是吗？结果如何？"

鲁庄公老实地回答，朝堂上，有主战、主和两种意见，如何定夺，还没有最终确定。

文姜语重心长地说："齐、鲁世为甥舅关系，怎么总是磕磕碰碰，不能和睦相处呢？要以和好贵，不要擅动干戈。"

第39章 曹刿劫盟

鲁庄公恭恭敬敬地说:"孩儿谨听母亲教诲。"

"好!"文姜一挥手,"去吧!"

鲁庄公出了后宫,在返回大殿途中,便下了决心,回到大殿,刚落座就对曹刿说:"曹大夫,马上修书一封,回复齐侯,就说寡人因身体有病,未能赴北杏之会。齐侯以不遵王命兴师讨伐,寡人知罪。然而兵临城下,签订盟约,寡人不能接受,如果他们能将兵车退回齐,不再侵略鲁国,寡人立即携带玉帛前去请罪加盟。"

曹刿遵旨,立即走到旁边案几坐下,修书一封:

前次北杏之会,寡人偶染小疾,未曾赴命。寡人知罪矣!若齐国大兵压境,逼签城下之盟,这一点寡人却不能接受。若能退兵于君之境,寡人当奉玉帛前来请罪。

鲁国乃小国,会盟必不带兵刃,若带兵刃与会,即是以战争的姿态传闻于各诸侯国,齐侯还不如作罢。这次会盟,请都不要携带兵刃。

鲁庄公看罢,略显疑惑地问:"不带兵刃与会?这是何意?"

曹刿走到鲁庄公面前耳语了几句,只见鲁庄公脸色数变,而后又频频点头,沉思了一会,毅然决然地说:"好,就按你的意思办。"

齐桓公得书大喜,立即命令兵车退至齐国境内的柯地,并遣使再赴鲁国确定柯地(今山东阳谷东北)会盟之期。

鲁庄公偕同施伯、曹刿等人,乘车按期赴柯地请罪加盟。进入齐境,鲁庄公见沿途庄稼茂盛,牛羊遍野,呈现一派繁荣、昌盛、祥和的景象,惊异地对身边的施伯说:"齐国这几年的变化怎么这样大呀?"

"臣早就说过,管仲乃旷世奇才,深知治国之道,听说他搞了个什么相地衰征的农业改革政策,极大地调动了农民生产的积极性。"施伯指着周围的庄稼说,"你看这遍地的禾苗长得多好呀!"

"悔不该当初没有听卿家之言,没有留住管仲,错失一个人才。"鲁庄公惋惜地说。

"还有。"施伯继续说,"管仲治国以后,咱们鲁国的盐价成倍地增长。"

"是吗？这个寡人倒不清楚，从来没有人向寡人提起过这件事。"鲁庄公问道，"这与管仲治国有关吗？"

"齐国有展渠之盐，这是他们得天独厚的自然资源，管仲做了相国，颁布了官山海的政策，齐国的财政收入猛增，一下子就富了起来。"

鲁庄公惊问道："官山海？这是怎么回事？"

施伯解释说："官山海就是齐国对盐、铁这两个商品实行垄断经营，具体办法是，煮盐、冶铁允许民营，但煮出的盐，炼出的铁，全部由官府收购，商人不得插手其间。这就叫做民制、官收、官运、官销。"

鲁庄公不服气地说："咱们不买齐国盐，号召商人到莱芜去进货，让他齐国的盐卖都没处卖。"

"不行呀！"施伯无奈地说，"莱芜三面临海，一面陆地与齐国相连，莱芜的鱼盐要销往中原各国，必须经过齐国国境，否则，插翅难飞。"

"怎么？管仲不让过境？"鲁庄公惊问道。

施伯说："管仲下令，封锁齐国与莱芜的边境，凡鱼盐之物，不准经齐境外运。全部由齐国收购，然后由他们加价销往中原各国。"

鲁庄公一拍车扶手："唉！管仲做得真绝呀！"

"管仲这个人奇招百出，真不知他还会出什么怪招。"施伯也是一脸无奈。

"齐国越来越强大，鲁国难以与之抗衡了。"鲁庄公感叹地说。

曹刿坐在他们旁边一言不发，但心里正在盘算着：管仲，别高兴得太早，柯地会盟，我曹刿一定要你好看。

鲁庄公一行在不知不觉间到了柯地，令鲁庄公吃惊的是，街上的兵士，都是列队行进，步伐齐整，雄赳赳，气昂昂，威风凛凛；市场上，贩夫走卒，穿梭于街头巷尾，叫买叫卖，好不热闹，他们中间很多是鲁人。来到柯地会盟的地方，鲁庄公惊异地发现，这里的馆舍全是新建的；接待的侍者个个彬彬有礼，显然，都是经过专业训练的，没有经过专门训练，达不到如此熟练的程度。

晚上，鲁庄公睡在刚建的馆舍、崭新的被窝里，翻来覆去地睡不着，他对齐国的强大而不安，直到二更，才迷迷糊糊地睡着。

齐、鲁两国柯地会盟，临行前，齐桓公命所有随行人员都不要带兵器。管仲并不同意这种做法，他对齐桓公说："不行，现在，各诸侯国对主公都心怀嫉恨，主公还是就此告退的好。主公真的要借盟会来削弱鲁国，各诸侯国都会把'贪'

第39章　曹刿劫盟

名加在主公的头上。以后有事，小国愈加顽抗，大国也组织防备，这对齐国是很不利的。"

齐桓公不听管仲的劝告，说："这怎么可以？决定了的事情，就得照办。"

管仲向齐桓公分析说："主公切不可去。鲁国人怎么会不带兵器？曹刿的为人，坚强而狠毒，不是凭盟约就能解决问题的。"

齐桓公不听，仍坚持不带兵器赴会，管仲无奈，只好暗自提防。

第二天一大早，曹刿来见鲁庄公，鲁庄公叹了口气道："寡人真是生不如死啊！"

曹刿从怀中抽出两柄短剑，一柄递给鲁庄公，一柄握在手中，悄悄地说："请主公带上此剑，到时，主公对付齐君，臣对付齐臣，一定要逼其就范。"

鲁庄公没有说话，略一思索，接过短剑，装进怀里，双目露出坚毅的神光。刚准备停当，齐国大行隰朋便来到馆舍，请鲁庄公赴会。鲁庄公出馆登车，在隰朋的向导下来到盟坛。

坛下，一队队英武的兵士分执青、红、黑、白四种颜色旗帜，按东、西、南、北四方，各自分列，各方皆有将官统领，并由仲孙湫统一掌控。盟坛高七层，每层皆有壮士执黄旗把守。坛上竖立大黄旗一面，绣着"方伯"两个大字，大旗旁摆放一面大鼓，大司马王子成父立于鼓侧。坛中央设香案，案上摆放着朱盘玉盂，盛着歃盟用的器皿，由隰朋负责。两边设两处反坫（土台），一坫上放金尊，一坫上放玉斝。坛两边树立两根石柱，石柱上拴着黑牛、白马，是歃盟用的牺牲之品，由司庖易牙负责。东郭牙为礼宾司，立于阶下迎宾。管仲为相，侍候在齐桓公之侧。一切显得是那么的整肃、威严。

鲁庄公走近盟坛，东郭牙迎上来，恭恭敬敬地说："主公有令，请鲁侯带一臣登坛，余人留在坛下。"

曹刿问道："齐侯也是一君一臣吗？"

东郭牙笑道："只有主公与管相国，大司行隰朋乃侍候会盟之人。"

鲁庄公看看曹刿，曹刿面无惧色，向鲁庄公点点头。

东郭牙见鲁庄公未提出异议，伸手做了个请的姿势道："请鲁侯、曹大夫登坛！"

鲁庄公在前，曹刿紧随其后，两人迈着坚毅的步伐，登上盟坛。

齐桓公站在盟坛的最高层，见鲁庄公上坛，深施一礼道："鲁侯，一路辛苦。"

鲁庄公还礼道:"寡人因身患小恙,未能出席北杏之会,有辱王命,寡人知罪。齐侯如此大度,寡人甚感惭愧!"

齐桓公笑道:"身体有病不能赴会,寡人岂能怪罪?今日柯地会盟,也不晚呀!"

管仲是会盟司仪,高声道:"会盟仪式开始!"

咚!咚!咚!王子成父击响大鼓。三通鼓罢,管仲大声说:"请齐侯、鲁侯二君拈香行礼。"

齐桓公与鲁庄公行至香案前,拈香三炷,对天一拜,又相互一拜,然后将香插入香炉。

"礼毕!请二位国君歃血。"管仲继续道。

隰朋手托盛有牛、马鲜血的玉盂登坛,跪在二君面前,双手捧着玉盂,高举过头。

齐桓公对鲁庄公笑道:"齐、鲁今结两国之好,寡人愿与鲁侯歃血为盟。"

鲁庄公忙道:"能得齐侯垂顾,真乃寡人之幸,鲁国之幸!"

齐桓公走上前,伸出右手食指,正欲沾血为盟,说时迟,那时快,只见鲁庄公同曹刿互相交换一下眼色,突然从怀中抽出一柄锋利无比的短剑,逼住齐桓公道:"鲁国边境离国都只有五十里,也不过一死而已。"接着用另一只手指着自己的鼻子说:"我们同归于尽,寡人死在你的面前。"

管仲突闻惊变,一个箭步冲出,欲营救齐桓公,曹刿迅速拔出怀中短剑挡住去路,厉声喝道:"两国国君将改变原来的计划,谁也不准近前,否则,将血溅当场。"

齐桓公被鲁庄公用剑逼住,吓得不知所措,管仲对横在面前的短剑视而不见,镇静地问道:"你们想怎么样?"

曹刿代鲁庄公回答:"齐国恃强凌弱,欺负弱小的鲁国,强占鲁国的汶阳之田,请齐国退还侵占的汶阳之田,否则,我们君臣二人,愿与齐侯同归于尽,也不订立这种不平等的盟约。"

管仲泰然自若地对齐桓公道:"主公答应他们,将汶阳之田还给鲁国。"

齐桓公连声说:"好!好!好!寡人同意将汶阳之田归还给鲁国。"

曹刿担心齐桓公反悔,对管仲道:"管仲国,我想同你歃血,请你担保齐侯实现诺言。"

"何须如此,寡人向你起誓。"齐桓公手指天空道,"苍天可鉴,寡人一定将汶阳之田归还给鲁国。"

曹刿见齐桓公对天发誓,弃剑于地,翻身跪下,恭恭敬敬地向齐桓公磕了三个响头。鲁庄公也将手中剑弃之于地。

齐桓公看了管仲一眼,管仲点头示意,喊道:"请两位国君歃血!"

齐桓公与鲁庄公各自伸出食指,蘸取鲜血,涂于口角旁。

管仲道:"歃血毕,请盟誓!"

隰朋展开盟书,念道:"齐鲁修好,共扶王室。违约背盟,苍天不佑。"

齐桓公与鲁庄公齐声道:"齐鲁修好,共扶王室。违约背盟,苍天不佑。"

管仲道:"盟成!"

齐桓公对鲁庄公道:"盟约已成,请鲁侯到馆舍歇息。"说罢,携鲁庄公之手,一同下坛。

齐桓公回到馆舍,立即召来管仲,愤怒地说:"鲁庄公是个小人,竟敢私带兵器威逼寡人,还有那个曹刿,简直是岂有此理,寡人要杀了他。"

管仲耐心地劝谏道:"不能这样,主公欲成霸业,必先取信于天下。若言而无信,令出不行,则信义难收,诸侯难服,霸业难成。请主公遵守承诺,退还侵占他们的土地。"

齐桓公犹豫再三,虽有些不情愿,还是采纳了管仲的建议。正在这时,王子成父、竖刁等人闯了进来,他们都愤愤不平地说:"主公,鲁侯与曹刿持刀劫盟,太过猖狂,使主公蒙受奇耻大辱,臣去将曹刿抓来杀了,以泄心头之恨。"

齐桓公说道:"寡人已许诺曹刿,匹夫有言,尚不失信,寡人乃一国之君,怎能失信于人呢?这件事还是要听仲父的吧!"

众人见齐桓公态度坚决,皆怏怏而回。

且说蔡姬知曹刿持剑劫盟,齐桓公受惊不小,在馆舍摆好酒宴,为齐桓公压惊,她端起金爵,堆着笑脸道:"主公受惊了,喝这爵酒压压惊。"

齐桓公接过金爵,看着蔡姬道:"夫人都知道了?"

蔡姬道:"妾已听说鲁侯与曹刿劫盟之事。"

齐桓公喝了酒,长叹一声,似乎仍是心有余悸。

蔡姬问道:"主公还有什么不快之事?"

齐桓公道:"曹刿太过猖狂,竟敢持剑劫盟,仲父太过软弱,竟然答应归还鲁国的汶阳之田。真是气死寡人。"

蔡姬道:"仲父从权达变,处事得体。退还汶阳之田,自有他的道理,主公又何必不快?"

齐桓公道:"退还汶阳之田事小,只是在大庭广众、光天化日之下,寡人受人胁迫而屈服,实在是大丢颜面。王子成父、竖刁等人都为寡人抱不平。"

蔡姬担心地问道:"君上后悔了吗?"

齐桓公叹口气道:"王子成父和竖刁将军要把鲁侯和曹刿捉起来,从严惩戒。"

"啊!那样做岂不是陷君上于不义吗?这可使不得呀!"蔡姬着急了。

齐桓公看着蔡姬,道:"咦?夫人与相国的话如出一辙。"

蔡姬忙问道:"仲父如何说的?"

齐桓公道:"仲父说,欲成霸业,必先取信于天下。他叫寡人遵守诺言,退还侵占鲁国的土地。"

蔡姬道:"仲父言之有理。为人君者,失信于民尚且不可,何况失信于天下诸侯呢!主公还是听仲父的,不要再为此后悔。来,臣妾陪主公喝酒。"

第二天,齐桓公在公馆设宴,与鲁庄公饯行,当场命南鄙邑宰,将汶阳的土地,尽数交割与鲁国。

齐桓公的诚信,为他今后的霸业打下了良好的基础。《公羊传》庄公十三年记载:

> 桓公之信著乎天下,自柯之盟始焉。

齐桓公并不知道此次忍辱负重,讲诚信会为他带来意想不到的后果。而这一切,都是因管仲的高瞻远瞩所致。

第40章　诚信引得诸侯来

曹刿劫盟之事，在齐国引起强烈反响，朝野对此议论纷纷。焦点是：汶阳土地，该不该退还给鲁国。一种观点：为取信于天下，该退；另一种观点：汶阳土地，乃肥沃之地，归入齐国版图几年，不该退，退就是向鲁国示弱，向天下示弱，退，是给国人蒙羞，是齐国的奇耻大辱。

齐桓公在被胁迫的情况下，听从管仲的劝告，答应将在干时之战中夺得的鲁国土地——汶阳退还给鲁国。为取信于天下，他又制止了王子成父等人要杀掉曹刿以泄愤的举动。从内心来说，退还鲁地，他是非常不愿意，非常不舒服，非常心痛。他认为，管仲劝他答应鲁侯的要求，是无奈之举，权宜之策，谁知就是这么一权宜，就使齐国失去了汶阳这块肥沃的土地。汶阳的土壤，黑漆漆，抓在手里能冒出油来，汶水，从汶阳穿流而过，汶阳这片土地，无旱涝之忧。春耕之时，将种子丢在地里，不用人操劳，秋天就去收割粮食，简直就是一个天然大粮仓。失去这块土地，他怎能不心痛呢？此时，他尚未悟透管仲劝他退还鲁国失地的深远意义。连齐桓公这样英明睿智的君王尚未完全悟透管仲的真意，其他人有所议论，甚至非议，也就在所难免。

朝野都在议论柯曹刿劫盟这件事，很多人都说齐桓公将大片的土地还给鲁国，是管仲怂恿的，管相国是个卖国贼。流言蜚语，像一张无形的巨网，罩向管仲，压得他喘不过气来。

管仲听到这些流言，真是有口难辩。其实，辩也无用，如果大家都能理解这项决策的英明之处，都能预见到此项决策对齐国称霸的重要性，齐国也就不必要管仲做相国了。

相国夫人闵婧也听到这些流言，她虽不为流言所动，但却担心丈夫会被这些流言击倒。没有谁比她更了解管仲，几年来，为使齐国走上富国强兵之路，他锐意进取，呕心沥血，废寝忘食，不到五十岁的人，便已是白发斑斑。到头来却落得个卖国贼的骂名，他实在是为丈夫鸣不平。

这天晚上，她特地吩咐厨房做了几样管仲最爱吃的菜，管仲刚回家，她便将他拉到餐桌边，笑着道："相爷，您看，海蟹、鲍鱼、海参、兰花豆、臭豆腐，都是你爱吃的菜。"

管仲伸手抓起一个海蟹就要吃，闵婧按住他的手说："先洗手，后吃饭。"

"啊！又忘了。"管仲有些难为情地将手中的海蟹放进菜盘。

萍儿马上端上一盆水放在旁边的架子上，轻声说道："请相爷洗手、净面。"

管仲净过面、洗过手之后，萍儿将面盆端了出去。

闵婧将管仲按在凳子上，斟好酒，娇柔地说："相爷慢饮，妾身为你抚琴助兴，想听哪一曲？"

管仲坐下来，端起酒爵呷了一口道："《高山流水》！"说罢，拿起筷子，夹了一块鲍鱼放进嘴里。

闵婧坐到案前，试了试弦，左手在琴上滑动着，右手轻轻地抚了起来，一曲优雅动听的琴声，随着她的手指的颤动而流出，琴声时高时低，时抑时扬，将那俞伯牙觅知音的情调发挥得淋漓尽致。

管仲放下手中的酒爵，两眼看着夫人抚琴的风姿，心里却想得很多很多……知音在哪里？一曲终了，闵婧抬起头来，管仲还沉溺于想象之中。

正在这时，婢女来到闵婧身边耳语道："夫人，老夫人在门外，请您出去一下。"

闵婧站起来说："相爷，你慢用，妾去去就来！"说罢，随婢女出了相府大门。

闵婧走出相国府，见娘站在不远的拐角处，忙上前拉着闵母的手说："娘，进府去呀！怎么站在外面，相爷常念叨，说娘亲好长时间没有来了。"

"不说这些了。"闵母关心地说，"听到外面的流言蜚语了吗？相爷都知道吗？"

"知道，相爷都知道。"闵婧故作轻松地说，"相爷说，路遥知马力，日久见人心，他还安慰女儿，叫女儿不要听外面那些流言蜚语呢！"

"唉！这就好。"闵母吩咐道，"好好照顾相爷，娘走了。"

闵婧看着母亲远去的背影，显出一脸的无奈。自上次母亲夜宿相府之后，她对管仲一直避而不见，再也没有跨进相府一步。管仲对此莫名其妙，闵婧虽知个中原委，却又不敢吐露半分。

管仲见闵婧高高兴兴地出去，满脸忧伤地回来，关心地问："夫人，有什

第 40 章　诚信引得诸侯来

么事吗？"

闵婧似乎觉得不该哭丧着脸，忙转为笑脸说："没什么，娘来了。"

"娘来了，为何不叫她进府？我也好久没有看见她了。"管仲又问，"近一段时间，你娘为何不到相府来？"

"没事。"闵婧道，"娘来告诉我，说外面有些流言蜚语，叫我要好好照顾相爷，不要为那些流言所动。"

管仲若无其事地说："让他们说去吧，燕雀安知鸿鹄之志哉？人人都知道个中奥秘，我这个相国就不要当了。"

齐桓公已有几天不上朝了，他想坐下来好好地想一想。竖刁、易牙见齐桓公不上朝，知道他在为柯地会盟之事怄气。两人相邀进宫，在齐桓公面前献媚地说："主公，臣听说'君出令，臣奉令'，今主公什么事都听仲父的，齐国朝野，只闻仲父，不见国君呀！"

齐桓公抬起头，冷冷地看着他们，没有回答。竖刁见齐桓公没有回答，以为他动了心，继续说道："柯地会盟，管仲一句话，就将汶阳这片土地送给了鲁国，这哪里是在帮助主公治国、平天下呀？简直就是损国、卖国嘛！"

齐桓公冷笑一声说："寡人之于仲父，犹如身与股肱之关系，有股肱方成其身，有仲父方成其君，你们这些小人，怎么知道这个道理呢？"

竖刁、易牙见齐桓公出言不善，满脸羞惭，再不敢多言，怏怏地退了出来。

三天之后，齐桓公终于宣布上朝。一大早，群臣集聚于朝堂候朝，相互之间，有的彼此问候，有的则谈论着近几天朝野热议的事情。东郭牙悄声地问身边的宾胥无："主公三日未朝，知道是何原因？"

"柯地会盟，主公受了惊吓，休朝几日，也不足为奇。"宾胥无道。

"当时的情况，真是出乎意料。"东郭牙绘声绘色地说，"我站在坛下，看到鲁侯用剑逼住主公，曹刿用剑逼住相国，令人措手不及，一点办法也没有。"

"事在危急，相国劝主公归还汶阳之田，乃明智之举，可有些人要在这件事上大做文章，真是唯恐天下不乱。"宾胥无有些愤愤不平地说。

"二位大夫，领教了相国的大度吧？"竖刁像蚊子一样凑了过来，"相国在鲁国避难多年，柯地会盟，他将大片汶阳之田拱手送人，这个人情还得够可以的了。"

东郭牙突然伸手拍了一下自己的脸，自言自语地说："大殿之上，怎么还有蚊子呢？"

宾胥无看了竖刁一眼，似有所悟，故意东张西望了一下，调侃地道："大概是有什么不洁之物，才引来蚊子乱嗡吧！"

竖刁狠狠地瞪了二人一眼，转身向大司田宁越走过来，点头哈腰地道："大司田好！"

"还过得去！"宁越不冷不热地回答。

"大司田知道汶阳之田被人拿去做了人情的事吗？"竖刁阴险地说。

宁越一甩袖，哼了一声，并未答话。竖刁讨个没趣，东张西望，欲再找人搭腔。正在这时，管仲迈步走进大殿。虽说是几天未见，脸上的皱纹似乎又添了几道，头上的白发又多了几根。然而，炯炯有神的双目透出的光芒，较之以往，似乎更犀利了许多。管仲进殿后，拿眼光扫视大殿，当与竖刁的眼光相遇时，逼视了一下，竖刁胆怯地低下头，身不由己地向后退了一步。当与隰朋的眼光相遇时，隰朋向他点点头，管仲微微一笑，点点头，彼此之间，传递的是一种鼓励、支持的信息。

突然传来一声喊："主公上朝！"

大殿中的群臣听到喊声，依次站列，齐桓公迈着沉稳的脚步走进大殿，在御案前坐定之后，群臣以管仲为首，跪在地下山呼："参见主公！"

"平身！"齐桓公笑着说。

"谢主公！"群臣起身，依次站好。

齐桓公坐在御案旁说道："寡人三日未朝，众卿家若有事，尽管奏事。"

宁越出上前一步说："臣宁越有事要奏。"

齐桓公手一挥："说吧。"

"老臣为大司田，本不理邦交之事，只是，齐、鲁柯地会盟，连市井之人都在议论，臣有话如鲠在喉，不得不说。"宁越说。

齐桓公正想听听大臣们的议论，说道："有什么就说什么，不必顾虑。"

宁越振振有词地说："柯地会盟，堂堂齐国之君，竟然受制于人，有人严重失职；汶阳之田，是齐国将士用生命和鲜血换来的，为何要拱手送人？管仲身为相国，上不能保国君之平安，下不能保国土之完整，面对区区一柄小剑，竟将国土拱手送人以求安，这样的相国，到底是无能还是别有用心？泱泱大国，竟向人如此示弱，还谈什么称霸诸侯。"宁越说完，狠狠地瞪了管仲一眼，退回班中。

第 40 章　诚信引得诸侯来

齐桓公听完宁越的话，只是静静地看着，并未出声。

竖刁马上出班奏道："大司田言之有理，柯地会盟，使齐国颜面丧尽，堂堂齐国之君，竟然被人将剑架有脖子上，还要委曲求全地将大片土地拱手送人，齐国的列祖列宗在九泉之下若有知，也要蒙面含羞。天下诸侯，都笑掉大牙了。说什么称霸诸侯，简直是痴人说梦。"

隰朋出班奏道："齐、鲁既已签订盟约，汶阳之事就不应再提。再说，汶阳之田本来就是鲁国的，既然与人会盟，还要占人国土，恐怕也是于理不合。尽管鲁侯与曹刿的手段有些过激，试问，他们如果不采取如此手段，汶阳之田还有归期吗？臣以为，管相国并无不妥之处。"

管仲站在一旁，镇静若定，冷眼旁观，并不说话。

"好一个并无不妥之处。"宁越再次出班反唇相讥道，"欲图霸业，反丢国土，这样的事情如果无不妥之处。我还真的不知道，到底有什么才能算是不妥了。老夫今天可算是大开眼界。"

隰朋道："汶阳之田本来就是鲁国的，还给鲁国，是取信天下。齐国欲盟天下而称霸诸侯，必须要以诚信待人，若无诚信可言，何谈臣服诸侯？称霸天下？"

宁越冷冷地说道："隰朋大夫所言，老臣实在费解，小小汶阳尚且难以保全，还谈什么称霸诸侯？简直是天大的笑话。"

齐桓公越听越烦，霍地一下站起来，大声说："柯地会盟之事到此为止，谁也不要说了，退朝！"说罢，一甩袖子，起身而去。

众臣面面相觑，悄然而散。宁越看看管仲，再看看隰朋，哼了一声，忿然而去。竖刁将这些看在眼里，趁机追上宁越，竖起拇指，奉承道："宁越大夫刚正不阿，敢于直言，实在是令人佩服！"

宁越斜眼看了竖刁一眼，未加理睬，径直向前走去。竖刁回过头来，冲隰朋狡黠地一笑，跟在宁越的后面走了。

管仲在值房里正在聚精会神地办公，隰朋敲了敲门，管仲头也未抬，道："请进！"

"管相国。"隰朋刚进门就说，"有好消息！"

管仲放下手中之笔道："请坐，什么好消息？"

隰朋坐下来后道："据闻，卫、曹、莒、纪等国都将遣使来齐。"

"真的吗？"管仲极有兴趣地问，"知道所为何事吗？"

"柯地之盟，齐国退还了汶阳之田，诸侯都不以为是齐国示弱，都认为齐国讲诚信，有大国风范。"隰朋顿了顿道，"他们认为齐国不恃强凌弱，值得信任，均欲遣使来齐，与齐国结盟。"

"好！"管仲霍的一下站起来，哈哈大笑地说，"这才是我要得到的，让那些鼠目寸光之辈闭上嘴吧！"

几天之后，卫国、曹国、莒国、纪国的使者果然携国书来齐，隰朋将他们安排在驿馆住下之后，将情况报告于管仲，管仲也是兴奋异常，说道："走，去禀报主公。"

齐桓公正在批阅奏章，管仲、隰朋双双进殿，礼过之后，隰朋说道："启禀主公，卫、曹、纪、莒四国使者来齐，皆带来国书，一来，请北杏之盟未与会之罪，二来，请求与齐国订盟。以修永久之好。"

"果真如此？"齐桓公一听，高兴得一跃而起，见管仲也站在旁边，忙说，"仲父也来了？"

管仲答道："隰大夫刚向臣说了这件事情，臣就一同来了。"

隰朋答道："四国使者正在馆驿待命。"

"好！明日早朝，带四国使者上朝递国书，寡人要接见他们。"齐桓公喜不自禁地问，"四国使者为何不谋而合，前来订盟？"

隰朋眉飞色舞地道："柯地之盟已传遍天下，诸侯为之震惊，他们盛赞主公言行一致，有泱泱大国之风，故愿服从主公调遣，前来订盟。"

齐桓公一怔，面有愧色地对管仲说："这都是仲父的功劳，寡人为流言蜚语所惑，对仲父有所误会，实在是愧对仲父，请仲父不要放在心上。"

管仲见齐桓公能如此大度地当面认错，郁积在心中的怨气一扫而空，微笑地说："唇齿尚有磕碰的时候，只要主公心里明白，臣所做的一切，都是为了齐国的称霸大业就行。不要再为小人所惑，臣吃再多的苦、受再多的累，在所不惜。"

隰朋动情地说："相国的治国理念，真是高瞻远瞩，深谋远虑，齐国能有此良相，真乃齐人之福。"

齐桓公赞赏地说："仲父之谋，总是出人意料。"

管仲自负地说："若无奇谋，怎能称霸诸侯？"

齐桓公听到管仲对称霸如此有信心，似乎已看到自己已坐上了中原霸主之位，心中的高兴劲就自不待说。

第41章 竖刁自宫

柯地会盟，齐桓公本是以郁闷的心情收场，尽管口头上没有责备管仲，但心里却总不是一种滋味。正是由于他的态度暧昧，才使得管仲遭到非议。卫国、曹国、莒国、纪国四国的先后加盟，使齐国的声威大振，仿佛真的成了中原霸主，这给齐桓公带来了意外的惊喜。直到此时，齐桓公才真正认识到管仲的高瞻远瞩，才真正体会到管仲的良苦用心，内心里对管仲存有一丝歉意。

是日早朝，齐桓公扫视了丹墀之下的群臣，朗声说道："柯地会盟，齐国著信天下，诸侯国纷纷从盟，齐国霸业之曙光初显。此乃仲父劝说寡人退还汶阳之田之功。为表彰仲父之丰功，赐仲父今后见寡人不必行跪拜之礼。"群臣击笏以示欢迎，齐桓公接着说："朝野臣民，不得直呼仲父之名，违者以大不敬之罪论处。"

"臣谢主公隆恩！"站在班首的管仲跨前一步，拱手谢恩。

隰朋率先祝贺道："恭喜仲父！"

群臣亦纷纷祝贺，唯竖刁与开方站在人群之中，仅拱拱手而已，并不说话，脸上露出一丝不易觉察的不屑。

齐桓公待大家安静之后，继续说道："仲父又拟定制几项开放市场的改革政策，下面，请仲父说与众卿家知道。"

管仲挪挪身子，面对齐桓公和群臣，大声说道："管仲自拜相以来，就在不断地改革，欲使齐国走上富国强兵之路，称霸诸侯。"

群臣击笏以示欢迎。

"自从实行官山海以后，朝廷的财政收入情况是一年好于一年；同时，齐国的渔业、盐业、冶炼业、纺织业也都有了空前的发展。我们要为齐国的工商业开拓市场。市场包括两个方面，一是国内市场，二是外贸市场。"管仲扫视大家一眼,见大家都在聚精会神地听,继续说道,"目前,诸侯国之间,存在很多的贸易壁垒,比如说闭关自守,不准他国商品进入国内;征收高额关税,阻碍他国商品的进入等等。齐国是大国,齐国要称霸诸侯,不能被这些壁垒捆住手脚。要想办法打破这种格局,将齐国的商品打入诸侯国的市场,同时,还要招揽外国商贾,将齐国需要的商品运进来。我宣布,除盐、铁仍实行专卖,不允许私人经营外,开放市国的市场,'关市讥而不征',广招天下客商,与诸侯国互通有无,以促进经济的发展。"

齐桓公面向群臣问道:"适才仲父所奏开放边关,此乃国家大计,众卿有何意见,都可以畅所欲言。"

宁越出班奏道:"老臣以为,开放市场不妥。"

管仲与群臣惊诧地看着宁越,不知他为何态度如此坚决。

齐桓公看了宁越一眼,道:"大司田有话请讲。"

宁越道:"臣身为大司田,只知有农业,不知其他。自古以来,农为本,商为末。治国之道,以农为本。仲父将工商业推到如此重要的地位,岂不是本末倒置,舍本逐末吗?"

大臣们在交头接耳,竖刁与开方相互点点头,脸上露出了笑意,幸灾乐祸地看着管仲。

宁越越说越激动:"开放边关,天下商贾纷至沓来,鱼龙混杂,齐国还有安全感吗?"

齐桓公向管仲点点头,管仲成竹在胸地说:"大司田之言差矣!管仲自拜相以来,全国设乡二十一,其中士农之乡就有十五。管仲知道,治国必须以农为本的道理,齐国的改革,最先推行的是相地衰征的农业税收政策,且已初见成效,朝廷仓廪充盈,百姓家给人足。倒是目前还有些改革不能到位,宁越大夫身为大司田,齐国管理农业的最高行政长官,该要负何责任?"

群臣见管仲与宁越针尖对麦芒,言词激烈,均觉吃惊。

管仲继续说:"凡治国之道,必先富民。富民之道,在于工商。百业兴则百姓富,百姓富则国力强,国力强则霸业成,这怎么是逐末!如今朝廷要费用,百官要俸禄,诸侯亲善要财帛。工商不兴,钱从哪里来?"

齐桓公频频点头,管仲受到了肯定,语调更加铿锵激昂:"商人可通天下之利,既能贩走齐国的盐、铁,也能运来齐国所需的商品。"

隰朋出班奏道:"臣赞同仲父开放市场,兴工商之利的主张,只是,臣尚

第41章 竖刁自宫

有担忧之处。"

齐桓公说道："大行请讲！"

"关市讥而不征，诸侯国的商贾蜂拥而来，齐国的市场一定会更加繁荣。"隰朋换了口气，"关市讥而不征，只能限于齐国市场，诸侯国并不买账，齐国的商品要想进入诸侯国市场，他们照样设置贸易壁垒，照样征收高额关税，限制齐国的商品进入。不知仲父考虑到这个问题没有？"

"好！好！好！大司行可问到问题的关键。"管仲很高兴隰朋能将开放市场的问题考虑得如此透彻，解释说，"开放市场只是第一步，仅此并不能打破诸侯国之间的贸易壁垒，此不过是投石问路，最终目的是为了达到取消各国的关税壁垒，或者至少把各国的关税降低到有利于齐国的商品打进各诸侯国市场的目的。"

隰朋笑着说："想必仲父早已是成竹在胸。"

"对！"管仲手一挥，"我们要充分利用齐国的军事力量和外交能力，同诸侯国会盟、协商，达成贸易协定、关税协定，借以发展齐国经济。"

齐桓公大声说："仲父所言，乃振兴齐国之大计，寡人准了，立即颁布施行！"

宁越回到家中，心烦意乱，一个人喝起了闷酒。宁越对管仲个人并没有成见，且还从心里佩服管仲，只是觉得管仲的改革有违祖制，故而才产生抵触情绪。例如以相地衰征为中心的农业改革，他心里并不赞同。"普天之下，莫非王土"，这是老祖宗传下来的规矩。管仲要破这个规矩。但他的主张得到了齐桓公的支持，难以违抗，因此，在某种程度上，他采取了消极对待的办法，管仲在朝堂上说他主管的农业工作抓得不力，其实并没有冤枉他，他自己心里也明白，只是在大庭广众之下受到指责，觉得很失面子罢了。

天渐渐地黑了下来，宁越还在喝闷酒，侍仆进来点亮灯，说："老爷，竖刁大夫求见。"

宁越眼睛一亮，以为是齐桓公派来的，忙说："快快有请。"

宁越见竖刁进来，迫不及待地问道："是主公派你来的吗？"

竖刁摇摇头，诡秘地一笑道："好久没与大司农聊聊了，今晚特来拜望。"边说边从怀里掏出白璧一双，放在案几上。

宁越不解地问道："这是何意？"

竖刁道："大司田是大齐栋梁之臣，从僖公、襄公、再到桓公，已是三朝元老。

在下十分敬重大司田，区区一双玉璧，聊表寸心而已。"

宁越摇摇手："请收回玉璧，无功不受禄呀！"

竖刁赔着笑脸道："大司农对齐国，功盖过天，妇孺皆知。眼下齐国有难，君上被管仲迷惑，乱臣当道，大齐的前途，全靠大司农。"

宁越警觉起来。

竖刁继续说："当年，周武王死后，由年仅十三岁的周成王即位，管叔、蔡叔谋反，若无周公旦挺身而出，力挽狂澜，周王天下必将毁于一旦。现时的齐国，与当年周成王即位时，何其相似！"

宁越明白了竖刁的来意。他知道竖刁与管仲一直不和，但他不齿竖刁的为人，此人乃奸佞小人，惯会搬弄是非。竖刁见宁越听得认真，更直截了当地说："管仲本应死在耻辱柱上，可君上被鲍叔牙蒙蔽，不但没有杀他，反而拜了相国。上任以来，无视宗法礼制，无视群臣，连大司田这样德高望重的三朝老臣也不放在眼里。一意孤行，什么相地衰征，什么官山海，什么开放市场，全都是狗屁胡说。"

宁越冷笑着问道："竖刁大夫意欲何为？"

竖刁往前凑了凑，压低声音，神秘兮兮地说："咱们联起手来，把管仲从主公身边赶走，我唯大司田马首是瞻。"

宁越就像头上让人扣上了屎盆子，感觉受了莫大侮辱，击案而起，厉声呵斥道："咱们是谁？易牙吗？开方吗？一群蝇营狗苟的小人！告诉你，宁越是堂堂正正的汉子，决不与小人为伍。"

竖刁心里一惊，两眼迷惑地盯着宁越，似乎不认识他似的。

宁越越说越激愤："仲父是条汉子，我虽然对他的改革有意见，但并不认为他有私心，宁越不是小人，不会背后捅刀子害人。我也奉劝你，不要使坏水，否则，一定会搬起石头砸自己的脚。"

竖刁见状，一脸尴尬，站起来转身欲走，宁越说道："慢！"

竖刁停下来，宁越指着竖刁带来的东西道："将这些东西带走。"

竖刁抓起案几上的东西，仓皇离去。宁越气得直哆嗦，冲着竖刁的背影吐了一口痰。

竖刁曾多次向齐桓公表达，想得到后宫总管的职位，齐桓公总是笑而不答。为了得到这个职位，他用尽了浑身解数，搜罗了百余名美女送进宫中侍候齐桓

第41章 竖刁自宫

公,齐桓公只是给他一些赏赐,就是不明确答复。他背地里求长卫姬替他说情,长卫姬却告诉他一个秘密:主公并不是吝啬后宫总管的职位,只是担心他的女人。后宫所有女人,都是他的女人,虽然有的进宫之后从未临幸,但还是他的女人,若命一个血气方刚的大男人为内宫总管,出入于内宫,他能放心吗?卧榻之旁,岂容他人酣睡?

竖刁知道这个秘密之后,怨起了他的父母,为何不给自己一个女儿身呢,若是一个女儿身,那就可以时刻呆在齐桓公的身边。想到这里,竖刁突发奇想,如果将自己变为一个女人,齐桓公不是就放心了,只要对自己放心,何愁谋不到内宫总管的职位。

竖刁背地里去找郎中打听,有没有办法让男人变成女人。郎中惊异地说:"男人就是男人,女人就是女人,男人怎么能变成女人呢?我只见阉鸡阉猪,从未见过阉人。"

郎中的一句戏言,却令竖刁动起了脑筋。这一天,他将易牙、开方召集在一起密商此事。他说:"管仲身为相国,又被主公拜为仲父,凭我们几个人的力量,只能给他添点麻烦,却难撼其位。但他是年已半百之人,二十年、三十年以后,其必去矣,到时,齐国就是我们三个人的天下。只是现在要养精蓄锐,等待机会。"

"大哥说得不错,我之所以赔上儿子,为的也是这一天。"易牙恨恨地说。

开方说道:"我将两个妹子送进宫侍候主公,也是为了这一天。"

"唉!"竖刁叹道,"你们的目的都已达到,大哥我想谋一个后宫总管之位,怎么这样难呢?"

易牙不满地说:"大哥对主公忠心耿耿,为搜寻美女,心没少操,路没少跑,主公怎么就不为所动呢?"

"你不是找了我妹子吗?她怎么说?"开方关心地问。

"后宫美女如云,哪个男人见了不爱?"竖刁说道,"他还不是怕放一个男人进去惹了他的女人,怕戴绿帽子。"

"是呀,卧榻之旁,岂容他人酣睡?"开方道。

竖刁痛苦而坚定地说:"想来想去,只有一条路。"

"什么路?"易牙问。

"自宫!"竖刁咬牙说道。

"什么?自宫?"易牙惊问道,"就像阉猪那样,阉了?"

开方也是大吃一惊,摇头道:"只听说阉猪、阉鸡,从未听说阉人,谁能阉?谁敢阉?"

竖刁面无表情地道:"我研究了一下,自宫可以用两种办法,一种是:一刀下去,尽去其势,不留后患,彻底解决问题;一种是只割去睾丸,留下阳具,以作小便之通道。"

易牙道:"大哥,这可是要绝后呀!"

竖刁咬咬牙道:"我有两个儿子,不会绝后。"

开方关切地道:"那,嫂夫人她……能守得住活寡?"

竖刁苦笑道:"她怎么会愿意!顾不了这么多,要干大事,就要做出牺牲。"

开方道:"大哥,此事还得三思而行哟!"

竖刁道:"我决心已定!长卫姬也快生产了,我要进后宫。管仲死了以后,齐国的天下就是咱们的!易牙兄弟,这事就拜托你啦!"

"阉鸡阉猪我都没有干过呀!阉人,我真的不行,下不了手呀!"易牙为难地说。

"你有什么干不了的?"竖刁眼一瞪,道,"你是天下名厨,切肉片能切得薄于树叶,刀法之精,谁人能及。"

"在大哥身上下刀子,小弟不忍心呀!"易牙坚持不肯。

竖刁反问道:"烹子之时,你怎么又能忍心呢?"

易牙无话可说。竖刁鼓励道:"干吧!兄弟,只要保住大哥这条命就行。"

第二天,竖刁和易牙选了宫中侧殿的一间密室。易牙很有经验,先将密室堵得严严实实,不留一点空隙。然后火烤,水蒸了三天进行消毒。据说这样创口就能愈合得快。一切准备就绪后,竖刁、易牙、开方三人来到密室。

密室之中放着一张大木床,床四角各有一根立柱,竖刁进来之后,脱去全身衣裳,裸体呈"大"字形仰躺在木床上,易牙先将他的手脚绑在四根柱子上,再用一根长绳拦腰绑在木床上,然后用白帛扎紧肚子和大腿根,再用热胡椒汤将竖刁的全身上下洗刷干净。

做完这些准备工作,易牙取出一柄泼风利刃,在火中烧了烧,转身来到床边,面对竖刁说:"大哥,不后悔吗?此时后悔还来得及。"

"兄弟,动手吧!"竖刁闭上眼睛说。

开方站在门口守护,紧张地向里探了探头。

第 41 章 竖刁自宫

易牙也不答话,伸出左手,将那话儿和子孙袋囫囵一把抓住,右手举直利刃,唰地一下割了下去,竖刁的那话儿和子孙袋,立即与他的身体分离了。

竖刁惨叫一声,痛得昏了过去。易牙可没闲着,左手把阉割物放在木盆里,右手把利刃也放在木盆里,随手取过一根白蜡针管插进竖刁的尿道,然后不知在上面糊了一些什么糊状的东西,再用白帛包扎好。

易牙端着一碗煎好的药凑上去,轻轻地叫道:"大哥,一切很顺利,快喝药。"

竖刁醒来,张开嘴,将凑到嘴边的一碗药一饮而尽。

开方见阉割顺利,走进来,同易牙一左一右将竖刁架起来,在密室里溜达起来。一个时辰以后,扶着竖刁躺在床上。

易牙说道:"请大哥忍耐,三天之内不得喝水,三天之后,小弟为你拔掉白蜡管子,若尿道通了,则就大功告成。再调养百日,便可痊愈。"

开方笑道:"大哥,真是好样儿的!"

竖刁苦笑道:"不这样怎么能当后宫总管!哎哟,我的娘哎!痛死我了。"

齐桓公听易牙说竖刁自宫,大为感动,急忙跟着易牙来到密室,要见竖刁。守门的开方一见齐桓公,急忙跪倒在地:"臣开方拜见主公!"

齐桓公道:"爱卿平身,寡人要见竖刁爱卿。"

开方答道:"主公不能进室,需一百天之后才行。"

易牙站在门前喊道:"竖刁将军,主公看你来了!"

竖刁在里屋喊道:"主公,臣不能给主公叩头,死罪死罪!"

齐桓公大声道:"爱卿对寡人如此忠心耿耿,寡人也很感动。好好养伤,百日后你就是后宫总管!"

竖刁在密室内激动地说道:"谢君上圣恩!"

竖刁自宫以后,成了一个不男不女、不阴不阳的人。不男不女、不阴不阳的人,就是太监。竖刁,是中国历史上首位太监,后人称他是中国历史上的太监祖师。

第42章 管仲纳贤

宋国也是西周时期的大国之一，而且地位还在齐国之上，虽然也曾积极参与争霸活动，可惜生不逢时，碰上了郑庄公、齐襄公这两位铁腕人物，使得他们的争霸活动黯然失色。到宋桓公即位之时，由于国内刚经过内乱，迫不得已地参加了由齐桓公主持召集的北杏之会，面对齐桓公那种咄咄逼人的气势，心里实在是不舒服。因此，北杏之会的当晚，他便带上宋国的人马不辞而别，连夜起程返回宋国。这就是著名的北杏逃盟。

北杏之会后不久，又传来齐国灭掉遂国，鲁国被迫就范，齐、鲁又于柯地修盟，这就使得宋桓公气不打一处来。本来，宋国与齐国间的关系向来比较好，且和鲁国对抗多年，齐国也明知这层关系，现在，齐国竟然同鲁国会盟修好，使得宋桓公觉得是受人戏弄，他实在咽不下这口气。于是，他也顾不得什么北杏之盟约，决定要自行其是，争取宋国的利益。

就在齐国与鲁国会盟后不久，宋桓公断然出兵征伐杞国。齐桓公自北杏会盟后，本就对宋国不满，现在宋国竟然自毁盟约擅伐杞国，这就给齐桓公教训宋国遗下了借口。

是日，齐桓公召来管仲商量对策。他说："宋桓公在北杏之会时不辞而别，苦于当时腾不出手来对付他。此后，寡人也曾想压服他，又担心诸侯国不服。杞国是伟大君主的后代，而现在宋国却要去攻占杞国的领土，寡人欲救杞，仲父以为如何？"

管仲向来不主张用武力解决问题，回答说："臣看不行，臣认为，自己内政不修，向外举兵行义，无人信服。主公现在要对外举兵行义，实行先外后内的政策，对各国诸侯来说，这样做可以使他们信服吗？"

齐桓公坚持道:"此时不伐宋,以后恐怕就找不到比这更好的机会了。"

管仲劝道:"一个诸侯国的君主,不应该贪得土地。贪地必然勤于用兵,勤于用兵必然困乏人民,人民困乏则君主只好多行欺诈了。欺诈如果做得机密而后用兵,还是可以战胜敌人的,但对人民行诈就不能取得人民的信任。不信于民则必然要发生动乱,国内一动乱就必祸及自身,所以,古人懂得先王之道,总是不在军事上互相竞争。"

齐桓公听到管仲说得头头是道,一时倒也没了主意,问道:"仲父以为此事该如何处理?"

管仲建议说:"依臣之见,不如派人持重礼去宋国交涉,请他们不要对杞国用兵。若交涉不成,主公就收留杞君,并加封赐。"

齐桓公勉强同意了管仲的意见,派遣曹孙宿出使宋国。但是,宋桓公根本就不听劝告,坚持要对杞国用兵。

齐桓公见宋桓公不给面子,心中大怒,随即遣使赴陈国和曹国,请他们联合出兵伐宋,两国答应派兵相助。根据管仲的意见,齐桓公又派人到洛邑,告诉周王室,宋桓公不遵王命而擅自出兵征伐杞国的事实。请周王室派兵,前往问罪。这是齐桓公第一次利用周王室来给自己的行动添上正义和合法的色彩,也是管仲"尊王"策略的初步运用。

周厘公经过很长一段时间的考虑,派出一支军队,由单伯率领,与齐、陈、曹三国的军队会师伐宋。不过,当单伯率领的军队出征时,联军早已进入了宋国的境内。

且说齐桓公确定了讨伐宋国的决策后,命管仲率军先行出发,前去会合陈、曹两国之兵。他自己则同隰朋、王子成父、东郭牙等,统领大军随后进发。约定在商丘会合,再定攻伐之策。时为齐桓公六年春(即公元前680年)。

大道上,车轮滚滚,战车隆隆,威武雄壮的齐国军队,浩浩荡荡地向宋国进发。

齐桓公好色,每次出行,都要带上姬嫔数人同行。管仲上行下效,这次也将夫人闵婧带在身边,并带一名侍女同行侍候夫人。夫妻二人同乘一车,看起来不像是去打仗,倒像是出门游山玩水一般。闵婧倚靠在管仲怀中,娇滴滴地问道:"相爷,国与国之间,和平相处,相安无事不好吗?为何要兵戎相见呢?"

管仲伸手搂着娇妻，微笑着说："宋国不遵王命，擅自毁约，齐国欲称霸诸侯，要借这个机会，打着'尊王'的旗帜，讨伐宋国，以树齐国之威信。"

闵婧笑着说："真的是'尊王'吗？不会这么简单吧！"

"你说呢？"管仲笑着问道。

闵婧一本正经地说："这不过是一张牌，假'尊王'之名，图'称霸'之实，掩耳盗铃罢了！"

管仲惊异地问："你怎么知道这些？"

"相爷成天说的都是改革呀、富国呀、称霸呀，听也都听熟了。"闵婧有些得意地说。

管仲爱抚地看着夫人，没有回答。

车队在管仲与闵婧的闲聊中，不知不觉地到了猱山脚下。正行之时，突然从车外传来一阵歌声，闵婧连忙做了个手势，叫管仲别出声，掀起车帘，侧着头向外张望，只见不远处的山脚下，一个身穿粗布褐衣、头带破斗笠，赤着双脚的汉子站在那里，手敲牛角，面对青山，引吭高歌：

　　　　　　硕鼠硕鼠，无食我黍！三岁贯女，莫我肯顾。
　　　　　　逝将去女，适彼乐土。乐土乐土，爰得我所。
　　　　　　硕鼠硕鼠，无食我麦！三岁贯女，莫我肯德。
　　　　　　逝将去女，适彼乐国。乐国乐国，爰得我值。
　　　　　　硕鼠硕鼠，无食我苗！三岁贯女，莫我肯劳。
　　　　　　逝将去女，适彼乐郊。乐郊乐郊，谁之永号？

"多奇怪呀！这个唱歌的人绝非常人。"管仲听罢击掌叫好，"可惜军情紧急，否则，一定要会会此人。"

管仲叫驭手停车，命侍卫取过一小坛酒、一大包卤肉送给唱歌的牧牛人。随后，车队又缓缓启动。

侍卫拿着酒和肉，来到牧牛人面前说："牧牛大哥，这是相爷赏给你的酒和肉，你拿去食用吧！"

牧牛人并不理会送酒肉的侍卫，看着移动的车队，仍然手拍牛角，继续唱歌，只是换了一首歌。

第42章 管仲纳贤

浩浩白水，倏倏之鱼。
……

"你这人是聋子吗？"侍卫见牧牛人不理不睬，觉得此人太没礼貌，大喝道，"相爷赏你酒肉，还不快接着。"

牧牛人也不答话，接过侍卫手中的酒坛，揭开盖子，将一坛酒全部洒在地下，而对侍卫手中的肉，连看都不看一眼。侍卫见状，冷着脸说："你这人有病吧？"

牧牛人张开双臂，仰天大笑，眼望渐去的车队，继续高声唱歌，只是歌声较之刚才，少了一些亢奋，多了一些悲怆。

"真是一个疯子。"侍卫将手中的一大包肉放在地下，转身愤然离去。

"站住。"牧牛人见侍卫离去，大声说，"请军爷给相爷带句话？"

"啊！会说话呀？"侍卫站住问道，"说吧！带什么话？"

牧牛人说："浩浩乎白水！"

"完了？"侍卫问道。

牧牛人说："够了！"

侍卫不解地问："什么意思？"

"军爷只将这句话带到就行。"牧牛人双手一揖，"草民就此谢过。"

侍卫看了牧牛人一眼，转身离去。

牧牛放歌之人叫宁戚，卫国人。他出身微贱，家道贫寒，少有大志，好读书，下决心要出人头地，干一番大事业。几年来，他周游中原各国，一边替人打工，欲求明主而事，本欲替卫国效力，可卫惠公是位平庸的国君，胸无大志，统治卫国三十多年，没有什么建树。卫懿公继位后更糟，成天只知道花天酒地，饮酒作乐，不理国事。他听说齐桓公礼贤下士，管相国革新图治。齐国在诸侯国之间的声誉与日俱增，便欲到齐国来投奔齐桓公，一展才华。怎奈一贫如洗，无力筹措路费。打听到有位商贾要到齐国跑买卖，便主动找到这位商贾，愿替商人驾车，管饭不要工钱，随商人到了齐国。但他在齐国人生地不熟，找不到进见的机会，于是，他又找了一份替人牧牛的活以维持生计，再慢慢地寻找机会。当他听说齐国要出兵伐宋时，便赶着牛群，早早地来到齐国到宋国的必经之路、猱山脚下等候机会。当他看到齐国的战车走过来，中间战车的大旗上大书一个"管"字，知是管仲率领的先头车队到了。他便手拍牛角，引吭高歌，欲引起管仲的注意。当战车停下之后，宁戚心中一阵激动，以为机会终于来了，谁知管仲仅派了一名侍卫给他送来一坛酒，一包肉，然后又催车而去，宁戚失望极了，因而对管仲派来的侍卫不理不睬，接下来的歌声，也由亢奋而转为悲怆，并由唱《硕鼠》而改唱《白水》，欲将他的心声传递给渐行渐远的管仲。

车中，闵婧打了个手势，把头靠近车窗，掀开窗帘，侧耳细听起来，过了一会说道："相爷请听，牧牛人的歌又变了，不是平常山歌俚曲，歌词也似曾相识。"

管仲笑道："面对青山绿水，独自一人引吭高歌，可以随心所欲，爱怎么唱就怎么唱。"

正在这时，侍卫气喘吁吁地跑回来，纵身跳上车，说道："不识抬举的家伙！"

"怎么回事？"管仲问道。

侍卫道："小的拿着酒肉赶到牧牛人跟前，对他说，这是相爷赏的酒肉。那人理也不理，后来，他将一坛好酒全倒在地上，对肉连看都不看一眼，继续唱他那古里古怪的歌。"

闵婧饶有兴趣地听着，管仲默默地点点头，似乎在想着什么。侍卫说："那人叫小的给相爷带句话。"

管仲急忙问："什么话？快说。"

"浩浩乎……浩浩乎……"侍卫一下子梗住了。

"浩浩乎白水？"闵婧急忙问。

"对！"侍卫说道，"就是浩浩乎白水。"

管仲一下怔住了："浩浩乎白水……"他凝神沉思，自言自语地重复："浩浩乎白水……"

闵婧道："相爷，你不记得这首古诗了？"

管仲眼光茫然，看着夫人说："怎么，夫人记得这句古诗？"

闵婧背诵道：

浩浩白水，倏倏之鱼。
君来召我，我将安居。
国家未立，从我焉如。

第 42 章 管仲纳贤

闵婧背诵完后接着说:"此人非等闲之辈,似是自我推荐,想出仕为官。"

"此人谢绝美酒,传我口信,委婉地表达了求见之意。"管仲对侍卫道,"传我命令,人马就地休息。"

侍卫急忙鸣锣,车队立即停了下来。侍卫高声道:"相爷有令,就地休息。"

"去!"管仲对侍卫道,"将那个牧牛人带来见我。"

侍卫飞也似的朝牧牛人跑去。

闵婧在车厢里取出琴,手抚琴弦弹起起来,边弹边唱起了《白水》之歌:

> 浩浩白水,倏倏之鱼。
> 君来召我,我将安居。
> 国家未立,从我焉如。

宁戚过来了,当他听到车内的琴声和歌声之后,放慢了脚步,和着琴声,跟着唱了起来。

"请牧牛人过来。"管仲在车内吩咐。

侍卫大声说道:"相爷有请,壮士车前说话。"

"车中何人?"宁戚并没有走近,只是大声问道,"可是齐相管仲?"

"大胆狂徒。"侍卫厉声喝道,"齐国国君都要称相爷为仲父,相爷的名字是你叫的吗?"

"不得无礼。"管仲喝住侍卫,迅即跳下车,抬头一看,见来人体格瘦长,头发蓬乱,一双大眼却炯炯有神,英气逼人,双手一揖道,"在下正是管仲。"

"闻管相国礼贤下士,有谦谦君子之风,如此居高临下,岂是待贤之道?"宁戚道。

管仲闻言一惊,向宁戚再一揖,肃容说道:"管仲多有失礼,请先生不要见怪,敢问尊姓大名,为何事而来?"

宁戚深深一揖,并不下拜,站着回答:"卫国山野草民,姓宁、名戚。闻齐侯与管相国礼贤下士,故不畏路途遥远,从卫国来到齐国,因人生地不熟,无缘求见,为村人牧牛以候机会。"

"管仲军务在身,带兵出征,急于赶路,途经此地,闻先生在旷野对天长歌,知先生绝非常人,故令侍卫送酒、肉以示慰问。"管仲问道,"不知先生为何拒人于千里之外。"

宁戚说:"宁戚跋山涉水来齐国,若只求一酒一饭,不必费这么大的功夫。"

"宁先生难道另有所求?"管仲问道。

管仲走近宁戚,拉着宁戚席地而坐,说:"先生请赐教。"

"宁戚乃山野村夫,闻齐侯礼贤下士,齐国的威望也是与日俱增。宁某虽不才,欲投奔齐侯,创一番事业,也不枉来尘世间走了一遭。"宁戚看了管仲一眼,接着说,"闻管相国乃旷世奇才,治国有道,只是国事繁杂,非一人之力可为,一个篱笆三个桩,一个好汉三个帮,不知宁某说得是也不是?"

"宁先生所言极是。"管仲感慨地说,"只是茫茫人,要寻仁者、智者,又知谈何容易!"

"伊尹出身卑微,却辅佐商汤建立商朝;太公望出身贫寒,却辅佐周武王统一天下。管相国拜相之前,不是做过牧马人,经过商吗?"宁戚看了管仲一眼,见管仲正看着自己,接着说,"山野之中,多有贤才。宁某虽不才,但也曾饱读诗书,颇识治国之道,愿为齐侯效犬马之劳,佐相国纵横天下,称霸诸侯。故唱浩浩白水之歌,以求自荐。"

管仲见宁戚谈吐不凡,心中甚是喜欢,说道:"行军途中,不能与先生细谈,齐侯所率大军随后便到,我这里修书一封,请先生去见齐侯,必获重用。"说罢,命侍卫取过笔墨,修帛书一封递给宁戚。

宁戚接过书信,看也没看,便塞进怀中,问道:"请问管相国,刚才车上何人弹琴?"

侍卫代答道:"是相爷夫人。"

宁戚面对管仲乘坐的战车深深一揖道:"谢相国夫人抚琴,让山野之人听到这样美妙的琴声!"

管仲上车,遥对宁戚一揖,驭手催动战车,离此而去。

宁戚站在原地,向着渐行渐远的车队,频频挥手。

第43章　齐桓公举火授爵

　　宁戚从管仲身上体会到一股常人所没有的气质，这就是大度、睿智、果断。《白水》之歌，乃一首古诗，自己仅以"浩浩白水"之句相告，管仲便洞悉自己欲出仕之意，足见其学识渊博；自己乃一山野小民，管仲竟停下整个车队会见自己，足见其求贤之心切；初次相见，面对小小的山野村夫长揖而不拜，管仲不但不怪，反而还自行告罪，足见其虚怀若谷的气度；仅同自己交谈一小会，便知自己是可用之才，亲自写信将自己举荐给齐侯，足见其睿智与处事果断。宁戚自言自语地感叹道："齐国能有此等人物为相国，何愁霸业不成？"

　　两天来，宁戚不敢离猱山要道一步，他要等候齐桓公的大队人马的到来，他要斗胆面君，他要向齐桓公自荐。他不时地将管仲的亲笔信拿出来在手中掂掂。他知道，管仲为齐国相国，被齐桓公称之为仲父，委以国事，其在齐桓公心上中的分量，有如昔年周武王之太公望。凭管仲的这封信，足以在齐国谋得一席之地，但是，他欲一试齐桓公的斤两，看其是否像传说中的那样伟大，他要策划一个进见之礼。

　　三天后，猱山脚下的大道上，齐桓公的大队人过来了。战车隆隆，旌旗招展，绣带飘摇，盾牌滚滚，戟矛如林，尘土遮天蔽日。在长长的战车队伍中，宁戚看见一辆战车上插着一面杏黄大旗，上面绣着"方伯"两个大字，他断定，车上坐的必是齐桓公。

　　宁戚依然是短褐单衣，头戴破斗笠，赤着双脚，站在路边，全无惧意，见齐桓公的乘舆走近，遂拍着牛角，放开喉咙，一遍又一遍唱着《饭牛》之歌：

　　　　　　南山灿，白石烂，中有鲤鱼长尺半。

> 生不逢尧与舜禅，短褐单衣才至骭。
> 从昏饭牛至夜半，长夜漫漫何时旦？

齐桓公坐在战车里面，听到路边有牧牛人在唱歌，听其歌词，似有讥讽时政之意，命侍卫将唱歌之人叫到车前。

齐桓公见宁戚衣服破烂，蓬头垢面，赤着双脚，实在是不堪入目。仔细一看，此人衣着打扮虽然狼狈，双眼却是炯炯有神，隐隐透出一股英武之气，冷冷地问道："何方人氏？姓甚名谁？"

宁戚也不施礼，站着道："我乃卫国山野村夫，姓宁，名戚。"

齐桓公见宁戚不叩拜，全然不懂礼节，生气地说："你乃牧夫，怎敢唱歌讥讽时政？"

宁戚一听，心里佩服，齐桓公果然非常人，竟对一个山野小民的歌声如此留意，于是笑着反问道："我唱的是山歌，怎能说讥讽时政？"

"当今周天子在上，寡人率诸侯宾服于下，百姓安居乐业，草木皆春，所谓舜日尧天，正是其时。你唱'生不逢尧与舜禅'又唱'长夜漫漫何时旦'，不是讥讽时政是什么？难道寡人冤枉你吗？"齐桓公盛气凌人地逼问。

隰朋、东郭牙、竖刁、开方等一齐下车，都来到齐桓公车前，看宁戚如何回答。

宁戚脸上无丝毫惧色，冷笑道："小民虽是山野村夫，不曾目睹先王之政。但也闻尧舜之世，十日一风，五日一雨，可谓是风调雨顺。百姓耕田而食，凿井而饮，安居乐业，国泰民康，不愧为太平景象。可如今，王室衰微，纪纲不振，风气败坏，教化不行之世，却硬要说是舜日尧天，实在是令小人不解；且又闻尧舜之世，百姓清正，诸侯臣服，周天子不言而信，不怒而威。今君上虽想一统诸侯，但北杏之会宋桓公背盟而逃，柯地之会又遭曹刿劫盟，中原各国兵戈不息，戎狄不断侵扰中原诸国，中原百姓在水深火热之中，君上却说是'太平盛世''尧日舜天'、百姓安居乐业，草木皆春。小人实在是有所不解。小人又闻尧弃其子丹朱而让位于舜，舜又避于南河而不受，百姓扶老携幼而奉之，舜在无可推辞、万般无奈的情况下，不得已才即帝位。今君上杀兄篡位而得国，假天子以令诸侯，小人又不知唐虞揖让是个什么样的状况。"

宁戚的言词也太过激烈，前两个不理解，尚是讥讽时政，而最后则是直截了当、直言不讳地讽刺齐桓公杀兄而得位。就是度量再大、脾气再好的人，在此等言语的刺激下，想不动怒恐怕也难。

果然，齐桓公听了宁戚之言后，勃然大怒，厉声喝道："大胆匹夫，狂徒，竟敢出言不逊，羞辱寡人。"喝令左右，拉下去斩了。

左右甲士一声喊，一拥而上，抓住宁戚的双臂，推往路边。

宁戚面不改色，仰天大笑道："好啊！昔日夏桀无道，杀了龙逢；殷纣无道，斩了比干；今齐侯杀宁戚，使宁戚与龙逢、比干并列，可列第三，哈！哈！"

宁戚的潜台词还有一句，就是桀为第一暴君，殷为第二暴君，齐桓公则是第三暴君。

隰朋来到齐桓公车前，轻声道："主公请息怒，请听臣奏。主公奉王命而号令天下，宁戚乃一牧夫，抗拒诸侯，杀之是其罪有应得，但恐不知者以为主公是乱杀无辜，恐塞小民仰望之心。且臣观此人，威武不屈，一脸正气，并非平常牧夫可比。臣观此人，绝非常人，请主公赦免于他。"

蔡姬也在车内对桓公说："妾看此人胸藏韬略，胆识过人，留之或许能为主公所用。"

齐桓公听了宁戚的话，震动很大，心想，此人不怕威逼，不惧刀斧，颇有刚直不阿之气。心中本已暗暗称奇，颇有赞许之意。又听隰朋劝谏，蔡姬的鼓说，不由怒气渐平，转怒为喜，命武士放了宁戚。

宁戚抖了抖被捆痛了的双臂，仰首望天，一言不发。

齐桓公走到宁戚面前，满脸虔诚地说："寡人见壮士气度不凡，特意试之，请不要见怪。"

宁戚见齐桓公态度诚恳，从怀里掏出管仲的推荐信呈与齐桓公道："草民有仲父书信一封，请君上过目。"

齐桓公听说有管仲的信函，忙伸手接过，展开一看，只见上面写道：

臣奉命出师，行至猊山，遇卫人宁戚，此人非一般之牧夫，乃当世有用之才，主公宜留之以自辅，若弃之不用而被他国所用，则齐国到时悔之莫及矣！

"好，仲父慧眼识英才，所荐果然不错。"齐桓公读罢，哈哈大笑，随手将信函交给身边的隰朋，对宁戚说，"先生既然有仲父的荐书，为何早不呈给寡人？"

宁戚回答："当今之世，群雄并起，列国纷争，草民听说'贤君要择人而臣，贤臣也要择主而辅。'主公若喜听阿谀奉承之词，以盛气凌人之势对待臣下，草民宁愿死在刀斧之下,也不会出示仲父之书信。"

齐桓公大笑道:"这么说,先生是相信寡人了?"

宁戚诚恳地说:"主公能捐弃前仇,不计仲父箭中带钩之仇而重用之,并拜为仲父,足见主公非昏庸之君,今日草民故意激怒主公,主公虚怀若谷,赦免草民不敬之罪。主公不愧为一代明君!草民愿竭尽全力,为主公效犬马之劳!"

"好!能得先生这样的能人异士相佐,寡人三生之幸也!"齐桓公指着隰朋对宁戚说,"这是隰朋大夫,你与他同车,随寡人一同伐宋。"

日落西山,暮色已现,齐桓公下令大军就地安营扎寨,休息一宿,明日再走。

夜色中,齐军支起了一座座帐篷,绵延数里,帐篷外,一堆堆篝火熊熊燃烧,兵士们围坐在篝火边,大口喝酒,大块吃肉,载歌载舞,好不热闹。

齐桓公兴致勃勃地走进帐篷,迫不及待地对侍女道:"替寡人更衣。"侍女为桓公除去戎装,换上朝服。

齐桓公又吩咐竖刁准备一套大夫冠服,派人去请隰朋大夫带宁戚来中军帐,招众大夫到中军大帐议事。

竖刁自宫之后,终于如愿以偿,得到了垂涎已久的后宫总管的职位,得以早晚不离齐桓公左右,见齐桓公面有喜色,试探地问:"主公更衣,招见,所为何事?"

齐桓公点头道:"寡人要拜宁戚为大夫!"

竖刁见宁戚是管仲所荐,心想,此人若得到齐桓公重用,必又是管仲的死党,将会使管仲的势力更大,有了阻止齐桓公对宁戚封爵的念头,他摇摇头,显得很认真地说:"主公,一个山野牧夫,底细如何尚且不清楚,一步登天而成为大夫?是不是太轻率了?"

齐桓公认真地说:"只要是人才,寡人就要重用。宁戚这个人,气度不凡,谈吐之间,隐现大将风范。是个不可多得的人才,寡人要委以重任。何况,还有仲父之荐书,错不了。"

"宁戚是卫国人,卫国距离齐国不算太远,是否要派个人到卫国去,调查一下宁戚的底细。开方是卫人,他可以做这件事。"竖刁心有不甘地说。

开方此时恰好进帐,乘机说道:"主公,臣在卫国时,从未听说过宁戚其人,看来也是个无名之辈。此地离卫国不远,臣愿回一趟卫国,彻底了解一下宁戚这个人,若果真是个有才德的人才,主公再行封爵也不迟。"

第43章 齐桓公举火授爵

"打听什么？寡人亲眼所见，还有仲父亲笔荐书，还会有错？"齐桓公坚定地说，"你们建议寡人派人到卫国去调查，是担心宁戚有什么小毛病，小错误，是对他不放心。有雄才大略的人，一般不讲究生活小节，难免有这样或那样的小毛病，如果仅仅因为一个人有些小毛病而舍弃他，不使用他的真正大才，这正是世人失去天下贤士的原因。疑人不用，用人不疑，这是寡人的主张。"

竖刁脑子转得快，见齐桓公主意已定，立即见风使舵，向开方使了个眼色，奉承道："主公圣明、贤达，齐国能有主公这样的明君，何愁霸业不成？"

齐桓公看了竖刁一眼，微笑不语。东郭牙、宾胥无、王子成父等大臣们鱼贯而入，见大帐内灯火通明，如同白昼，以为齐桓公要研究军情。

齐桓公见人到得差不多了，朗声道："众位大夫，今日行军路上，寡人遇到卫国人宁戚。此人性情豪爽，胆魄过人，才识超群，仲父修书举荐。寡人决定，举火授爵，拜宁戚为下大夫。"

东郭牙道："恭喜主公又添贤臣。"

王子成父也道："宁戚确实非同凡响，不奉应，不阿谀，是位刚直壮士，应当重用。"

隰朋进帐，向齐桓公施礼道："主公，宁戚在帐外候宣。"

齐桓公道："排班奏乐，宣宁戚进帐。"

隰朋、东郭牙等大臣立即分列两班站好，音乐顿起。

宁戚身穿短衣，脚蹬草鞋，走进大帐，叩见齐桓公。

齐桓公对宁戚作揖道："宁戚，寡人拜你为齐国下大夫，望你与众大夫同心协力，勤劳国事，协助仲父，早成霸业。"

"谢主公知遇之恩！"宁戚叩拜道。

齐桓公道："为宁戚大夫更衣！"

侍卫引宁戚出大帐，进入侧帐，宁越穿上大夫服，戴上大夫冠，蹬上大夫鞋。真是"人靠衣装，马靠鞍"，宁戚这一打扮，与前简直判若两人。他走进大帐，精神焕发，英气勃勃，光彩照人。

齐桓公大声道："宁戚大夫，寡人今日举火授爵，望爱卿忠心不二，效力大齐。"

宁戚跪拜道："臣万死不辞！"

第44章 二合诸侯

齐桓公率领齐国大军，浩浩荡荡来到宋国边界，管仲率领先头部队迎候于路边。齐桓公下了战车，向四处张望一下，问道："仲父劳苦。陈、曹两国军队到了吗？"

"陈宣公、曹庄公率兵已先期到达。"管仲道，"周天子遣大夫单伯率军前来助阵，也于昨日到达。"

"真的吗？"齐桓公哈哈大笑地道，"太好了！"

管仲道："请主公先到大帐休息。然后再行议事。"

"先不说这些。"齐桓公将身后的宁戚拉到身边，对管仲道，"寡人已拜宁戚为大夫。"

宁戚走上前，对管仲深施一礼，说道："宁戚参见仲父。"

"好！好！好！"管仲还礼道，"主公又得强助，管仲甚感欣慰。望宁戚大夫尽展雄才，辅佐主公早日成就霸业。"

"宁某虽不才，然忠心可鉴，愿同仲父一道，竭尽全力辅佐主公，绝不负仲父所望。"宁戚真诚地说。

"仲父，请陈侯、曹侯、单伯大夫到大帐商议军情。"齐桓公说罢，向大帐走去。

齐桓公稳坐大帐，陈宣公、曹庄公、周王室大夫单伯先后进帐，彼此见过礼之后，分宾主坐定。

管仲、隰朋、宁戚等齐国大臣依次而坐。

齐桓公朗声道："天子派单伯大夫亲自率领大军前来督战，寡人不胜荣幸。陈宣公、曹庄公二位国君率师参与伐宋，寡人甚是感谢。宋桓公不遵天子之命，北杏之会，不辞而别，不听劝告，擅自出兵侵略弱小的杞国，实在是难以容忍。"

陈宣公道:"请盟主发令,杵臼唯命是从。"

"对!"曹庄公道,"曹国愿与盟主共进退。"

"单伯大夫有何明示?"齐桓公礼貌地说。

单伯微笑着说:"齐侯决定吧!"

"好!"齐桓公道,"现在商议攻宋之策,请各抒己见,畅所欲言。"

宁戚眼望管仲,正与管仲的眼光相遇,管仲从宁戚的眼神里,估计他有话要说,向宁戚微微点头,鼓励宁戚说话。

宁戚会意,站起来朗声说道:"主公奉天子之命,召集诸侯联合伐宋,已成大兵压境之势。臣以为,以兵车胜之,不如以德胜之。"

在竖刁的眼里,宁戚是管仲举荐的人,他似乎有一种条件反射,凡是与管仲亲近的人,就不是他的朋友,他见宁戚初来乍到,便在如此重要的军事会议上夸夸其谈,心里很不舒服,当即冷冷地问道:"如何以德取胜,倒要听听宁戚大夫高见。"

宁戚并不知竖刁的底细,见竖刁态度如此生硬,略一迟疑,瞥了一眼管仲,谁知管仲正注视着他,两人眼光刚好又碰在一起,这一次,管仲坚定地向宁戚点点头,宁戚得到鼓励,大声说道:"宋桓公在北杏背盟而逃,对王室是大不敬,已是理屈,齐国奉天子之命伐宋,乃是王命之师。依臣愚见,暂不必进兵,臣请旨,愿凭三寸不烂之舌,前去说服宋国前来请罪订盟,以息干戈之患。"

齐桓公问陈、曹二君:"两位意下如何?"

陈、曹二君点头说:"如能兵不血刃而使宋朝屈服,当然是好计策。"

竖刁冷笑一声,嘀咕道:"大言不惭!"

齐桓公见竖刁有意刁难,狠狠盯了他一眼,竖刁吓得闭住嘴,再也不敢出声。于是,齐桓公命宁戚为使臣,出使宋国劝降。传令大军安营扎寨,静候宁戚使宋的音讯。

宁戚乘一辆小车,带几名随从,出了齐营,来到宋国都城睢阳城下,使人传报,齐国使臣宁戚求见。

宋桓公御说闻齐桓公以周天子名义,会合陈、曹等国来讨伐,且还有周王室大夫单伯亲自率军前来督战,非常震惊,急忙召集大臣商议对策。恰在此时,有守城兵士来报,齐国派使臣宁戚大夫在城外候见。

"来了多少人?"宋桓公问道。

守城兵士回答:"一车,数人而已。"

宋桓公又问相国戴叔皮:"宁戚,何许人也?"

戴叔皮不屑地说:"宁戚,一个山野牧牛人,听说为卫人,刚投齐国。"

宋桓公又问道:"齐军现在何处?"

"离城二十里,已经安营扎寨。"戴叔皮回答。

"大军即以进入宋境,为何按兵不动,只派使者求见,有何用意?"宋桓公像是问自己,又像是问戴叔皮。

戴叔皮道:"若是料得不错,必是前来游说,欲不费一兵一卒,让宋国出城投降。"

"相国以为,寡人该如何接待此人?"

戴叔皮思索了半天说:"请主公在廊房设下伏兵,然后召宁戚入见,不要以礼相待,故意冷落于他,以静观其变。若出言不合,臣以举绅带为号,命令武士齐出,一举将其摘而囚之。则齐国劝降之计就破灭了。"

宋桓公命百名武士埋伏在廊房之内,再令二百名手持长枪的甲士分两排列于殿外,双双架起长枪,组成一个人巷,等候宁戚到来。

宁戚宽袍大带,昂然而入,见执戈武士组成人巷,知是有意示威,脸上露出一丝不易觉察的冷笑,目不斜视、旁若无人地从人巷子刀枪丛中昂首进入大殿,对宋桓公长揖道:"齐国使者宁戚,参见宋国国君。"

宋桓公端坐不动,面色僵冷,并不答话,戴叔皮嘴角挂着冷笑,两眼盯着宁戚。

宁戚仰面长叹道:"危哉、危哉,宋国大难临头矣!"

戴叔皮一脸木然,宋桓公一脸惊骇地说:"村夫怎么能胡说八道?寡人居上公之位,贵为诸侯国之首,有何危险?"

宁戚一脸肃容地问:"明公自比周公如何?"

"周公乃是圣人,寡人怎么能够与他相比?"

宁戚道:"周公在周朝鼎盛之时,天下太平,四夷宾服,尚且能够吐哺握发,接纳天下贤士。明公以亡国之后,处于群雄竞逐之时,继两世弑君之后,元气大丧,即使明公效法周公,礼贤下士,天下贤士并不一定会到宋国来;如今,明公却妄自尊大,蔑视贤良,怠慢来客,纵然有忠言,君上能听得到吗?明公以区区一隅之国,妄自尊大,怠慢贤士,要不了多长时间,宋国定会被秦、楚所吞并。"

宋桓公听到宁戚之言,非常震惊,离席而起道:"寡人嗣位时间不长,从未闻君子之训,刚才多有怠慢,失礼之处,请先生不要见怪。"

戴叔皮在旁，见宋桓公为宁戚之言所动，急将身上所佩之带绅连弹数次，宋桓公全然视若无睹，戴叔皮又以目瞅宋桓公，示意宋桓公下令将宁戚拿下。宋桓公无视戴叔皮的举动，退回御座，一脸虔诚地说："宋国偏小，寡人德薄兵微，先生此来，必有以教寡人，寡人愿听先生一言，以保社稷。"

宁戚有意无意地瞟了一眼殿外的武士，宋桓公面显尴尬之色，大声吼道："统统退下！"随即命给宁戚看座。

戴叔皮站在一旁，一脸的无奈。

宁戚对宋桓公道："如今王室衰微，天子失权，诸侯离心离德，君臣伦理颠倒，弑君篡位之事时有发生。齐国国君不忍心看天下大乱，恭请王命，主持与各诸侯国订立盟约。北杏会盟，本是确定明公的宋国君主地位，但明公却弃会而逃，等于自己否定了那次会盟，也就否定了明公的国君之位。如今，天子震怒，派遣王室大臣单伯与各国诸侯前来讨伐，明公既叛王命于前，又抗王师于后，不待交兵，外臣已算定，宋国必败无疑。"

宋桓公诚惶诚恐地道："先生之见如何？"

宁戚道："依外臣之见，不如备办进见之礼，与齐会盟。上不失臣周之礼，下可结盟主之欢，还可息眼下兵祸之患。如此一来，宋国可安如泰山，君上的国君地位也可无碍。"

宋桓公点头道："先生所言极是，上次北杏逃盟，也是寡人一时失策，以至给宋国引来兵祸之患，现齐国大兵压境，且有诸侯与王室之助，已是胜券在握，能受寡人之礼而与宋国修好吗？"

宁戚笑道："齐侯大度，不念旧恶。如鲁不赴北杏之会，齐、鲁柯地会盟，曹刿持剑劫盟，齐侯都未加罪，且还归还了汶阳之田。何况明公乃北杏会盟之人，今若诚意修好，齐侯怎会不答应？明公若能与齐国修盟，虽有强秦暴楚在侧虎视眈眈，也不敢对宋国动武，宋国之社稷仍稳于泰山。"

宋桓公又问道："那么，应该带些什么礼物作为进见之礼呢？"

宁戚微笑道："齐国旨在与邻国交好，并不计较礼之厚薄，贵在意之诚与否。"

宋桓公脸上愁云顿散，立即派人准备进见之礼物，派使者同宁戚一同前往，向齐侯谢罪，请求再订盟约。

齐桓公派遣宁戚出使宋国，放心不下，一是担心宁戚能否不辱使命，二是害怕宋桓公傲慢无礼，加害宁戚。

齐桓公不无担忧地问管仲："仲父，宁戚此去，能完成使命吗？"

管仲胸有成竹地道:"主公放心,宁戚此行,定能不辱使命。"

齐桓公正要说话,侍卫来报:"回禀主公、仲父,宁戚大夫与宋国使者帐外候宣。"

齐桓公一怔,看看管仲,管仲急忙道:"快请宁戚大夫进帐!"

宁戚进帐,叩见齐桓公道:"臣宁戚叩见主公。"

"免礼!"齐桓公急忙问道,"宋侯态度如何,肯请罪加盟吗?"

宁戚将说服宋桓公的经过说了一遍。

"好,好!宁戚大夫可是立了大功!"齐桓公大喜过望,转而对管仲道,"仲父慧眼识英雄,慧眼识英雄啊!"

管仲笑道:"主公过奖,没有主公的英明决断,就没有宁戚大夫啊!"

宁戚也笑道:"主公、仲父,宋使还在帐外听宣呢!"

齐桓公道:"快快有请,快快有请!"

宋使进帐,彼此礼过之后,宋使道:"蔽国国君致意齐侯,修书一封,面呈齐侯。"

齐桓公接过国书,展开看道:

御说叩拜齐贤侯殿下:

寡人一时失计,北杏之会铸成大错,致使齐侯兴师问罪,寡人知罪,今派使臣献上白玉五十,黄金千镒,请予笑纳,御说请求重新合盟,听从齐侯调遣。

齐桓公和颜悦色地对宋使道:"寡人讨伐宋国,并非擅自兴兵,而是奉王命而行。请转告宋侯,所献金玉,寡人转呈天子,并转达宋侯加盟之意。一月之后,请宋侯赴鄄会盟。"

齐桓公送走宋使,然后同管仲商量道:"寡人欲以宋国归服为由,召集诸侯国于鄄开会合盟,仲父以为如何?"

管仲想了想说:"臣以为,齐国之改革已初具规模,工商业也有了很大发展,今后要在诸侯国之间建立一个良好的经济秩序,以利于齐国经济的发展。但是,周王室的单伯大夫在此,有些事当着周室之面,恐怕不好说。"

齐桓公着急地说:"那怎么办?"

"既然主公已向宋侯发出邀约,盟会还是照常举行,那就订一个无关紧要的盟约,稍后,再来一次会盟,臣想就关税问题与诸侯国相商,制定一个盟约,以利于诸侯国之间的商品贸易。"管仲道。

齐桓公同意了管仲的意见。

一个月之后,齐桓公与宋、卫、郑中原诸侯国会盟于鄄,连同周王室的单伯大夫共是五位。不用歃血,订立了"养孤老,食常疾,收孤寡"的盟约,揖让而散。诸侯甚是欢喜。齐桓公知道人心已逐渐归附,也甚是喜悦。

鄄地会盟,是齐桓公第二次大会诸侯。在春秋时期众多盟约中,这个仅仅就慈善问题而订立的盟约,是一个很特殊的盟约。实际上,齐国召集各国老远来这里会盟的目的,并不是为了订立一个扶老济贫的慈善协议,只是碍于周王室的大夫单伯在场,所以没有进行实质性的谈判,只是订立一个象征性的盟约而已。待单伯带着这个结果回洛邑复命后,实质性的谈判,则留在下一次的鄄地会盟中进行。

第45章 三合诸侯关贸签约

鄄地会盟，管仲碍于周王室大夫单伯在场，仅与诸侯订立一个扶老济贫的慈善协议而草草收场，真正想解决的关贸协定问题却只字未提。管仲认为，诸侯国之间的贸易秩序太混乱，不利于工商业的发展，特别不利于齐国工商业的发展。齐国的渔业、盐业、冶炼业、纺织业等都很发达，远远在各国之上，迫切需要开拓诸侯国市场，将齐国的商品推销出去。由于受到诸侯国之间所设贸易壁垒的限制，齐国的商品向诸侯国的销路却不畅，很大程度上制约了齐国工商业的发展。管仲欲通过会盟，以谈判的方式来解决这个问题。经与齐桓公商定，向诸侯国发出邀请，约定下年春（公元前679年）二月初十，再次会盟于鄄，重点解决贸易协定问题。

齐桓公伐宋凯旋，心情也格外舒畅。恰在此时，长卫姬又替他生了个胖乎乎的儿子，更使他欢喜非常。在长卫姬之前，齐桓公先后有三位夫人，王姬、徐姬都因病早逝，未留下一丝血脉，蔡姬是第三位夫人，也未曾生育。长卫姬生的儿子，是齐桓公的第一个儿子。他与蔡姬一起去看望长卫姬和襁褓中的儿子，高兴得不得了，喜滋滋地对蔡姬道："寡人伐宋不战而胜，如今又喜得贵子，此乃是天地辅佐，万物庇佑。寡人当礼拜祭祀，以谢天地四方，列祖列宗。"

蔡姬也为长卫姬生子而高兴，笑着说："齐国战无不胜，攻无不克，声威大震，主公霸业初有所成，如今又喜得贵子，香火有继，这是主公施仁政、行礼义的结果。臣妾恭喜。"

长卫姬撑起虚弱的身子，满脸春风，一脸得意之色。她为自己感到骄傲，庆幸自己的梦想实现。谁能生出第一个儿子，将来谁就是国母。原来她一直担心蔡姬会比自己早生儿子，现在不用担心了。她见齐桓公和蔡姬前来探视，有些迫不及待地对齐桓公说："主公，给儿子取个名字吧！"

第45章 三合诸侯关贸签约

齐桓公看看蔡姬，笑着说："夫人，你给儿子起个名字如何？"

蔡姬道："这孩子大福大贵，名字必须由主公亲自取。"

"就叫无亏吧！"齐桓公想了想，对蔡姬说，"夫人以为如何？"

"无亏好，这孩子就叫无亏。"长卫姬高兴地说。

齐桓公问道："夫人知道无亏是什么意思？"

"这……"长卫姬不知齐桓公有这么一问，其实，她只知奉迎齐桓公，根本就不明白桓公取这名字的意思。一时愣在当场，显得有些尴尬。

蔡姬见状，连忙解围地说："看来君上是希望多子多福，一个嫌少，多多益善了！"

"还是夫人知道寡人的心思。"齐桓公大笑道，"多多益善，寡人要你们生很多很多儿子。"

长卫姬见蔡姬夺了彩头，嫉妒地看了蔡姬一眼。蔡姬关切地对长卫姬道："妹子产后虚弱，要好好休息，注意保养，将来再为主公多生几个儿子。"

"是呀！雌鸡下蛋，只愁不开窝，只要开了窝，就会连着下。如果不开窝，那就只有等了，还不知是何年何月的事呢！"长卫姬话中有话地说。

蔡姬听到这里，心里猛然一沉，这不是暗讽自己吗？

"夫人歇息吧！"齐桓公听出了长卫姬话中的火药味，拉着蔡姬离开长卫姬的卧室。

御花园的回廊坊里，齐桓公与蔡姬相拥而坐，蔡姬似乎有了心事，看着眼前的假山、怪石发呆，一言不发。齐桓公拥着蔡姬的香肩，柔声道："夫人，刚才还是好好的，为何突然不高兴？"

蔡姬轻轻地推开齐桓公的手，眼眶里不禁流出几滴眼泪。齐桓公可慌了手脚，忙掏出手帕替蔡姬擦眼泪，关切地问："夫人，为何伤心，为何落泪呀？"

蔡姬不但没有收住泪水，反而还轻轻地抽泣起来。齐桓公更是不知所措，不知蔡姬为何突然如此伤心。蔡姬哭了一会，突然对着齐桓公数落起来："都怪你，都怪你。"

"怪我什么呀？"齐桓公有些莫名其妙。

"后宫的美女换了一拨又一拨，你还是乐此不疲。"蔡姬泣诉道，"你算一算，多长时间没有进臣妾的寝宫了？刚才，不是有人暗讽臣妾是不开窝的雌鸡吗？"

齐桓公恍然大悟，知道蔡姬看到长卫姬生了儿子，自己却未有子嗣，触景生情，故而落泪。他忙掏出丝帕替蔡姬擦泪，歉疚地说："都怪寡人不好，冷落了夫人。"

"臣妾找御医诊断过，并无疾。"蔡姬娇羞地道，"只要主公播下种子，多施雨露，一定会结出硕果。"

齐桓公一把抱起蔡姬，大笑道："走，播种去！"

蔡姬双手搂住齐桓公的脖子，幸福地闭上了眼睛。

一名宫女突然匆匆走来道："禀主公，竖刁总管有急事求见。"

齐桓公一挥手道："有事可奏与仲父。"

宫女道："竖刁总管说，只能奏与主公知道。"

"这个竖刁，又玩什么花样？"齐桓公扫兴地放下怀中的蔡姬，在蔡姬脸上亲了一口，附在蔡姬的耳边轻声说道，"晚上，寡人一定来夫人寝宫，定叫你花蕊绽开，骨软筋疲。"

蔡姬虽然有些失望，但也无可奈何，强装笑脸道："去吧，臣妾随时恭候主公驾临。"

齐桓公来到偏殿，满脸不悦地道："寡人有言在先，有事去找仲父，不知道吗？"

竖刁眨巴着眼睛，谄媚地笑着说："此事不便奏于仲父。"

齐桓公知其意，故意问道："何事如此神秘？"

"主公国事繁忙，难得逍遥快活。臣遍访民间，求得佳丽数名。"竖刁媚笑着说，"都是雏鸡，未开苞的黄花闺女。"

齐桓公看着眼前这个阉奴，脸上马上堆满了笑容，问道："美人在哪？"

竖刁道："在御花园玲珑阁。"

齐桓公道："走，到玲珑阁去！"

齐桓公走进玲珑阁，见六名盛装少女，个个娇艳如花，不由眼前一亮。竖刁对少女们喊道："快来拜见主公。"

少女们慌作一团，有的伏地跪拜，有的屈膝行礼，有的站着不动，睁大眼睛，好奇地打量着齐桓公。

齐桓公看着这群娇滴滴、羞答答、乱成一团的少女，笑着说："她们不懂礼节，免了吧！"

竖刁媚笑着问："主公满意吗？"

"嗯！"齐桓公色眯眯地看着少女们说道，"天生丽质，秀色可餐，寡人很满意。"

"主公满意，奴才的精力就没有白费。"竖刁补充道，"只要主公喜欢，奴才可以把天下美女都搜罗进宫，供主公享乐。"

齐桓公欣赏地看着竖刁，哈哈大笑。竖刁献媚地说："让美女们陪主公玩投壶游戏，好吗？"

齐桓公道："好，就玩投壶之戏。"

投壶是士大夫宴饮时玩的一种投掷游戏。春秋时期，诸侯宴请宾客时的礼仪之一，就是请客人射箭。那时，成年男子不会射箭被视是耻辱，主人请客射箭，客人不能推辞。后来，有的客人确实不能射箭，就用箭投酒壶代替，这里的箭就不叫箭，而称之为柘矢。久之，投壶就代替了射箭。后来，投壶之戏流入民间，成为人们娱乐的一种游戏活动。

投壶用的壶是一种小口径的瓶子。酒宴时，宾主依次取箭在同样的距离向壶中投掷，中者为胜，可以罚不中者饮酒。投壶的礼节很繁琐。投壶之前，主客之间要请让三次才能进行。投壶时，有专管计数之人，面东而立，如果主人投中一次，就从装着计数的竹签的器皿里抽出一支，丢在南面；如果客人投中一次，就把竹签丢在北面。最后由计数的人根据双方在南、北两地面上得竹签的多少来计算胜负。

竖刁把六名佳丽分成两队站好，他在齐桓公和六位佳丽面前放着投壶和三支柘矢，然后对众佳丽说："今天，你们有幸，主公高兴，陪你们作投壶之戏，若能让主公开心，一定有赏。"

一名佳丽天真地问："赏什么？"

竖刁看了看齐桓公一眼，淫笑着说："谁先投中，主公马上召幸，以示奖赏。"

齐桓公满脸含笑看着众佳丽，心里早已是心猿意马。

一名佳丽一脸迷惑地问："召幸是什么？是吃的还是玩的？"

竖刁听罢哈哈大笑，道："你说是吃的，就是吃的，你说是玩的，就是玩的。"

众佳丽满脸迷茫，其中一位不解地说："这是什么东西？又能吃，又能玩，那我就先玩，玩够了就吃掉。"

齐桓公听罢，笑得前仰后合，眼泪都流出来了。

竖刁凑到那位佳丽耳边，小声道："召幸，就是陪主公睡觉。"说是小声，其实在场之人都能听到。

"这算什么赏赐。"一名佳丽天真地说,"大白天的,睡什么觉?"突然,佳丽醒悟过来,顿时满脸绯红,害羞地双手捂住脸。

另一位佳丽问:"要是投不中呢?"

"投不中也召幸,那要等到晚上。好啦,这游戏你们可能没玩过,我先投给你们看。"竖刁说罢,抓起柘矢,离投壶五步,将柘矢很准确地投入壶口。他指着齐桓公身边的一位美人道:"从你开始,你先投。"

被叫佳丽羞答答地站起来,抓过柘矢,一连投了三次,一次未中。

第二位上来,也是一支未中。

第三位一上来,第一投便投中。美人们齐声娇呼:"啊呀,投中了!"

齐桓公向投中的佳丽招招手道:"来,到寡人身边来。"

佳丽胆怯地来到齐桓公身边,齐桓公伸出手,一把将她搂进怀中,先摸摸娇嫩的小脸,后抓住她又细又长的手指道:"好灵巧的手,在家是做什么的?"

"织绢,绣花。"佳丽娇羞地说。

"难怪手巧,一投便中,原来是绣女。"齐桓公说罢,拥着美人,走向旁边的召幸寝宫,快活去了。

翌年开春,管仲便着手筹备鄄城会盟之事。先派人到鄄地,将上次会盟的馆舍装修一新,再置办全新的家具。正月元宵刚过,管仲和齐桓公带上随从人等从临淄出发,赶往鄄地,于二月初六到达。宋、陈、卫、郑四国国君已先期到达。彼此见礼,不必细述。

鄄地会议,是齐桓公欲图霸业的第三次会合诸侯。与会诸侯签订新的盟约:

三合诸侯令曰:田租百取五,市赋百取二,关赋百取一,毋乏耕织之器。

这个盟约的核心,实质上就是一个关税协定,而且是一个低关税协定。由于齐国是工商大国,所以这个盟约对齐国就显得十分有利。虽然与会的诸侯为了保护本国的经济利益,不赞成这种低关税政策,但齐国还是利用他的影响,强行通过了这一盟约。第二次鄄地之会,是齐桓公称霸的开始。通过这次会盟,他知道诸侯对齐国都已是心悦诚服,他准备要筹谋一次更大的会盟,确立齐国盟主的称号。

第46章　铁犁牛力助农耕

宁戚因饭牛而歌得到齐桓公的重用，又因舌战宋侯，使宋国不战而降，齐军凯旋之后，宁戚名声大噪。宁戚饭牛而歌，知遇齐桓公的故事，成为后人争相传颂的佳话，而他所唱的几首歌，很快地在齐国大地流传，街头巷尾，到处都能听到《硕鼠》之歌、《白水》之歌、《饭牛》之歌。宁戚只身入宋国，凭一身浩气、三寸不烂之舌和雄辩之才，说服宋桓公归顺结盟，使齐国不战而屈宋国的事迹，更是成为人们茶前饭后的美谈。

管仲对宁戚似乎特别看重，一面安排人为宁戚营造府第，一面派人到卫国将宁戚的家小接到齐国来。并多次宴请宁戚，将宁戚介绍给朝中大臣们认识。众大夫心里明白，管仲这是在为宁戚造势，宁戚一定会得到重用。

宁戚心里也有数，管仲是仲父、是相国，是齐国的擎天柱，他这样做是在栽培自己、抬高自己的身价。其实，管仲的理想，也是他的理想，否则，他就不会到峱山脚下唱浩浩白水，也不会冲着齐桓公的车队唱《饭牛》。齐桓公收留了他，并拜为齐国大夫，他从心里感谢管仲，暗暗下定决心，一定要尽展胸中所学，以报管仲和齐桓公的知遇之恩。

管仲在与宁戚交谈的过程中，有意无意地透露出对现任大司田宁越的不满。宁戚经过多方了解才知道，上大夫、大司田宁越是辅佐过齐僖公、齐襄公的三朝元老，管仲拜相以后，他是由管仲作为齐国五杰之一的人物推荐给齐桓公，就任大司田，主管齐国的农业。宁越的守旧意识很浓，认为管仲的改革有违祖制，在管仲拜相后进行改革的过程中，他经常同管仲过不去，甚至在朝堂上公开与管仲相对抗。管仲经济改革的第一项政策相地衰征，是一项农业政策，新的土地租税制度。宁越主管农业，但在推行这个政策时，采取的却是一种消极的态度，使相地衰征的推行总是不尽如人意。管仲要求宁戚尽快熟悉齐国的农业状况。虽然没有明言，更没有封官许愿，宁戚却已感觉到，管仲有意要他出任大司田。

大司田，是相国属下独当一面、主管齐国农业的官员，责任非同一般。宁戚知道这个职位责任重大。他欲对齐国的农业情况进行一番考察，做到心中有数，并将此想法告诉了管仲。管仲很支持，并给他配上两辆新车，二十名侍从。

宁戚对管仲说："我是去考察农业，必须深入到田间、地头，要车何用。"

"那总得有个代步的吧！"管仲说。

"我只要两名熟悉情况的侍从就行，步行勘察，无须用车。"宁戚解释说，"乘车考察，走的是官道，走马观花，看不到什么，要真正了解农业，必须深入到田间、地头、山林、湖泊，这些地方，车子不能通行，反而成了累赘。"

"好，就依你。"管仲想了想说，"还有个问题，请宁大夫研究一下。"

"什么问题？"宁戚问道。

"人类从刀耕火种时代进化到木犁人耕时代，不知用了多长时间。"管仲比划着说，"如今，齐国的冶铁业很发达，是否可用铁犁代替木犁，在我们手中，也让历史向前迈出一步？"

"相国提出的问题，正是我想了很久没有找到答案的问题。"宁戚大声答道，"铁犁代替木犁，真是太好了。"

"还有，"管仲接着说，"你做过牧牛人，深知牛的习性，牛可教吗？"

"牛很聪明，牛通人性，当然可教。你看，牛能拉车，牛能拉磨。"宁戚问，"相国又有何想法？"

"牛能拉车，马也能拉车。"管仲站起来说，"牛能不能拉犁？"

"相国是想以牛耕代替人耕？"宁戚兴奋地问。

"对！"管仲大手一挥，道，"如果真能这样，将对农业起到巨大的推动作用。"

管仲的设想，宁戚的附和，正在推动一个历史，改变一个时代，使人类的历史跨入一个新的时代，这就是由木犁人耕时代进入铁犁牛耕时代，他们当时并没有意识到这一设想的意义，然而却实实在在地将人类的文明史向前推进了一大步。

宁戚带着侍从冷松和季柏，足迹踏遍了齐国的山林、湖泊、丘陵、平原。每到一处，既向当地的老农请教，又亲自到田间、地头勘察，并将所了解到的东西记录下来，一月下来，简册装了一大袋，一个人背着行走都很费力。

第46章 铁犁牛力助农耕

这一天，宁戚带着两个侍从来到阳河边的何官渡，见田野上的庄稼长得稀稀拉拉，草比庄稼还长，伸手抓起一把土捏了捏，叹了一口气说："多么肥沃的土地，庄稼长得这个样子，真令人心疼。"

冷松和季柏满头大汗地跟在宁戚的后面，宁戚看他们一副疲惫不堪的样子，歉意地说："真的不好意思，一路上让你们跟着受苦了，到前边那棵大树底下歇息一会。"

宁戚在大树底下坐下，摘下斗笠扇风。冷松和季柏也气喘吁吁跟着坐下来，季柏将肩上装着竹简的麻袋取下来放在地下，人靠在树上喘着粗气，冷柏从肩上取下盛水的羊皮囊递给宁戚道："宁大人，喝口水，解解渴。"

宁戚接过羊皮囊，痛痛快快地喝了几口，再递给季柏。季柏接过羊皮囊，揩把汗道："宁大人，我们用脚步量遍了齐国的山山水水，东西南北，真的有点吃不消了。"

"日子还长着呢！就打起了退堂鼓？"宁戚笑着问。

"不！不！不！"季柏连忙说，"小的是说，大人是齐国大夫，呆在临淄城就行了，何必要在田间、地头、森林、湖泊钻来钻去呢？"

"有些东西，坐在衙门里是想不出来的，只有亲自到现场看看，心里才有底。特别是农业，不深入田间地头，怎么能知道哪里该种什么作物吗？"宁戚放下手中斗笠，指指脚下大片大片的庄稼地说，"今年风调雨顺，本是丰收年景，可如今，大片土地荒芜，种上庄稼的，长得像癞痢头，有一块没一块的。齐国守着沃野之地，粮食竟不能自给，眼前这番景象，能不令人心忧？"

冷松不以为然地说："仲父提出官山海之策，以盐、铁换钱，有了钱，何愁无粮？"

宁戚摇摇头说："以盐换钱，以钱买粮，是仲父不得已而为之的策略。盐出于东海，粮出于土地，齐国的土地若能长出更多的粮食，为何要去买别国的粮食呢？"

冷松和季柏你看看我，我看看你，不知如何回答。宁戚继续说道："假如有这么一天，诸侯国盐满为患，不再换粮，或是天灾人祸，各国没有多余的粮食出口，那又怎么办？齐国的农民守着土地种不出庄稼，反而要用钱买粮，他们到哪里去筹钱？粮食是立国之本，手中有粮，心中不慌，没有粮食，谈什么称霸诸侯？"

宁戚的一番话，两名侍从还真的回答不上，季柏支支吾吾地说："农业之事，由大司田管，这些事应该由宁越大夫来处理。"

宁戚朗声大笑，站起身来，戴上斗笠说："不说这些，这不是你们说的事，走。"

"大人，还要走？"冷松有些不情愿地问。

宁戚问道："怎么，不想干了？"

冷松苦笑着说："小的实在累得够呛。"

"走吧！回临淄后，我放你们的假，让你们好好休息几天。"宁戚指着远处的淄河说，"我们沿着淄河走，三两天就回临淄了。"宁戚的话音刚落，人已走过对面的一道土坎，冷松和季柏互望了一眼，拿起地下的东西，背在肩上，跟在宁戚的后面，消失在田野中。

管仲与宁戚作过几次深谈，内容从周天子说到诸侯，从政治、军事、农业说到工商业，两人的观点常不谋而合，皆有相见恨晚之感，彼此皆视对方为知音。

宁戚心里想，无怪乎鲍叔牙力荐管仲，齐桓公拜管仲为相国，尊称为仲父，管仲果然是平生仅见之奇才，齐国有此人为相国，富国强兵、称霸诸侯，只是时日问题，能在此人手下做事，一定可以干出一番大事业。

管仲心里想，宁戚果然是个人才，若经历练，成就绝不在自己之下。

管仲巴不得立即起用宁戚，以宁戚接替宁越大司田的职务，但宁越乃三朝重臣，没有充分的理由，不是说动就能动得了的。再说，宁戚刚依附于齐，声望不高，尽管有舌战宋侯、降服宋国的奇功，但也只能反映他有雄辩的口才，而于治国之道，还没有令人足以称道的政绩。于是，他安排宁戚去考察齐国的农业，为他提供一个展示才华的平台，为以后的提拔任用创造条件。

宁戚考察归来，管仲特设家宴欢迎，请隰朋作陪客。客人未到，管仲兴奋地抚琴弹以待，一曲《高山流水》在相国府里回荡。相国夫人闵婧坐在管仲身边，和着乐曲以手击节，两眼深情地注视着自己的丈夫。

"巍峨如泰山！浩荡的江河！"隰朋人未到，声先至，大笑着说，"仲父好雅兴呀！"

"哈！哈！"管仲连忙站起来迎客，"知音来了。"闵婧随后也站了起来。

"音乐我可是门外汉。"隰朋手向后一指，"知音马上就到。"

恰在此时，管芨来报，宁戚大夫在府外求见，管仲闻报，忙到府门迎接，隰朋、相国夫人闵婧亦随后跟至。

第46章 铁犁牛力助农耕

宁戚见相国、相国夫人和大行隰朋迎至府门，慌忙跨前一步，施礼道："参见仲父、夫人、隰大夫！"

"宁大夫不必多礼。"管仲侧身一让，做了个请的姿势，"请进！"

宁戚迈步进入相府，进门迎面便是一堵照壁，色彩艳丽。宁戚看了一眼，然后步入厅房。厅房里豪华气派，左侧设有反坫，上面摆满了金玉之器，光彩照人。宁戚审视片刻，脸上露出一丝微笑。

管仲招呼宁戚、隰朋道："二位请坐。"

宁戚与隰朋坐于案几前。

"久闻相国位在倍臣，富于列国之君。镂簋而朱纮，旅树而反坫，山节而藻棁。"宁戚微笑着说，"今日一见，果然名不虚传。"

簋是古代食器；纮是冠冕上的纽带；旅树是木屏风，以蔽内外，是国君之礼；反坫是放置酒爵的专用架子，为国君尊宾之礼；节是斗拱，山是刻为山纹，藻棁是梁上的彩画。

管仲扬眉一笑说："照壁、反坫，世人视为奢品，非君王莫能设，可我喜欢它们。对此，宁戚大夫有何感想？"

"没有仲父，就没有齐国的今天，仲父自认为奢侈，但齐人不以为奢侈。"宁戚笑着问隰朋，"大行，你说是也不是？"

隰朋哈哈大笑地说："宁大夫所言极是，仲父之财，皆主公所赐，齐人不以为奢侈。"

三人笑过之后，管仲对宁戚说道："大行已安排人为你修筑了一座府第，明天你去看一下，若有不如意的地方，趁没有搬进去，还可以再改一改。"

"不必了。"宁戚连忙推辞说，"宁戚漂泊惯了，住进豪宅，反觉得不舒服，栖身于简陋的茅屋之中，同平民打成一片，反而更能体觉民情。"

"人各有志，我尊重你的选择。"管仲说，"走，喝酒去。"

管仲正在伏案疾书，忽见侍从来报，宁戚大夫求见，管仲放下笔说："请进！"

宁戚兴冲冲地走进来，尚未落座就说："仲父，我找工匠莫仲柏打造了几个样式的铁犁进行试验。"

"真的？"管仲惊喜地问，"效果如何？"

"经过几次修改，已经成形，拿到地里试了一下，真是棒极了。"宁戚高兴地说。

"牛呢？"管仲关切地问，"能否用牛拉？"

"我是贩牛出身，对牛的习性很了解，买了几头牛，亲自训练，已经很熟练了。"

"嗯！"管仲激动得来回走动着，高兴地说，"这可是一次伟大的革命，成功了，对人类的文明史将是一个伟大的贡献。"

"我想将铁犁牛耕尽快推广开来。"宁戚有些迫不及待地说。

管仲道："有何好办法吗？"

"比赛。"宁戚说，"组织一场铁犁牛耕与木犁人耕的比赛。现场观摩，这比任何说教都管用。"

"有把握吗？"管仲关心地问。

"绝对有把握。"宁戚信心百倍地说，"通过比赛，让人们认识到铁犁牛耕的好处，这样，铁犁牛耕就可以迅速推广。"

"好！"管仲说，"三天之后，郊外举行铁犁牛耕与木犁人耕的比赛。朝廷官员全部到场，张贴布告，让老百姓都来看。"

三天后，人们云集在临淄城西门外的田野上，观看一场别开生面的耕地比赛。

农田里，相隔不远，摆放着两部犁，两部犁的形状相同，犁头却不一样，一乘是铁铧犁，一乘是木铧犁。前面拉犁的也不同，木铧犁前面并排站着四个身强力壮的小伙子，一人一根绳子搭在肩上，绳子的另一头连着木铧犁。铁铧犁的前面并排站着两头牛，牛肩上架着一个"人"字形木架头，架头的两脚分别有一根绳子与犁相连。每部犁的后面有个农夫扶犁。

管仲与百官及众百姓围站在十步开外，宁戚手持令旗站在两犁中间，喊了一声："预备！"

四个小伙子闻声，马上前脚弓、后脚箭，蓄势待发；铁铧犁后面的农夫右手扶犁，左手的鞭子高高扬起。

"开始！"宁戚一声令下。

四个小伙子鼓足劲，抖擞精神，大吼一声，拉起犁，向前奔去。铁犁后面的农夫抖动鞭子，一声吆喝，两头牛拉着犁，一路向前。

木铧犁过处，地里的土沟时深时浅，翻起的土块也是时多时少；铁铧犁过处，地里的土沟深浅一致，翻起的土块倒向一连，非常均匀。

第46章 铁犁牛力助农耕

围观的人群呐喊助威。三十步不到,拉木铧犁的四个小伙子已经累得浑身大汗、气喘吁吁,速度明显地慢了下来。牛拉的铁铧犁仍然在匀速地向前走,赶牛的人轻松地吆喝着,悠然自得。百步以后,木铧犁已远远地落在后头。

农夫们欢呼雀跃。一位老农对管仲说:"仲父主意真高,今日叫俺开了眼界,回去俺就买牛,换铁犁头。"

"这是宁戚大夫的主意,要谢去谢宁戚大夫。"管仲对宁戚大声说,"宁戚大夫,快给大伙儿讲讲吧!"

"乡亲们,"宁戚站在地中间大声说,"铁犁牛耕的好处,刚才大家都看见了,我也不用多讲,御作坊正在赶铸铁犁头,大家可以去购买。至于牛,要耐心地教,三两天就教会了。"

正在大家兴高采烈、议论纷纷的时候,宁越突然来到现场,他怒气冲冲地来到管仲面前说:"仲父,这是怎么回事?禀报过主公吗?"

管仲见宁越一脸怒容,冷冷地说:"这是我分内之事,何须禀报主公?"

宁越看了宁戚一眼,讥讽地问:"想必这位就是鼎鼎大名的牧牛人了。"

宁戚不卑不亢地回答:"在下正是宁戚,参见大司田。"

"哼!"宁越一甩手,"简直是胡闹。神农以来,耕种稼穑全凭人力而为,尧舜之时也莫能例外。想不到如今却出现了这样的怪事情,铁犁牛耕,简直是亵渎神灵。"

管仲冷笑道:"可眼前的事实是,牛耕确实比人耕省时省力,且耕地质量高,速度快。"

宁越大声道:"仲父,只要老夫还是大司田,就别想推广铁犁牛耕。"

"那你就休息去吧!宁越大夫。"管仲甩下一句话,登车而去。

第 47 章　伯氏抗税

　　管仲从比赛现场回来，直接进宫见齐桓公，刚落座就直截了当地说："主公，有件事情已是迫在眉睫，不得不办，请主公支持臣。"

　　齐桓公放下手中批阅的奏折，问道："仲父有何事？"

　　"主公以为大司田宁越其人如何？"管仲问道。

　　"大司田……"齐桓公想了半天说，"此人乃三朝元老，对寡人倒是忠心耿耿。只是年纪大了，思想有些保守，对仲父的改革，似乎不怎么热心。"

　　"岂止是不热心？"管仲道，"简直成了改革的绊脚石。"

　　齐桓公反问道："这么严重？"

　　"几年来，主公颁布实行了'三其国而五其鄙''修内政而寄军令'的行政与军政改革政策；四民分处、相地衰征、官山海、农商并重等经济政策，哪一条政策执行起来都是掷地有声。"管仲一挥手，"唯独相地衰征，推行起来磕磕碰碰，总不顺畅，责任就在宁越身上。"

　　"有何凭据？"齐桓公问道。

　　"新的农业税制，宁越虽不敢明目张胆地抵抗，在朝堂提出反对意见也不止一次，有意见提出来并非坏事，但既作为国策颁布实施了，就得执行。否则，就是违抗君命。宁越身为大司田，主管农业，采取消极态度对待相地衰征的新政策，此事有目共睹，无需臣多讲。"管仲怒气冲冲地说，"更可恶的是，宁戚大夫组织一次铁犁牛耕与木犁人耕的耕地比赛……"

　　"什么、什么？"齐桓公打断管仲的话头，"铁犁牛耕与木犁人耕比赛？这是怎么回事？"

　　管仲笑了笑说："事情是这样的，一个多月以来，宁戚大夫足迹踏遍齐国的山山水水，考察农业状况。最近，他发明了铁犁牛耕，即用铁铧犁代替木铧犁，以牛代替人拉犁。今天一大早，宁戚主持了一个铁犁牛耕与木犁人耕的耕地比赛，铁犁牛耕是又快又好，农民都击掌叫绝，臣准备在齐国全面推广铁犁牛耕。"

"啊，这是件好事呀！"齐桓公问道，"宁越怎么了？"

"宁越大发雷霆，说这是有违祖制、亵渎神灵。"管仲道，"身为大司田，不思进取，有人搞发明创造，他却公然反对，齐国的农业在他的领导下，还能发展吗？"

"宁越老了，思想是有些保守。"齐桓公叹了口气，"但他是三朝元老，对齐国还是有贡献的呀！"

"臣并没有抹煞宁越的过去。"管仲停了一下道，"只是他的思想保守、落后，已经跟不上时代的步伐，齐国要改革，齐国要发展，齐国要走富国强兵之路，就必须要发展农业，宁越任大司田，发展齐国农业就是一句空话。臣建议，大司田的人选要更换。"

"仲父有合适的人选吗？"齐桓公问道。

"宁戚，宁戚如何？"管仲说，"就是那个饭牛而歌，主公举火授爵的宁戚。"

"宁戚？"齐桓公点点头道，"有胆有识、足智多谋、思维敏捷，是个不可多得的人才。"

"宁戚用一个多月的时间走遍了齐国的山山水水，对齐国的农业现状进行深入调查。特别是他最近发明的铁犁牛耕代替木犁人耕，这是人类历史上的一次革命，将大大地促进农业生产的发展，有这样的人出任大司田，何愁齐国的农业不发展，何愁相地衰征的政策不能贯彻执行。"管仲赞不绝口地说。

"好！"齐桓公道，"寡人同意仲父的意见，罢黜宁越的大司田，拜宁戚为大司田！"

金銮殿上，齐桓公面对群臣道："宁越大夫乃三朝元老，多年来，他对寡人忠心耿耿，对齐国也是劳苦功高。宁越大夫年事已高，看到他还在为国事奔波，寡人实在有些于心不忍。寡人决定，免去宁越大夫大司田职务。"

齐桓公的这个决定来得很突然，事先没有任何征兆，群臣听罢不免有所吃惊。宁越站列班中，听到这一决定，犹如五雷轰顶，一时愣在当场，过了一会，突然跪下哭奏道："臣虽年事已高，尚能为国效力，恳请主公收回成命，让臣为齐国之振兴再多干几年。"

"爱卿平身！"齐桓公说，"请爱卿自重，不要辜负了寡人体恤老臣的一番心意。"

宁越听齐桓公说得虽很婉转，但语气却很坚决，知道无可挽回，慢慢地站起来。

"宁戚大夫乃匡世英才，贫贱不移，威武不屈，精通桑麻五谷之道，又值风华正茂之年。舌战宋桓公，使齐国不战而屈人之国，大智大勇可见一斑。"齐桓公道，"最近，他又发明了铁犁牛耕，这可是人类历史上的一次伟大革命，将会大大地促进农业生产的发展。寡人决定，任命宁戚大夫为大司田。"

齐桓公的任命，不仅使大臣们震惊，就连宁戚本人也很意外，他看看金銮殿上的齐桓公，又看看站在班首的管仲，再看看失魂落魄地站在一旁的宁越，一时不知说什么好，连谢恩也忘了。

"宁戚接旨！"齐桓公见宁戚愣在那里，补了一句。

宁戚犹如梦中惊醒，急忙跪拜道："臣谢主公隆恩！只怕臣能力有限，有负主公重托。"

"大司田平身！"齐桓公道，"寡人相信不会看走眼，大司田如有不懂的地方，可请教仲父，你一定能抓好齐国的农业。"

宁戚刚站起来，突然爆发出一阵歇斯底里的狂笑："一个牧马的，一个贩牛的，齐国要成为牛、马之国了，哈！哈！哈！"

管仲做过牧马人，宁越说牧马的，指的就是管仲，而贩牛的，自然说的就是宁戚。

"宁越放肆！"齐桓公大喝道。

"牧马的，贩牛的！"宁越有些失魂落魄。边说边笑，边笑边脱下官袍礼带，脱一件，扔一件，边脱边扔，转身走出大殿。一个苍老的背影，消失在大殿之外。

大臣们有的怜悯，有的木然。管仲看着宁越远去的背影，心中虽有不忍，却也无可奈何。

临淄城的政令展台前围满了人，还有人陆续向这边走来，大家来此的目的只有一个，看展台新张贴的布告。站在前面的人，识字的在看，不识字的左问一句，右问一句，显得非常着急，后面看不见，更是一个劲地向前挤，人群熙熙攘攘，秩序很混乱。两名衙役，手持铜锣和棍棒分站在布告两边，大声喊道："都站好，别挤，挤什么？"

"差爷，展台上张贴的是什么？我们看不见。"站在后面的人大声喊。

"差爷，我们不识字，你给我们念念吧！"不识字的人也大喊声大叫。

一名衙役跳上一块石头，敲着手中的铜锣，大声喊道："静一静，大家听好了！"

刚才还是吵吵闹闹的人群，一下子就静了下来。衙役接着说："展台上张贴的，是大司田宁戚大夫新公布的相地衰征的新政策。"

"念念吧！念念吧！"很多人都这样要求。

"好了。"衙役一敲铜锣，"大家静下来，我给大家念。"

相地衰征新政

农乃立国之本，务五谷，则食足，养桑麻、育六畜，则民富。不务天时则财不生，不务地时则仓廪不实。故而，发展农业，是国家当前第一要务。

发展农业，必须民尽其力，最根本的政策是"正地"，实行相地衰征新政策。相地衰征包括两个方面的内容：一是均地分力，即把公田直接分给各农户去耕种，扩大各户所占有的份地数量，实行一家一户的个体生产；二是与之分货，即实行级差地租制。将土地按肥沃程度分成若干个等级，按地等交纳地租。土地肥沃的多交，土地贫瘠的少交。

为了鼓励农民垦荒开田，特规定，凡新垦荒地，免交三年租税，至第四年再按其土地地等纳税。

国人无论地位如何，身份怎样，都得实行新的土地租税制度，若有违犯，将依法严惩不贷。

围观之人听完布告的内容，顿时沸腾起来，特别是平民百姓，听到新政的内容，无不拍手叫好，因为新的政策出台后，他们能分到更多的份地，除了向国家交纳地租后，他们可以得到比以往更多的粮食，家里有粮，心中不慌，今后的日子可要好过多了。

有人笑，就有人哭，有人欢喜，就有人愁。新政实行后，大多数农民都会从中得到好处，而占有大量土地的奴隶主们的利益却遭到冲击，这种冲击来自两个方面，一是他们的土地将作为份地分给农民，另一方面，他们也要向朝廷交纳地租。这不是割他们的心头肉吗？他们心里当然不服。

当人们群情振奋、议论纷纷、拍手叫好的时候，却有一个人嗤之以鼻，不屑一顾。这个人就是奴隶主伯氏。伯氏是宁越的姻亲,过去,他仗着宁越这个后台,没有人敢动他的地,租税他也不交,很多人见他不向朝廷交纳租税,也跟着抗拒不交,当时的大司农宁越睁一只眼,闭一只眼,并不深究,故而相地衰征的土地新政,在宁越的手中难以全面展开。

伯氏不屑地说:"嘻,普天之下,莫非王土,竟然要将土地分给那些穷鬼,简直是无法无天,没了王法;王室公爵都同穷鬼们一样交地租,岂不是贵贱不分?等级全无?什么相地衰征,见鬼去吧。老子就是不交,看你能把我怎么样。"

半月之后,政令展台上又贴出了一份布告,其对临淄城的震动,似乎更甚于上一次公布的新政,百姓们奔走相告,相传的就是一句话:"快去看呀!朝廷惩处了抗税不交的伯氏老爷,布告都在政令展台上贴出来了。"

中国人有一个特点,就是好凑热闹,街上两个小孩子打架,也会有一大群人围观,谁胜谁负并不重要,就是好奇,凑个热闹。伯氏可是有头有脸的人物,有钱、有势,且同上大夫宁越还是姻亲,这样一个人物遭到惩处,大家当然觉得稀奇,都想来凑凑热闹,看看结果如何。一时间,政令展台前又是人山人海。

两名衙役守在展台的布告旁边,他们见人围得越来越多,后面还有人向这里走,一名衙役跳上一块石头,敲响手中的铜锣,大声喊道:"大家静下来,我将布告的内容给大家念一遍。"说完,大声念了起来:

大司田令

经查实,龚姓伯氏,公然对抗相地衰征新政,拒绝相地,拒不缴纳租税。经请示主公,依法没收伯氏骈邑三百。特此严惩,以儆效尤。

严惩伯氏,震动朝野,特别是对那些占有大量土地的奴隶主们,震动更大。在宁越任大司田期间,他们对相地衰征新政一直持观望态度,认为朝廷只不过是说说而已,一直是能逃就逃,能躲就躲,税吏若是催得急了,就多少交一点税粮应付了事。他们知道,伯氏同宁越是姻亲,没有谁对伯氏动真格的,伯氏不相地,伯氏不纳税,他们也跟着受益。如今,新的大司田刚上任,便大张旗鼓地推行相地衰征新政,紧接着又严惩伯氏,这明显是杀鸡给猴看。看来,这一任大司田,绝不同于上一任大司田,朝廷推行相地衰征,是要动真格的了。

别看这些人平时在奴隶面前狐假虎威，其实，打起摆子来，照样还是发抖，与常人并没有多大区别。于是乎，他们个个都夹起了尾巴，请有司来丈测他们的土地，核定土地等级，商定份地如何分法。相地衰征新政一下子便在齐国大地上轰轰烈烈全面推广。

在推行新政的同时，大司田宁戚又令御作坊加班加点，打造铁铧犁，在全国范围内大力推广铁犁牛耕技术。此后不久，中原诸侯国都跟着齐国学，铁犁牛耕技术迅速地推广开来，中国的农耕史，从木犁人耕时代，进入了铁犁牛耕时代。

第48章 蔡姬戏水

蔡姬自从长卫姬生下公子无亏以后，心情一直很郁闷，她感觉到了压力，这种压力看不见，摸不着，但却能深深地体会到，且这种压力似乎越来越大，大到压得人有点吐不过气来。

按"大宗为翰，宗子维城"的宗法制度，长子是王位的当然继承人。无论是夫人，还是嫔妃所生，最先出生的儿子，就是君王的长子，长子就是当然的君位继承人。也就是说，谁第一个替君王生下儿子，谁就能得到母后之尊。蔡姬本先于长卫姬进入齐宫，谁知天不如人愿，肚皮子不争气，却让长卫姬抢先生了个儿子。自从王姬、徐姬早逝以后，蔡姬理所当然地成这第一夫人，现在，长卫姬生了儿子，大有后来居上之势，蔡姬嘴上不说，心里那个急呀，简直就难以言状。她恨自己肚皮不争气，也恨齐桓公太过好色，后宫美女如云，总管竖刁还在一个劲地往里送，齐桓公成天左拥右抱，反而将她这个正牌夫人冷落在一边，有时好不容易等到齐桓公来到寝宫一宿，谁知他已在其他美人那里大战数合，来到蔡姬寝宫时，早已是筋疲力尽，那话儿已经成了软棉条，无论怎么弄，就是雄不起来，气得那个蔡姬恨不得咬上几口。然而，她也只有暗自落泪的份。俗话说，伴君如伴虎，心里有怨气，口上却不敢说，真是打落牙齿往肚里吞。

齐桓公也觉得蔡姬近段时间神情有异，他心里也明白，蔡姬不高兴的原因在哪里。其实，后宫这么多美人，他最爱的还是蔡姬。蔡姬不仅人长得漂亮，而且琴棋书画样样精通，这是无人能及的。他也想多陪陪蔡姬，多给她一些床笫之欢，但他也有难处，后宫美女如云，个个都是天生尤物，只要被她们缠上了，人人都要使出浑身解数，非得大战一场不可，有时是底下压一个，左手按一个，右手还要牵一个，排成队了。虽然平时也吃了不少的补肾壮阳之药，但人毕竟

第48章 蔡姬戏水

不是金刚不败之身，经不住这样折腾。所以，每次战罢，齐桓公也是精疲力竭，眼睛放花，脚肚子打颤。只有到蔡姬这里，他才能得到体贴，才能安安稳稳地睡个好觉。

这一天，齐桓公退朝回宫，见蔡姬倚在窗前，对着御苑中的碧螺湖发呆。他轻轻地走到蔡姬身边，手搭在蔡姬的香肩上，柔声地说："夫人，在想什么？"

蔡姬见问，眼里不由得流出两行清泪。齐桓公忙掏出手帕，轻轻地揩去蔡姬的泪水，安慰地说："夫人不必悲伤，寡人也知道夫人伤心所为何事，其实夫人根本就不用担心，只要夫人能替寡人生下一个儿子来，立谁为太子，还不是寡人一句话。"

"主公以为臣妾是为这事吗？"蔡姬破涕为笑，掩饰地说，"臣妾是想家呢！"

"啊！"齐桓公故意若无其事地说，"这好办，选个时间，寡人派人送夫人回国省亲就是了。"

蔡姬指着碧波荡漾的碧螺湖水说道："臣妾的家乡是水乡，看到眼前的湖水，臣妾就想起了家乡的澜湖，想起了家乡的亲人。"

"走！"齐桓公拉着蔡姬的手，"寡人陪你到碧螺湖荡舟。"

蔡姬眼一亮，一下子转忧为喜，高兴地搂住齐桓公的脖子亲了一口。

齐桓公与蔡姬来到碧螺湖，周围除有几名宫女在湖边嬉戏外，并没有其他的人。碧螺湖本在御苑之内，闲杂人等是不能进来的。蔡姬见柳树脚下有一艘小游船，上前熟练地解开拴船的缆绳，轻盈地跳上船，张开双臂，笑嘻嘻地说："主公，快上来。"

齐桓公素不习水，且自幼惧水，本想学蔡姬的样子跳上船，可又没那个胆量，站在水旁边，看着小游船，试了试却又不敢迈步。蔡姬见状，格格地笑个不止，后来见齐桓公实在不敢上船，蔡姬又跳上岸，把绳索拴在柳树上，伸手扶住齐桓公，说："臣妾扶主公上船。"

齐桓公在蔡姬的搀扶下上了船，船身一晃，吓得他赶紧坐在船板上。

蔡姬上岸解开绳索，轻盈地跳上船，走到后梢，双手握住船桨，笑着叫道："主公，坐好了，臣妾要开船了。"话音刚落，只见她左手将船桨提出水面，右手船桨在水中一用劲，小游船便忽溜溜地来了个一百八十度的大转弯，船就调了个头，船头向着湖心。船调过头后，蔡姬前脚弓，后脚箭，双手一用力，双桨没入水中，嗖的一声，小游船如离弦之箭，射向湖心。

"夫人，慢点儿，寡人头晕。"齐桓公两手紧紧抓住船帮，胆怯地说。

"有臣妾在，主公尽管放心。"蔡姬放下手中船桨，来到齐桓公的身旁坐下，抓住齐桓公的手说，"臣妾自幼长在水边，跳进水里可抓鱼，摇船乃手下之功。"

齐桓公见蔡姬开心了，心里也很高兴。一把将蔡姬拉过，不想船一晃动，两人同时跌倒在船舱里，蔡姬恰好跌在齐桓公的怀里，蔡姬也不起来，就躺在齐桓公的怀里，齐桓公一手搂住蔡姬，一手抚摸着蔡姬娇嫩的脸蛋，嘴巴凑近蔡姬的耳边，轻声问道："夫人，快乐吗？"

"像现在这样，就臣妾和主公两人，亲亲热热拥抱在一起，多好呀！"蔡姬娇媚地说，"秋水粼粼，碧波漾漾，蓝天如洗，白云如丝……"

齐桓公笑着说："夫人是作诗呀。"

忽然一个浪头打来，小船轻轻晃了几下。蔡姬生性爱水，此刻突然兴奋起来，站起身子，双脚叉开，站稳脚，左右腿轮流使劲，船便左右晃动起来，先是慢慢地晃，后来是越晃越快，吓得齐桓公双手紧紧地抓住船帮，大叫道："停住，快停住。"

蔡姬玩得兴起，看到齐桓公惊慌失措，一脸酷态，以为他是故意装腔逗自己开心，并且，他们平时也常这样相逗，于是，双腿一用劲，船摇晃得更厉害。齐桓公吓得面如土色，大叫道："别闹，快停下！寡人要生气了！"

蔡姬自从到了齐国，很少像这样尽情嬉戏，她一边晃着船，一边向齐桓公伸出手："主公，抓住臣妾的手，不用害怕，很好玩。"

齐桓公欠起身，把手伸给蔡姬，谁知船一晃荡，身体失去平衡，扑通一声跌进湖中。

蔡姬大惊，纵身跳入湖中，把齐桓公托到船上。

齐桓公掉落湖中，喝了一肚子水，被蔡姬救上船后，像个落汤鸡一样坐在船舱里，口中直吐白水。蔡姬翻身上船，操起船桨，一阵急摇，将小船靠岸，跳上岸，拴好绳索，再把齐桓公扶下船，跪在地下谢罪道："主公，臣妾失礼，请主公赶紧回宫换衣服，以免受凉。"

齐桓公一甩手，不理蔡姬，怒气冲冲地离去。蔡姬知道自己闯了大祸，已是后悔莫及。爬起来，跟在齐桓公的后面返宫。

齐桓公回到寝宫，长卫姬见他像个落汤鸡，惊问道："这是怎么回事？"

第48章 蔡姬戏水

"更衣,少说废话。"齐桓公冲着长卫姬发火。

"快!"长卫姬冲着宫女大吼,"都是死人,还不快给主公更衣!"两宫女搀扶着齐桓公走进内室。

齐桓公换好衣服出来,一连打了几个喷嚏。宫女端来姜汤,齐桓公捧着碗,一口气喝个精光,抹了一下嘴,长长地松了一口气,坐了下来。

竖刁闻讯赶到,扑通一声跪下,诚惶诚恐地说:"臣该死,没有保护好主公!"

"主公到底怎么啦?"长卫姬问道。

"是夫人将主公从船上颠入湖中。"竖刁偷偷地看了一眼齐桓公,见齐桓公怒气未消,故意说道,"夫人真是不知天高地厚,难道不知道主公惧水吗?游湖也就罢了,为何要故意将船晃来晃去?真的不知居心何在。"

"夫人怎么能这样!"长卫姬说,"湖水那么深,万一有个三长两短又怎么办?"

"此乃欺君犯上之罪。"竖刁偷看了齐桓公一眼,见无反应,火上浇油地说,"不依国法处罚,最少也得按宫规处之。"

齐桓公一拍案几,大声吼道:"都给寡人闭嘴,下去!"

蔡姬独自回到寝宫,换好衣服之后,急急忙忙赶往齐桓公的寝宫来,欲向他请罪。竖刁对蔡姬早就怀恨在心。他觉得蔡姬总是同他过不去,对管仲处处尊让,在齐桓公耳旁总是说管仲的好话,对自己却是视若不见。他欲借这件事狠狠地整一下蔡姬,最好是叫她从此在齐宫消失。一来可报过去之怨,二来可除去管仲在宫中的一个帮手。当他看到蔡姬可怜兮兮地过来时,心里一阵得意,故意板着面孔,冷冷地说:"夫人,主公有令,谁也不见!"

"怎么?"蔡姬一惊,"连我也不能进去?"

"主公正在气头,下令任何人不准进去!"竖刁冷笑地说,"主公还特别关照,包括夫人你。"

蔡姬无可奈何,对竖刁道:"请总管代为禀报主公,说我来过了。"

"小的一定照办。夫人请回吧!"竖刁做了个请的姿势。

蔡姬无奈,只好原路返回。

齐桓公怒气稍平,想起了蔡姬,不知她作凉没有,刚才自己一怒而去,她一定是很伤心的了。见竖刁站在旁边,问道:"夫人呢?她没有受凉吧?她来过了没有？"

"夫人像没事人一样。"竖刁故作轻松地说，"正在寝宫弹琴，自娱自乐呢！"

"什么？"齐桓公闻之大怒，"寡人掉到水里去了，她连赔罪都不肯来吗？真是岂有此理！明天就把她送回蔡国去，让她知道欺侮寡人会得到什么样的处罚。"

"臣遵旨！"竖刁连忙答应，心里可是高兴得快要笑出声来了。

竖刁担心阴阳镜被戳穿，错过一次陷害蔡姬的绝佳机会，接旨后就直奔蔡姬的寝宫。此时，蔡姬一个人坐在寝宫里独自落泪。见竖刁匆匆而来，以为是齐桓公召见，站起身来正欲问话。竖刁一反过去谦恭之态，盛气凌人地大声说道："夫人接旨！"

蔡姬察言观色，情知不妙，连忙跪下候旨："臣妾接旨！"

"主公口谕！"竖刁说道，"蔡姬大逆不道，肆意胡来，晃舟致寡人落水尚不知罪，以失为人妇之道。着速遣返蔡国！"

"竖刁总管，我没有听错吧？"蔡姬大惊，有些不相信自己的耳朵，吃惊地说，"我请求见主公。"

"不行。"竖刁冷冷地说，"主公不愿见你！令小的立即将夫人遣返蔡国。车已备好，请夫人上车！"

蔡姬绝望了。她没有想到事情会是这样的后果。她恨齐桓公太不近人情，多年夫妻，就因为这么一点点小事，竟然下此狠心，将自己驱逐回娘家。她站起来，向寝宫环顾一眼，这个带给她幸福和快乐的地方，她真不想就此离去，此一去，恐绝无归期，想到这里，不由流下了伤心的泪。

"夫人，走吧！"竖刁叫道，"车还在外面等着呢！"

蔡姬转过身，艰难地迈步走出宫门，临上车时，再向寝宫看了最后一眼。

蔡姬的车刚驶出临淄城北门，猛听后面有人大喊："前面车辆慢行！"

蔡姬一听，心中一阵狂喜，以为是齐桓公回心转意，派人追回自己。忙掀开车帘，向后一看，见有四辆马车疾驶而来，前面一辆是篷车，后面三乘是战车。

篷车刚驶近蔡姬的车，管仲从车上跳下来，拉过踏脚凳，将相国夫人闵婧从车上扶下来。蔡姬见是相国和相国夫人，如同见到久别的亲人，下得车来，

第48章 蔡姬戏水

与闵婧抱头痛哭，边哭边说："没有想到，主公竟一点也不念夫妻之情，就这样将妾身遣返回蔡，这叫我还有何面目见人呀！"

"夫人不要太过悲伤。"闵婧安慰地说，"主公只是将你遣返回蔡，并没有休了你，过了一段时间，等他的气醒了，也许会再将你接回来的。夫人一定要保重，千万不要想不开。"

"怎么会出现这种事情呢？"管仲伤感地说，"夫人放心，就当是回一趟娘家，等主公回心转意后，我亲自派人到蔡国去迎接夫人。"

"仲父，据妾估计，此事恐有人从中捣鬼，不然，主公不会这么无情的。"蔡姬止住哭声说，"主公是位明君，请仲父好好地辅佐他。妾身这里向你谢过了。"蔡姬说罢，深深地向管仲福了一福。

蔡姬接着又对闵婧道："仲父为国事操劳，非常辛苦，姐姐一定要好好照顾仲父，振兴齐国，全靠仲父。"

管仲见蔡姬如此通情达理，实在是于心不忍，然君命如山，他也没有办法将蔡姬留下。只有等以后有机会，再想办法了。他转身对身边一名武将说："你们护送夫人回国，一路小心伺候，不准出一点差错！"

武将大声答道："请仲父放心，小的一定将夫人安全送到蔡国。"

蔡姬含泪上车，驭手挥动长鞭，车轮辘辘滚动起来。三辆战车尾随护送。

蔡姬头伸出车窗，依依不舍地向管仲夫妻挥手，管仲和闵婧站在路边，挥手告别。

第 49 章　鲍叔归来

齐桓公放下手中竹简，对坐在一旁的管仲说："仲父，太傅外出考察，很有些时日了，最近有信回来吗？"

"啊！臣正要说这个问题。"管仲说，"前几天，亚相托人带回口信，不日即可返回临淄。"

"真的？"齐桓公惊喜地问，"亚相好吗？"显然，齐桓公非常惦记他的这位师傅。

"带信之人没有说。"管仲推测说，"应该会很好的吧。"

"太傅一切都好，寡人就放心了。"齐桓公松了口气。

临淄街头，熙熙攘攘，人声鼎沸，好不热闹。管仲带着相国夫人闵婧和两名侍卫，一身便装，悠闲自在地在闹市中逛来逛去。多年来，管仲养成了一个习惯，就是逛市场。管仲并无购物欲望，他的家中生活，自有小妾萍儿打理，有事也都有下人做，起居衣作，自有夫人替他操心，不需他操半分心。他逛市，表面上似是凑热闹，实际上是了解民情。他的很多治国之策，都是这样经过充分的调查研究的基础上形成的。临淄的闹市分为两大类，一类是杂耍逗乐的，比如斗鸡、耍猴、唱大戏、玩杂技等等；一类就是叫买叫卖的交易市场。管仲逛市场是专捡叫买叫卖的地方走。这里，可以了解到在衙门里看不能的信息。

临淄的市场，按物以类聚的原则设置，比如粮食，辟有专门的粮食市场，凡交易五谷杂粮，都到粮食市场去。像这样的专业市场还有：牲畜市场、铁市场、木农具市场、衣着市场等等。

管仲信步来到牲畜市场，有个人正在同牛贩子讨价还价，牛贩子说道："大哥，你知不知道，牛市上扬，价格都涨了。"

第49章 鲍叔归来

"涨也不能涨得这样多呀。"农夫无奈地说,"这样一条牛,昨天才二百钱,今天就要二百六十钱。"

"大哥。"牛贩子叫道,"如今推行牛耕,牛再也不是以往的菜牛了,它能帮人犁地,现在的牛抢手得很,价格一天一个样,你今天不买,明天还要涨。"

"俺的木铧犁还要换成铁铧犁,换犁还要举债呢。"农夫哀求地说:"降一点吧!"

"二百四十钱。"牛贩子说,"一个子也不能少,再少,你就找下家吧!"

"好,二百四就二百四。"农夫从怀里掏出钱,啪的一声交到牛贩子手里,牵着牛,高高兴兴地走了。

管仲看完这笔交易,脸上露出了满意的笑容,心里想:看来,铁犁牛耕已经全面推广开了,明年的农业生产一定会成倍增长,这样,百姓的日子就好过了,国家的税收也要增加了。

衣著服饰市场,是一个花的世界,各种各样的麻织品,丝绸织品,品种繁多,花色各异,图案新奇,颜色鲜艳,简直使人目不暇接,店铺里传出的叫卖声此起彼落,又给市场增添了一股热闹喧哗的气氛。

管仲走进路边布店,指着柜台上的绸缎对闵婧说:"夫人,你看,这些丝绸的质量如何?"闵婧伸手抓住柜台上的绸缎捏了捏说:"嗯!质地不错,同俺娘织的几乎没有差别,花色也不错,看来得到了母亲的真传。"

老板娘见有人夸奖她的料子,满脸笑意地凑过来说:"老爷,这是齐国一等一的上好绸缎,扯一段给这位夫人做一套衣裳,夫人一定会更漂亮。"

闵婧微微一笑道:"老板娘真会说话,你的纺织技艺是从哪里学的?"

"御作坊。"老板娘认真地说,"御作坊织造坊的百工长身怀绝技,一手的绝活,她特别喜欢俺,将压箱底的绝活都教给俺了,俺是她的嫡传弟子。"

管仲哈哈一笑,问老板娘:"你知道她是谁?"

"是谁?"老板娘睁大眼睛。

"织造坊的百工长是她娘!"管仲轻轻地说。

"民女叩见相国、相国夫人。"老板娘这才回过神来,慌忙拜倒在地,"请相国老爷恕民女不敬之罪。"

"起来吧!"闵婧上前将老板娘扶起来,"没什么失礼的,俺们也只是看看,你料理生意吧,俺们走了。"说罢,一行人出了布店。

临淄城政令展台前的广场，总是集聚着那么多的人，总是那么热闹，玩杂耍的，卖唱的，说大鼓的，围了一拨又一拨的人，喝彩的，叫好的，此起彼伏。管仲只向那个方向望了一眼，并没有打算过去。正当他转身欲走之时，猛然听到有人喊："有人昏厥了，快来人呀！"

　　这可是人命关天的事情，管仲立即走了过去，拨开人群，走近一看，只见地下躺着一个人，蓬头垢面，一身破衣，仔细一看，不由大骇，惊叫道："这不是鲍叔兄吗？"管仲箭步冲上前去，抱住昏倒在地的鲍叔牙，带着哭腔叫道："鲍叔兄，你怎么了，怎么成了这个样子。"

　　闵婧本来是落在后面的，听到管仲的惊叫声，冲进人圈，见到鲍叔牙躺在管仲的怀里，怎么叫也叫不醒，立即冲着侍卫喊道："快，将亚相抬回相府。"

　　鲍叔牙辞让相国之位，极力向齐桓公举荐管仲为相国，他自己甘愿亚相，协助管仲治理国家事务。管仲为相国、主持国家政务之后，在齐国掀起一阵改革浪潮，几年间，就使齐国走上了富国强兵之路，一跃而成为中原诸侯国之盟主，称霸诸侯已是指日可待。所有这一切，皆拜鲍叔牙所赐：是他，向齐桓公举荐管仲；是他，将管仲从鲁国引渡回齐；是他，使管仲从一个槛车囚而为齐国之相国。没有管仲，没有齐国的今天，没有鲍叔牙，则就没有管仲，追根溯源，挖树刨根，所有这些，皆维系于鲍叔牙。齐国上至齐桓公，下至朝野臣民，在赞颂管仲改革、使齐国走上富国强兵之路的同时，更赞颂鲍叔牙的慧眼识人，从心眼里感激这位不计个人得失，任劳任怨，一心为国为民的亚相。

　　鲍叔牙出任亚相，全心全意地支持管仲的工作，每当齐桓公犹豫不决之时，鲍叔牙总是站在管仲一边，鼎力支持管仲的改革，改革政策的出台，有了鲍叔牙的支持，也就顺利了很多。

　　大约在半年前，鲍叔牙告诉管仲，他想到中原各国巡游考察，为制定治国之策提供一些帮助。管仲不同意，因为这样的出巡，路途遥远，既不安全，又很辛苦。管仲不想年过半百的鲍叔牙太过辛苦。在鲍叔牙的一再坚持下，管仲只好答应了，叫他多带几个随从，他也不肯，说是一个人方便。就这样，鲍叔牙踏上旅程。一别半年，由于交通不便，鲍叔牙很少有信捎回来。管仲时刻挂念着他，前段时间，鲍叔牙托人捎回口信，说是不日回齐，管仲这才放心。万万没有想到的是，鲍叔牙刚回来，便昏厥在闹市街头。

　　管仲命人将昏迷不醒的鲍叔牙抬回相国府，请来宫中御医为鲍叔牙诊病。

第49章 鲍叔归来

管仲和夫人焦虑地守候在病榻前,紧张地看着昏迷不醒的鲍叔牙。御医仔细地诊断后,将鲍叔牙的手塞进被窝里,起身走出卧室,管仲跟在后面来到外间,神情紧张地问:"怎么样,亚相得的是什么病?严重不严重?"

"亚相只是劳累过度。"御医见管仲如此着急,安慰地说,"仲父不用太担心,开一帖药,以老山参做药引,煎熬后服用,三天之后,亚相的身体一定会好起来。"

"这样就好!这样就好!吓死我了。"管仲听御医如此说,心上的一块石头总算落了地,长长地松了一口气道,"萍儿,你过来。"

管仲的小妾萍儿过来问道:"相爷有何吩咐?"

"去将那支百年老山参拿来,给鲍叔兄做药引子。"

"好,俺这就去拿。"萍儿答应一声,转身离去。

说话间,御医的药方已经开好,管仲对闵婧说:"夫人,你亲自去配药,要快。"管仲说罢,重新回到卧室,守在鲍叔牙的身边。

相国夫人闵婧亲自到药店配好药,亲手熬好药,将药罐拿到卧室来,管仲连忙站起来,提起药罐,将药倒进碗中,来到病榻前,俯下身,轻轻地呼唤:"鲍叔兄,你醒醒,你醒醒。"

鲍叔牙睁开无神的眼睛,看了管仲一眼,嘴唇翕动了几下,又迷迷糊糊地睡着了。管仲抹了一下快要流出的眼泪,坐在榻上,小心翼翼地将鲍叔牙搀扶起来靠在自己身上,从夫人手里接过汤匙,勺了一汤匙药,吹了吹,用嘴唇试试冷热,然后伸向鲍叔牙唇边:"鲍叔兄,吃药,鲍叔兄!"

鲍叔牙下意识地张开嘴,管仲乘机将汤匙伸进鲍叔牙的口里,费了九牛二虎之力,才将汤药喂养完。管仲重新将鲍叔牙轻轻地放倒在床上。

管仲衣不解带,守候在鲍叔牙的病榻边,喂药、洗脸、擦身子,都是亲自动手,绝不假手他人。这期间,管仲将朝中一切政务都委托给隰朋和宁戚处理。朝中大臣知道鲍叔牙病倒闹市后,都很关心,纷纷前来相府探视,管仲叫夫人将客人统统挡在卧室之外,他寸步不离地守在鲍叔牙的病榻边,三天三夜未曾合眼。

闵婧手捧一碗三元(桂圆、红枣、莲子)汤走进来,关切地看看躺在榻上的鲍叔牙,轻声问:"好些了吗?"

"脸上有了血色,但就是昏睡不醒。"管仲担心地说,"我真的很担心呀!"

"会好起来的,相爷一定要放宽心,你这样不吃不喝地守着,别把自己的身子累坏了。"闵婧关心地说,"来,将这碗三元汤喝了。"

"鲍叔兄不醒,我怎么吃得下,睡得着?"管仲感慨地说,"当初我贫困的时候，曾经同鲍叔一道做买卖，分财利往往自己多得，而鲍叔不将我看成贪心汉，他知道我贫穷；我曾经替鲍叔出谋办事，结果事情给弄得更加困窘和无法收拾，而鲍叔不认为我愚笨，他知道时机有利和不利；我曾经三次做官又三次被国君斥退，鲍叔不拿我当无能之人看待，他知道我没遇上好时运；我曾经三次打仗三次退却，鲍叔不认为我是胆小鬼，他知道我家中还有老母；公子纠争王位失败之后，我的同伴召忽为主尽忠而自杀，我被关在牢里忍辱苟活，鲍叔不认为我无耻，他知道我不会为失小节而羞，却为功名不曾显耀于天下而耻。生我者父母，知我者鲍叔啊！鲍叔兄若有个三长两短，叫我管仲怎么活下去？"管仲说罢，泪如雨下。

闵婧同管仲结为夫妻这么多年，这是第一次听管仲说他与鲍叔牙的过去，见管仲说到深情处，不禁也陪着流下几滴伤心泪。直到此时，她才真正体会到"管鲍之交"的真义所在，也为管仲与鲍叔牙的兄弟情深所感动。

两人正在轻声细语时，突见鲍叔牙动了动，管仲惊喜地叫道："鲍叔兄，醒了吗？"

"哎哟！"鲍叔牙睁开眼，怔怔地看着管仲和闵婧，"我这是在哪儿？"说罢，挣扎着欲坐起来，管仲连忙伸手帮了一把。

"夷吾贤弟，赶快弄点吃的，饿死我了！"鲍叔牙刚刚坐起，就喊肚子饿。

闵婧连忙递上手中刚才管仲未来得及喝的三元汤："现成的三元汤，先喝一碗。我马上给你弄吃的去。"

管仲接过三元汤说："有这碗三元汤就够了，想吃也要等一会。"

"亚相饿了吗？一碗三元汤怎么够？"闵婧睁着大眼睛问。

"饿了这几天。"管仲说，"肠子都饿瘪了，吃多了会撑坏的。"

鲍叔牙接过三元汤，三口两口就喝个精光，抹了一把嘴说："还有吗？快拿来。"

"当然有。"管仲笑着说，"但一下子不能吃多了，过一会再吃。"

"为什么？"鲍叔牙有些不解，看着管仲，见他两眼通红，问道，"夷吾贤弟，你的眼睛红彤彤的，病了吗？"

闻讯过来的小妾萍儿说："相爷衣不解带，已经三天三夜没合眼了。"

"我在这里睡了三天三夜？"鲍叔牙惊讶地问，"你也三天三夜没有睡觉？"

"鲍叔兄，这算不了什么。"管仲若无其事地说，"只要鲍叔兄好了，我吃再多的苦也值。"

第49章 鲍叔归来

"好了！"闵婧也松了一口气，欢快地说，"亚相刚醒过来，身体懦弱，不要多说话，还是让我来为你弹奏一曲吧！"

"好！"管仲立即附和，"鲍叔兄，想听什么？"

鲍叔牙笑笑说："弟妹的《高山流水》弹奏得好，就来一曲《高山流水》吧！"

闵婧走到琴边坐下来，稳定了一下情绪，轻轻地弹奏起来……

管仲、鲍叔牙，这一对异姓兄弟，眯着眼，以手击拍，如痴如醉，沉醉在这美妙的琴声之中。

鲍叔牙考察归来，昏厥街头，牵动着无数人的心，为了不打扰他的休息，管仲嘱咐大家不要来看望。鲍叔牙本无大病，只是长途跋涉，劳累过度而已，吃了御医开的药方，三天之后醒来，身体一天好似一天，旬日后，身体便完全康复。

齐桓公听管仲说太傅身体完全康复，便命于宫中设宴为太傅接风。朝中大臣都来作陪。酒宴间，齐桓公举起酒爵，对鲍叔牙道："寡人能有今天，得感谢寡人的师傅。太傅为振兴齐国，呕心沥血，勤于国事，近来又长途跋涉，游历诸侯各国以考察天下事，劳累奔波，几乎丧命。敬上美酒一爵，以表寡人之敬意！"

"臣周游列国，所到之处，无不对齐国赞颂有加。主公大仁大义，亲盟诸侯，扶困济危，匡正王道，言谈举止，皆有王者之风范。"鲍叔牙举爵说道，"为齐国的霸业，干。"

齐桓公听得心花怒放，众大臣也同时举爵同饮。

"寡人蒙仲父教诲，太傅点拨，群臣协力，才得以有今天。"齐桓公再次举爵说，"借此良机，寡人再向仲父、太傅、诸位大臣敬酒了。"

群臣端起酒爵，一饮而尽。齐桓公大声地说："大家听便。"

一声听便，即是自由饮酒，相互之间，可以择对象，自由敬酒。

管仲率先举爵，对鲍叔牙说："亚相一路辛苦，管仲敬你。"

"仲父不必客气。"鲍叔牙忙站起来，举爵同管仲相碰后，一饮而尽。

宁戚端起酒爵来到鲍叔牙身边，管仲放下手中酒爵，向鲍叔牙介绍说："亚相，这是新任大司田宁戚，他来向你敬酒。"

"久闻亚相乃大齐勋臣，力荐仲父为相国，甘愿幕后辅，天下皆颂亚相识人之明，让位之贤。"宁戚举起酒爵，恭恭敬敬地说，"宁戚敬亚相一爵，聊表敬意!"

"我在回临淄途中,到处都在传诵猕山脚下,宁戚贩牛而歌,主公举火授爵的故事。"鲍叔牙站起来,看了宁戚一眼,赞许地说,"今日一见,果然名不虚传。宁戚大夫真乃时之俊杰,齐之栋梁,主公得之,真乃齐国之幸也。"说罢,举爵同宁戚一饮而尽。

隰朋站起来对鲍叔牙道:"祝亚相平安归来,隰朋敬亚相一爵!"

随后,王子成父、宾胥无、东郭牙、孙仲湫、竖刁、开方等人皆起身给鲍叔牙敬酒。再就是群臣相互间敬酒嬉闹。

酒至半酣,鲍叔牙端着酒爵来到齐桓公面身边敬酒,齐桓公端起酒爵一饮而饮,高兴地大叫道:"今日之饮,寡人真是太高兴了。"

鲍叔牙身为太傅,齐桓公的师傅,时刻都不忘提醒他的这位君王学生,回到座位,接过齐桓公的话头说:"臣听说,明主贤臣,虽乐皆不忘其忧。"

"哈!哈!"齐桓公知道鲍叔牙又要说教了,笑着问,"太傅又有何教诲?"

"教诲倒不敢。"鲍叔牙说,"臣愿主公不忘出奔莒国之时,兵败长勺之耻;愿仲父不忘槛囚之困,立誓使齐国称霸诸侯的宏愿;愿宁戚不忘贩牛车下之日;愿众大臣不忘曹刿尺剑劫盟之辱。河满则溢,月盈则亏,君臣若骄,霸业必毁。"

齐桓公起身离席,对鲍叔牙深深一揖道:"寡人与诸位大夫,都不会忘记太傅的教诲,此乃齐国社稷无穷之福也。"

第50章 四合诸侯

齐桓公八年（公元前678年）夏，郑国背弃鄄地之盟，兴兵攻打宋国，宋国难敌郑国，请求齐国出兵支援，帮助其向郑国进行报复。

齐桓公经过三合诸侯，被大多数中原诸侯国尊为盟主，他当然不想看到有人违背他主持修订的盟约，更不愿意看到有人在他的眼皮底下胡作非为，肆意胡来。当他接到宋桓公的请求之后，欣然同意，并约卫国一道出兵，会同宋师，共同讨伐郑国。宋桓公有了齐国撑腰，胆也大了，气也壮了，自为联军先锋，率宋国大军浩浩荡荡杀向郑国。

郑厉公见宋国有齐国支持，一时没了脾气，哪还敢反抗，未等联军兵临城下，就遣使向联军求和。

齐桓公率领齐国大军，浩浩荡荡地向郑国进发，忽闻探子来报，说郑国遣使求见。齐桓公令大军停止前进，就地安营扎寨，并在中军帐接见郑国使臣。

郑国使臣见齐军严整的军容，威武的气势，心里早已惧了三分，进入戒备森严的中军帐，伏地跪拜道："郑国使臣叩见盟主！"

"免礼！"齐桓公大度地一挥手说，"郑侯遣使至寡人中军帐，不知有何事？"

郑国使臣从怀中掏出国书，举过头顶："臣带来郑侯亲笔求和国书，敝国国君愿意遵守过去所订盟约，愿接受盟主的处罚。请盟主过目。"

侍卫上前接过郑国使臣手中国书，转身呈给齐桓公，齐桓公顺手递给端坐一旁的管仲："仲父看看，所书何事。"

管仲浏览一遍后说："带郑国使臣到偏帐休息，等候盟主答复。"

郑国使臣退出后，管仲手拿郑国国书说："郑侯至书求和，态度很诚恳。"

"仲父说，该如何处理？"齐桓公问道。

"当然准了。"管仲兴奋地说，"兵不血刃而屈人之国，看来齐国的威望是越来越高,臣以为,乘此机会,主公向诸侯发出盟柬,再合诸侯。"

齐桓公看看中军帐,挥挥手说:"仲父、太傅留下,其余人等都下去吧!"待众人都下去后,齐桓公问管仲:"再合诸侯,仲父又有什么点子?"

"鄄地会盟,诸侯国签订了关税协定,使齐国的商品在诸侯国畅通无阻,极大地促进了齐国工商业的发展。"齐桓公、鲍叔牙点点头,表示赞同,管仲接着说:"此次会盟,要解决的问题还是与贸易有关。"

"仲父想解决什么问题?"齐桓公问道。

"道路问题,度量衡问题。"管仲解释说,"商品从齐国运到国外,肩挑背驮不行,必须要用车载,通车要有路,没路车辆怎么走?没道路,商品就运不出去。这次会盟,一定要解决国与国之间的道路问题。"

"嗯!"齐桓公也是个绝顶聪明之人,一点就通,赞同地说,"好,修道路,就作为此次会盟要解决的问题之一。那同度量呢?又是怎么回事?"

"度量衡在目前的贸易也是一个难题。"管仲说,"商品贸易,就是物品与物品之间的物物相交换和物品与钱币之间的钱物相交换。诸侯国之间的度量衡不统一,交易很难进行。"

鲍叔牙是商贾出身,对管仲提出的问题深有同感,听管仲提出同度量的设想,赞同地说:"仲父所想真乃是高屋建瓴,我赞成。"

"寡人也赞成。"齐桓公说,"请仲父草拟一个盟约,会盟时拿出来讨论通过。"

"前几次会盟,参加的诸侯国都不是很多。"管仲提议道,"这一次,声势搞大些,广发盟柬,搞一次大的盟会,主公以为如何?"

"太傅呢?"齐桓公问鲍叔牙,"你的意见如何?"

"按仲父的意见办吧!"鲍叔牙说。

"好!"齐桓公道,"向诸侯国发盟柬,在宋国之幽地会盟。"

这年十二月,齐国召集宋、鲁、陈、卫、郑、许、滑、滕等国国君在宋国的幽地开会,鲁庄公只派人参加了会议。齐桓公以盟主的身份主持会议,他对各国国君说:"诸公,上次鄄地会盟以后,签订了关税协定,促进了各国工商业的发展。但是,也出现了一些不和谐的因素,诸侯国之间,常有兵戎相见的事情发生。前几个月,郑国与宋国之间发生的事,大家都知道了。为此,将诸公召集来幽地,就是有些事情想同大家商量一下,达成一致,签订盟约,付诸实施。"

宋桓公得到齐国的支持，顺利地解决了与郑国之间的冲突，心存感激之情，齐桓公话音刚落，他便接话说："齐侯将各国国君召集在一起会盟，一定有了盟约草案，请拿出来给各国国君讨论便是。"

郑国、陈国等国国君纷纷表态，同意宋桓公的建议。齐桓公向管仲点头示意，管仲站起来，手持帛书，大声说道：

幽地盟约

诸侯国之间：修道路，同度量，一称数，薮泽以时禁发之。

齐桓公八年十二月十日

齐国要求签订的这个盟约，旨在方便各国之间商业贸易往来，与在鄄地订的盟约，都是为了打通各国的商业大门，让齐国的商品顺利进入各国的市场。当然，它客观上也有利于各国之间的商贸往来。各国国君在会上很快就通过了齐国草拟的这份盟约，并歃血为盟，一致公认齐桓公为结盟诸侯国之盟主。

幽地会盟，是齐桓公第四次会合诸侯，也是他早年最大的一次盟会。这次盟会，确立了齐桓公的盟主地位，又补签了一个贸易协定。此后，东方诸侯基本上都归集到了齐国的旗帜之下。齐国可谓是声威大震。

幽地会盟，齐桓公虽然满载而归，但有个人却令他很不爽，这个人就是鲁庄公。本来，齐桓公就因为鲁庄公支持公子纠与他争夺君位，对鲁庄公就耿耿于怀，早就想找机会报复他，只是鲁庄公的母亲是齐桓公的亲姐姐，多次从中斡旋，替鲁国说情，姐弟情面难却，齐桓公就没有向鲁国动手。

鲁庄公正是凭着与齐桓公是他母舅的这层关系，对齐国的畏惧之心就少了几分，同时，鲁庄公也是一个不服输的角色，因此就出现了柯地劫盟事件，要回了被齐国夺去的土地。柯地劫盟，由于管仲的灵活处理，反而使柯地之盟成了齐桓公讲究信义的典范，齐国的威信更加高涨。此后，宋、郑等东方诸侯国纷纷归到齐国旗帜之下。鲁庄公并没有认识到这一点，办起事情来仍然是我行我素，此后接连发生了两件事，彻底地激怒了齐桓公。

在春秋初期，郑国一直是中原的霸主。在郑庄公的时候，齐国的国君都是追随郑国,而且当齐国被戎人攻打的时候,是郑国出兵拯救了齐国。可是,现在的情况大不一样了,彼此的关系彻底地颠倒过来,齐国一跃而成为中原霸主,郑国反而要向齐国朝贡。郑厉公是一个很有才干且又心高气傲的人,他接受不了这个事实。他没有像陈、曹、卫等诸侯国那样去齐国朝见齐桓公,而是派其执政大臣郑詹为使臣去齐国。齐桓公霸气十足,见郑厉公不亲自来朝见,显然是没有将他这个盟主放在眼里,一怒之下,就将郑詹扣留下来。后来,郑詹逃到了鲁国,鲁庄公却收留了他。这件事使齐桓公很不满意,认为鲁庄公在和他过不去。

另一件事发生在齐桓公十五年(公元前671年),齐国同宋国在鄄地会盟。当时的风俗,诸侯国娶妻,其所娶妻之国的同姓诸侯国也要有女子随同出嫁,称之为媵,媵是陪嫁女,亦称妾。当时陈国国君娶姬姓诸侯之女为妻,同时以鲁国的女子为陪嫁女。鲁庄公派大夫公子结送鲁女去陈国。公子结路过鄄地,正好碰上齐、宋两国的国君在此开会结盟,一时心血来潮,竟然擅自以鲁庄公的名义与齐桓公和宋桓公结盟。

齐桓公并不知道鲁国的公子结是擅作主张,代表鲁庄公结盟,反而认为鲁庄公是蔑视自己,竟然派一个护送陪嫁女的使臣参加会盟。一怒之下,齐桓公决定以此为借口,出兵讨伐鲁国,给鲁庄公一点颜色看看,以示惩戒。

这年冬天,齐国联合宋国和陈国,发兵进攻鲁国的西部边鄙。因为只是想给鲁国一个警告,所以并没有深入到鲁国境内。

幽地会盟,鲁庄公不赴会,竟派一个臣子与会,又一次激怒了齐桓公,他放出了风声,要教训一下鲁国。

鲁庄公的母亲,即齐桓公的姐姐文姜,当然不愿意看到齐国和鲁国的关系太紧张,闻齐桓公放出了狠话,召见儿子鲁庄公,劝导说:"你是怎么办事的,幽地会盟,如此重要的会议,怎么只派一个使臣去呢?其他诸侯国都是国君亲自去参加。"

"母亲,这不是主要原因。"鲁庄公也不是一个委曲求全的人,愤愤地说,"这只是齐国的一个借口,他就是想称霸中原,任何国家,对他们不能有丝毫忤逆行为。今日之气,乃往日之仇,他这是在报复。"

"报复又怎么样?"文姜道,"齐国气势如日中天,已成为名副其实的中原霸主,凭你的力量,能与之抗衡?"

第 50 章 四合诸侯

"不！"鲁庄公大声吼道，"鲁国绝不屈从于齐国的淫威之下。"

凭鲁国的实力，根本就没有与齐国抗衡的本钱，鲁庄公之所以态度如此强硬，是想逼他的母亲出面，替他解决与齐国的纠纷。

齐桓公正在后宫休息，忽见竖刁进来说道："主公，鲁国有客人到。"

"是谁？"齐桓公问。

"鲁侯的母亲，主公的亲姐姐。"竖刁问，"见是不见？"

"见！"齐桓公说，"一定是为鲁侯做说客来的。"

齐宫偏殿，齐桓公同文姜氏分宾主坐定，齐桓公说道："姐姐回来了，多住几天再走。"

"我哪有心思哟！"文姜氏满脸无奈地说，"兄弟，听说齐国又要与鲁国兵戎相见，姐担心呀！"

齐桓公知道文姜氏是为此事而来，接口说道："姐，这事你要同鲁侯说，兄弟并没有故意同鲁国过不去的意思，只是他屡屡触犯盟约，叫我怎么办？于私，我同他是外舅关系，于公，我是中原盟主，他是诸侯国君，若诸侯国都像他那样随意，不知轻重，我这个盟主还能当吗？"

"兄弟，你不能看在姐的份上，饶他这一次吗？"文姜哀求地说。

"姐……"齐桓公为难地说，"家事兄弟听你的，国事我却不敢贸然答应。还有诸侯国看着我，还有我的臣子们看着我呢！"

文姜叹了口气，无话可说。

文姜氏在齐国受挫，又来到莒国，她想把同样受到齐国威胁的莒国拉到鲁国一边，如果鲁、莒联合，势力将大大加强，那么，齐国就不会对鲁国轻举妄动。

谁知她来到莒国，却得到一个意外消息，原来，此时的莒国，正被齐国相国管仲发动的商战打得焦头烂额，狼狈不堪，莒国国君不仅无心与鲁国联盟对抗齐国，甚至连接待文姜的心情都没有。文姜无奈之下，只好垂头丧气地返回鲁国。

第51章 商战

莒国和其邻近的莱国虽然算不上大国，但实力也不弱，要想征服他们，使之归集到齐国的旗帜之下，也不是一件容易的事情。特别是莱国，早在齐太公（即姜太公）时，莱人就曾与齐人争夺过营丘（后为齐国的都城十三陵），可见其实力不弱。后来，齐国与莱国长期对立，谁也不服谁，谁也吃不掉谁。齐国要全力争取中原，当然要解决这个后顾之忧。

这一天，齐桓公对管仲道："莱、莒两国土地广阔、肥沃，又有特产紫草（染料作物），国力很强。寡人欲灭掉他们，仲父认为，该用什么办法。"

齐桓公惯于用武力征服他国，但管仲却不好此道，不喜欢用武力解决问题。管仲想了想说："同莱、莒两国打一场特殊战争。"

"特殊战争？"齐桓公不解地问，"什么叫特殊战争？"

管仲悄悄地将自己的计划告诉了齐桓公，慎重地说："此乃天机，泄露不得，若一旦泄露出去，将前功尽弃，齐国将损失惨重。"

"有必胜的把握吗？"齐桓公问。

"当然有把握。"管仲道，"只要依计而行，不费齐国一兵一卒，定能使莱、莒两国臣服于齐。"

"好，就按仲父的计策执行，打一场特殊战争。"齐桓公绝对信任管仲，见管仲说得如此肯定，毫不犹豫地答应了，接着说，"不过，寡人要带彩头。"

"什么彩头？"管仲也来了兴趣，"请主公开出筹码。"

"彩头也不是很难。"齐桓公笑了笑说，"若是胜了，寡人为仲父摆酒庆功，若不尽如人意，仲父请寡人到府上喝酒。"齐桓公又狡黠地一笑："请相国夫人抚琴助兴。"

"哈！哈！哈！"管仲大笑道，"这有何难，特殊战争一定会以齐国大胜

第51章 商战

而收场。到时，臣还是请主公到府喝酒，夫人为主公抚琴助兴。"

"好！"齐桓公大声道，"君子一言，驷马难追。"

庄山，位于齐国、莱国、莒国的三国交界之处。庄山蕴藏着十分丰富的铜矿资源，齐国虽然工商业非常发达，但对庄山的铜矿却一直没有进行开采。

忽然间，庄山来了大批士兵，他们进驻庄山，安营扎寨之后，一部分人上山采掘矿石，一部分人在山谷中设炉冶炼。不远处的山坳里，还有人在进进出出，入口处有人把守，闲杂人等不得入内。

时间不长，庄山上的矿石开采出来了，冶炼的炉火也升起来了。矿石中的铜也被提炼出来了。冶炼出来的铜并没有运走，而是运进了旁边的山坳里。山坳里集聚了齐国最好的工匠，他们将冶炼出来的铜锭化成水，再将铜水倒进模具，转而就铸成了铮亮铮亮的钱币。原来，山坳内是一个铸币作坊。钱币铸出后并未运走，而是藏在山坳中的山洞里。

不知从哪一天起，三国交界处的各个路口，到处都张贴着齐国高价收购紫草的布告。

紫草是莱国、莒国的特产，既有野生的紫草，也有家种的紫草，是制作染料的原材料。长期以来，紫草市场供求一直比较平衡，市场价格也比较稳定。而这次布告所公布的收购价格，比平常的市场价格却高出一倍。当时正是紫草的种植季节，但莱、莒两国的农人家里还有上年没有售完的紫草。听说齐国高价收购紫草，于是奔走相告，一传十，十传百，大家肩挑车载，纷纷将家里的紫草运到齐国设在边境的售卖点。

大道、小道上，到处都是运输紫草的队伍，茶前饭后，人们谈论的也是紫草的行情。特别是那些家里储存紫草多的人家，这次可是大赚一笔。

有些精明的人，见紫草能赚大钱，连夜铲除地里的庄稼，改种紫草。

莱国的国君听说齐国高价收购本国出产的紫草，非常高兴，对左右说："铜币是人们珍重的，而紫草则是莱国的特产。用莱国的特产去换齐国的铜钱。"说到得意处，莱国国君哈哈大笑："这样一来，齐国终将被我们兼并掉。"

于是，莱国人纷纷放弃粮食的种植，改种获利颇丰的紫草。

莒国的情况同莱国颇为相似，只是莒国的国君公开号召国人大量种植紫草。

第一年，莱国、莒国的农民将新收割的紫草肩挑车载地运到齐国的收购站。齐国在庄山已铸造了大量的铜币，对于莱、莒两国农民送来的紫草不加限制，全部高价收购，且都是现金交易。如此一来，莱、莒两国的农民心里更踏实。

　　第二年，他们干脆就不种庄稼，所有的土地全部改种紫草。

　　管仲见两国都弃农去种植紫草，心里暗暗高兴，待到第二年紫草收获季节，突然命令隰朋把铸铜的兵士全部撤回，回家去种庄稼。

　　当紫草上市之时，管仲下令，禁止进口莱、莒两国的紫草。莱、莒两国的紫草一下子堆积如山，卖不出去，成了柴火。因为大家都去种植紫草，不种庄稼，导致两国市场上粮食奇缺。粮食生产是有季节性的，周期很长，不是说种就能种得出来的。由于粮食奇缺，导致两国市场的粮食价格暴涨，每钟粮食价格高达三百七十钱，且常常还是有价无市。而此时齐国市场上的粮食价格，每钟仅十钱。

　　莱、莒两国的人民纷纷前来投靠齐国。莱、莒两国国力因之而大损，不得不臣服于齐国。文姜氏到莒国来，正是在这个时候，莒国此时自身都难保，哪还有心思谈什么联合抗齐呢？

　　管仲不费一兵一卒，看不见战火硝烟，就凭紫草商战，一举降服莱、莒两国，这件事犹如一阵风，立即传遍天下。各诸侯国，无不佩服管仲足智多谋，同时，也对齐国产生一种难以言状的畏惧心理。

　　管仲一场漂亮的商战，令齐桓公大开眼界。齐桓公好武，他只知道，要降服一个国家，最好的办法就是出动大批的战车，摧毁他的城池，掠夺他的财富，令敌人胆寒。武力服人，表面上看似服了，其实在内心里却充满了仇恨。管仲以商战服人，被征服者心悦诚服，输得没有一点脾气。

　　商战，管仲胜了，赌局，齐桓公输了。齐桓公为仲父摆酒庆功，承兑当初的诺言。为了让庆功宴搞得热闹些，齐桓公将这次庆功宴办成了大宴群臣。

　　酒宴间，大臣们推爵换盏，场面十分热闹。酒至半酣，齐桓公举起酒爵说："仲父，你这次打了一场漂亮的商战，寡人敬你一爵，寡人先喝了。"

　　管仲端起酒爵一饮而尽，亮亮爵底说："谢主公！"

　　"仲父！"齐桓公有些吐字不清地说，"还有件事情，寡人很为难，你替寡人想想办法。"

　　"主公有什么事为难？"管仲问道，"说出来，臣替主公排忧解难。"

　　"你替寡人将鲁国灭了。"齐桓公手一挥，说，"鲁国，对于我们齐国，就像田边上的庄稼，蜂身上的尾螫，牙齿和嘴唇一样。寡人久欲伸手，却又难以出拳。"

管仲知道，齐桓公多少还有点顾及姐姐文姜的面子，不想使她太难堪。于是笑着说："这件事臣早有安排，主公静候佳音就是了。"

"仲父有了主意？"齐桓公惊喜地问。

"商战。"管仲说，"臣还是要用商战来打败鲁国。"

莒国倒向齐国，使鲁、莒联盟的计划流产，也使鲁国更加孤立。但是，文姜和鲁庄公万万没有想到的是，齐国在管仲的策划下，一场旨在打击鲁国经济的商战，悄然拉开了帷幕，一场灾难性的打击，正等着鲁侯。

早在一年前，管仲就给鲁国挖了一个大陷阱，正在静候鲁国入瓮。

鲁国百姓擅长织绨，织绨业是鲁国百姓赖以谋生的支柱产业。绨是一种比罗厚、而且色彩光亮、质地润滑的丝织品。管仲请齐桓公带头穿以这种高档丝织品为原料做成的衣服，并号召大臣们也都穿这种衣服。上行下效，齐国的百姓纷纷穿起了以绨为面料做成的衣服。一时间，穿绨织衣服成为齐国的一种时尚。绨的需求量猛增，市场上供不应求。管仲又下令齐国不准百姓织绨。于是，致使齐国市场上绨的价格猛涨。

这一天，管仲带着两名侍卫到市场上察看行情，见满街的人穿的都是绨织品衣服，布店里购买绨的人排成队，生意火红。管仲凑过去，正看到鲁国商人同布店老板谈生意。

布店老板对鲁国商人说："五天之内，你先给我运十车绨过来，有问题吗？"

鲁国商人有些为难地说："价格怎么算？"

"齐国的市价你都知道，不用我多说。"布店老板说，"按市价，七成归你，三成归我，除掉费用、税收，我已经没有多少赚头了，薄利多销，图个热闹。"

鲁国商人算了算说："好，就按你的意见，签个协约吧！"

管仲向一名侍卫耳语了几句，带上另一名侍卫，走进了街对面的茶楼。

鲁国商人同布店老板签了协约后离去，管仲的侍卫跟在后面，靠近茶楼时，侍卫上前对鲁国商人打招呼道："老板，我家主人想见见你，行吗？"

"我是个生意人，见我有何事？"鲁国商人问。

"有生意，而且是大生意，做不？"侍卫问道。

鲁国商人问:"你家主人在哪里?"

侍卫伸手向旁边的茶楼一指道:"里面请!"

鲁国商人随侍卫走进茶楼,侍卫带着他走到管仲的桌边,管仲站起来说:"老板请坐。"

店伙计马上沏好茶端上来。鲁国商人在管仲的对面坐下来,端起茶杯,轻轻地吹了吹,呷了一口,放下茶杯,看着管仲,等待管仲说话。

"客商是哪里人?"管仲礼貌地问。

"俺是鲁国人,不知先生有何见教?"鲁国商人问。

"我想收购绨织品,你有吗?"管仲问道。

"要多少,价钱如何?"鲁国商人问道。

管仲对鲁国商人说:"你给我贩来十匹绨,我给你们三百斤铜;贩来百匹绨,我就给你们三千斤铜。有多少,要多少,但必须是鲁国、梁国所产的绨,其他地方出产的不要。"

管仲给出的价格,超出市场价格的一倍,对鲁国商人有巨大的诱惑力。鲁国商人见管仲出如此高的价格,有点不相信地问:"先生说的可当真?"

"现在就可以签约。怎么样?干还是不干?"管仲反问道。

鲁国见有如此好事,马上就同管仲签约。然后赶回鲁国,向人们宣传齐国大量收购绨织品。鲁国百姓一看织绨有利可图,纷纷放弃农业生产,转而从事绨的纺织。

鲁侯知道这个消息,并不知是管仲给他们设的陷阱,还以为发大财的机会到了。鲁国靠织绨换回齐国的铜。即使不向百姓征税,财政上单靠织绨的收入就很充裕了。于是,他鼓劲全国人民织绨。这都是一年前的事情。

就在齐桓公为管仲降服莱莒摆庆功宴后不久,管仲派人到鲁国去打探消息。探子回报,鲁国人都在忙于织绨,奔波于路之人,都是与织绨有关的人,行人之多,使路上尘土飞扬,十步之内连人都看不清楚,行路的足不举踵,坐车的车轮相碰,骑马的列队而行。

管仲听到此消息,高兴地说:"主公,大喜,可以攻克鲁国了。"

"真的吗?"齐桓公的兴趣也来了,"该怎么办?"

"请主公脱去身上的绨面料做的衣服,改穿帛料衣服,命令朝中大臣不得穿绨面料做的衣服,带领百姓不再穿绨。同时,命令封闭关卡,拒绝鲁国的绨进入齐国,断绝与鲁国的贸易往来。"

齐桓公道:"可以!"

过了一段时间,管仲又派人到鲁国去打探,探子回报,由于鲁国弃农织绨,农事因此荒废,齐国突然停止收购绨,造成鲁国大量的绨积压,绨卖不出去,就没有钱买粮食。鲁国由于弃农织绨,土地荒芜。鲁庄公又命令百姓种粮食,然而,生产粮食有一个周期,不是三两个月就能生产出来的。目前,鲁国缺少粮食,粮价暴涨,每石粮食的价格高达千钱,而此时齐国的粮价每石才十钱。

管仲这一次对鲁国的打击是致命的,遭受重击的鲁国,一下子陷入困境,如此高昂的粮食价格,鲁国的百姓难以承受。于是,大批的鲁国难民纷纷涌入齐国。这些难民的流入,给正缺乏劳动力的齐国增加了一批生力军。

由于齐国有新开垦的荒地三年免交赋税的优惠政策,这些涌入齐国地难民便各找荒地开垦,使得齐国大片荒地被开垦出来,齐国的经济实力因此而大增。

鲁庄公虽然好斗,但是,在外交上的孤立,国力上的削弱,再加上齐国军事上的威胁,使他再也拿不出勇气、再也没有本钱与齐国斗下去了。终于,在其母亲的斡旋下,完全屈服于齐国。

第52章　战略调整

　　文姜自齐襄公去世以后，一直郁郁寡欢，日夜思念，朝思暮想，抑郁成疾，得了肺炎咳嗽之病，后来病情恶化，于齐桓公十四年（公元前672年）秋不治而逝。临终前，她将鲁侯叫到床前说："齐襄公在世之时，已将其女指配于你，现齐女已长成十八岁。你要将齐女迎娶回来，以正六宫之位。不要拘泥于守丧期不办喜的旧制，不要使我在九泉之下还悬念这件事情。再者，齐国已是中原霸主，我活在时，鲁、齐心存芥蒂，总是有些小摩擦。我死之后，一定要谨慎从事，与齐国修好。"言罢而逝。

　　文姜是齐桓公的姐姐，她的去世，齐桓公和鲁庄公都痛失亲人，以此为契机，鲁、齐开始修好。

　　鲁庄公办完母亲的丧事之后，便欲遵依母命，欲与齐国商议婚娶之事。大夫曹刿说："主公大丧刚过，尚在守丧之期。婚娶之事，待三年丧期满后再办吧！"

　　鲁庄公道："寡人的母亲有遗命，嘱寡人不要拘泥于旧制，要借议婚之事，尽快与齐修好。既然曹大夫有此说，那就将婚娶之事改在明年吧！"

　　第二年七月，齐国上卿高傒与鲁国的使臣在鲁国的防地（今山东费县以北）会盟，申订前约。同年冬天，鲁庄公又亲自到齐国行纳币之礼，欲娶齐襄公之女、齐桓公的侄女为妻。

　　当时的婚姻，有所谓的"六礼"之说，即纳采、问名、纳吉、纳征（亦称纳币）、请期、亲迎。纳征的"征"字有成的意思，意即婚姻之事基本谈成，此后此女已属男方，一般不准再许配与他人。春秋时，纳征又称纳币。本来，诸侯婚娶，应当派卿大夫去女方行纳币之礼，诸侯不必亲自去行纳币之礼。而此时的鲁庄公急于娶齐女为妻，以达到与齐国修好的政治目的，消除齐国对鲁国的压力与威胁。顾不得礼仪，亲自到齐国行纳币之礼。这桩婚事，实际上是政治联姻。

第52章 战略调整

鲁庄公就是这样一个脾气的人,当他处于上风时,就趾高气扬,不把敌人放在眼里,一旦处于下风,精神就崩溃了,完全没了斗志,甚至将尊严也抛在脑后。母亲文姜在世时,他尚有所依靠,觉得齐桓公总会看在自己姐姐的份上,不至于对他这个外甥过分逼迫,所以还能摆着架子,不参加鄄地之会盟,只派使臣参加幽地之会,对齐国摆出一副若即若离的样子。文姜去世之后,鲁庄公失去了唯一的仗恃,所以马上毫无尊严地倒向齐国一边。

鲁庄公亲自到齐国纳币,逗留到第二年春才返回鲁国。齐桓公考虑到鲁侯尚在守丧之期,将婚期延期周惠王七年(公元前670年),议定以秋天为吉期。

这年夏天,齐国又举行隆重的社神祭祀,并检阅军队。齐桓公为了威慑鲁庄公,邀请他来齐国"观社"。鲁国的大夫曹刿觉察到齐桓公的用意,欲劝谏鲁庄公不要去,但又不好直接批评鲁庄公的胆怯与无自尊,只得搬出一套关于礼的陈腐议论,委婉地劝谏道:"主公不能到齐国去。礼,是用来整饬人民的。诸侯会聚,所讨论的无非是尊王室、修臣礼,让诸侯向王室出多少贡赋,使小国朝见大国。诸侯等级、爵位相同,就以大小决定先后次序,有敢不会朝者,则以大军讨伐。诸侯听命于周王室。若周王出巡四方,就召集诸侯开会,大习朝令之礼。如果不是这样,国君就不行动,国君的所有举动,都要被史官记载下来的。"

曹刿的言下之意,齐国是诸侯国,鲁国也是诸侯国,两国地位相等,因此,鲁庄公不能像赴天子之会一样应齐国之召。

鲁庄公没有接受曹刿的劝告,又风尘仆仆地跑到齐国。"观社"过后刚返回曲阜,齐桓公又在郑国的扈地召鲁庄公与之会盟。来来去去,鲁庄公疲于奔命,然而却一点脾气也没有。齐桓公如此捉弄鲁庄公,总算是为柯地劫盟及过去的磕磕碰碰出了一口恶气。

暴风雨过后,就是晴天。

周惠王七年,鲁庄公在位二十四年,年已三十有七岁。这年秋天,是鲁庄公迎娶新娘子的吉期。他为了讨好新娶的齐女姜氏,凡事极其奢侈,为新娘子"丹桓宫楹""刻桓宫桷",将宫室、宗庙盛饰一新。但是,新娘子却是一个极具个性的女子,她不满意鲁庄公结发妻子孟任。所以,鲁庄公亲自到齐国来迎亲,她却死活不愿与鲁庄公同行。鲁庄公只好先行回国,拖至秋天,齐女姜氏才姗姗而来。姜氏来到鲁国,即被鲁庄公立为夫人,是为哀姜。

鲁庄公为了讨好哀姜,命令鲁国的大夫及同姓的宗妇在拜见时,一律用币作见面礼。当时的礼俗，男女所送的见面礼是不一样的。男人送的礼物是"大者玉帛，小者禽鸟"，而妇女送的礼物则是"榛、栗、枣、干肉"，这是男女有别的礼制。

御孙私自叹道："男子送礼，大者玉帛，小者禽鸟，以章物采，女子送礼，不过榛、栗、枣、修而已。今男女同礼，没有任何区别。男女之别，乃国之大节，就是因为夫人的到来而乱了礼制。"

鲁庄公可顾不了这么多，他一心只想讨好哀姜。事实上，自姜氏嫁与鲁庄公后，齐、鲁两国的关系确实已修好。

春秋时期，永远是一个不平静的时期。齐桓公也是一个好动的人，他刚刚臣服了鲁国，又把矛头对准了陈国和郑国，开始干涉起这两国的事务。

陈国从北杏会盟时起，一直是齐国的追随者，历次的会盟与征伐，齐国的一纸公文，陈国都会参加。但是，在齐桓公十四年（公元前672年），陈国发生内乱，陈宣公欲立宠妾所生之子妫款为太子，竟然杀掉了原来的太子妫御寇，妫御寇有一个好朋友妫完害怕牵连，逃到齐国避难。

齐桓公因为妫完是有名的贤人，就任命他为齐国的卿。妫完推辞说："我是个羁旅之臣，侥幸获得宽容，生活在君上的宽明政治之下。君上赦免我不娴熟古人的教训，使我免于罪戾，不成为负担，这已是君上对我的恩惠了。我获得的已经够多了，怎敢有辱国君的高位，致使别人说君上的闲话呢？"

齐桓公见他拒受卿职，改命妫完为齐国负责手工业的工正。陈、田两字在古代是相通的，所以陈氏又称田氏。后来，妫完的后人在齐国发展壮大，到战国初期，终于代替姜氏而成为齐国之君，史称"田氏代齐"。这是后话。

管仲是一个具有浓厚守旧意识的人，不愿意看到废嫡立庶的事情发生。于是，派使者到陈国，迫使陈国对杀太子御寇一事认错。迫于齐国的压力，陈国只好就此事公开道歉。

郑国的前任国君郑厉公很有魄力，不甘心随着齐国的"指挥棒"转，齐桓公曾扣留郑国的大夫郑詹来威胁郑国，但郑厉公根本不予理睬，仍然我行我素，而且还为周王室立了大功，一时名声大震。齐桓公虽为霸主，对郑厉公的所作所为，只能睁一只眼，闭一只眼，毫无办法。可惜郑厉公不久人世，继位的郑文公虽然也不愿跟着齐国走，但其才干和魄力远远不及其父。郑文公四年（公元前669年），郑国主动与南方的楚国修好，想以楚国为外援，同齐国相抗衡。

齐国正愁找不到借口对郑国进行惩罚，得知郑与楚修好，就派人对郑人进行游说和威胁。郑文公见鲁国、陈国前后都屈服于齐国，齐国的势力越来越大，恐遭到齐国报复性的打击，于是，派人到齐国，请求修好会盟。

公元前667年，齐桓公召集齐、鲁、宋、郑、陈诸国之君在宋国的幽地会盟，郑国再次回到以齐国为首的中原集团。

周惠王见齐桓公在管仲的辅佐下，以"尊王"之帜为号召，致力于恢复周代的道德伦常观念和秩序，与以前那些从不把周天子放在眼里的霸主有天壤之别。于是，派王室卿士召伯廖到齐国传达周天子之命。

召伯廖来到临淄，向齐桓公宣读周天子圣谕：

赐齐侯为方伯，修太公之职，得专征伐。

惠王十年七月十日

周天子赐齐桓公为方伯，就是正式承认齐桓公的霸主地位。

齐桓公领旨谢恩后，召伯廖又向齐桓公传达口谕：

卫国曾助王子颓篡位，助逆犯顺，迄今未得到应有惩罚，烦伯舅为朕图之，对卫国加以惩戒。

卫国本来一直追随齐国，卫惠公曾参加了鄄地两次会盟，齐桓公八年又追随齐国讨伐郑国，并参加了同年的幽地之会。但是，自卫惠公去世（卫惠公于齐桓公十五年，即公元前671年去世）后，其子继任国君之位，就是卫懿公。卫懿公继位之后，再也没有参加过齐国组织的会盟与征讨。齐桓公对此极为不满，早有兴兵问罪之意，只是苦于找不到充足的理由。因此，当召伯廖转达周惠王的意愿后，齐桓公欣然受命。

齐桓公二十一年（公元前665年），齐桓公打着天子的旗号，率齐国大军伐卫。卫懿公不甘示弱，发兵抵抗，经过一番激战，卫军大败而归。齐桓公驱兵城下，以周惠王的名义，严厉斥责卫国帮助周室王子颓作乱。卫懿公在大兵压境的情况下，只得俯首认罪，并拿出许多财物珠宝向齐桓公行贿。齐桓公这才满意地带着卫国送的财物撤军。

到此时为止,中原诸国(除晋国等少数西方诸侯国外)完全归集于齐国的旗帜之下,而唯齐国马首是瞻。

这一天,管仲对齐桓公说:"主公已为侯伯,中原霸主的地位也已确立,齐国的战略有必要稍作调整。"

齐桓公问道:"仲父以为如何?"

"过去,我们的目标是'尊王称霸',现在,霸主地位已经确立,中原地区各诸侯国已基本安定。但是,夷人(泛指蛮、夷、戎、狄之人)不断扰边,中原四周不安宁。特别是西方的山戎,北方的赤狄,南方的荆蛮,经常侵扰中原各国。如果不对夷、戎、狄、蛮的侵扰予以打击,中原各国就不会安宁,主公的侯伯地位也不能牢固。"

齐桓公也有同感,问管仲有何善策。

"尊王攘夷!"管仲道,"以'尊王攘夷'为号召,把中原华夏诸国归集在齐国的旗帜之下,完成齐国之霸业,同时,通过'尊王攘夷'的活动,在一定程度上恢复周代的社会秩序。"

就在管仲与齐桓公将齐国的战略口号由"尊王称霸"调整为"尊王攘夷"后不久,齐桓公得知楚王也在选贤任能,励精图治,担心楚国进犯中原,欲先发制人。他将这个想法告诉了管仲。

管仲回答道:"楚国称王于南方,土地广阔,兵强马壮,连周天子对他都没有办法。如今又命子文为相国主持国政,四境安定,不是靠武力可以降服得了的。且主公新得诸侯,对诸侯并没有存亡兴灭之恩德,诸侯之兵,不一定都能为我所用。为今之计,应当广布仁德,树立威信,待时而动,这才是万全之策。"

齐桓公认这管仲说得有理,暂时息了伐楚之念。

这一天,燕国使臣突然来齐,说山戎进军攻打燕国,燕国不能抵挡,请求齐国支援。管仲笑着对齐桓公说:"机会到了。"

"什么机会到了?"齐桓公不解地问。

管仲说:"主公欲伐楚,必须先征服戎,戎患既息,才有精力专门来处理南方的事情。"

"好!"齐桓公赞成管仲的主张,对管仲说,"请仲父选定吉日良辰,出兵燕国,消灭山戎!"

第53章　管仲妙计灭令支

春秋时期，对中原构成严重威胁的是"南夷"和"北戎"。后人称当时的情况是"南夷与北戎交，中国不绝若线。"所谓"南夷"，主要是指楚国；而"北戎"，则是指北方少数民族，即"狄"，又称"戎狄"。

北方的戎狄，在春秋时期尚处于游牧阶段，它们对中原地区的侵扰，往往是毁城破室，掳掠一空，带有巨大的破坏性。所以，春秋时期的华夏族人，对戎狄都很憎恨，往往以禽兽视之。管仲曾说："戎狄豺狼，不可厌也；诸夏亲昵，不可弃也。"

管仲一生致力于恢复周代秩序，他不但对周王室怀有特殊的感情，而且对夷狄也极为排斥。他针对王室衰微、蛮夷猾夏的情况，提出了"尊王攘夷"的口号。一方面以"尊王攘夷"为号召，把中原华夏诸国归集到齐国的旗帜之下，完成齐桓公的"霸业"；另一方面，通过"尊王攘夷"的活动，在一定程度上尽量恢复周代的社会秩序。既然要"攘夷"，就不能坐视夷人（泛指蛮、狄、夷、戎）对中原的侵凌，就必须要有所行动。

燕国是西周初期分封的重要封国，建都于蓟（今北京市西南）。它是周王室控制燕山南北和辽河一带戎狄部落的军事据点，也是周王室的北部屏障。

燕国的北面，是所谓的"山戎"，意即生活在山区的戎人。山戎是北戎之一族，建国于令支。其西为燕国，其东南为齐国和鲁国。令支界于三国之间，恃其地险兵强，对中原霸主既不称臣，也不纳贡，屡犯中原。过去曾侵略齐国，齐襄公请郑公子忽出兵帮忙，被郑国所击败。

春秋时期，山戎也在南下，齐桓公称霸中原时，山戎已经南下到燕山以南。山戎的南下，直接威胁到燕国的生存。

山戎国主听说齐侯被周天子赐封为方伯，便统领戎兵万骑，侵扰燕国，欲截断燕国通往齐国的交通之路。燕庄公抵敌不住,遣人向齐国告急,请求齐桓公出兵救燕,帮助燕国把山戎赶回到燕山以北地区。

齐桓公接到燕国的紧急呼救后,问计于管仲。管仲道:"当今为患中原者,南在楚国,北有戎,西有狄,这都是中原安全的隐忧。齐国作为中原的盟主,有责任维护中原的安全。即使戎人不侵犯燕国,也要考虑惩罚他们,何况他们兵犯燕国,燕国又紧急呼救呢?齐国正可乘此机会,发兵北进,一举歼灭山戎,以除后患。"

齐桓公二十年(公元前666年)冬,齐桓公决定出兵救燕。将国事委托给大司田宁戚管理,命相国管仲为帅,大司马王子成父为先锋,鲍叔牙、隰朋等大臣随驾出征。选定吉日良辰,祭旗发兵。

王子成父率百乘战车先行,战车上插着两面杏黄大旗,一面旗上大书一个"齐"字,一面旗上写着"大司马"三个字。

大队人马随先锋部队之后,两面杏黄色大幡赫然在目,一面绣着"侯伯"二字,另一面则绣着"尊王攘夷"四个大字。齐桓公与管仲身披铠甲同乘一车,隰朋及其余大臣乘车紧随其后,浩浩荡荡向北进发。

鲁庄公在齐、鲁交界的济水迎候齐桓公。齐桓公请鲁庄公一同出兵救燕。鲁庄公同意一道征伐山戎。待齐军过去之后,鲁庄公又后悔了,他惧怕北伐路途遥远,没有如约发兵。

再说令支国主密卢,率兵侵犯燕国已一月有余,在这段时间内,他们大肆抢夺财物,掳掠女子。得知齐桓公率兵北上援燕,带上从燕国洗劫到的财物和女子,仓皇北逃。

齐桓公兵至蓟门关,看见的只是硝烟弥漫、一片狼藉、残破不堪的断城废墟,并未见半个山戎之兵。

燕庄公率朝中大臣与百姓,箪食壶浆,出城三十里迎待齐军。昔日威风十足、以傲慢出名的燕庄公,此刻犹如丧家之犬,失魂落魄,狼狈不堪。见齐桓公战车驶来,率领燕国臣民跪于道旁恭迎。当齐桓公的战车走近时,燕庄公羞愧地道:"无颜罪君,叩见方伯存国活命之恩。"

齐桓公急忙下车扶起燕庄公道:"燕侯请起,不必多礼!"

"寡人身为一国之君,无力抵御入侵之敌,致使燕国生灵涂炭,寡人愧对燕国臣民。"燕庄公感激涕零地说,"燕国有难,侯伯亲率兵车,跋山涉水而来,大恩大德，寡人与燕国子民没齿难忘。"

"寡人身为侯伯，受王室之命，理当扶危济倾。保卫中原，是职责所在。燕国有难，也是大齐之难，唇亡齿寒嘛！"齐桓公问道，"怎么不见一个贼寇？戎人现在何处？"

燕庄公道："戎人在燕肆意烧杀抢掠已有数十日，闻侯伯大兵将至，昨日已闻风而逃。"

齐桓公感叹地说："山戎太过蛮横，竟将燕国糟蹋到如此地步，气死寡人也！若未离去，寡人定当杀他个片甲不留。"

管仲道："山戎掠夺燕国大量的财物和女子，得志而去，未曾折损一兵一卒，齐兵如果退去，戎兵必然又来。"

"仲父的意思是……"齐桓公问道。

管仲一挥手，果断地说："大军继续北进，讨伐山戎，永除北方之患。"

齐桓公问身边的鲍叔牙："太傅以为如何？"

鲍叔牙不假思索地说："按仲父的意见办。"

"好！"齐桓公大声说，"传令三军，安营扎寨，休兵三日，继续北进。"

"请问燕侯"，管仲说，"山戎国都在哪里？距燕国有多远？"

燕庄公不认识管仲，向齐桓公看了一眼。齐桓公指着管仲道："齐国管相国，寡人之仲父。"

"久闻管相国之名，如雷贯耳，只是无缘拜见，今日相见，实乃三生有幸。"燕庄公听说是管仲，不敢怠慢，忙深深一揖，谦恭地回答，"山戎驻扎在令支，距燕国约二百四十余里。"

齐桓公道："不灭山戎，中原不得安宁，寡人也于心不安。只是这山戎之国，山高路险……"

燕庄公不待齐桓公说完，抢着说："侯伯欲伐山戎，为中原除害，寡人愿率燕国兵马为前队，逢山开路，遇水搭桥，保证侯伯直捣山戎老巢。"

"燕国惨遭山戎洗劫，已经是伤痕累累，寡人怎忍心让燕侯为先锋！"齐桓公有些不忍地说。

"不！"燕庄公坚持道，"伯侯长途跋涉，支援燕国。现又要讨伐山戎，燕国惨遭山戎洗劫，更要为讨伐山戎出力，以报遭劫之仇。"

齐桓公道："燕国军队可为后军，以增壮声势。燕侯随寡人同车，派土人为向导，让齐军在前冲锋陷阵。"

管仲问道:"听说东面离此八十里之地,有一无终国,素来与山戎不睦,可有此事?"

燕庄公惊问道:"仲父初来乍到,怎么对北方的地理、国事知道得如此详细。"

"仲父虽然为齐国相国,却熟知天下各国之事,山川、河流、人文、地理,仲父无不了若指掌。"齐桓公不无得色地说。

"佩服!"燕庄公双手一揖道,"离燕东行八十余里,有一小国,国名无终,虽也是戎人,却不依附于山戎,同样也屡受山戎侵害。"

"可否招安无终国,使之为向导?"管仲问。

"这倒是个好主意。"燕庄公赞同地说,"无终国为戎人,对当地地理环境更为熟悉,若能使他们为向导,一定会得到更大的帮助。"

隰朋奉命,带着大量的珠宝财物来到无终国,向无终国国主无终子说明来意,请他们派兵助阵,共同剿灭山戎。无终国本就吃了山戎不少的苦头,只是山戎太过强大,只能忍气吞声,无力抗争。闻齐军要讨伐他们的死敌山戎,举国上下已是高兴得不得了。得知隰朋的来意,无终子当即满口答应,并派大将虎儿斑率领骑兵二千,随隰朋到齐军阵前听调。

齐桓公重赏虎儿斑,令其为开路先锋。号令全军,向山戎纵深进军。

大队人马前进二百余里,只见山路越来越狭窄,地势越来越险要,齐桓公问身边的燕庄公:"这是什么地方?"

"此地名叫葵兹,是戎人出入的必经之路。"燕庄公回答。

"仲父",齐桓公以商量的口吻问道,"山路险峻,车辆难行,粮草、辎重行进都很困难,如何是好?"

管仲想了想道:"将辎重分出一半,屯聚在葵兹。令士卒伐木筑土为关,老弱病残者留在这里,由鲍叔负责据守葵兹,负责前军的粮草供应。其余人马就地休整三天,由精壮之士组成精兵,日夜兼程前进。"

齐桓公问旁边的鲍叔牙道:"太傅以为如何?"

鲍叔牙想都不想地说:"按仲父的意见办。"

却说山戎国主密卢,闻中原霸主齐桓公率兵北上,早已是闻风丧胆,不待齐军进入蓟门关,便带领全部人马撤回令支,尽情享受从燕国掠夺来的财物和女人。等待齐军离去之后,再行出动。谁知回令支不久,就有探子来报,说齐

第 53 章 管仲妙计灭令支

军大队人马已杀奔令支。齐侯发誓要剿灭山戎。密卢并不以为意。他认为，齐国虽然兵强马壮，但战车在山区难以行动，不如骑兵灵便快捷，再说，齐人对这里的地形不熟，进入山区，便成了盲人瞎马，犹如老虎陷入泥坑，有劲也使不出来。他根本没有想到，管仲能想出以戎制戎，请无终国助同作战的妙策。

密卢正在打着如意算盘，探子又来报，说齐军已到达葵兹，正在伐木筑关，屯聚粮草。密卢倒吸一口冷气，暗自心惊："齐侯果然厉害，葵兹乃山戎对外的唯一出路，若把葵兹堵死，山戎可就要困死令支了。"

密卢忙召大将速买商量此事，速买献计道："齐军远来，长途奔袭，定是疲惫不堪，不如乘其安营未稳之际，突出奇兵袭击，打他个措手不及。"

"好！"密卢一拍大腿，"此计正合我意。将军可带三千骑兵，于途中设伏，杀他个有来无回，片甲不留。"

速买得令，带领三千人马，悄悄来到离葵兹三十里的一处山谷，此山谷是进入令支的必经之路，速买将三千人马埋伏于山谷四周，静候齐军到来。

虎儿斑带着人马先到，见山谷四周悬崖峭壁，怪石嶙峋，地形险恶，鸣锣号令停止前进。

速买心中着急，又怕暴露了目标，骑着高头大马，手持一杆狼牙棒，带百余骑出谷诱敌，拦住去路，大叫道："大胆贼奴，竟敢兵犯山戎，看棒。"

虎儿斑也不答话，舞动手中双锤，拍马冲了上去，抡起铁锤，以泰山压顶之势砸了下去。速买挺起狼牙棒相迎，锤棒相交，击出火花点点，发出震耳之声，两骑擦肩而过。调转马头，又杀在一处。你来我往，杀得难分难解。十个回合后，速买虚晃一棒，佯装不敌而走。虎儿斑不知是计，率兵紧紧追赶，人马进入谷中，突然不见了速买人马的踪影。忽听一阵鼓响，四下里呐喊之声骤起，数千人马在呐喊声中从四面山上冲下，将虎儿斑的兵马切成数段，退路也完全封死。

虎儿斑虽身陷重围，但心中不慌，他知道后面齐军大队人马即将到来，率领无终国二千兵马奋勇抵抗，无终国的兵士人人奋勇，个个争先，与令支之兵杀在一处。速买也知道大队齐军将至，欲速战速决，手持狼牙棒，向虎儿斑冲杀过来，虎儿斑举铁锤相迎，速买卖个破绽，露出空门，虎斑儿不知是计，举起双锤狠命砸下，速买早有防备，虚晃一棒，闪过一旁，虎儿斑双锤砸空，因用力过猛，几乎跌下马来，速买迅速勒过马头，就势一棒，正中虎儿斑的坐骑，战马顿时脑浆迸出，倒地而亡。虎儿斑纵身跳过一旁。

正当束手待擒之时，齐军大队人马赶到。王子成父大显神威，杀散山戎之兵，救出虎儿斑。速买情知不敌，率领败兵火速退去。

虎儿斑所率戎兵，死伤过半，见到齐桓公，面露愧色，跪倒请罪："臣虎儿斑指挥不力，中了贼兵的埋伏，请齐侯处置！"

齐桓公亲手扶起虎儿斑，安慰地说："胜败乃兵家常事，将军不必自责。"见虎儿斑已失了战马，以自骑之马赏给虎儿斑，虎儿斑感激不已。

齐桓公命令人马继续前行，大约前进三十里，天色将晚，齐桓公问燕庄公："此地叫什么名字？"

"此地名为伏龙山。"燕庄公说。

管仲从车上站起来，看看四周说："伏龙山地处要道，山势险要，进可攻，退可守，是个屯兵的好地方。不如就此安营扎寨，明日再走。"

齐桓公立即传令：中军在伏龙山上安营扎寨。王子成父、宾胥无分别于山下安营扎寨，战车摆成长蛇阵，首尾相连，派兵巡警，以防敌兵偷袭。

第二天，令支国主密卢亲自带领速买，率万余骑兵前来挑战。见齐军摆成如此阵式，已觉心慌。密卢指挥戎兵向齐军冲杀过去，齐军只是按兵不动，待戎兵进入战车一箭之地，齐军便万箭齐发，戎兵皆为乱箭所阻，带着死伤人员撤回。一连数次，皆是如此。密卢知遇到劲敌，无计可施。搔首顿足，思得一计。悄悄地将戎兵分成三拨，两拨分两路向侧翼运动，一拨就地下马，随便躺在地上，对着齐军大声叫骂。

管仲站在山上，见戎兵突然有了变化，兵马渐渐稀少，戎兵或躺或卧，口中高声叫骂。管仲冷笑一声，已知密卢在使诈。回身手抚虎儿斑之背，指着山下的戎兵说："将军不是要戴罪立功吗？雪耻的机会来了，你可带一千人马，消灭这些戎兵！"

虎儿斑大声道："末将遵命！"

虎儿斑回营，点起本国兵马，车城一开，飞奔杀出。

隰朋担心地说："仲父，戎兵恐怕有诈。"

"我早已料到了，这就叫将计就计。"管仲接着说，"王子成父听令！"

"末将在！"王子成父应声而出。

"你率一队人马从左边包抄过去，截住左面山谷中埋伏的戎兵迎头痛击，不得让他们前进一步。"

"遵命！"王子成父带一队人马悄然出发。

第53章 管仲妙计灭令支

"宾胥无听令!"

"末将在!"宾胥无应声而出。

"你率一队人马从右边包抄过去,截住右面山谷中埋伏的戎兵迎头痛击,不得让他们前进一步。"

"遵命!"宾胥无带一队人马悄然出发。

原来,山戎惯用埋伏之计,见齐兵坚守不出,乃伏兵于两侧谷中,只留少数人马在齐军阵前叫骂,以诱引齐兵。虎儿斑领兵杀出,戎兵皆弃马而逃,虎儿斑正欲追赶,突闻大寨鸣金收兵,即勒马而回。

密卢见齐军不追赶,一声唿哨,招引谷中人马,指望他们一齐冲出助阵。不料王子成父和宾胥无两路人马一齐杀出,截住两旁山谷中的伏兵,大杀大砍。戎兵措手不及,被杀得七零八落,大败而逃,空折了许多人马。

密卢如热锅上的蚂蚁,急得团团转。速买献计道:"国主不必惊慌,臣有一计,可破齐军。"

"有何好计?"密卢急不可待地问。

"齐军再往前进,必经黄台山谷。黄台山谷路窄山高,地势险要,国主可派人用滚木雷石将黄台山谷堵断封死,外面多挖坑堑,再加上重兵把守,齐军就是有百万之众,也休想飞越黄台山谷。"

"好计,好计!"密卢连声称赞。

速买继续道:"齐军重兵皆屯于伏龙山。伏龙山二十里之内没有山泉,吃水全靠濡水,如果在上游筑坝,将濡水截断,就断了齐军的水源。数万大军,无水必乱,乱则溃。待齐军溃乱之时,国主再率兵乘胜追击,没有不胜的道理。为防万一,请国主派人去孤竹国求救,借兵助战,这样可稳操胜券。"

密卢听罢大喜,果然依计而行。

却说管仲见戎兵被打退后,一连几天不见动静,心下怀疑,便派探子前去打听,获知黄台山谷路已被堵塞,且有重兵把守。管仲一面将情况紧急报告齐桓公,一面召来虎儿斑,询问从伏龙山到令支,除了黄台山谷,是否还有其他的路可走。

虎儿斑道:"黄台山距伏龙山十五里路,是令支的最后的一道关卡,过了黄台山,就可以直捣令支老巢。如果再寻别的途径,就得绕道西南,由芝麻岭抄出青山口,然后再向东转数十里,才能到达令支。路途遥远,且山高路险,车马不能通行。"

正在商量间，牙将连挚跑来报告说："戎人在濡水上游筑坝，断了我军水源，军中已无水，将如何是好！"

虎儿斑道："芝麻岭一带都是山路，虽数日才能到达，如果没有水，恐怕就寸步难行。"

齐桓公传令，叫军士凿山取水，先得水者有赏，然而，众军士空忙一场，谁也没有找到水。隰朋献策道："听说蚂蚁总是在有水的地方筑巢，估计有蚁穴的地，一定有水。"

于是，齐桓公又命令军士各处搜寻蚁穴，众将又先后来报，并无蚁穴。

隰朋道："蚂蚁冬天怕冷，一般都在山南坡向阳之处建穴；夏天怕热，在山北坡建穴。现在是冬天，可到山南坡寻找。不可乱掘。"

军士按照隰朋的话，在南山坡果然找到了蚁穴，下挖不到五尺，便见清澈的山泉。齐桓公前去察看，见山泉喷涌，水势极旺，清凉甘甜，非常高兴，感叹地对隰朋说："隰朋真是圣人啊！"

管仲笑道："主公，为念隰朋寻水之功，臣建议此泉命名圣泉。"

"好！好！"齐桓公说，"此泉就叫'圣泉'，泉旁刻石，昭示隰朋之功！山名一并改了，就叫'龙泉山'吧！"

密卢自从听了速买之计，断了齐军的水源后，以为万事大吉，高枕无忧，整日饮酒作乐。听说齐军凿山而得圣泉，大惊失色道："齐侯难道有天神相助吗？"

速买道："齐军虽然有水，然长途跋涉而来，粮草必然跟不上，只要死守黄山谷口，坚守不战，不出一个月，齐军自然退去。"

密卢也无良策，下令守关戎兵，坚守阵地，不准出战。

管仲使宾胥无假托回葵兹运粮，实际上是由虎儿斑带路，带领一支人马取道芝麻岭，以六日为期。又派牙将连挚，每天都到黄台山挑战，以麻痹敌军，使之不疑。如此六天，连挚天天带兵于黄台山骂战，戎兵坚守不出，并不接战。

六天之后，管仲对齐桓公道："以时间计算，宾将军西路想必已达目的地。戎人坚守不出，我军却不能坐守。"于是，命令齐军将士，每人背负一个装满土的草袋，冲到阵前，将草袋填入壕沟之中，眨眼之间，壕沟便被填平。齐军一声呐喊，直扑黄台山谷口，将堵塞谷口的木石尽行拆除搬走。

密卢以为有黄台山天险相阻，齐军定难越雷池一步，日日饮酒作乐。忽听到喊杀连天，知是齐军杀到，连忙跨马迎敌，尚未及交锋，忽有戎兵来报："西路又有齐军杀到。"

密卢知小路也有齐兵偷袭,知已腹背受敌,吓得魂飞魄散,情知大势已去,不敢恋战,弃了老巢,带着残兵败将,向东南方向夺路而逃。

宾胥无率军追杀十余里,因见山路崎岖,戎兵熟悉地形,奔跑速度快,实在追赶不上,这才鸣锣收兵。

戎人丢弃的马匹、器物、牛、羊、帐篷之类无数,全部归齐军所有。被戎兵掳来的无数燕国妇女,哭哭啼啼奔向燕庄公,里面有不少燕军士兵家属,皆抱头痛哭。

齐桓公下令:"不许滥杀戎人百姓,不许抢劫财物,不许奸淫戎人妇女,违令者斩!"

戎人百姓见齐军威武,纪律严明,以为是天降神兵,纷纷杀牛宰羊,犒劳齐军。

管仲向一降戎问道:"密卢此去,可能投奔哪个国家?"

降戎道:"令支与孤竹是邻邦,素来和睦亲善,此前,国主曾派人去孤竹国请求救兵,援兵未到,天兵却来。国主此行,必定投奔孤竹国(故城在今河北卢龙县境)去了。"

齐桓公问道:"孤竹国国力如何?离此多远?"

降戎回答:"孤竹距令支约百里路,是东南大国,自殷商之时便已建国。"

管仲道:"怎么走?"

降戎道:"此去东南七十里,有条河叫卑耳河,过了河就是孤竹国境。但山路险峻,难走得很。"

管仲道:"孤竹国助纣为虐,既然离此不远,宜率得胜之师讨伐孤竹国。"

齐桓公欣然同意。恰在此时,鲍叔牙派遣牙将高黑运送粮草到达,管仲留高黑在军前听用。并在降戎中挑选精壮之士千人,补充到虎儿斑军中,以补此前降亡兵士之数。休兵三天,然后兵发孤竹国!

第54章 偷渡卑耳河

密卢带着残兵败将逃往孤竹国,拜倒于孤竹国国主答里呵脚下,哭诉道:"国主,齐军依仗兵多将强,侵夺我国土,抢掠我财物,恳请国主借我精兵五千,以报此仇。"

答里呵道:"孤正欲起兵相助,因身体偶染小恙,未曾及时发兵。不想却让令支国吃了大亏。国主放心,孤竹不是令支,卑耳河乃天然屏障,深不可渡,足抵十万雄兵。只要将竹筏尽数拘回港口,齐兵插翅也飞不过来。等齐军退兵之时,孤和国主率兵追杀,定能将齐军杀得片甲不留。"

孤竹国大将黄花元帅道:"齐军能在伏龙山凿泉得水,黄台山一举突破,其用兵之人,绝非泛泛之辈,定是高人。"

"此人乃齐国相国,名叫管仲。"密卢有些胆怯地说,"听说他精通异术,呼风唤雨,撒豆成兵,神机妙算,鬼神莫测。不然,怎能在伏龙山凿出山泉,似神兵突破黄台山天险?"

"齐军中既然有此等异人,即使我们将所有的竹筏拘于港口,他也能造出竹筏渡河。"黄花道,"应派重兵守住溪口,昼夜巡逻,以防齐军偷渡卑耳河。"

答里呵哈哈大笑道:"元帅过虑了,一个管仲,何足道哉?"

"国主是北戎领袖,何惧中原来犯之敌?"密卢奉承地说。

"常说令支国人强马壮,转瞬间便国破家亡。"黄花元帅冷哼一声,"亡国之奴,败军之将,有何资格在此高谈阔论?"

密卢狠狠地瞪了黄花一眼,噎得一句话也说不出来。

答里呵制止了二人的争辩,也没有采纳黄花之言。

再说齐军从令支出发,行不过十里之地,见前方崇山峻岭,怪石林立,古木参天，杂草丛生，荆棘塞路，山险路窄，不说战车难行，就是空人通过也很困难。管仲叫军士取来硫磺焰硝引火之物，撒入草木丛中，放了一把火。霎时间，火借风势，风助火威，熊熊大火迅速漫延开来，噼噼剥剥，烧得一片山响，直烧得草木无根，野兽绝迹。透天大火，连烧三天三夜。火熄之后，管仲命兵士凿山开道，车辆在马拉人推之下艰难地前进。有人建议，鉴于山高路险，车辆难行，不如弃用战车，轻装上阵，直捣贼巢。

管仲道："戎兵骑马，便于奔驰，只有用战车才能抵挡，若无战车，我军将处于劣势，断难取胜。"

管仲看到士兵们艰难地推车前进的情景，突然想起当年隰朋将他从鲁国引渡回齐，途中遭鲁军追杀，为了激励兵士的斗志，自己自创一首《黄鹄之歌》，士兵们边唱歌边推车，胜利地逃回齐国境内的情景。于是，管仲连夜赶写了两首歌，一首为《上山歌》，一首为《下山歌》，令军士传唱：

上山歌

山巍巍兮路盘盘，
木灌灌兮顽石栏。
云薄薄兮日生寒，
我驱车兮上高山。
风伯驭兮俞儿操，
如飞鸟兮生羽翰，
跋山巅兮不为难。

下山歌

上山难兮下山易，
车如环兮蹄如坠。
车辚辚兮人吐气，
厉山险兮履平地。
捣戎庐兮消烽烟，
伐孤竹兮史留名！

两首歌不出两天时间，便在兵士间传开了，全体将士都会唱这两首歌。军士们在行进途中唱着歌，劲头十足，顿觉脚步轻盈不少，行军速度大增。特别是那些推车的军士，边推边唱，你唱我和，同心齐力，轮转如飞。

齐桓公与管仲、隰朋等人登上卑耳山之巅，看到兵士唱着《上山歌》推车上山，唱着《下山歌》推车下山，士气高涨，感叹地说："寡人今天才知道，一首歌竟然有如此大的力量！"

管仲笑着说："臣当年坐困槛车之时，遭鲁人追杀，做《黄鹄之歌》以教军士，军士们唱着歌，忘记了酷暑，忘记了疲劳，脚步如飞，才使臣顺利回到临淄。"

"为何人一唱歌就会忘记疲劳呢？"齐桓公不解地问。

管仲答道："人有躯体，也有精神，躯体劳累，精神也为之疲惫，若精神愉悦，则就会忘记躯体的劳累。"

齐桓公笑了笑说："仲父博学多才，通达人情，真乃天人也。"

大军唱着歌，推着车，一齐向前进发，翻过几座山头，前面又见一岭，大小车辆，俱壅塞于道，停滞不前。管仲派人前去打探，回来禀报："前面道路，两边天生石壁，中间只有一条小路，仅容一人一马通过，车辆难越，故而行军速度大减。"

齐桓公面有惧色地对管仲说："如果在此地伏兵，寡人必败矣！"

管仲也捏了一把汗，感慨地说："幸亏戎人没有用兵之人，否则，若真在此地设伏，我军插翅难飞。"

正在大家踌躇不前之时，齐桓公突然惊视前方，慌忙弯弓搭箭，但却引而不发。原来，他看见从山坳之中走出一个怪物，细看，此怪物似人非人，似兽非兽，长约一丈有余，朱衣玄冠，赤着双脚，大摇大摆地走到齐桓公面前，对着齐桓公再三拱揖，似有相迎之意。然后以右手撩衣，竟向石壁中间急驰而去。齐桓公大惊失色，问管仲："仲父看到什么吗？"

管仲和左右看到齐桓公奇异的神态，已是十分惊奇，又见齐桓公这样问，更是有些莫名其妙，茫然地回答："臣什么也没有看见。"

齐桓公便将他刚才看到怪物的情景描述了一遍。

"臣闻北方有登山之神，名叫'俞儿'，臣作的《上山歌》中的'俞儿'，就是此神。"管仲推测道，"依主公刚才的描述，定是俞儿无疑。俞儿只有见到霸王之主才会出现，也只有霸王之主，才能看得见俞儿。臣恭喜主公，立霸王之业，成为中原之霸主，乃是天数所定。"

"伯侯为霸主，乃天命所归，寡人恭喜了。"燕庄公一旁恭维地说。

第54章 偷渡卑耳河

在场众将皆向齐桓公祝贺。

"俞儿向主公拱揖,是迎接主公前往讨伐孤竹,撩衣者,表示前方有水,右手撩衣者,则是说左边水深,暗示请向右行。"管仲接着说,"既然有水阻路,幸有石壁可以固守,且将人马驻扎在山上,使人探明水势,然后进兵。"

齐桓公下令:"人马驻扎在山上待命。"接着对虎儿斑说:"将军带领小队人马前去探明水势,看是否有竹筏过河。"

虎儿斑带领人马前去探水,回来禀报:"下山不到五里,就是卑耳河,河宽而水深,四季河水不枯。原本有竹筏渡河,自兴兵之后,竹筏全被戎主拘收,找不到一乘竹筏。"

管仲紧盯着虎儿斑问道:"真的没有办法过河?"

"末将带来了一位土著人,他说卑耳河有一处可以涉水。"虎儿斑接着对跟在身边的一个土著人说,"老丈,请你将知道的情况讲给仲父听。"

"小的见过大人。"土著人说。

管仲问道:"卑耳河真的有地方能涉水过河吗?"

"有。"土著人肯定地说,"卑耳河确实有个地方可以涉水过河,具体地点,只有我们土著人才知道。"

"能说具体些吗?"管仲说。

土著人指着前面一处山口说:"从那个山口下去便是卑耳河。向左边走,河深没顶,不会水过不去。向右边走,有一处地方水深过膝,只要找准了地方,可以安然过河。"

虎儿斑道:"末将亲自下河试过,浅水处不过十丈,似是一座拦水坝藏于水底。"

"对!"土著人道,"我们就叫那地方为隐坝。"

齐桓公立刻拜管仲于马前道:"俞儿之兆应验了。不知仲父有如此高的圣人才智,寡人实在是多有得罪了。"

管仲慌忙扶起齐桓公,微笑着道:"臣听说,圣人是先知事物于无形之前。现在的事物已经有形,然后臣才知道。臣还不算圣人,不过是善于接受圣人的教导而已。"

燕庄公也在一旁感叹地说:"从未闻卑耳河有浅处可涉水过河,此真乃神助也。"

齐桓公又问:"此去孤竹国,还有多少路程?"

燕庄公答道："过河往东走，先过团子山，再过马鞭山，随后便是双子山，三山相连，大约有三十余里。此乃商朝孤竹三君之墓。过了三山，再向前走二十五里，便是无棣城，无棣城是孤竹国的都城。"

"君上，"虎儿斑上前请命，"末将愿率本部兵马率先过河！"

"兵行一处，若遇强敌，将进退两难。"管仲道，"必须兵分两路，分途进发。"

"仲父有何安排？"齐桓公问道。

管仲道："令军士上山砍伐楠竹，扎筏渡河。等竹筏扎好后，用车载到河边。兵马分成两路同时渡河，一路乘筏，一路涉水。兵贵神速，动作一定要快。"

于是，齐桓公命王子成父、高黑率领兵士上山砍竹、藤条。人多手快，很快就扎好了数百乘竹筏，齐军用战车将这些竹筏悄悄地运到河边的树林里藏匿起来。

齐桓公又将人马分成两拨：王子成父同高黑带领一队人马，从左边乘筏过河，此为主力部队，公子开方、竖刁随齐桓公接应；宾胥无同虎儿斑带领一队人马，从右边涉水过河，充当奇兵。管仲同连挚、燕庄公随后接应。两路兵马过河后，在河对面的团子山会合。

却说答里呵在无棣城中，以为孤竹国有卑耳河这道天然屏障，所有竹筏都已拘进港湾，齐军无筏，根本就过不了河。因此，他根本就不担心齐军会过河来，成天同嫔妃们在宫中左拥右抱，寻欢作乐。

这一天，正当他在宫中同嫔妃们戏耍之时，突然探子传来惊报，卑耳河对岸人声鼎沸，齐军如同变戏法一样，从树林里抬出许多竹筏推入水中，大队齐军已乘筏过河。答里呵闻此惊报，吓得目瞪口呆，恰在此时，又有人来报，齐军的一队人马已经从卑耳河水底隐坝涉水过河，正在向团子山进发。连续两次军报，使得答里呵惊得魂飞魄散，手足无措，整个人像一摊烂泥一样，瘫痪在地。

第55章 老马识途

孤竹山戎首领答里呵在无棣城中,闻探子来报,说齐军已偷渡卑耳河,惊得手忙脚乱,急令黄花元帅率兵五千前去拒敌。密卢自告奋勇地站出来请战:"国主,俺来到孤竹,手无尺寸之功,愿带属下速买为先锋,迎战齐军,以雪前耻。"

黄花元帅冷笑地道:"败军之将,何以言勇?俺不要败军之将为先锋!"说完,迈步出帐领兵去了。

密卢气得七窍生烟,不敢发作,只好忍气吞声。人在屋檐下,不得不低头,他不忍气吞声又能怎么样?

答里呵见状,安慰道:"西北团子山,是东来必经之地,烦国主君臣严加把守,就便接应黄花将军。看来此番定是一场恶战。"

密卢口里虽答应,心里却怪黄花轻视自己,心里对黄花已有恨意。

却说黄花元帅率兵杀向溪口,正遇齐军先锋官高黑将军。黄花既不通名,也不报姓,手持一柄开山大斧冲上去,抡起板斧就砍,高黑将军挺枪来迎,两人厮杀一处。怎奈黄花元帅斧重力沉,斧斧只向要害处招呼,高黑将军只有招架之功,没有还手之力。正要败下阵来,恰好王子成父杀到。黄花撇下高黑,扑向王子成父。王子成父不愧为沙场老将,握紧方天画戟,舞得风车也似。黄花左蹦右跳,就是近不得身,急得哑哑直叫。王子成父看得仔细,突地将手中画戟刺了过去,黄花见戟尖已到,挥斧猛地一磕,王子成父震得两臂发麻,兵刃险些脱手,知道敌将力大斧沉,不能力敌,于是,采取游斗战术,以待后援。正在两人杀得难解难分之际,齐军大队人马铺天盖地杀了过来。

公子开方在左,竖刁在右,见王子成父与敌将杀得难解难分,发一声喊,一齐冲上前来助战。黄花情知寡不敌众，只得落荒而逃。可怜五千人马，被齐军团团围住不得脱身，死伤大半，余皆举械投降。

黄花元帅单人独马冲杀出重围，一路狂奔，将近团子山，只见旌旗招展，刀枪如林，无数的兵马，打着"侯伯""齐""燕""无终"的旗号。原为是宾胥无等涉水过河，先占了团子山。黄花见团子山已被齐军占领，不敢上山。丢弃心爱的战马，脱下战袍，连同大斧藏在一个山洞里。到附近人家讨得一身衣服，装扮成樵夫，从山间小路翻山越岭，过了团子山。

却说密卢率领人马刚到马鞍山，前哨探子来报，齐军大队人马已全部过河，团子山已为齐军所占。只得传令，就在马鞍山安营扎寨。

黄花元帅一口气跑到马鞍山，见山上驻有军队，认做是自家军马，径直投入营中，却是密卢所部。密卢见黄花一身破衣，狼狈不堪，知是吃了败仗，故意问道："元帅乃常胜将军，名震北戎。你不是带有五千人马吗？何以单身至此，连马匹也不带，五千人马呢？"

黄花见密卢一副幸灾乐祸之像，羞惭万分，只是肚皮饿得前胸贴了后背，仓促之间不想与他斗嘴，大声说道："快快拿酒、拿菜来，饿死本帅也！"

密卢也不答话，命手下拿一升炒麦，再给了一罐水。黄花知道再要也是无用，只会自找其辱，只好狼吞虎咽吃了起来。填饱肚子，黄花又向密卢索要战马，密卢令人从帐后牵来一匹跛腿瘦马道："好马都被士兵们骑着打仗去了，元帅凑合着用吧！"

黄花气得干瞪眼，毫无办法，因为他也曾对密卢落井下石，此刻受点窝囊气，也怨不得别人。只好骑上那匹残马，一瘸一拐地直奔无棣城。

黄花元帅回到无棣城，见到答里呵，叩首请罪。答里呵大惊，扶起黄花道："元帅何出此言？"

黄花道："罪臣赶到河口，齐军扎筏已全部渡过卑耳河，与齐军交战，无奈寡不敌众。五千军马已全军覆没。"

"悔不该不听元帅之言，以致有今日之败。"答里呵说。

黄花献计道："齐侯所恨者，在于令支，为今之计，只有杀了密卢君臣，将首级献给齐侯，作为讲和的见面礼，齐军可不战自退。"

答里呵摇摇头道："密卢国破家亡，穷途末路才投奔孤竹，怎么忍心杀他！"

宰相兀律古进言道："臣有一计，可使我军反败为胜。"

第55章 老马识途

答里呵迫不及待地问有何妙策。

兀律古道:"孤竹国北边有个地方叫旱海,人称迷谷,此处山势崎岖,山谷众多,千回百转,四周尽是一望无际的无垠大漠。从来国人死了以后,皆弃之于旱海,故旱海之内,白骨堆积如山,白昼常有鬼蜮现身,阴风阵阵,风过处,人马皆不能站立,人中此阴风,不死也得脱层皮。风沙刮过,天昏地暗,近在咫尺,皆不能见物。若误入迷谷,急切中根本就难辨东西南北,兼有毒蛇猛兽之患。若派一人诈降,诱齐军进入迷谷,不用厮杀,齐军必死无疑,我等再整顿兵马,以逸待劳,定可全歼齐军。"

答里呵道:"计虽是好计,可怎么能让齐军进入迷谷呢?"

兀律古道:"国主可带宫眷到阳山躲避,令城中百姓,都到山谷中藏匿,无棣城就成了一座空城。然后派人诈降,告知齐侯,说国主闻齐军到来,弃城逃往砂碛国借兵去了。齐侯必定下令追赶,只要把齐军领进迷谷,便大功告成!"

答里呵连声称妙。黄花元帅道:"臣与齐军不共戴天,愿往齐军行诈降之计,引诱齐军进入迷谷。"

答里呵道:"黄元帅能前往,胜算更添了几分。为使齐侯不疑,你可带骑兵千人同去。"

黄花道:"国主放心,臣不把齐军领进旱海,就不回来见国主!"

黄花元帅带领一千戎兵出了无棣城。一路上,他暗暗思索,前去诈降,必须要有进见之礼,才能取信于人,齐军是为追踪密卢而来,若能带上密卢的人头,将是一份厚礼,齐军定信无疑,想到他曾建议国主杀了密卢献给齐侯,国主没有同意,心里又有些犹豫,但想到如果能将齐军引入旱海迷谷,一举歼灭齐军,国主定不会过分为难,顶多受到责备而已。想到这里,他决定杀掉密卢,以作诈降进见之礼。于是率兵来到马鞭山见密卢。

密卢正与齐军相持不下,见黄花元帅率兵前来,以为是援兵,欣然出迎,哪知黄花元帅拍马近前,抬起手中大斧,一斧就将密卢斩落马下,跳下马,取了首级。所有这一切,都在猝不及防之中,密卢还没有明白过来,就已经做了无头之鬼。

速买见密卢被杀,勃然大怒,挺手中狼牙棒,劈头盖脸杀上来,边杀边骂道:"黄花贼奴,敢杀我主,拿命来。"

黄花也不答话,举斧相迎。俩人厮杀一处,你来我往,杀得难分难解。两家军兵,各助其主,捉对厮杀,互有损伤。速买与黄花大战数合,自料不及,虚晃一棒，落荒而逃，黄花也不追赶。

速买单刀匹马，径奔齐军大营投降。大将虎儿斑一见速买，真是仇人相见，分外眼红，哪里听得进速买请降之词，喝令军士将他绑了，推出营外，咔嚓一刀，取了首级。可怜令支国君臣，只因贪得无厌，屡屡侵扰中原，顷刻是都死于非命，岂不悲哀？

黄花元帅收并了密卢的残兵，直奔齐军大营，向齐桓公献上密卢首级，自称孤竹国主答里呵自知不敌，已逃往砂碛国借兵去了。今取密卢首级，投奔齐军，请齐侯收为小卒。

齐桓公向燕庄公、无终子示意，两人上前察看，确认是密卢首级无疑。

"黄元帅"，齐桓公问道，"你降了齐国，有何条件？"

黄花大声说："臣愿率本部兵马为向导，追赶答里呵，若杀了答里呵，请齐侯委我为孤竹国之主，臣保证向天朝年年纳贡，岁岁来朝，誓不冒犯中原。"

齐桓公听罢大喜，即令黄花为前部，引领大军杀向无棣，果真是人去楼空，成了一座空城，对黄花之言已是坚信不疑。

齐桓公担心答里呵逃远难追，留下燕庄公一支兵马驻守无棣城。亲率大队人马，连夜追击。黄花请先行探路，管仲恐其有诈，派大将高黑随同前往，大军随后进发。

齐桓公催动大军，跟着前军前进，不知不觉间被引入迷谷，突然，不见前军踪影。齐军顿时犹如无头苍蝇，东冲西撞，皆无出路。只见迷谷里狂风劲吹，沙尘漫天，天昏地暗，日月无光。真是个：

黄泛泛一片沙漠，黑沉沉千重惨雾。
冷凄凄鬼哭狼嚎，乱飒飒几阵阴风。

齐桓公大惊失色，忙问管仲："仲父，这是什么鬼地方？"

管仲说："臣闻北方有个地方叫旱海，人称迷谷，是个极其神秘的地方，恐怕就是这里。请主公速速传令，停止前进，各路兵马原地待命，不可贸然前行。"

齐桓公忙传令停止前进，由于丈许之外，视不见物，前军后队已失去联系。点火遇风即灭，怎么点也点不着。管仲保住齐桓公，急令左右："敲锣、击鼓，不要停！"

迷谷虽难见物，但声音却隔不断，齐军各路将士闻锣鼓之声，知是中军联络信号,都一齐敲锣击鼓回应。顿时,整个迷谷,锣鼓齐响,军队皆向锣鼓声处靠拢。

情况似乎越来越糟,此刻天已近黑,狂风大作,直刮得天昏地暗,东西南北茫然莫辨。好在风刮不久,便停了下来,风停雾散之后,天空出现一轮残月。众将随锣鼓之声慢慢聚于一处。兵士三人一堆,五人一伙,紧紧地靠在一起,以彼此的体温相互取暖。管仲传令,三军不准睡觉,敲响锣鼓,以驱猛兽,大声唱歌,以鼓舞士气。所幸此时乃隆冬闭蛰之期,毒蛇皆不出洞,豺狼虎豹闻锣鼓之声,皆潜藏洞中,不敢出来,否则,齐军损伤如何,真是难以预料。

挨到天明,管仲计点众将,唯缺隰朋一人,其余将领皆安然无恙。

管仲见山谷险恶,绝无人行,派出三路兵马,以锣为号,四处探寻出谷的道路,怎奈迷谷内山谷众多,千回百转,到处都是一片荒漠,将士们东奔西突,四处寻找,就是找不到出路,转了半天,又转回到原来的地方。

齐桓公见状,已是作慌。管仲安慰道:"主公别着急,臣有办法了。"

"仲父,有什么好办法?"桓公急不可待地问。

"臣听说马有一种天然灵性,对其走过的路不会忘记,即是说,老马识途,无终国与山戎地界相邻,其马多从漠北而来,定能识得路径。以马带路,定能走出旱海迷谷。"

管仲随即大声喊道:"虎儿斑将军!"

"末将在!"虎儿斑应声而出。

管仲吩咐道:"从无终国军中,选出十匹老马,松开马缰,任其行走,大军随其后。"

虎儿斑立即于军中挑选十余匹老马,放开缰绳,任其在前行走。齐军大队人马紧跟在这些老马的后面。老马果然识途,弯弯曲曲,左转右拐,不出两个时辰,带着大队人马走出迷谷谷口。全军上下,一片欢腾,皆惊呼道:"老马识途啊!"

齐桓公下得车来,向老马拜了三拜。对管仲道:"仲父真神仙也!没有仲父,寡人与三军将葬身沙海之中了。"

管仲谦虚一番,回头看了迷谷一眼,忧心忡忡地说:"隰朋不知去向,高黑将军恐怕也是凶多吉少!"

"隰朋估计不在谷中,否则,如此声势,他不可能没有听见。倒是高黑将军,恐怕真的是凶多吉少了。但愿吉人天相,能够脱离虎口。"齐桓公心有余悸地道,"寡人不会忘记旱海迷谷之惊险。"

管仲猛然想起一件事,急促地说:"我们中计,兵困迷谷,无棣城中的燕庄公恐怕也有危险。"

齐桓公急忙传令,大军火速向无棣城进发。行不到十里,遥见前面山脚下有一支军队,派人一打探,正是隰朋所率之军。原来,隰朋在行军途中迷失方向,与前军失去联系,只好命令所部就地扎营,然后派出探子侦探,正与刚走出迷谷的大军相遇,合兵一处,径奔无棣城。

第 56 章　踏平孤竹

　　再说降将黄花与齐将高黑先行,高黑得了管仲的密令,寸步不离黄花左右,若情况有异,立即杀掉黄花。进入迷谷之后,眼见得飞沙走石,天昏地暗,人马都睁不开眼,高黑回头一看,不见大队人马跟上,心中起疑,冲着黄花大声叫道:"黄花元帅,请停止前进!后面大军尚未跟上。"

　　"没关系,他们一定能跟上。如果不加快速度,恐怕就追不上答里呵了。"黄花说罢,只顾催马赶路。

　　高黑更觉怀疑,勒马不前,大声喝道:"黄花,你给我站住,停止前进!"

　　黄花勒住马头,不满地说:"高将军,为何大呼小叫?"

　　高黑怒斥道:"主公命你为向导先锋,现先锋与后继部队脱节,眼前又沙雾蒙蒙,道路难辨,你到底居心何在?"

　　黄花勒转马头靠了过来,口中却说道:"高将军,兵贵神速,如此拖拖拉拉,答里呵早已跑得没了踪影。"

　　高黑指着眼前的道路道:"此地环境险恶,山路险峻,迷雾茫茫,道路难辨,前后军脱节,失去联系,若遇敌军,将首尾难顾。"

　　"哈!哈!哈!"黄花大笑道,"高将军果然颇通兵法,本帅就是要齐军首尾不得相顾。"口中说着,突然挥动大斧,拍向高黑。高黑虽有警觉,却未料到黄花突施杀手,恰在此时,一阵狂风吹来,风沙迷住了高黑的眼睛,猝不及防,被黄花拍落马下。幸亏黄花无意伤害高黑,否则,高黑已死过好几回了。戎军见黄花将高黑打落马下,上前将高黑捆绑起来。

　　高黑大骂道:"大胆贼徒,竟敢用诈降计?"

　　黄花也不答话,指挥军士将高黑绑在马上,抄近道绕返回阳山,见到答里呵,黄花上前缴令道:"见过国主,臣用诈降之计,已将齐军全部引进旱海,想那齐桓公，正领着他的人马，在旱海中捉迷藏呢！"

答里呵大喜道："消灭齐军，元帅可是首功，退兵之后，寡人定会重赏元帅。"

黄花道："只是令支国主密卢，在马鞭山遭齐军围困，臣救之不及，密卢兵败被齐军所杀，其部将速买降了齐军，也被燕国虎儿斑杀了。"

答里呵兔死狐悲，感叹地说："密卢国主也是一代英豪，国亡家破已是可怜，现又战死沙场，真是可惜！"

"启禀国主，臣还擒得齐国大将高黑在此。"黄花说着，令人将高黑推进大帐，"请国主发落。"

答里呵见高黑身材魁伟，知是一员猛将，心中已是喜欢，和颜悦色地对高黑道："高黑将军，齐军已在旱海全军覆没，将军若能归顺孤竹，寡人一定重用你。"

高黑双目圆睁，大骂道："高黑乃齐国大将，世受齐国之恩，岂能投降尔等犬羊之辈？"

"识时务者为俊杰。"黄花冷笑道，"若不降，叫你死在当前。"

高黑啐了黄花一口，骂道："黄花贼子，你将我诱骗至此，我死不足惜，齐国大军一到，必将踏平孤竹。定叫你们君臣身首异处。若不及早醒悟，到时恐悔之晚矣！"

黄花大怒，不等答里呵说话，拨出身上佩剑，挥手一剑，将高黑的人头斩落地下。

答里呵叹息道："可惜一员猛将。"

黄花道："高黑执意不降，留之无益。现在当务之急，是夺回无棣城！"

答里呵传令重整兵马，浩浩荡荡杀向无棣城，将无棣城围得水泄不通。

燕庄公见孤竹大队人马到来，知难以固守无棣城。指挥将士坚守到天黑，令兵士四面放火，乘乱率军杀出重围，退回团子山安营扎寨，以候齐军大队人马。

再说齐桓公大军出了迷谷，与隰朋合兵一处，顺原道返回无棣城。一路上见百姓扶老携幼，纷纷赶往无棣城，管仲派人去询问，路人回答说："孤竹国国主已将燕国之军赶出无棣城，君臣已回无棣城中。俺们为躲避兵难，逃进山中，现在都急着回家。"

管仲一听，计上心头，对齐桓公道："臣有一计，可破无棣城。"

"仲父又有何妙计？"

第56章 踏平孤竹

管仲俯身在齐桓公耳边嘀咕了一阵,齐桓公不住点头。接着,管仲又将虎儿斑将军叫到身边,密令他挑选百余心腹军士,扮作百姓,混进城中,只待夜半时分,放火烧城,以为内应,趁乱打开城门。虎儿斑依计而行。

管仲又令竖刁率军攻打无棣城南门,连挚率军攻打无棣城西门,开方率军攻打无棣城东门。只留北门不攻,给敌军留条退路逃命。三将得令而去。

管仲又命王子成父和隰朋二位将军各率一支人马,埋伏于无棣城北门之外,只等答里呵出城,截住擒杀,不得放走一个敌人。二将得令而去。

管仲与齐桓公在离城十里处,安营扎寨。

却说答里呵回到无棣城,见城中到处都是火光,急令军民人等迅速灭火,召回百姓重新复业。又命元帅黄花整顿兵马,准备应战。一直忙活到傍晚,才将火势扑灭。

黄昏时分,忽闻城外炮声四起,鼓声震天。有探子来报:"齐军已兵临城下,将城门围得水泄不通。"

黄花原以为齐兵已困死迷谷,未想到他们竟能走出迷谷,迅速杀回无棣城。闻报大吃一惊,忙率军民登上城墙,四下一望,见南、西、东三门皆被齐军围得铁桶一般,唯北门未发现齐军。不敢松懈,令军士坚守城头,防止齐军攻城。

半夜时分,突见城中四处火起,知有齐军混入城中。答里呵大惊,忙派黄花元帅带兵搜索纵火之人。虎儿斑带着混入城中的心腹亲兵,径奔南门,杀散守门军士,打开城门。放竖刁的军马冲进城来。

答里呵手足无措,急呼黄花前来保驾。黄花见齐军已破城门而入,知大势已去,护着答里呵、兀律古冲出北门。行不到二里,突闻鼓声四起,火把齐明,四周被照得如同白昼。火光中,但见王子成父和隰朋各带一支人马从左右杀出。开方、竖刁、虎儿斑得了城池,率领兵马又从后面尾追而来。答里呵见四下都是齐军,仰天长叹道:"我命休矣!"

黄花手握大斧,犹作困兽之斗,逢人便砍,遇人便杀,怎奈双拳难敌四手,终因力尽而为乱军所杀。宰相兀律古乃一介文人,亦死于乱军之中。答里呵为王子成父所擒。

天明之后,齐桓公与管仲率军入城,一面命令军士扑灭大火,一面出榜安抚百姓。

王子成父押着答里呵来见桓公。齐桓公一见答里呵,顿时火冒三丈,大声斥喝道:"答里呵,你可知罪?"

答里呵扑通一声跪在地下,连磕三个响头道:"俺知罪。请齐侯饶命。若能留得一命,愿年年纳贡,岁岁来朝,永不犯中原。"

"答里呵!"齐桓公冷笑一声,"你北戎之兵屡犯中原,使中原百姓屡受战祸之苦,你对中原百姓犯下的滔天罪行,罄竹难书。大军到日,不思悔改,收留令支国主密卢与齐军相抗,又施诈降之计,将齐军诱入旱海,欲图一网打尽,用心也太过歹毒。真是天网恢恢,疏而不漏,今日落在寡人之手,也算是死有余辜,寡人如果饶你,天地不容。"

答里呵见齐桓公说得咬牙切齿,情知性命难保,精神彻底崩溃,瘫软在地,顿时就尿了裤子。

齐桓公抽出身上佩剑,挥手一剑,亲自斩下答里呵的首级。传令将答里呵的首级悬挂在北门城楼上,以警戒夷。

有戎人说,齐国高黑将军为黄花所擒,誓死不降,为黄花所杀。齐桓公叹息不已,命人将高黑之忠节记录入档,待班师回朝之后再行抚恤。

燕庄公闻齐桓公重新攻克无棣城,率兵从团子山赶来无棣城,见到齐桓公,无比激动地说:"侯伯率军踏平孤竹,使北方重复安宁,侯伯的功德,将永垂青史,燕国之臣民,将会永记侯伯救国之恩。"

齐桓公笑道:"寡人应君之急,跋涉千里,总算大功告成。令支,孤竹,一朝歼灭,其所属方圆五百里的土地,寡人难越国管理。就归属于燕国吧!"

燕庄公道:"寡人借侯伯之兵,能保住燕国宗庙社稷,已是感激不尽。怎敢受封土地,还是请伯侯在此设官建制,予以管制吧!"

齐桓公道:"燕侯不必推辞。这里乃中原北部边陲,不能再让戎人统治,否则,他们必然还会反叛。燕侯要管好这方土地。现东方的道路已畅通无阻,别忘了每年向周天子进贡,寡人就愿已足矣。"

燕庄公连声称谢道:"侯伯如此大义,寡人终生难忘!今后定当尊敬周室,年年进贡,不辜负侯伯的信任。"

齐桓公在无棣城大赏三军。以无终国助战有功,命以圣泉山下之田为界,归属无终。虎儿斑拜谢之后,率领本部人马,先行回了无终国。

齐桓公传令,全军人马在无棣休息五日。缴获的战利品,皆一同带走。班师凯旋,乘竹筏再渡卑耳河。王子成父、隰朋指挥军士从石壁上将战车整顿好,

第56章 踏平孤竹

踏上归途。

齐桓公与燕庄公同乘一车缓缓而行,一路上,荒山野岭,荒无人烟,不觉惨然,对燕庄公道:"戎主无道,不但使生灵涂炭,而且还殃及草木,如此惨痛的教训,不可不引以为戒呀!"

燕庄公赞同地说:"山戎寇贼,生性野蛮,只知烧杀掳掠,不懂治国之道。"

鲍叔牙闻大军凯旋,率兵自葵兹关来迎,君臣相见,齐桓公道:"这次征令支,伐孤竹,战线虽长,然粮草却供应充足,此次凯旋,亚相当居头功。"

鲍叔牙笑道:"臣不过在后方运送粮草而已,前方将士冲锋陷阵,浴血奋战,大军凯旋,乃是众将士的功劳,头功当是冲锋陷阵的将士。我鲍叔牙只是略尽微薄之力,不足道哉。"

管仲在一旁笑道:"鲍叔兄做事向来就是任劳任怨,不甘落后,一旦论功行赏却总是推三阻四,毫不居功,若人人都像鲍叔兄,何愁天下不太平啊!"

齐桓公向燕侯介绍了鲍叔牙,然后吩咐燕侯说:"请燕侯设军据守葵兹关,齐军原据守葵兹的人马将随大军撤走。"

燕庄公皆一一照办,然后依依不舍地为齐军送行。不知不觉间,已送出燕界,进入齐国境内五十余里。

管仲提醒齐桓公:"主公,自古诸侯相送不出国境,现在已进入齐境五十里。"

齐桓公猛然惊觉,忙问熟知礼节的管仲:"仲父,诸侯相送,可以送出国境吗?"

管仲回答道:"不是天子,是不可以送出国境的。"

"这是燕君怀有感激和惧怕之心,明知不能送出国界,也不肯告诉寡人,寡人不可以失礼于燕君,失礼于燕君,也就是失礼于天下,寡人不为。"齐桓公挥动手中马鞭子在空中一划道,"以燕侯脚下为界,这五十里地划归燕国!"

"不可,千万不可!"燕庄公大惊失色地说,"侯伯亲率大军,灭了山戎,拯救了燕国,中原诸国也受益匪浅。寡人对伯侯已经是感恩戴德,怎能再受齐国土地!寡人将告知天下,送伯侯出境,是寡人之过,与侯伯无关。"

燕庄公虽然苦苦相辞,齐桓公只是不允,只得受地。后来,燕庄公在此地筑了一座城,取名为"燕留",意即留齐侯之道于燕。燕国自此西北增地五百里,东面增地五十里,成为北方大国。这一切,都是拜齐桓公施恩所至。

齐桓公之所以要如此施恩于燕，皆因燕国是周王室控制燕山以北和辽西一带戎狄部落的军事据点，是周王室，也即是中原地区的北部屏障。施恩就是要笼络燕侯，让他死心塌地地效忠周天子，抵御北方戎狄部落对中原的骚扰。这样，中原地区就要安静多了。这是齐桓公极具战略眼光的重大决策。

诸侯因齐桓公救燕又不贪其地，反而还割地五十里给燕国，更是畏惧齐国之威，感齐国之德。

齐桓公大军凯旋，经过鲁国的济水，鲁庄公闻大军凯旋，率群臣迎于济水，设宴招待齐桓公以示庆贺。其实，鲁庄公此时心里却是忐忑不安，因当初齐桓公救燕时，曾邀鲁庄公出兵相助，鲁庄公口头虽然答应，实际上却没有出兵相助救燕。

"鲁侯既然迎于道，也免得寡人再跑一趟。"齐桓公见鲁侯迎于道，指着战俘和缴获的战利品说，"传令，将战利品与俘虏分给鲁侯一半，就算是'献俘报捷'吧！"

按当时礼制，诸侯若是对少数民族的战争获得胜利，应该向周天子献俘报捷，以此来威慑夷狄。如果是诸侯之间的征伐，就不能献俘报捷。也就是说，诸侯之间，是不能献俘报捷的。

《左传》的作者批评齐桓公向鲁庄公献俘报捷是"非礼"之举。其实，他哪里知道，这是齐国向鲁国示威，只不过示威采用一种非礼的形式罢了。

鲁庄公见齐桓公的神态，大有不可一世的气魄，只好怀着畏惧的心情，忐忑不安地被迫接受了齐国的"献俘报捷"。

鲁庄公为了弥补自己的过失，想办法讨好齐国，讨好的最直接的办法就是替齐国的实际决策人和执政者管仲建筑城堡，通过讨好管仲来讨好齐桓公。

第二年（公元前662年），鲁庄公探知管仲在穀地（今山东平阴西南）有采邑，便悄悄派人到小谷，为管仲的采邑筑城，以取悦管仲。

是年秋八月，鲁庄公去世。此后鲁国大乱。

第57章　庆父不死鲁乱未已

鲁庄公有三个兄弟，庆父、叔牙、季友，三人中，季友最贤，鲁庄公独亲季友，不喜庆父、叔牙。庆父、叔牙同为一党。

鲁庄公即位之初，曾游郎台而偶遇本国大夫党氏之女孟任，见其容颜殊丽，便命内侍召之，欲娶为妻室，孟任不从，鲁庄公向她许诺，让她当正夫人，并与孟任割臂为盟，才娶得孟任。后生一子，即公子般。

鲁庄公本欲立孟氏为夫人，碍于母文姜之命而未果。按文姜的意思，就是要鲁庄公与母家联姻，并已定下襄公之女为婚，只因姜氏女年幼，直到二十岁上方才娶归。故孟任虽然没有立为正夫人，但实际上已掌管六宫之政二十余年，待到齐女哀姜嫁给鲁庄公，并立为夫人时，孟任已久病在床，不久便辞世。

鲁庄公还有一妾风氏，生有一子名申。

哀姜是鲁庄公的杀父仇人齐襄公之女，鲁庄公娶哀姜，是政治联姻，隆重其事，并立为夫人，也是做给齐桓公看的。表面上看，夫妻二人虽然相敬如宾，但在骨子里，鲁庄公并不喜欢哀姜，倒是与哀姜陪嫁的妹妹叔姜好上了，哀姜没有生育，叔姜却为鲁庄公生下一个儿子，名启。

公子庆父生得体格魁伟，气宇轩昂，风流倜傥，一表人才。哀姜虽然生得天姿国色，貌美如花，在鲁庄公那里却得不到情爱，她身上有着齐襄公的血统，怎奈得孤衾寂寞之苦，背地里看上了庆父，经侍女从中牵线搭桥，两人竟勾搭成奸，因庆父与叔牙为一党，两人约定，异日共扶庆父为君，叔牙为相。

鲁庄公去世前一年（公元前663年），鲁国曾发生过一件事，这件事虽然不是惊天动地，但却影响了鲁庄公身后的政局，因此，也算得上一个重大事件。

是年冬无雨，鲁国欲设坛祭天祈雨。头一天，大夫梁氏在庭院里预奏音乐。

梁家有一女年方二八，颇有姿色，公子般悦其姿，暗地里常有来往，并许诺立梁氏女为夫人。这一天，梁家女闻庭院里预演祭天之乐，便与侍女在墙头搭上梯子偷窥。事有凑巧，牧马人荦从梁府门前经过，瞧见一个年轻貌美的女子爬在墙头向庭院内窥探，心中顿起邪念，立在墙下，用猥亵的语言进行调戏，见梁女不理不睬，又作歌挑逗：

> 谁家娇妹兮貌美如花，
> 有心偷汉兮不可逾墙。
> 邂逅相逢兮天定有缘，
> 快随我去兮结为鸳鸯。

公子般此时也在梁家，听到歌声，出门探看，见牧马人荦在调戏自己的意中人，不由大怒，命左右将他拿下，鞭挞三百，牧马人荦被打得遍体鳞伤，血肉模糊，再三苦苦哀求，公子般才留了牧马人荦一条性命。

公子般将这件事告诉了鲁庄公，鲁庄公道："荦既无礼，就应当将他杀了，不可鞭挞羞辱于他。荦身手敏捷，勇武超常，天下无敌，受此鞭挞之辱，必怀恨在心。他日恐遭其乱。"

原来，牧马人荦是鲁国有名的大力士，曾登稷门城楼，飞身而下，当身体快要落地之时，突然凌空纵身一跃，双手攀住楼屋之角，巨大的冲击力，使整座楼都震动了。鲁庄公劝公子般杀掉牧马人荦，就是畏惧其勇而担心他事后寻机报仇。

公子般不以为然地说："荦乃一匹夫，不足虑。"事后，也将这件事淡忘了。

牧马人荦果然痛恨公子般，便投到庆父门下。次年，鲁庄公病重，知道自己时日不多，担心身后庆父作乱，故意先召见叔牙，问以身后之事，叔牙推荐道："公子庆父博学多才，若由他为鲁国之君，则社稷就有了依赖，况弟继兄位，也是常理。"

鲁庄公不置可否。叔牙出后，又召季友入内，复问季友相同的问题。季友回答："主公曾与孟任有约，立其为夫人。后未履约，既亏其母，不可再废其子。"显然，季友主张公子般继承君位。

"叔牙劝寡人立庆父为君，卿以为如何？"鲁庄公问道。

第57章 庆父不死鲁乱未已

季友回答道:"庆父残忍无道,六亲不认,非人君之器,叔牙推荐庆父,是因为庆父是他的哥哥,藏有私心,其言不可以信。臣当以死侍奉公子般。"

鲁庄公躺在病床上,点点头,赞同季友的意见,语不成句、断断续续地说:"国事由卿全权处理。"

季友出宫,急令内侍传鲁庄公之言,叫叔牙到大夫针季的家里,马上有君命到。待叔牙赶到针季家,季友早就封好一瓶鸩酒交与针季,命针季逼叔牙服下鸩酒,针季向叔牙出示季友手书:

君有命,赐公子死,公子若饮鸩而死,子孙不失其位,继续保有在鲁国的地位。若拒不饮鸩,则满门抄斩。

叔牙看到季友手书,知自己万难活在世间,为了给子孙留条后路,被迫饮鸩而死。

当天晚上,鲁庄公去世。季友奉公子般为新君,主持鲁庄公的丧事,并晓谕鲁国国人,宣布第二年改元,并向诸侯国发布鲁庄公仙逝、新君继立的消息,各国都遣使凭吊,自不待说。

这年冬十月,公子般的外祖党臣病逝,子般念及外祖之恩,亲自往党府吊丧。庆父秘密召见牧马人荦,对他说:"还记得鞭挞之仇吗?"

牧马人荦恨恨地说:"此仇不报,誓不为人。"

"现有一绝佳机会,不知你敢不敢报仇?"庆父故意问道。

牧马人荦连忙问道:"什么机会?"

"蛟龙离水,匹夫便可将其制服。现公子般已到党府,离了戒备森严的王宫,正是你报仇的绝佳机会,有什么事,我替你做主。"庆父怂恿地说。

"若得公子相助,荦定报鞭挞之仇。"

牧马人荦身怀利刃,连夜赶到党大夫家,时已三更,荦翻墙而入,埋伏在公子般临时寝室门外等候机会。天刚明,小内侍开门取水,荦突然闪入寝室。公子般刚起床,尚未整衣,突然看见荦擅自撞入寝室,情知不妙,大声喝道:"你为何擅自闯进来?"

荦答道:"来报鞭挞之仇!"说罢,持剑冲向公子般。公子般手脚也不慢,迅速取过床头宝剑劈向荦,正中荦的额头,荦抬起左手格剑,右手紧握利刃刺向公子般,正中公子般胁下,刃深没柄,荦又顺势一绞,公子般顿时毙命。所有这些，都在眨眼之间，待小内侍传警、党氏家众操兵器赶来时，公子般已是一命归西，荦因脑门受了剑伤，也不能战，被众人当场砍成乱泥。

季友闻此惊变，知道是庆父所为，恐招来杀身之祸，逃到陈国避乱去了。庆父佯装不知，将所有的罪责全都推到荦的身上，命令抄斩荦的满门，并向国人宣称，已除了杀害新君的罪魁祸首。

公子般被弑后，夫人哀姜欲拥立庆父为鲁国新君，庆父却说："申、启二位公子尚在，如果不能将他们赶尽杀绝，我是不能自立为君的。"

哀姜道："申为长，立申为君吗？"

"申年长，知国事，恐怕难以控制，还是立启为好。"庆父道。

公子启是哀姜妹妹叔姜所生，被庆父拥立为鲁国新君，是为鲁闵公，时年只有八岁。鲁闵公即位后，完全受庆父的控制，内惧哀姜，外惧庆父，诸事皆无处决之权。鲁闵公欲借外祖之威，帮助他稳定鲁国的政局，派遣使者到齐国，邀约齐桓公到落姑会盟。

鲁闵公在鲁、齐落姑会盟之时，借机向齐桓公密诉庆父内乱之事，说到伤心处，声泪俱下，令齐桓公对这个小外甥好不同情。

齐桓公问道："现今鲁国大夫之中，谁最贤？"

鲁闵公道："只有季友最为贤德，但他现避难于陈国，不在国内。"

齐桓公问道："为何不将他召回辅政？"

"恐招庆父猜疑。"鲁闵公接着说，"若是外祖传召，事情就会不一样。"

好个聪明的鲁闵公，原来是想借齐桓公的名义请回季友。以齐桓公中原霸主的威望，如果由他召回季友，则意味着齐国站在季友一边，这对庆父将是一个震慑。

于是，鲁闵公以齐桓公的名义派人到陈国召回季友。君臣二人在郎地会合，同车回到鲁国，立即立季友为相国，宣称这是齐桓公的命令，没有人敢不从。

齐桓公担心鲁国的局势不稳，派遣仲孙湫以慰问为名，到鲁国去探听虚实。鲁闵公见了仲孙湫，泣不成声。仲孙湫再见公子申，同他谈论鲁国国事，公子申说得头头是道，颇有章法。

仲孙湫又同季友密商，他对季友说："公子申乃治国之器，季相国一定要善为保护，鲁国之天下，皆仰赖此人。庆父乃祸国殃民之元凶，宜早除之。"

季友伸出一只手掌，仲孙湫知是孤掌难鸣之意，说道："湫当向主公禀明此事，危急之时，齐国绝不会坐视不管。"

第57章 庆父不死鲁乱未已

庆父见仲孙湫来到鲁国，携重赂求见，仲孙湫固辞不受。庆父心知情况对自己不利，惶恐不安地退了回去。

仲孙湫辞别鲁闵公，回到齐国之后，齐桓公问其情况，仲孙湫回答道："庆父不死，鲁难未已！"

齐桓公道："寡人发兵前去讨伐，卿以为如何？"

管仲插话道："庆父的罪恶并未昭彰，讨之无名，以臣看，庆父不甘居人之下，他若想篡位，鲁国政局必定发生剧变，待其生变之时，再乘机一举而诛之，则可一劳永逸，此乃霸王之业。"

"好！"齐桓公赞成地说，"就依仲父之言，静观其变。"

庆父欲谋篡位，又碍于鲁闵公与齐侯的关系，且又有季友忠心相辅，不敢轻举妄动。一年之后，庆父又使阴招，暗地唆使人刺杀鲁闵公，并一举成功。季友闻变，记住仲孙湫之言，带着公子申，连夜逃往邾国避难。

庆父连弑两君，原想自立为君，但是，国人只信任季友，并不喜欢庆父，闻知鲁闵公被弑，季相国出奔，全都迁怒于庆父。知道庆父想自立为君，谁也不服，都城出现罢市以示抗议的局面，数千人围住庆父府第，声称要杀死这个祸国殃民的乱臣贼子。季友在邾国，暗地里也在同鲁国的贵族联络，欲带公子申回国。庆父一时成为众矢之的，不得不放弃篡位的计划。微服扮着商人，带上无数珠宝财物逃往莒国，寻求莒国的保护。

庆父连弑二君，鲁庄公的夫人哀姜完全知情，她自知罪孽深重，逃到了邾国。

鲁国内乱的事情传到齐国，齐桓公问计于管仲，管仲主张"南方以鲁为主"的外交政策，认为应积极帮助鲁国度过这道难关，以稳定鲁国的局势。

齐桓公听从管仲的建议，派齐国上卿高傒率领南阳（泰山南面）的齐国军队出使鲁国，恰好公子申、季友回国。高傒见公子申相貌端庄，议论有条有理，心中十分敬重，便与季友商量，拥立公子申为君，是为鲁僖公，帮助鲁国稳定了君位。同时还令军队帮助鲁国修筑一道城墙，以防邾、莒两国之变。

鲁僖公君位确定之后，季友派遣公子奚斯，随高傒一同到齐国，当面向齐桓公感谢定国之恩。

季友又派人向莒国行贿，让他交出庆父。莒国收了季友的贿赂，将庆父驱逐出境。

庆父走投无路，只好回国。走到鲁国的密地（今山东昌邑东南之密乡），先派公子鱼回国请求宽恕。没有得到许可，公子鱼欲将实情告诉庆父，但又难于启齿，便站在门外号啕大哭，庆父闻之，知是求赦无望，便解下长带，在一棵树上自缢而死。

鲁僖公闻庆父死讯，也自叹息一番。

齐桓公知哀姜逃往邾国，心里总觉不是滋味，他对管仲说："鲁国两位君主不得善终，都是齐女哀姜之故，寡人若不主持公道，鲁国上下必定以为寡人袒护邪恶，齐鲁两国的关系就会因之而断绝。这个结果是寡人不愿意看到的。"

管仲道："女子出嫁从夫，得罪了夫家，娘家怎好出面干涉呢？主公若欲惩罚哀姜，只宜悄悄行事，切不可声张。这样，既可保全齐国的面子，也可为鲁国永绝后患。"

齐桓公赞同管仲的意见，密召竖刁，暗授其意。接着便派遣竖刁前往邾国，护送哀姜回鲁国去。哀姜见是叔父齐桓公派内宫总管来邾国，认为是来化解她与鲁国的矛盾，同意随竖刁回鲁国去。

竖刁护送哀姜行至鲁国夷地，夜宿在馆舍。哀姜心中不安，派人叫来竖刁，担心地问："竖刁总管，你真能说服鲁国人饶恕我吗？"

竖刁悄悄地说："夫人连害两位国君，齐、鲁两国无人不知，即使鲁侯看在主公之面，饶恕夫人，国人也不会同意的，且夫人回到鲁国之后，还有何颜面去见鲁国的列祖列宗呀？"

"那叔父为何又派你来护送我回鲁国呢？"哀姜问道。

竖刁轻声说："夫人若长期居留在邾国，叫齐国的颜面何存？"

哀姜听后，黯然失色，沉思半天后道："我随总管回齐国去，行吗？"

"这个我可做不了主。"竖刁婉转地说，"夫人在鲁国犯下滔天大罪，主公若是收容了你，鲁国如何看待齐国？天下诸侯如何看待齐国？主公可是中原霸主啊！"

"鲁国回不得，齐国去不得，何处是我安身立命之所？"哀姜抽泣地说，"总管，你给我指一条活路吧！"

"唉！"竖刁思索了半天，摇摇头，叹了口气道，"天堂有路你不走，地狱无门你却要撞进来，无论是谁，也救不了你。即使你苟且偷生，千人指、万人骂，加之良心上的惩罚，如同一座座大山，压得你抬不起头、喘不过气。"竖刁说罢，

第57章　庆父不死鲁乱未已

看了哀姜一眼，转身悄然离去。

哀姜自知罪孽深重，独自闭门大哭不止，哭至半夜，却又悄然无声。竖刁推门探视，见哀姜已自缢于馆舍床头。长长地松了一口气，脸上露出一丝不易觉察的笑容。

竖刁告诉夷地官员，夷地官员飞报鲁僖公。鲁僖公以礼厚葬，并让哀姜进入太庙。按当时礼制，哀姜是鲁国的罪人，根本就进不了太庙，鲁僖公之所以这样做，是为了表达对齐桓公定国之恩的一种谢意。

却说齐桓公自出兵救燕、又帮助鲁国稳定政局，确定君位，且又大义灭亲。使得其威名更是大振，诸侯无不心悦诚服。齐桓公更加信任管仲，国事全部交由管仲处理，他自己则专事饮猎为乐。

一次，齐桓公去大泽之坡游猎，竖刁为他驾车，齐桓公正在兴头上，突然停止狩猎，注目而视前方，面带惊惧之色。

竖刁惊异地问："主公目瞪口呆，看见了什么？"

齐桓公道："寡人刚才见到一鬼物，其状甚是怪异可畏，良久后忽又消失。不知是凶还是吉？"

竖刁道："鬼为阴物，只是夜晚出现，怎能白昼现身呢？"

齐桓公道："先君田姑梦见到大豕，也是在白天。你替寡人将仲父召来！"

竖刁道："仲父又不是圣人，鬼神的事他如何知道？"

齐桓公说："寡人在讨伐孤竹时，行军途中，遇到一只怪兽，仲父知道他是'俞儿'，怎么说他不知道呢？"

竖刁说："那是管仲逢迎主公，劝主公快行军罢了。主公这次见到的是鬼，请主公只说见到鬼，不要说出鬼的形状。如果仲父所言与主公看到的鬼吻合，那么仲父就真的是圣人！"

齐桓公也没有反对竖刁的建议，于是趋驾回宫。由于受到惊吓，齐桓公当夜就病倒了。第二天，管仲与各位大夫前来问疾。

齐桓公对管仲道："寡人见到鬼了，心中畏惧，难以出口。仲父试试看，能否描述鬼的形状！"

管仲当然不能回答齐桓公提出的问题，只好说："等臣去找人，看是否有人知道此鬼！"

竖刁见管仲回答不出来，非常得意。但齐桓公的病却越来越重。

管仲非常担忧，贴出布告，言明，谁能说出主公所见之鬼，以封邑的三分之一相赠。

布告贴出不久，有一个头戴斗笠的农夫来求见管仲。管仲很恭敬地将他迎了进来，农夫问道："君上得了病吗？"

"是！"管仲回答。

农夫又问："君上的病是见到鬼了吗？"

"是！"管仲回答。

农夫又问："君上是在大泽之中见到鬼的吗？"

管仲道："你能说出鬼的形状吗？若能，我愿将家资三分之一送给你。"

农夫道："见了君上再说吧！"

管仲来到齐桓公寝室。见桓公刚刚坐起来，两名侍女在为他摩背，两名侍女在替他捶足。竖刁手捧一碗汤侍候在侧。管仲道："主公之病，有人能说出来。臣已将他带来了。主公可以召见他吗？"

齐桓公即命召入。见其人头戴斗笠，草绳缠身，腰悬一个大烟斗，心中已是不喜。于是问道："仲父说有人能识鬼，是你吗？"

农夫并不正面回答齐桓公，只是说："主公这是自己伤害自己。鬼怎能伤得了主公？"

齐桓公问道："真的有鬼吗？"

农夫道："鬼是有的，水、丘、山、野、泽都有自己的鬼，您所见到的是泽中之鬼，叫'委蛇'，其大如毂，其长如辕，穿紫衣、戴朱冠。这种鬼，非常不喜欢听到轰车之声，若听到了，则捧其首而立。这种鬼不是一般人能见得到的，谁能见到，必称霸于天下。"

齐桓公听罢，突然站了起来，大笑着说："此正是寡人之所见之鬼！"卸去精神压力，病顿时就好了。

齐桓公问农夫："你叫什么名字？"

"臣叫皇子，是齐国西鄙之农夫。"

齐桓公道："你可以留下来吗？寡人封你为大夫！"

皇子固辞道："主公尊王室，攘四夷，安中国，抚百姓，使臣常为太平盛世之民，一年四季不违农时，安心耕耘，愿已足矣，不愿做官！"

齐桓公感叹地说："真是隐士啊！"

于是，赐给皇子耕牛十头，粟百担，帛百匹，并派专人专车送到皇子之家。

又复重赏管仲。

竖刁不服地说:"仲父并没有说出鬼的形状,而是皇子说出来的,仲父怎么能够受赏吗?"

"寡人听说,'任独者暗,任众者明',没有仲父,寡人怎么能够听得到皇子之言呢?"

第58章 城邢封卫

齐桓公率兵救燕，剿灭山戎，对中原诸侯是一个极大的鼓舞，然而却激怒了北狄之王瞍瞒。北狄有军队数万，屡有入侵中原之心，闻齐兵荡平孤竹、剿灭山戎，异常震怒。他认为，齐兵远征山戎、孤竹，是无视北狄的存在，也许下一个目标就是北狄也说不定。于是，瞍瞒决定采取先发制人的办法，率兵进犯中原。

就在齐桓公剿灭山戎（公元前663年）凯旋的第三年（公元前661年），瞍瞒便大举进犯中原，驱动胡兵二万余人向邢国（今河北邢台县境内）发起了进攻。邢国见狄人大势来犯，自知不敌，便向齐国求救。

齐桓公由于征伐山戎，长途征战，很是疲劳，想休整一段时间，不想出兵援邢。此时的管仲也已年过花甲，已近古稀之年，但他却不顾征伐之苦，对齐桓公道："戎狄的性情如同豺狼，贪得无厌，诸侯国都是亲戚，不能不管。安乐就像毒药，留恋不得。《诗》说：'岂不怀归，畏此简书。'简书就是诸侯相互救援的协定。请主公发兵救援邢国，履行盟约上所签订的诺言吧！"

齐桓公听从管仲的建议，于公元前661年春，发兵救邢。狄人见齐军来救，带着从邢国掠夺的战利品撤回去了。

第二年，狄人再次兴兵南侵，这一次他们选项择的目标是卫国。

此时的卫国国君是卫懿公，他是在卫惠公去世（公元前669年）之后继任的。卫懿公不是一个好国君，骄奢淫逸，好玩成性，不恤民情，不理朝政，国人对他极为不满。他对这些却丝毫未察，仍然是我行我素。卫懿公最好鹤，其好以达痴狂的程度。有道是："上人不好，下人不要。"因卫懿公爱鹤成僻，有那阿谀奉承者便四处搜罗，纷纷向卫懿公献鹤，于是，自苑囿至宫廷，处处都养有鹤，都城之内，无处不鹤。

第58章 城邢封卫

卫懿公给鹤修筑豪华的住处，喂上等的食物，鹤随他出巡要乘"轩车"。当时礼制，天子乘坐的车称为"大路"，诸侯乘坐的车称为"路车"，大夫乘坐的车称为"轩车"，士人乘坐的车称为"饰车"，百姓只能乘牛车或以步当车。也就是说，卫懿公给他的玩物鹤以大夫级别的待遇。

古人最重礼节，国人对卫懿公如此荒唐的做法，极为不满，加之他将精力和财物都花在鹤的身上，不恤民情，不理朝政，更加深了国人对他的仇恨。

此时的卫国，由大夫石祁子与宁庄子同秉国政。二人数次劝谏，卫懿公都充耳不闻，说得急了，甚至还会引来一顿臭骂。

公子毁是卫惠公的庶兄，见卫懿公如此荒唐，料知卫国必毁于其手，托故来到齐国，齐桓公颇喜其人，将齐氏宗室之女许配给公子毁为妻，公子毁便住在齐国，没有回归卫国。

这一天，卫懿公正带着他的爱鹤在城郊游玩，突见一名侍卫拍马近前，翻身下马叩首道："主公，大事不好！"

卫懿公大吃一惊，问道："何事如此惊慌？"

"石大夫派小的前来禀报"，侍卫急切地说，"狄兵犯境之事，石大夫请主公速回宫，商讨应敌之策。"

"快！"卫懿公连忙爬上车，对驭手喝道，"开车，回宫。"

石祁子守在宫门口急得团团转，见卫懿公车驾归来，上前将卫懿公搀扶下车，焦急地说："主公，狄人来势汹汹，此次卫国恐怕是凶多吉少。"

"快召集兵马，准备应敌之策。"卫懿公就大声命令。

"臣已派人招募兵士，怎奈百姓都逃避村野，不肯为国打仗。"石祁子叫苦地说。

卫懿公听到石祁子的报告，即该命人前去缉拿，不一会儿，擒得百余人，卫懿公对这些捉来的人说："狄人犯境，你等为何逃避村野，不思报国？"

众人道："主公有一宝物，足可以打败狄寇，不必用百姓。"

卫懿公忙问："什么宝物？"

"鹤呀！"众人异口同声地说。

"鹤怎么能打仗？"卫懿公愤然道，"它不过是一只鸟！"

"鹤既不能打仗，便是无用之物，主公不恤有用之百姓，而养无用之物，百姓心里当然不服。"

"是寡人错了！"卫懿公猛然醒悟，对众人说，"寡人马上放掉所有的鹤，从此以后，再不养这无用之物，以顺从民意。"

"主公即使有此意"，石祁子摇摇头说，"此时恐怕也晚了。"

正在这时，探子又前来禀报："狄人大队人马已到荥泽。"

卫懿公听报，惊得不知所措。石祁子奏道："狄兵骁勇，不可轻敌，臣请到齐国求取救兵。"

卫懿公长叹一声道："昔日齐国奉王命伐卫，后虽退兵，寡人没有备礼感谢。这次再去求救兵，人家能来吗？寡人决定与狄人拼死一战，以决存亡！"

宁速忙说："臣请率师抗狄，主公据守城池。"

"寡人如果不亲自抵敌，军士们能拼命抗敌吗？"卫懿公说罢，解下身上所佩玉玦，交给石祁子道："卿代寡人暂理国政。"又抽出一支象征权力的弓矢交给宁速道："卿负责守卫都城。国中大事，全委托二位卿家，寡人率兵出战，若不能胜，誓不回城，今日一别，就是永别。"

石、宁二人庄严地接受卫懿公的重托，泪流满面地说："主公，臣等盼主公得胜而归！"

卫懿公将后事安排已毕，命令：大夫孔渠为将军，于伯为副将，黄夷为先锋，孔婴齐为后队。立即赶奔荥泽迎敌。

瞫瞒见卫军大队人马到来，从杏黄大旗上一个大大的"侯"字，知是卫侯驾到，也不待卫军摆开战阵，带着人马便迎了上去。狄兵与卫军在荥泽展开决战。卫兵军心涣散，本无心交战，见敌军来势汹汹，尽弃车杖而逃，刚一交火便溃不成军。卫懿公被狄兵团团围住，脱身不得。

孔渠见四面都是敌军，对卫懿公道："事情紧急！请主公撤去主帅旗帜，乔装成士兵，混在士兵队伍中脱身，臣在后面挡住敌军。"

卫懿公仰天长叹道："贼势浩大，败局已定，岂是三两个人扭转得？寡人今日宁可一死以向卫国百姓谢罪，也不临阵脱逃，苟且偷生。"说罢，挥动手中长剑，催车冲向敌阵。怎奈数千狄兵，将卫懿公区区几乘战车围住，脱不得身。只几个回合，黄夷被狄兵乱刀砍杀，孔婴齐自刎而亡，于伯中箭身死，卫懿公和孔渠则被狄人砍作肉泥。卫军全军覆没。

卫懿公一生好鹤丧志，直至最后一刻勇敢地去战死，终于为自己略洗荒唐国君之耻。有词为证：

第58章 城邢封卫

曾闻古训戒禽荒,谁知一鹤便丧邦。
荥泽一战但求死,企盼乘鹤返仙乡。

宁速与石祁子从逃兵口中得知卫军全军覆没,情知都城难守,保护着卫侯宫眷和公子申,连夜乘小车逃出城,往东而去。国人闻卫军溃败,二位大夫已逃出城,皆扶老携幼,随之逃命,一时间,哭声遍野,乱成一片。等到狄人赶到时,卫国已是一座空城。狄人将卫国府库,及民间存留金粟之类,劫掠一空,毁其城郭,满载而归。

石祁子与宁速保得卫侯宫眷和公子申,沿着黄河且战且走,幸亏宋桓公派兵来迎,备下船只,连夜渡过黄河,才保得性命。计点人数,只有七百三十余人。宋桓公把从卫国逃出来的七百多人,连同卫国共邑(今河南辉县)和滕邑的人集中在卫国的漕邑(今河南滑县西南),总共五千余人,帮助卫人在此搭好栖身的草棚。

石祁子和宁速商议,国不可一日无君,便在草棚里拥立公子申为君,是为卫戴公。谁料戴公原本就有病,又经战祸惊吓,即位仅几天,便一命呜呼,追随卫懿公于黄泉路上。

宁速连夜赶往齐国,求见借住在齐国的卫国公子毁,宁速一见公子毁,跪下哭诉道:"公子,狄人举兵犯境,百姓惨遭屠戮,懿公战死,都城被毁,财产皆被洗劫一空。戴公即位才几天便病故,卫国无君,臣代表国人前来,恭迎公子回国即位。"

公子毁闻此惊报,顿时哭成泪人。稍候片刻,稳定情绪后,带着宁速求见齐桓公。

齐桓公早知卫国亡国之事,询问于管仲道:"仲父,卫国已亡,寡人该如何处理?"

"闻卫国残兵在宋桓公的帮助下过了黄河,在漕邑筑庐栖身。戴公刚即位便病逝。如果料得不差,卫国很快就会有人来齐。"管仲换了口气说,"因为他们要找的人在齐国。"

"谁是他们要找的?"齐桓公问道。

"公子毁。"管仲道,"卫国一定会有人来恭迎公子毁回去继承君位。"

"啊!"齐桓公问道,"寡人是帮还是不帮?"

"帮!"管仲道,"齐国乃中原霸主,主公向有行义之名,当你有了行义之名以后,就会得到好处,你就得继续从这条路走下去。"

齐桓公问鲍叔牙道:"太傅以为如何?"

"请主公按仲父的意见行事。"鲍叔牙道。

君臣三人正在议论之时,侍卫来报,公子毁与卫国大夫宁速求见。齐桓公向管仲点点头,意思是说:果然被仲父言中。齐桓公手一挥:"传!"

宁速入内,礼过之后,齐桓公道:"卫国之事,寡人已经知道了。宁大夫此来,欲作何打算?"

"卫国已是国破家亡,请齐侯成全。"公子毁跪下说道。

齐桓公看了看管仲,管仲点点头。齐桓公对公子毁:"公子不要悲伤,寡人定会助你立国。"

在管仲和鲍叔牙的策划下,齐桓公派公子无亏率三百乘战车送公子毁回卫国继位,并送给公子毁车马、祭服五称,牛、羊、猪、鸡、狗各三百只,又送给卫国夫人鱼轩(以鱼皮为饰的车子)和美锦三十匹。

公子毁回到漕邑,先派人到荥泽收殓卫懿公尸体,再为卫懿公、戴公发丧。然后即位,是为卫文公。即位之时,总共有兵车三十乘,百姓五千,甚是荒凉。卫文公即位之后,布衣帛冠,吃粗饭,喝菜汤,起早贪黑,安抚百姓,甚得百姓拥戴。

公子无亏辞别卫文公返回齐国时,留下三千兵士,协助卫国守卫漕邑,以防狄兵再来侵扰。齐桓公听公子无亏说卫文公草创之艰难,皆叹息不已。

"卫侯目前的处境,实在令人同情。"管仲道,"与其命令齐军留在漕邑而劳民,不如择地为卫国筑一城,如此则可一劳永逸。"

齐桓公道:"筑城工程浩大,所用人力、物力、财力不可胜计。"

"这个好办!"管仲道,"主公是中原盟主,可号令诸侯,有钱出钱,有力出力,集各国的力量,帮卫国重筑一城。"

齐桓公赞成管仲的主意,正欲令隰朋大夫修书,号召各诸侯为卫国筑城出力。恰在此时,侍卫来报,邢国使臣求见主公。

"传!"齐桓公问管仲,"又会是何事?"

"非贡即兵。"管仲道,"此时非纳贡之时,恐怕又是兵祸无疑。"

邢国使臣在侍卫的带领上走进大殿,见到桓公叩拜道:"参见齐侯,狄兵又来境,邢国力不能支,求齐侯发兵救援。"说罢,将国书举过头顶。

第58章 城邢封卫

侍卫上前取过邢国使臣手中的国书，转呈齐桓公。齐桓公随手交给管仲，管仲拆开邢国国书看了起来。齐桓公对侍卫道："带邢国使节到驿馆安歇。"

邢国使臣出殿，管仲正看完邢国国书，齐桓公看了管仲一眼，询问道："救邢国吗？"

"救！"管仲道，"诸侯之所以尊齐国为盟主，就是认为齐国有能力帮助他们，救他们于危难之中。狄人攻卫，齐国没有出兵，也来不及出手，若再不救邢，还能在中原称霸吗？"

"卫国需筑城，邢国等救兵。"桓公问道，"谁轻？谁重？"

"救兵如救火，筑城可缓行。"管仲道，"主公可先解邢国兵困之危，把狄人赶出中原，再去为卫国筑城，此乃建百世之功业。"

齐桓公发出檄文，令宋国、曹国共同出兵救邢，约定兵马在聂北（今山东茌平西）集合。

齐桓公率领大军，不分昼夜，赶到聂北，宋国、曹国兵马尚未到达。

齐桓公问管仲道："邢国又危在旦夕，宋、曹两国援兵却未到，怎么办？"

管仲道："狄人气势正盛，征服它需加倍的力量才行。眼下邢国还有实力，尚能战斗，不如先让邢与狄相互打一阵消耗战再说。"

齐桓公不解地问："这又是为何？"

"扶危之功不如成亡之德。"管仲道，"此时齐国参战，伤亡必定很大，若邢国被狄人灭亡，那时齐再帮助其复国，其'存亡'之名也是很美的。"

齐军果然按兵不动，表面上是在寻找战机，实际上是坐山观虎斗。邢人在城内苦苦死守，盼望诸侯的救兵与其内应外合，把狄人赶走。而诸侯之兵却在聂北观望，迟迟不肯出动。狄人明知邢国有援兵在后，但其攻势却丝毫未减，且还一阵猛似一阵。

邢国左等、右等，不见救兵到来，精神彻底崩溃了，终于抵挡不住，城池被狄人攻破。邢侯叔颜被众将护卫着突围赶到聂北，投奔齐军。

邢侯叔颜刚进齐桓公大帐，便哭倒在地，朝桓公叩拜道："侯伯，快救救邢国吧！"

齐桓公扶起邢侯，安慰道："寡人正在等宋、曹两国之兵会合，未曾想到邢国被贼兵破城。宋、曹之兵昨日才到，寡人马上出兵，驱逐狄寇。"

狄主瞒哄好不容易攻下邢国，正准备大势掠夺一番，未曾想到诸侯联军却在此时发动了猛烈攻击,只好仓皇退却。诸侯军紧追不舍,很快就把狄人赶出了邢国。

齐桓公率联军赶进城里,见城中大部分建筑被战火摧毁,刑国都城已成一片废墟。齐桓公问邢侯叔颜道:"此城已成一片废墟,还能住吗?"

"破城之后,百姓大多已逃往夷仪,寡人想将都城迁往夷仪,以顺从民望。"邢侯叔颜说。

齐桓公于是同管仲和宋、曹两国商议,帮助邢国将都城迁到夷仪(今山东聊城县西),并率领诸侯帮助邢国筑城。在这次迁移过程中,诸侯之师帮助邢国把财物器用统统搬到了新都,一点也没有攫为己有。不仅如此,齐国还无偿地送给邢国两百战车和一千名带甲的士兵。邢人迁到新都,又有新建的城市可住,都很高兴,就像回到了家里一样。

历史上称邢国这次迁都为"邢迁如归",把它作为齐桓公的美德之一。正如管仲预料的那样,齐国既消耗了狄人的实力,自己又没有什么损失,还获得"存亡"的美名。

宋伯、曹公筑新城完毕,欲收兵回国。齐桓公对宋伯、曹公道:"邢国已安定了,卫国君臣却无立身之地,为邢国筑城而不帮卫国,寡人实在于心不忍。"

宋伯、曹公齐声道:"我们唯侯伯的马首是瞻。"

"好!"齐桓公道:"移兵向卫,再帮卫国筑城。"

齐桓公率领联军来到卫国,卫文公毁早已在国界等候。齐桓公见卫文公身穿粗布素服,头戴帛冠,恻隐之心更甚,对卫文公道:"寡人欲借诸君之力,为君新建都城,不知选好了地方没有?"

卫文公道:"寡人占卜,吉地在于楚邱,只是筑城之费甚巨,非败亡之卫国所能承担。"

"筑城之费不用卫国操心。"桓公道,"寡人出资,为卫筑一座新城。"

齐桓公号令三国之兵,选吉日在楚邱(今河南滑县东)开工筑城,所用木材、粮食等都从齐国运来,不到一个月,三国兵士为卫国在楚邱再筑新城,重立朝庙,历史上称此次筑城为"封卫"。

由于齐桓公的妥善安置,卫国人忘掉了灭国的耻辱,史称"卫国忘亡"。

两年时间,齐桓公办了三件大事:立鲁僖公以安定鲁国;在夷仪为邢国筑城;在楚邱为卫国筑城。齐桓公的威望越来越高,被诸侯国尊为中原霸主。

第 59 章　竖刁贪贿泄军机

楚国是南方大国，但却被中原华夏诸侯视为夷狄、蛮夷。就实力而言，楚国较之齐国，也弱不到哪里去；而就发展空间而言，齐国濒临东海，楚却有东南广袤富饶之地，楚国胜出；就文化而言，楚国虽称之为"蛮夷"，其文化并不明显低于中原诸国；就传统和渊源来说，齐国的姜太公是文王、武王的功臣，而楚国的鬻熊也有功于文王。因此，齐国要保住霸主地位，除了大力发展经济、加强军备、扩充实力之外，就是要利用中原诸国把楚国视为"蛮夷"而不予认同的心理，通过"攘夷"的口号来强化，使中原诸侯紧紧地团结在自己的周围。

齐国是中原霸主，楚国是南方大国，两国之间只是暗暗较劲，其实并没有正面接触，如果不在战场上分出高低，谁也不服谁，谁也不会轻易罢手。齐、楚战争的危机，随时都有可能爆发，其间，就差一根导火索。

一个特殊的女人，一个偶然的事件，不经意间，将这根导火索点燃。

当年，齐桓公的第三位夫人蔡姬于御苑湖中戏水而惹祸，齐桓公一怒之下将蔡姬遣送回娘家，但并无休妻之意。蔡姬的哥哥，蔡侯穆公见齐桓公将妹子遣送回娘家，误认为这是休妻，是蔡国的奇耻大辱，一怒之下，将妹子重新嫁给楚侯。谁知蔡姬天生性情刚烈，对齐桓公又是一往情深，她坚信终会有一天，齐侯会将她接回齐国。但哥哥作为一国之君，将自己嫁与楚侯，是君命难违。若执意不从，势必要在蔡、楚之间引发的一场战争。蔡与楚相隔很近，楚为强国、大国，蔡为弱国、小国，战争一旦爆发，蔡国便要遭到灭国之灾。这又是蔡姬不愿意看到的。万般无奈，蔡姬只好嫁到楚国，但其对齐桓公的思恋，对重嫁的无奈，使得她终日沉默不言、抑郁寡欢。中国有句俗语："不在沉默中爆发，就在沉默中死亡。"蔡姬不能爆发、不敢爆发，等着她的，就只有死亡。不久，蔡姬便积郁成疾而逝。

蔡姬嫁到楚国，就等于是蔡穆公投向了楚国的怀抱。管仲早就知道了这个消息，但他一直捂着，不敢说出来，因为他知道，只要将这个消息告诉齐桓公，他一定会暴跳如雷，在这种情况下，他会作出什么样不理智的决定，还真的说不清楚。

竖刁是一个唯恐天下不乱的人，好长一段时间后，他也知道了这件事情，并且将这个消息透露给齐桓公。齐桓公听说蔡姬嫁到了楚国，果然暴跳如雷。其实，齐桓公将蔡姬遣送回蔡，很大程度上是竖刁从中作怪，他心中并无休妻之念，蔡穆公竟敢将他的女人嫁给别人，这是对他这位中原霸主的极大侮辱和不尊。他立即宣布发兵伐蔡，声称要让蔡穆公付出血的代价。

管仲知道齐桓公的脾气，在他盛怒之下作出的决定，要想劝他改变主意，简直是痴人说梦，但他不愿意看到自己苦心经营多年的霸业和齐桓公在诸侯心目中的仁义形象，被齐桓公在盛怒之下的决定毁于一旦，若真的如此，中原诸侯国又会回到此前一盘散沙的局面，这种局面正是楚国所想看到的。经过一番慎重考虑，反复权衡利弊得失，管仲决定，把齐桓公报复蔡国的军事行动变成一次与楚国正面较量的战争。管仲向来不主张以武力解决问题，但事已至此，不得不铤而走险。

恰在此时，楚国以斗廉为大将，率四百乘战车征伐郑国，郑国自知不敌，派遣使臣到齐国求救。这更加坚定了管仲决定与楚国进行一场正面交锋的决心。他对齐桓公说："主公数年以来，救燕存鲁，城邢封卫，恩德加于百姓，仁义布于诸侯，诸侯对主公是心悦诚服。主公为霸主，已是众望所归。主公这个时候若想用诸侯国之兵，已经是时候了。"

"仲父是说救郑？"

"主公若欲救郑，不如伐楚。"管仲道，"伐楚仅凭齐国一国之兵，显然无胜算，主公可号召诸侯，共同出兵伐楚。"

齐桓公不无担心地说："大合诸侯，楚国必有所防，如此，联军也不一定稳操胜券。"

"主公不是要伐蔡吗？"管仲笑了笑说，"我们就以伐蔡为名，蔡与楚接壤，咱就来他个明蔡暗楚，声东击西，待联军兵临蔡国城下之时，突然调转方向，直指楚国，打他个措手不及。兵法上这叫做'声东击西'，出其不意。"

"好！"齐桓公道，"前几天，江国和黄国不堪楚国的欺凌，派使臣来齐，欲投归齐国盟下，这两个国家紧邻楚国，寡人欲与他们结盟，以做伐楚的内应。

仲父以为如何？"

"不妥！"管仲不假思索地说，"江国和黄国都是楚国的邻国，也是楚国的附属国，若与齐国为盟，必然激怒楚国，楚怒必兴兵讨伐。到时，齐国若救，路途遥远，鞭长莫及，不救，则有失同盟之义。何况中原诸侯，大多数皆都是齐的盟国，何必借助这两个蕞尔小国之盟而将地下的葫芦拿到颈项上吊着呢？不如好言委婉辞之。"

"彼乃小国，慕义而来，若辞掉他们，恐有失人心。"齐桓公有些担心地说。

"主公若作如此考虑，臣也无话可说。"管仲道，"请主公记住臣今天的话，他日不要忘了江、黄两国之急。"

"舒国是楚国的附属国，倚楚国之势，助纣为虐，常欺凌其他的小国。"齐桓公道，"江、黄两国都提到这件事。若不主持正义，这些小国的日子不好过。寡人欲先铲除舒国，以剪除楚国之羽翼，仲父以为如何？"

管仲说："徐国与舒国很近，主公可令徐国突然袭击舒国，舒国一举可破。再令其作我们伐楚之援。江、黄二君，可令其各守本界，随时听候调遣。"

齐桓公道："请仲父立即修书，邀约宋、鲁、陈、卫、曹、许各国国君，约定日期于上蔡会合，明为讨蔡，实则伐楚。"

齐桓公三十年（公元前656年）春正月，齐桓公命管仲为大将，率领隰朋、宾胥无、鲍叔牙、公子开方、竖刁等，战车三百乘，兵士万人，分队进发。诸侯国按照约定，分头向蔡国进发。

路上非止一日，大军进入蔡国边境，管仲传令安营扎寨。中军帐内，竖刁侍候齐桓公用过晚膳后，凑近齐桓公说："主公，臣请打头阵。"

齐桓公笑着："总管想夺头功？"

竖刁道："臣常随主公左右，这次争个头功，给主公添彩。"

竖刁的算盘打得很精，蔡国是个小国，八国联军到达，蔡国根本就不堪一击，只要能抢到打头阵的差事，这个头功算是立定了。

"去找仲父吧！"齐桓公道，"就说是寡人叫你去的。"

竖刁刚走进管仲的大帐，管仲正在灯下抚琴自娱。这位古稀老人，看来对这一次明讨弱蔡、实伐强楚的谋略早已是成竹在胸。见竖刁进帐，并未放下手中之琴，一边抚琴一边问："主公有事吗？"

"没有。"竖刁吞吞吐吐地说。

"那就是你有事？"管仲道。

"卑职是想……"

竖刁的话尚未说完，管仲道："想打头阵，是吧？"

管仲预料，竖刁此时来，一定是得到了主公的许可，再说，这个头阵无论谁去打，都是稳赢不输，既然竖刁想抢头功，那就给他吧，于是，他不待竖刁开口，就说："给你战车一百乘，甲士三千五。"管仲顺手拿起手边写好了的军令道："这是军令，拿去吧！"

竖刁惊异地接过军令，一脑子的雾水，心里想：怎么军令早就写好了呢？

管仲微笑着说："竖刁将军，还有事吗？"

"没！"竖刁有点语无伦次地说，"没有！"

"去吧！"管仲手一挥，"祝你旗开得胜。"说罢，琴声又起。

管仲虽料事如神，但万万没有料到，竖刁此一去，却因贪贿而泄露天机，使齐国丧失一次绝佳的打败楚国的机会。可谓是人算不如天算。

蔡国本是一个小国，投靠楚国之后，以为有楚国做靠山，军事上并无多大防备，直到大兵压境之时，蔡穆公才匆匆忙忙地招兵守城。当竖刁率领齐军在城下攻城之时，蔡穆公只是坚守不出。竖刁折腾了一天，至夜方退。蔡穆公得知攻城主将是竖刁，心中窃喜。多年前，妹妹蔡姬就是由竖刁迎娶到齐国去的。知道竖刁是一个见小利而忘大义的宵小之辈。他连夜召来相国宋儒和大司马叔达，商量应敌之策。

蔡穆公满腹疑团地说："寡人实在是不理解，对付一个小小的蔡国，齐侯为何要如此大动干戈，竟要以八大诸侯联合征伐。"

相国宋儒道："臣也为此疑惑不解。"

"兵来将挡，水来土掩。"大司马愤愤地说，"大不了拼他个鱼死网破。"

"不行。"蔡穆公道，"还是要摸清敌人的真实意图。"

"仓促之间，如何能摸清敌人的意图？"宋儒道。

"敌军攻城主将竖刁，是个贪图小利的角色，施以重贿，必定能从他那里探出口风。"蔡穆公道。

相国宋儒道："臣与竖刁将军有一面之交，愿夜入敌营，探听虚实，然后再作打算。"

第59章 竖刁贪贿泄军机

竖刁原以为小小的蔡国，一举就可以拿下，谁知攻了一天，蔡军只是坚守，根本不出城应战，收兵之后，正在帐中喝闷酒。正在这时，一名侍卫进帐报告："将军，营外有两人求见，说是将军的故人。车子停在营外。"

竖刁一愣，心里想，两军阵前，哪来的故人？想归想，既然说是故人，就没有理由不见，于是对侍卫吩咐道："请他们进来。"

宋儒带着一个随从走了进来，拱手施礼道："宋儒拜见将军。"

竖刁一愣，认出是蔡国的相国，马上拉下脸来说："两军阵前，为何夜探军营？"

宋儒谦恭地说："竖刁将军，能否借个方便说话？"

竖刁从宋儒的眼神里心领神会，叫侍卫退下，口气有所缓和地说："说吧，到底有什么事？"

宋儒将竖刁引到门口的车旁，掀起盖布的一角，里面全是黄灿灿的金帛及五光十色的珠宝，放下盖布后回到大帐里，宋儒道："这是蔡侯的一点小意思，不成敬意，请竖刁将军笑纳。"

竖刁马上换了一副笑脸道："二位有话快说，两军阵前，这里不是久留之地。"

宋儒道："齐侯举兵，君上大惑不解，不知蔡国何事触犯了齐国，使齐侯大动干戈？"

竖刁狡黠地一笑道："蔡姬现在哪里？"

宋儒道："蔡姬被齐侯逐回家来，已嫁给楚侯。"

竖刁道："蔡姬被齐桓遣送回家，但并未休她，她还是齐侯的夫人，蔡侯怎么能将她嫁与他人？"

宋儒道："如果仅仅是为了蔡姬，齐侯何必如此兴师动众？蔡侯愿负荆请罪，何必要令生灵涂炭？"

竖刁冷笑一声："蔡国乃弹丸之地，用得着我主亲征？"

"那又是为何？"宋儒不解地问。

竖刁压低声音说："快快逃命去吧！"

宋儒大惊失色："齐侯真的要灭了蔡国？"

"何止一个蔡国？"竖刁神秘地说，"他日八国诸侯会合，蔡国必将夷为平地，楚国也要一锅端。"

宋儒见说，立即告辞回城，将齐侯纠合七国诸侯，先侵蔡，后伐楚这一军事机密向蔡穆公作了汇报，蔡穆公闻之大惊，连夜率领宫眷大臣，大开城门逃往楚国。

蔡穆公出逃，全城百姓无主，蔡国立即土崩瓦解，历史上称这次事件为"蔡溃"。

第二天，竖刁又举兵攻城，城邑已是四门大开，派人进去一看，只是一座空城。竖刁率领齐军，大摇大摆地开进城中，然后飞马向齐桓公报捷。

第 60 章　不战而屈人之兵

齐桓公接到竖刁军报，率兵至上蔡，竖刁谒见已毕，七路诸侯陆续俱到，个个都是亲自率领战车和兵士前来助战。

七路诸侯分别是：宋桓公御说、鲁僖公申、陈宣公杵臼、卫文公毁、郑文公捷、曹昭公班、许穆公新臣、齐桓公小白，共是八位。八路兵马会合一处，军威甚是雄壮。联军在蔡上休兵三日，继续南下，杀向楚国。

蔡溃之后，蔡穆公逃往楚国，向楚国泄露了中原诸侯明为攻蔡、实则伐楚这一个天大的军事机密。楚国得知中原大军压境，举国上下一片惊慌。楚成王一面调兵遣将，准备应战，一面派遣大夫屈完前往联军营前，质问兴兵伐楚的理由。

齐桓公率领八国联军，望南进发，直达楚国边界。见一辆楚国兵车停在道边，一位头扎方巾，衣着整肃之人站在车旁，见大军已近楚界，双手一抱拳，彬彬有礼地说："我是楚国大夫屈完，请通报齐侯，就说楚国使臣在此等候多时。"

王子成父大吃一惊，心想，楚人怎知联军要伐楚？忙令兵马停止前进，派人向中军禀报。齐桓公也是一惊，问管仲道："仲父，楚人怎么知道联军的行踪？"

管仲两眼如电地射向竖刁，冷笑道："此必有人泄露了消息。"

竖刁装作没事儿的样子，说道："主公，蔡侯已逃到楚国，楚王知道这个消息不足为怪。"

"仲父！"齐桓公道，"楚王既派使者等候，一定有话要说，走，会会这位楚国使臣。"

齐桓公令驭者催动战车来到阵前。屈完从来车的杏黄大旗和旗上"方伯"二字上，知道是齐桓公驾到，站在路中间，双手一抱拳，不卑不亢地说："我乃楚国大夫屈完，来者可是齐侯？"

管仲代为答道："正是！"

屈完看了管仲一眼，冷冷地问："你又是谁？"

"管仲是也。"管仲从口气中估摸，来者一定要发难，故意问道，"屈大夫到此，有何见教？"

"有话要问齐侯。"屈完固执地说。

齐桓公手一挥："请讲！"

屈完提高声音，质问道："国君你住在北海，楚君住在南海，一个南、一个北，风马牛不相及。没想到，国君却带着大队人马跑到楚国来，这又是为何？"

这个问题问得很尖锐，也很难回答。如果说是为蔡侯将蔡姬嫁给了楚侯，那责任在蔡，与楚无关，况且还要遭人耻笑；如果说是为楚国连续伐郑，是为支援郑国而来，那又为何灭了蔡国？况且，这郑、楚两国之间的事，与齐又有何关系？齐桓公没有思想准备，一时语塞，答不上来。

管仲接过话题道："昔日周成王时，封齐先君姜太公于齐地，并派召康公赐命，对齐之先君姜太公说：'五等诸侯，九州之长，有不遵王命者，你世世代代掌征伐大权，以辅佐周王室的安危。'齐之封地，东至海，西至黄河，南至穆陵，北至无棣。凡有背弃周天子之命，或对周王室不恭敬者，可随时予以讨伐。自从周幽王被犬戎杀害，周平王迁都洛邑（今洛阳），诸侯各自为政，不事周室，致使周王室衰微。寡君奉周天子之命主盟中原，修复先王之业。你们楚国位于南荆，每年应向周王室进贡包茅，供王室祭祀之用。可楚国连年不进包茅之贡，对周天子不恭不敬，为此，寡君率七国诸侯前来征讨。还有，周昭王南巡至楚，突然驾崩，实在是有些不明不白，这也是楚国的责任。为此，寡君兴师讨伐，楚国还有什么可说？"

管仲的回答，真是冠冕堂皇，似乎齐国真的是在替周王室兴师问罪，也好像齐国真的是履行"夹辅王室"的职责。其实，管仲的话还隐藏着一个逻辑阴谋：假如楚国不承认其"包茅不供"是错的，那就表明他不承认周王室的权威，这就等于楚国不承认他是周王朝大家庭中的一员，不与中原的华夏同类，只是南方的"蛮夷"之国。如果这样，楚国就是中原诸侯国同仇敌忾所要"攘"的"夷"。这显然是想要争霸中原的楚国所不能接受的。而如果楚国承认"包茅不供"有错，也就承认自己是周王室的一员，而且是有罪的一员。那么，齐国在替周王室征讨有罪的五等诸侯和九州之长，这就等于说齐国向楚国兴师问罪是师出有名。

而且，齐国本来就是可以代替周天子行征伐之权的霸主，楚国既然是周天子大家庭的一员，也就要承认齐国的霸主地位。所以，无论屈完怎么回答，齐国伐楚都是师出有名。

屈完听完管仲的一番话，既吃惊，又佩服，只好避重就轻地说："周王室自乱朝纲，诸侯向周王室不纳贡，非楚国一国之所为。作为诸侯国，楚国不进贡包茅，这是楚国之错，寡君知罪了。今后一定年年进贡。不过，昭王南巡，是因翻船溺水而亡，要问罪只能去问汉水，寡君不能承担这个罪名。请齐侯所率兵马在边界驻扎，微臣立即回去向寡君禀报。"说完，掉转马头，急驰而去。

管仲看着远去的屈完的背影，对齐桓公道："楚人倔强，不是凭一句两句话就能降服，虽然行踪已被他们觉察，偷袭看来是不行的了。不如进兵陉地（今河南郾城县南），形成兵临城下之势，对楚国施加压力。"

管仲下令，八国联军齐发，直至陉山，管仲才下令大军就地驻扎，不再前行。

诸侯都来询问，大军既已深入，为何不直达汉水，与楚军决一死战，而要停留在陉地。管仲回答说："楚国既然派遣屈完前来，必然已经有了防备，偷袭肯定是不行的了。一旦开战，双方都无必胜之把握，而开战之后，就没有了调解的余地，必将造成很大伤亡。今屯兵陉地，虚张声势。兵临城下，楚国必然惧怕，定会再次派人前来，我们将会不战而使楚国屈服。以讨伐楚国而来，以楚国屈服而归，这个结果不是很完美吗？"

诸侯都不信管仲的话，管仲也不再解释，也只一笑置之。

且说楚成王熊恽听蔡穆公说齐桓公率八国之兵讨伐楚国的消息，既惊且惧，拜相国斗子文为大将，厉兵秣马，屯兵于汉水之南，严阵以待，只待联军一到，便出兵迎头痛击。忽有探子来报："八国之兵，到了陉地以后，便安营扎寨，再也没有前进了。"

就这样，两军从春天相持到夏天，谁也摸不清对方的底细，谁也不敢贸然进攻。但是，诸侯联军兵临城下，这对楚国的压力实在是太大了，稍有疏忽，楚国的防线就有可能被联军攻破。于是，楚成王的怯意顿生，召来相国斗子文商量应对之策。

斗子文道："齐相管仲，深知兵法，若无必胜的把握，绝不会轻易用兵。今以八国联军之众，逗留于陉地而不进兵，其必有谋。请主公遣使前往，探听其虚实强弱，察看其动向，是战是和，再行决定。"

"谁去合适？"楚成王问道。

"屈完大夫学识渊博，精明过人，有智慧，能说善辩，已经与管仲打过交道。"斗子文道，"还是请屈完大夫走一趟。"

楚成王召见屈完，向他说了出使一事。屈完奏道："楚国没有向周王室进贡包茅，臣前次当着诸侯之面，承认是楚国之错。主公如果是请盟，臣愿往，尽力化解楚与齐两国之间的纠纷；如果是下战书，还是请主公另派他人，臣难当此任。"

"是战、是盟，卿可酌情而定，寡人不予限制。"楚成王问道，"你以为如何？"

"如果这样，臣定当不辱君命。"屈完爽快地回答。

屈完奉命来到陉地求见齐桓公。管仲微笑地说："楚使复来，必定求和无疑，请主公以礼相待。"

诸侯见楚国果然派遣使臣过来，都感叹管仲料事如神。

屈完进入中军大帐拜见齐桓公，礼过之后，齐桓公客气地问："屈大夫此来，不知有何见教？"

屈完说："楚国因不贡包茅而失礼于周天子，致使君上兴师问罪。楚侯深有悔意，知罪矣！齐侯如果能令联军退师一舍，有何吩咐，楚侯将唯命是从。"

管仲插话道："屈大夫若能从中周旋，使齐、楚重修旧好，当然是一件好事。"

齐桓公说："屈大夫若能劝说楚侯修旧职，尊崇周天子，寡人对天子也有个交代。寡人将令联军退师一舍，静候屈大夫的佳音。"

屈完称谢而去。

屈完返回郢都，向楚成王禀报说："齐侯已答应臣的要求，退师三十里。臣已代君上答应立即向周天子进贡包茅，君上不可失信。"

恰在此时，探子来报："八国联军，已经拔寨起行。"

楚成王令："再探，再报！"

第二天探子又报："八国联军撤退三十里，已在召陵驻扎。"

楚成王听罢，哈哈大笑道："齐侯那么容易就退兵了？一定是害怕了！哼，一车包茅事小，可实在是太丢寡人的面子。"

相国斗子文道："主公差矣，彼八国之君，尚不失信于楚国一个大夫，主

第60章 不战而屈人之兵

公难道要本国的大夫食言于国君吗?"

"寡人失言了。"楚成王自觉失言,只好自己圆场,"好吧,屈完大夫,带八车金帛,前往召陵犒劳八国兵马,再准备一车青茅,让齐侯验过之后,直接向周室进贡就是了。"

屈完带着八车金帛,一车青茅,飞速赶至召陵,求见齐桓公。

齐桓公闻屈完到,立即吩咐诸侯:将各国兵车甲士,分为七队,分列七方,齐国之兵,屯于南方,以当楚冲,待齐军军中鼓起,七路一齐鸣鼓,器械盔甲,务要十分整齐,以强中国之威势。他欲在屈完面前展示军威。

齐桓公安排就绪,管仲迎接屈完已进入军帐中。彼此礼毕,屈完呈上犒军礼单。

近侍接过礼单,齐桓公接过,看也不看,顺手交给管仲说:"请仲父将楚国的礼物分发给诸侯。"

屈完又指着青茅道:"这是青茅一车,请齐侯查验。"

"不必看了。"齐桓公道,"直接进献给周天子就是。"

管仲见事已毕,礼貌地邀请屈大夫观看联军军营。齐桓公不可一世地对屈完道:"屈大夫见过我中原之兵的阵势吗?"

屈完道:"臣生于楚荆,长于楚荆,从未去过中原,也未见过中原雄兵。"

齐桓公笑道:"请大夫同寡人同乘一车,开开眼界吧。"

"屈完僻居于楚荆,尚未到过中原,更未目睹中国之盛。外臣但求一观,以睹齐侯之军威。"屈完谦恭地说。

齐桓公请屈完同乘一车,管仲也随车作陪,驱车登高一望,见八国之兵,各占一方,连绵数十里不绝。只听齐军中一声鼓响,七路诸侯阵中鼓声齐鸣,此起彼落,遥相呼应,正如雷霆万钧,惊天动地,气势好不壮观。齐桓公在车上面有得色地对屈完道:"寡人有如此强大的军队,当是战无不胜,攻无不克,谁人能挡?"

屈完虽然暗自心惊,但见齐桓公以武力相威胁,心里很是不舒服,冷笑一声,态度颇为强硬地说:"君上之所以能为中原盟主,乃是因为能替周天子布德天下,抚恤四方之故。君上若以德威服诸侯,各路诸侯,谁敢不敬服?若恃强凌弱,以武力相威胁,楚国虽然偏远弱小,有方城(山名,在今河南叶县南,方城县东北,西边伏牛山,是楚国北方天然屏障)为城垣,以汉水作城池。

城峻池深,固若金汤,纵使有百万之众,也不一定能占到便宜。"

齐桓公听后,自觉失言,知道以武力很难使楚国屈服,面有愧色,对屈完道:"大夫真是楚国的贤良之臣,智勇双全,胆识过人,楚侯有屈大夫这样的良臣辅佐,真是楚侯之幸也。寡人愿与楚国修先君之好,大夫以为如何?"

屈完道:"承蒙齐侯之恩惠及于敝邑之社稷,宽容地接纳敝国之君,这正是楚国的愿望,请与君定盟如何?"

"好!"齐桓公非常高兴地答应,"明日就在召陵定盟!"

当晚,屈完留宿于齐军营中,管仲设盛宴款待。彼此交谈,大有相见恨晚之感。

第二天,齐桓公在召陵立坛,与楚国订盟。齐桓公持牛耳为主盟,管仲为司盟。屈完称奉楚侯之命,代表楚成王同齐国订立盟约:"自今以后,楚与中原各国世通盟好。"

齐桓公先歃血,然后是宋、鲁、郑、卫、陈、许、曹七国诸侯依次与屈完歃血。礼毕,屈完再次拜谢。此次盟会,史称"召陵之盟",乃齐桓公第五次大合诸侯。

管仲下令班师。撤军途中,鲍叔牙问管仲:"楚国之罪,在于目无周天子,僭号为大,自立为王,为什么讨伐他却以区区包茅为理由?"

管仲回答道:"楚僭号为王已有三世,中原诸侯将其视同夷狄,如果以此为由进行讨伐,楚国怎肯俯首听命于我?若不听命,势必拼死抵抗,兵祸一开,南北战争从此永难平息,天下从此大乱。以包茅之贡为由征讨,楚人易于接受,区区一车包茅,楚人也不愿国破家亡,兵祸不断。可事虽小,罪过却大,楚人服罪就是我们的胜利,再与楚国订盟。这样,我们在诸侯面前也有了面子,还可将此报与周天子。这样的结局,比那战祸连年,一定要好得多。"鲍叔牙听罢,嗟叹不已。

"召陵之盟"以后,楚成王即派屈完带着包茅和金帛,去周朝见周惠王,表示尊崇周王室,这表明楚国事实上承认了齐国的霸主地位。

第61章 六合诸侯

临淄城西北角的城墙有一片平民区，以出城门的大道为界，大道以南住的是小商小贩，以北住的是日出而作、日落而息的农夫。在农夫居住区，有一栋简陋的小平房，从外面看，同平民住房并没有什么区别，但里面住的却是齐国一位举足轻重的人物：大司田宁戚。齐桓公与仲父率兵伐楚，朝政事务，都交给他处理。

宁戚正在院子里同几个赤膊庄稼汉围坐在一张小木桌旁推爵换盏。宁戚放下酒爵，对身边的一位大汉道："祖幸，粮食进仓了，收成如何？"

"今年可是丰收年，除去租赋和食用粮，还绰绰有余。"祖幸高兴地说。

宁戚问道："丰收了，有了余粮，有何打算？"

"准备再买条牛。"祖幸笑了笑，"再给婆媳、伢们置点衣裳，让他们也高兴高兴。"

"嗯！"宁戚微笑着赞同地说，"农具该添的要添，老婆孩子的衣裳也有置一点，像个做家的样了。"

"宁大夫身为大司田，上求乞于天地风雨诸神，下体察于黎民百姓之间，不住豪华府第，甘住简陋茅屋，田头地边，总见你的身影，你可真是俺庄稼人的大司农呀！"另一位大汉端起酒爵说，"来，小的敬你一爵！"

"来！"其他几位也端起酒爵道，"我们共同敬宁大人。"

宁戚端起酒爵，同大家一饮而尽。正在这时，一名衙役前来禀报："前方传来军报，主公已经得胜凯旋。"

"好！"宁戚大叫一声，接着关心地问，"吃饭了吗？"

"小的接到军报，怕耽误时间，火速赶来报与宁大夫，尚未吃饭。宁大夫还有何吩咐？"衙役问道。

宁戚很随和地将送信的衙役按坐在旁边的凳子上道："没事了，坐下来吃了饭再走，准备迎接主公凯旋。"

齐桓公伐楚凯旋，高兴异常，下令大宴群臣，以示庆祝。

酒宴间，酒至半酣，齐桓公站起来说："各位卿家，此次伐楚凯旋，有两个人的功劳最大。"他扫视群臣一眼："你们说，谁为首功？"

群臣不约而同地说："仲父！"

"对！"齐桓公道，"就是仲父，先是定大计明蔡暗楚、声东击西，后又舌战屈完，兵不血刃而使楚国屈服。仲父立下不世之功。寡人决定，将夺大夫伯氏的骈邑三百户封赏给仲父，以示对仲父的嘉奖。"

管仲立即跪拜道："谢主公赏赐！"

"快平身！"齐桓公微笑着说，"寡人曾有言，仲父见寡人不必行跪拜之礼。"

"君君、臣臣、父父、子子，礼不可废也！"管仲站起来说。

群臣看着这位古稀老人，无不投来敬佩的眼光。唯有一人的神态却是不同，只见他眼光放绿，一眨不眨地盯着齐桓公，等待着他说出第二个奖赏之人。这个人就是竖刁。竖刁心里想，此次出征，除管仲之外，功劳最大的应该是他，是他率军攻破蔡国，为此次征战立下头功，谁的功劳能超过这个头功？……正当他想入非非的时候，齐桓公说话了。

"寡人要赏赐的第二个人是……"他用眼扫视了一下现场，发现大家的眼光、心态都很平和，唯竖刁的眼睛瞪得最大，他见竖刁的神色有些怪异，下意识地冲着竖刁笑了笑，竖刁见齐桓公冲着自己笑，以为这第二个受赏赐的人是非已莫属，情不自禁地站起来，不想齐桓公此时将目光移向全场，大声说："宁戚大夫！"

齐桓公的话音刚落，群臣报以热烈的掌声，竖刁却重重地跌坐在凳子上，瞬间失去了知觉。他不明白，这到手的功劳，怎么又鸡飞蛋打了呢？……此后，齐桓公到底说了些什么，他一句也没有听进去。

"三军未到，粮草先行。寡人与仲父北上救燕，南下伐楚，每次都将朝政事务交给宁戚大夫。将士们能安心地在前方打仗，后勤供给功不可没。这些都是宁戚大夫的功劳，因此，寡人要奖赏他。"齐桓公大手一挥，"寡人赏他骈邑一百户，美女十名。"

"主公！"宁戚忙跪下说道，"臣不愿领赏，给这么多美女，臣连住的地方都没有。"

宁戚的话刚说完，引来一阵哄堂大笑。管仲知道，宁戚说的是实话。宁戚封为大司田，管仲令隰朋为宁戚建造一座豪华府第，宁戚没有搬进去，而是栖身于百姓中间，住着和周围百姓一样简陋的茅屋。

管仲待笑声过后，说道："大家不要笑，宁大夫说的是实话，他虽为大司田，住的却是和普通百姓一样简陋的茅舍，一下子赏他十名美女，恐怕真的装不下。"

"有这种事？"齐桓公惊异地问。

隰朋站起来说："臣也能证明，仲父说的是实情。"

"宁大夫平身！"齐桓公道，"那就再赏一座府第。寡人不能亏待对朝廷有功的人。"

宁戚站起来，向管仲投去求救的眼光，管仲故意将脸转向一边，装作没有看见。宁戚无奈，只好谢恩。

隰朋到洛邑朝拜周惠王回临淄，向齐桓公和管仲报告了一个不好的消息：周室有可能要发生内乱。

管仲忙问道："隰朋大夫为何有这种感觉？"

"我朝拜周惠王之后，请求拜见太子。周惠王似乎很不乐意。"隰朋道，"惠王让次子带与太子郑一同出见。世子郑神色仓皇，精神萎靡，似有难言之隐。"

"那又怎么样？"管仲问。

"背地里我打听过，若料得不错的话"，隰朋道，"惠王已起了废嫡立庶之念。"

周惠王长子名郑（即后来的周襄王），是先皇后姜氏所生，已经立为太子。姜后去世后，次妃陈妫得宠，立为继后。陈后也生有一子，名带。母宠子贵，加上公子带又善于奉迎，深得周惠王之欢心。于是，周惠王就起了废嫡立庶之念。太子郑知书达理，深得人心，而公子带却专横跋扈，年纪不大，却荒淫无度，周朝大臣皆畏而远之。

废嫡立庶，有悖于周礼。但在春秋时期，礼崩乐坏，这样的事情在诸侯国却常有发生。但是，以恢复周代传统礼制为己任的管仲却是不愿意看到这类事情发生，更不能容忍这类事情发生在他要让诸侯所"尊"的周王室之中。因此，当他听到隰朋的消息，第一反应就是要制止这件事情的发生。他果断地说："主公,废嫡立庶,有悖于周礼,绝不能让这样的事情发生在周王室。"

"他是天子,废嫡立庶是天子的事,管得了吗?"齐桓公道,"即使想干涉,恐也没有这个能力呀!"

"臣有办法。"管仲道,"就看主公有没有这个胆量。"管仲用起了激将法。

"有什么不敢?"齐桓公果然中计,大声说,"只要仲父有善策,寡人就敢出头。"

"好!"管仲道,"主公以霸主的身份,出面干涉此事,一定能成。"

"霸主怎么样?霸主也不能凌驾于周天子之上啊?"齐桓公不解地说。

"只要臣略施小计,周天子废嫡立庶的歪主意定难得逞,也能使周室稳而不乱。"管仲自信地说。

齐桓公也来了兴趣,好奇地问:"仲父有何妙策?"

管仲胸有成竹地说:"主公可致书周天子,言各路诸侯欲拜见太子。有主公出面,周天子断难拒绝。只要太子郑一出面,主公与各路诸侯以王者礼推崇。这样,君臣名分即定,天子再欲行废嫡立庶之事,恐怕就难了。"

"好!"齐桓公说道,"就依仲父之策。"

齐桓公再次派遣隰朋到洛邑拜见周天子,奏言:"各路诸侯拟在首止开会,欲拜见太子郑,以申尊王室之情。恭请太子郑参加首止之会。"

齐桓公再发檄文给宋、鲁、陈、卫、郑、许、曹七国诸侯,定于次年五月会盟于卫国之首止(今河南睢县东)会盟,拜见太子郑。

周惠王本不想让太子郑出席首止之会,由于齐国势力强盛,且与会的目的是申尊王室,名正言顺,来势不小,没有理由拒绝,只好答应让太子郑参加首止大会。

齐桓公又派人到卫国的首止建筑宫殿和馆舍,以待会盟时太子郑落驾和诸侯居住。

翌年(公元前655年)五月,齐、宋、鲁、陈、卫、郑、许、曹八国诸侯齐聚卫国之首止。太子郑的辇车刚到,齐桓公便率领诸侯跪迎于道侧,以迎接天子之礼迎候太子郑。太子郑见诸侯如此隆重地迎接自己,似乎有些受宠若惊,激动地说:"郑有何德何能,敢受诸侯如此大礼。还是以宾主之礼相见吧!"

齐桓公诚恳地说:"小白等是周室的侯国,太子是储君,我等见太子如同见天子,怎能不行跪拜之礼?"

太子郑连忙下车，扶起齐桓公，对诸侯道："诸君快快请起。"

诸侯众星捧月似的将太子郑迎至行宫。

是晚，诸侯来到太子郑的行宫依次拜见太子郑，礼过之后，各自回馆舍休息。太子郑独将齐桓公与管仲留下，关上寝宫之门，扑通一声跪在齐桓公面前，哭着说："请齐侯救我！"

齐桓公与管仲慌忙跪下，齐桓公将太子郑搀扶起来道："君不跪臣，古之常理，君臣之份，万万不可逾越。"

太子郑站起来，坐在椅子上，稳了稳情绪说："郑虽为太子，却已成为他人砧上之肉，天子欲罢黜，公子带欲夺嫡，怎么还能与诸侯论及君臣名分？"

齐桓公劝慰道："小白当与诸侯立盟，共同拥戴世子，太子不必担忧。"

"孤感谢齐侯。"世子郑问道，"不知齐侯有何妙策，能救郑于危难之中？"

"太子不必担心。"齐桓公指着管仲道，"寡人之仲父，早已替太子定谋。"

太子郑满怀期待地问："真的吗？"

管仲谦恭地道："禀报太子，此次首止之会，就是为世子造势。此会过后，公子带欲夺嫡，天子欲废嫡立庶，恐难向天下交代了。"

"此事若成，周室稳固，郑将铭记齐侯、仲父及诸侯拥立之功。"世子郑感激涕零地说。

"宗纲维常，嫡庶有别，这种违反伦理纲常的事情绝不能发生在周室。"管仲态度坚决地说。

于是，太子郑便留在首止行宫，诸侯轮番宴请，并犒劳其随行人员。旬日过后，世子郑恐久劳诸侯，欲告辞回京师，管仲道："之所以将世子留于此，就是要使天子知道诸侯爱戴世子，不忍离舍之意，以绝其废嫡立庶之念。现在正是夏月酷暑，等到秋凉会盟之后，再送驾还朝。"

周惠王见太子郑滞留首止，久不还朝，知道是齐桓公拥戴，心中很不高兴，更兼陈后在一旁煽风点火，公子带在旁边火上浇油，更使他恼怒异常。召来太宰周公孔，愤愤地说："齐侯联合诸侯伐楚，并未把楚国怎么样，如今，楚国进奉不薄，并不比齐国少。齐小白率诸侯拥留太子不归，到底是何用意？他欲将朕置于何地？太宰立即派人去首止，传达朕之旨意，让郑弃齐从楚，与楚修百年之好，同心协力，侍奉周室。"

宰孔听周惠王之言，大吃一惊，连忙奏道："天子继位之初，诸侯不朝，不尊王室。是齐侯继位后，先派使者朝奉进贡。后又奉王命率诸侯，尊王攘夷，才有今天天下之和顺、尊奉王室的大好局面。楚国居蛮荆之地，自恃天高地远，不朝不贡，僭号称王，若无齐侯讨伐，哪有今日楚国朝贡。如今齐侯拥戴世子郑，也是为了王室安定。君王为何要放弃对周室亲近的伯舅，而去依附蛮夷呢？"

周惠王不耐烦地说："郑伯不离，诸侯不散，谁能保证齐侯没有异心？朕意已决，太宰不必多说。"

太宰见惠王动怒，再也不敢多言。其实，周公孔从内心里也赞成齐桓公这次行动，如若不是这样，太子郑恐怕已被废黜，太子废黜，周室必将大乱，周室乱，天下也不得安宁。他认为，周惠王老糊涂了，怎么动了废嫡立庶之念，怎么要违反祖制，自行非礼呢？不过，想归想，嘴上却不敢说。

郑文公接到周惠王的密旨，展开一看，内容是：

子郑结党树私，违背朕命，周室大业，不堪委任。朕之意在次子带。爱卿若能背弃首止之盟，舍齐从楚，共辅子带，朕愿委国以听。

他看后喜不自胜，召集大臣孔叔、申侯商议道："郑国世为周王室卿士，领袖诸侯，只是后来逐渐衰落而沦为小国。昔先君厉公有纳王之功，尚不曾召用，今王命独传密旨给寡人，寡人的运气到了，诸大夫可以祝贺寡人了吧？"

大夫孔叔摇摇头，劝谏道："此事关系重大，切不可贸然行事。臣以为有三不可。"

"哪三不可？"郑文公紧张地问。

"齐国多次出兵救郑，于郑有恩，若反齐而事楚，道义上说不过去，此一不可；拥戴太子郑，是天下大义，主公若逃盟，必将得罪天下诸侯，此二不可；楚国是蛮夷，无信义可言，弃齐投楚，实则是弃明投暗，与狼为伍，此不可三。有此三不可，主公还能逃盟吗？"

郑文公不以为然地说："寡人之意，从霸不如从王，天子之意并不在太子郑，废黜是迟早之事，寡人为何要拥戴一个地位岌岌可危、即将被废黜的太子呢？"

孔叔道："继承君位，长幼有序，如果不这样，势必要酿成大乱。周幽王、桓王、庄王都曾废长立幼，结果如何？人心不附，继位者都没有好下场。现周天子又要重蹈覆辙，将来一定会后悔的。"

大夫申侯冷笑道："天子有令，怎可违抗？若从齐侯而拥戴世子郑，就是

第61章 六合诸侯

违抗天子之命。郑国一走,各路诸侯必起疑心,首止之盟势必流产。太子郑虽有各路诸侯支持,公子带却受天子宠爱,到底谁能继承王位,尚无定数。依臣之见,主公不如先回郑国,静观其变,然后再决定下一步行动。"

孔叔忙说:"主公,申侯之言,将给郑国带来灾难……"

"好了!"郑文公打断孔叔的话头,不耐烦地说,"寡人意已决,立即打点行装,今晚子时离开首止。"

齐桓公闻郑文公不辞而别,勃然大怒,立即召来管仲商量,欲奉世子伐郑。管仲摇摇头道:"郑国与周室接壤,逃盟必有文章,若料得不差,此必是周室从中挑拨离间,欲破坏首止之盟。一国之去留,不足以阻止首止会盟大计。盟期已近,待会盟之后,再处理郑国逃盟之事。"

齐桓公愤愤地说:"不给郑国以惩戒,这口气实在难咽。"

"昔日北杏之会,曾有宋公御说逃盟;柯地之会,曾有曹刿劫盟,可结果呢?不但对齐国秋毫无损,反而使齐国的霸业越来越旺。"管仲笑着说,"首止之盟,是伸张正义,尊崇王室,维护伦理纲常,必将深得人心。天要下雨,娘要嫁人,郑伯执意如此,一定会得到惩罚,主公何必争在一时呢?"

"好!"齐桓公道,"会盟之后,再来处置这个逃盟的叛徒。"

三天之后,首止会盟如期举行。盟坛被装饰一新,四周彩旗招展。鼓乐声中,周太子郑在前,齐桓公与诸侯稍后半步紧跟其后,缓步登上高台。太子郑据中位,各路诸侯分列两边,站在各自的大旗之下。管仲与各国大臣列队在诸侯后边。

司盟隰朋站出来,手捧盟约,高声宣读道:

惠王二十四年八月,齐、宋、鲁、陈、卫、许、曹七国诸侯会于首止歃血会盟,世子郑到会,不参加歃血,以示诸侯不敢与世子并驾齐驱。盟词曰:"凡我同盟,共翼王储,匡靖王室。有背盟者,天地不容,神明殛之!"

诸侯一齐宣誓:

凡我同盟,共翼王储,匡靖王室。有背盟者,天地不容,神明殛之!

隰朋高喊:"献上牺牲……"

两名侍卫抬着一只活羊登上台,置于诸侯面前,一名侍卫手持尖刀,刺入羊脖腔，殷红的血落入盆子里。

隰朋高喊："请诸侯歃血！"

诸侯从齐桓公开始，依次歃血，神情是那么庄重，气氛是那么肃穆。

隰朋高喊："歃血毕，诸侯拜见太子！"

齐桓公上前一步，向太子郑行叩拜之礼："小白叩见太子！"

诸侯亦依次上前叩见太子。

"诸君尊先王之灵，不忘周室，拥戴郑，郑一定不忘诸君今日之赐。"太子郑特地来到管仲面前，满怀感激之情说，"久闻齐国相国管仲乃匡世之才。今日相见，果然名不虚传，他日寡人若能君临天下，相国请到洛邑来，寡人定当好好谢你。"

管仲慌忙跪倒在地，声音颤抖地说："老臣谢太子褒奖，他日太子君临天下，老臣一定到洛邑来朝拜。"

太子郑一把将管仲扶起来，拍拍管仲的手，眼里充满了感激之情。

次日，太子郑回朝，诸侯一同相送。齐桓公同卫侯亲自将太子郑送出卫境，太子郑依依不舍，洒泪而别。

第62章　德服郑侯

郑文公在周惠王的怂恿下，决定背齐投靠楚国，在举行结盟仪式前，连夜逃盟。当他听说齐桓公当时就欲奉世子郑讨伐郑国时，心里却又害怕了，对是否投靠楚国，举棋不定。

楚成王闻郑侯于首止逃盟，欣喜若狂，对臣下道："郑国逃盟，必成楚之盟友。"于是派人到郑国去暗通郑国大夫申侯，叫他从中周旋，使郑与楚修好。

原来，申侯本是楚文王的旧臣，其人能言善辩，贪得无厌，阿谀奉承，欺下媚上，甚得楚文王宠信。楚文王临死之前送给他一块璧，对他说："只有寡人了解你，你好利而不知满足，寡人可以不怪罪你，但以后的君主一定会严格要求你，你肯定不会被免罪。寡人死后，你快离开楚国，不要到小国去，小国政狭法峻，不会容忍你。"

申侯在安葬了楚文王之后，逃到郑国，得到郑厉公的宠幸，复为大夫。正因为这层关系，楚国的大臣很多都与申侯是旧识，所以，楚成王欲打通关节，使郑国背齐从楚，便派人至郑，重金贿赂申侯，使他促成此事。

申侯得到楚国的贿赂，密奏郑文公道："主公首止逃盟，是尊王命而行，并无不妥之处，既已背齐，何不投楚？"

"唉！"郑文公叹了口气道："首止逃盟，寡人考虑欠周，不但没有阻止诸侯会盟，反而激怒齐侯，闻诸侯将伐郑，寡人将如何是好？"

"开弓没有回头箭。"申侯道，"能与齐国相抗衡者，唯楚国而已，既已得罪齐国，主公应尽快与楚修好，不然，齐、楚两国皆为郑之仇敌，郑国危矣！"

郑文公仍是犹豫不决。申侯劝道，"主公，当断不断，必受其乱，郑国没有能力与两大强国为仇，既已背齐，却又不投楚，此非明智之举呀！"

郑文公终于下定决心，密使申侯赴楚，与楚修好。

郑国背叛齐国，于首止之会逃盟，与楚国修好，当然为齐国所不容。齐桓公三十二年（公元前654年）正月，齐桓公联络宋桓公、鲁僖公、陈宣公、卫文公、曹昭公一同出兵伐郑，大军一举包围了郑国的新密（今河南密县东南）。

郑文公见诸侯兵马大举来犯，知是不敌，召大夫孔叔和申侯商议，孔叔仍坚持自己的主张："请主公与齐重修旧好，臣愿为使，向齐桓公解释，这是一场误会。"

"这个主意不行。"申侯马上站出来反对道，"首止弃盟以后，郑国刚与楚国修好，酒尚未凉，却又要弃楚投齐，郑国岂不是成了反复无常之国？"

孔叔正欲说话，郑文公道："不用说了，寡人决定，申侯马上出使楚国，请楚国派兵支援。"

楚成王得知齐桓公率诸侯伐郑，本欲坐山观虎斗，申侯持郑文公之亲笔手书到了楚国。楚成王同相国子文一起接见了郑国大夫申侯。礼过之后，申侯呈上国书，请楚侯出兵救郑。

"联军势大，即使楚国出兵，恐怕也难占到便宜。"楚成王模棱两可地说。

申侯见楚成王态度暧昧，急促地说："郑国之所以投靠楚国，就是看在楚国有能力与齐国相抗。现大兵压境，楚国若不出兵相救，臣如何回国向郑侯复命？"

"申大夫别急。"相国子文道，"楚侯并未说不出兵，只是尚未想出善策以救郑。"

"对！"楚成王赞同地说，"齐军气势正盛，不可力敌，寡人正欲谋一善策，以解郑国之围。"

相国子文思索半天后道："臣有一法，可解郑国之围。"

"什么办法？"楚成王问道。

申侯也瞪着双眼，紧张地看着子文。

"围许救郑。"相国子文解释说，"许是齐国的盟国，长期追随齐国，昔召陵之战，许穆公抱病赴齐国之盟，死于军中，对齐可谓是忠贞不渝，齐桓公甚是同情。楚国若出兵进攻许国，齐国与中原诸侯不会不救。他们若救许国，郑国之围就自动解除。"

第62章 德服郑侯

"好！"楚成王高兴地说，"一石二鸟，真乃良策也！"

许国（今河南许昌东面）是周初所封的姜姓诸侯，它介于郑国和楚国之间。楚国要争霸中原，首先要打破郑国这个缺口，而要征服郑国，要越过一向追随齐国的许国。越过许国进攻郑国，则犯了兵家之大忌，幸亏许国是一个小国，不能构成对楚的威胁，但它毕竟让楚人进攻郑国之时有所顾及，不能全力投入。如果能征服许国，对于楚国来说，就完全没有了后顾之忧。因此，许国是楚国的一个心病，迟早是要用武力来解决的。由于许国是齐国的追随者，如果攻打许国，齐国等中原诸侯必定来救，这样，郑国之围就自动解除。而这样做的最大好处，就是避免了同齐国正面交锋。

齐桓公正与诸侯攻打郑国，听说楚国包围了许国，果然撤出新密战场，日夜兼程赶往许国救援，郑国之围自动解除。

楚成王得知诸侯联军已撤离新密战场增援许国，暗暗高兴，但却不急于撤去许国之围，他想乘诸侯联军到来之前灭掉许国。无奈许僖公率举国之兵奋力坚守，楚国一时倒是奈何不得。眼看不能一举灭许，诸侯援军越来越近，楚成王害怕与诸侯联军正面交锋，只好撤军退到武城（今河南信阳东北），许国之围自解。诸侯联军见楚军撤兵，也就罢兵而去。

楚国极力争取郑国，齐国对郑国也是抓住不放。对郑国的争夺，就是齐、楚之间的直接较量。郑文公逃盟，齐国率诸侯联军伐郑，由于楚国围许救郑，诸侯救许而归。如此一来，不但郑国的背叛没有得到惩罚，反而还使郑国投向楚国的怀抱。齐国组织的这次兵车之会，实际上是失败了。齐桓公当然不会善罢甘休。第二年（公元前653年）春，齐桓公又以讨申侯为幌子出兵伐郑。

申侯是郑国之大夫，齐桓公为何要以他为借口伐郑呢？这不得追索到桓公三十年（公元前656年）的"召陵之会"五合诸侯之后，诸侯北返，陈国大夫辕涛涂私自对郑国大夫申侯说："诸侯之兵北归，若经过陈国与郑国，郑国为东道主，免不得要有破费。如果让诸侯国东行，说是向东夷示威，然后沿着海边回国。这样，郑与陈就可以节约一大笔费用开支。"

申侯认为这个计策很好，表示支持。于是，陈国大夫辕涛涂进见齐桓公，劝说齐桓公往东行，齐桓公也同意了。

正当齐桓公欲选择东行路线时，申侯密奏齐桓公，说辕涛涂劝伯侯东行是别有用心。齐桓公便问有何用心。

申侯献媚道："召陵之会，诸侯国军队已经很疲惫，如果东行，遇到敌人，恐怕难以应敌。如果经过郑、陈，有两国供给军队的粮草，这不是很好吗？陈国大夫辕涛涂就是不愿意陈国出这笔费用。"

齐桓公认为申侯说得有理，又很乐意地接受了他的建议。为表彰申侯的忠心，齐桓公将郑国的虎牢（今河南荥阳县汜水镇）赏给了申侯。同时，将陈国大夫辕涛涂抓了起来，并在返程时，又以诸侯之兵讨伐陈国。

陈国大夫辕涛涂也不是一盏省油的灯，他被申侯出卖之后，发誓要报此仇。在第二年的"首止之会"时，他装着很热情地找到申侯说："虎牢是齐桓公赏赐给申大夫的，申大夫为何不将此城筑得漂漂亮亮的，以留下不朽之名，让子孙世代不忘。"

申侯不知是计，叹了口气说："筑城需要一大笔费用，我哪儿有呀？"

"钱不是问题。"辕涛涂拍着胸膛说，"申大夫是齐侯的红人，谁受过赏城之殊荣？你是唯一。只要你愿意，我帮你找诸侯，拉点资助不是问题。"

贪婪的申侯果然中计，喜滋滋地接受了辕涛涂的建议。辕涛涂在诸侯间游说，果然得到一笔不小的资金。申侯用这笔钱，将虎牢修饰得漂漂亮亮。虎牢修好之后，申侯对辕涛涂非常感激，岂不知，他的厄运也从此开始。

当申侯把虎牢修好之后，辕涛涂致书郑文公，说申侯以国媚齐，独享虎牢之赐，而且还修得非常好，是欲以虎牢为据点，作叛国的准备。后又以国媚楚，使郑国得罪齐国及诸侯。以至郑国兵祸不息。申侯是祸国殃民之贼。

郑文公本来对首止逃盟之事后悔不已，辕涛涂之言，说中了他的心病，因而对申侯起了猜忌之心。

齐桓公讨伐陈国之后，才知道是申侯从中捣蛋，故而对申侯恨之入骨。按常理，凭这样的事情，是不足以引起国与国之间兵戎相见。齐桓公伐郑，只是上一次惩罚其逃盟无功而返的继续，讨申侯只是一个借口而已。

齐国再次出兵伐郑，郑国上下一片惊慌，郑文公急召大夫孔叔商量应对之策。孔叔劝说道："谚语说得好：'心则不竞，何惮于病。'一个国家，若既不能强以自立，又不能弱以下人，这就是灭亡之道。国家危在旦夕，请主公还是归服齐国吧！"

"寡人知道齐军为讨申侯而伐郑是个借口，真正的目的仍然是上次首止弃盟。"郑文公无奈地说，"给寡人点时间，让寡人再想想。"

孔叔催促道："兵临城下，将至壕旁，事情已迫在眉睫，哪里还有时间去慢慢考虑！"

郑文公也知情况紧急，咬咬牙，叫来侍卫作了一番安排，然后派人传旨，召见申侯。申侯闻齐国伐郑，借口是除奸佞申侯，如坐针毡，正自心惊，突闻侍者传召，怀着忐忑不安的心情来见郑文公。刚进殿，郑文公劈头盖脸地问："申侯，申大夫，齐军又来犯境，你可知道？"

"臣知道。"申侯不知郑文公的用意，试探地问，"臣愿再赴楚国讨取救兵。"

郑文公冷笑着说："不必了，寡人向你借样东西，即可退敌。"

"什么东西？"申侯紧张地问。

"借你项上人头！"郑文公也不待申侯回答，大喝道，"将此乱臣贼子拖出去斩了。"两旁刀斧手闻声而出，立即将申侯推出斩首。

申侯被斩首之后，郑文公令大夫孔叔带上申侯的首级至齐军阵前拜见齐桓公，将申侯的首级献给齐国，孔叔跪对齐桓公说："寡君昔误听申侯之言，与齐国反目。寡君知罪了，特诛此乱臣贼子，今将首级献上，请君侯赦免逃盟之罪。寡君有言，愿重归旧盟，听候齐侯差遣。"

"孔大夫快快请起。"齐桓公知孔叔素有贤名，见其态度诚恳，抚慰道，"寡人也知道郑侯弃盟，是受奸人挑唆，今既除奸佞以谢罪，请归旧盟，寡人欢迎。"

孔叔深深一揖道："齐侯宽宏大度，不计前嫌，外臣代郑侯谢过。"

"请孔大夫致意郑侯，今秋七月于宁毋（今山东金乡东南）为郑国的重新归服举行盟会。"

盟会时间将至，郑文公害怕齐桓公报复，不敢亲自涉险赴盟，命郑国太子华出席盟会。太子华出席盟会之前拜见齐桓公，竟以郑国归服齐为条件，请齐桓公帮他除去国内政敌。他说："郑国之政，皆由泄氏、孔氏和子氏三族主之，郑侯首止逃盟，也是三族怂恿所至。君侯若能除此三族，我就让郑国臣服于齐国。"

齐桓公道："此事寡人知道了，明天再答复你。"

齐桓公送走太子华之后，连忙召见管仲，将太子华提出的要求告诉管仲，管仲急着问："主公是怎么答复的？"

"没有答复。"齐桓公道，"想听听仲父的意见。"

管仲道："主公是靠礼和信而使诸侯归服。儿子和父亲不相互扰叫做礼，遵守诺言叫做信。违背礼和信，没有比这更奸诈的了。"

齐桓公反问道："诸侯联军讨伐郑国，并没有获得胜利。现在郑国内讧，正好利用他们的矛盾来征服他，难道不好吗？"

管仲耐心地分析说："臣闻太子华所言三族，都是贤大夫，郑人称之为'三良'。像太子华这种人，身为太子，却想借他国之力来削弱自己的国家，恐怕终将不免于祸。主公千万不可听信他的谗言而答应他的要求。"

第二天，桓公约见太子华，对他说："世子所言，是郑国大事，待郑侯来了之后，再商议此事。"

太子华听罢，面红耳赤，遂辞而归郑。

管仲非常痛恨太子华的奸诈，故意将太子华的言行泄露给郑人。故太子华尚未到家，郑文公已对他在宁毋会盟的言行了若指掌。虽然他没有亲自参加宁毋结盟，但对齐桓公拒绝太子华分裂郑国的阴谋非常感激。便于同年冬天亲自到齐国去与齐桓公结盟。

从此，郑国才完全归服于齐，到齐桓公去世，再也没有背叛齐国。

第63章 八合诸侯定周室

　　齐桓公自宁毋会盟德服郑侯回国之后,对管仲佩服得五体投地。他决定宴请管仲,向管仲请教为君之道。为表示对管仲之尊重,他命人挖了一口新井,用柴草覆盖其口,斋戒十天,然后召见管仲。

　　宴请之时,齐桓公又请鲍叔牙、隰朋、宁戚作陪。管仲来了以后,齐桓公拿起酒爵率先向管仲敬酒,谁知酒过三觞之后,管仲起身不辞而去。齐桓公见状,先是莫名其妙,后是大为恼火,不高兴地说:"寡人为宴请仲父,斋戒十天,已经是很严肃的了,仲父却不辞而去,是何缘故?"

　　鲍叔牙和隰朋连忙赶出来,追上管仲说:"主公已经发怒了。"管仲仍是要走,两人好说歹说,总算是将管仲拽了回来。

　　管仲转来,走进院中,先是背靠屏风而立,再往前至中庭,齐桓公一直是冷眼看着管仲,不发一言,直到接近中堂之时,齐桓公才一脸不悦地说:"寡人斋戒十天而宴请仲父,自以为没有什么失礼之处。仲父不辞而去,不知是何缘故?"

　　管仲一脸肃容地说:"沉溺于宴乐者,就沾染于忧愁;厚享于口味者,就薄于德行;怠慢于朝廷者,就缓于政事;有害于国家者,就危于社稷。臣就是因为这些,就敢于不辞而去。"

　　齐桓公马上改容下堂说:"寡人非敢自为苟安,只是以为,仲父的年纪大了,寡人也老了。几十年来,仲父为齐国走上富国强兵之路,为齐国之霸业,耗尽了毕生心血,寡人设此宴,是想慰劳一下仲父。"

　　"臣听说,壮年人不懈怠,老年人不苟安,顺天道办事,一定有好结果。夏桀、商纣、周幽王三王之所以失去人心,进而失去天下,并不是一个早上猝然而至。有道是,千里之堤,溃于蚁穴,就是这个道理。主公何必有所苟安呢?"管仲说罢,转身而去。

齐桓公这次不生气了,以宾客之礼再拜而送出。

第二天早朝之后,齐桓公留住管仲,要继续完成昨天想问而没有问的话。他对管仲说:"寡人欲请仲父讲一讲建立国君威信的问题。"

"人民爱戴,邻国和睦,天下信任,这就是国君的威信。"管仲不假思索地说。

"好!"齐桓公赞同地问,"怎样才能建立这种威信呢?"

"治身、治国、治天下。"管仲仍然是不假思索地说。

"何为治身?"

"导治血气,以求长寿,虑远谋和广施德。此即为治身。"

"何为治国?"桓公继续问。

"举用贤能、爱护百姓;对外保全灭亡之国家,接济断绝之世家,起用死于王事者的子孙;薄收税敛,减轻刑罚。此乃治国之理。"

桓公接着问:"何为治天下?"

"法令能够推行而不苛刻,刑罚精简而不妄赦罪人,官吏宽厚而不迟慢拖拉,屈辱窘境的人们,法度也能加以保护,往者来者都无所约束,而人民乐。此为治天下。"

正在君臣二人说得起兴的时候,近侍来报,周室派使者来齐。桓公与管仲刚下得阶来,周王室使者已经入殿。

"周室下士王子虎参见齐侯!"周室使者抢前一步参见桓公。

齐桓公一揖道:"上差远道而来,不知有何差遣?"

"周室危在旦夕,受太子郑之命,特向伯舅救助。"王子虎道。

"坐下来说话。"齐桓公坐下来道,"周室又发生了什么事?"

"天子驾崩,惠后与公子带倾倾欲动,太子郑不敢发丧。"王子虎急促地说。

原来,周惠王年老多病,知道自己在世的时日不多,因其宠惠后,欲乘其活在之时,废掉世子郑而改立惠后所生的公子带,不料齐桓公出面干涉,率诸侯于首止会盟,拥戴世子郑,使得他的如意算盘落空。经此一事,周惠王病情加剧,于公元前653年底,带着对王储的深深遗憾、对惠后及公子带的深深歉疚和对齐桓公干涉王室内政的满腔仇恨而辞世。

太子郑担心后母惠后和庶弟公子带同他抢夺王位,同太宰周孔公、上卿召伯廖商议,决定先不发丧,秘密派遣王室下士王子虎快马加鞭奔赴齐国,将周

第 63 章　八合诸侯定周室

惠王驾崩之讯告诉齐桓公，请求齐桓公帮助他继承王位。

齐桓公闻周惠王驾崩之讯，大吃一惊，急忙对管仲说："仲父，这件事情该如何办？"

管仲想了想，冷静地说："请主公马上将诸侯召集到曹国之洮地召开紧急会议，共同商议王室之事。"

"好！"桓公对王子虎道，"请上差速回洛邑，向太子郑报告，寡人将在洮地大合诸侯，支持太子郑继位。"

翌年（公元前 652 年）春正月，桓公在曹国的洮地（今山东鄄城西）召开紧急会议，商议周室王位继立之事。与会诸侯有宋桓公、鲁僖公、卫文公、曹共公、许僖公以及陈太子款和周太子郑的使臣王子虎，新归服的郑文公请求参与了会盟。参加会议的诸侯在洮地之会上歃血为盟，订立了支持太子郑的盟约。

洮地之会后，八国诸侯分别修表，各遣大夫赴洛邑向周室献表。八位大夫是：齐国大夫隰朋、宋国大夫华秀老、鲁国大夫公孙敖、卫国大夫宁速、陈国大夫辕选、郑国大夫子人师、曹国大夫公子戊、许国大夫百陀。八国大夫连同盛大的羽仪队伍，打着问安的旌旗，浩浩荡荡集结于王城之外。

王子虎先期回洛邑报信，世子郑闻八国诸侯俱来献表，忙派王室上卿召伯廖出城慰问八国大夫，向天下公布惠王驾崩的消息，然后发丧。周室太宰周公孔、上卿召伯廖拥太子郑主丧，八国大夫入城，称奉君命凭吊，并联合奏请王室太子郑嗣位。

太子郑即位，百官与八国大夫朝拜，是为周襄王。惠后与公子带见朝中大臣与八国诸侯都支持太子郑，知大势已去，不敢轻举妄动。

周襄王即位，确定次年改元。此次周室王位之更替，可谓是有惊无险。

周襄王即位后，天下暂时无事。而此时的齐桓公，似乎有了心事，一连数日，总是闷闷不乐，连他自己也不知道，心中的不快之意源于何处。是日早朝以后，他又留住管仲，没头没脑地说："仲父，寡人闷得慌。"

"主公是哪里不舒服吗？"管仲关心地问。

齐桓公抛抛手，蹬蹬腿，说："都好好的，未见异样。"

管仲看着齐桓公，手指胸膛说："主公这里不舒服！"

齐桓公惊异地问："仲父如何知道？"

"自从洮地会盟归来之后,臣看主公一直闷闷不乐。臣不但知道主公得的是心病,而且还知道主公的病因何在。"管仲很肯定地说。

"仲父真的知道寡人心里想的是什么?"齐桓公不相信地问。

"周室嫡庶不分,几至酿成大祸。今齐国储君尚虚位以待,主公可否为此事而忧心?"管仲两眼盯着齐桓公。

"唉……"齐桓公长叹一声,"知寡人者,莫如仲父也。"

管仲道:"周室乃前车之鉴,主公宜早作打算,以杜后患。"

"寡人有过三位夫人,皆无所出。蔡姬戏水酿祸,寡人一怒之下将她遣送回蔡,事后想起来,寡人当时的处罚也太过严厉,对蔡姬有失公平。只是碍于情面,不肯承认罢了,故而一直未再立夫人。"齐桓公说,"寡人膝下六子,都是庶出,都可继承君位。论年龄,当属无亏年长。无亏是长卫姬所生,在众夫人当中,长卫姬侍候寡人时间最长,她常在寡人耳边唠叨此事,寡人已答应长卫姬,立无亏为太子。易牙、竖刁、开方也屡屡向寡人进言,请早定储君之位,也力荐公子无亏。"

管仲知道,长卫姬乃开方之妹,易牙、竖刁二人皆奸佞,恐无亏异日为君,内外纠合,必乱国政。但立储乃君主之事,不好直截了当地说出来。但他也知道,齐桓公既然对此事很烦恼,一定是对无亏不放心。故意问道:"主公既然答应了长卫姬,立无亏可也,为何还要烦恼?"

"无亏虽年长,乃平庸之人,非为君理国之才。倒是公子昭,素有贤名,且聪明能干,是个可造之才。寡人有意于他,只是举棋不定。"齐桓公殷切地看着管仲说,"请仲父为寡人决之。"

管仲见桓公将如此重要的事情交由自己决定,心里无比激动。他知道,公子昭是郑姬所出,郑国才同齐国修好,若立公子昭为储君,还可结好郑国。于是说道:"主公欲使伯业长久,则继承君位非贤者不可。主公既知公子昭之贤,为何又要犹豫不决?"

"若无亏以其年长为由来争,他们虽然都是庶出,但也是长幼有序,如之奈何?"齐桓公担心地问。

"继位乃主公与臣身后之事。主公曾为鲁、卫之君位继立出过力,如今为周太子郑继位更是不遗余力。"管仲道,"主公可在诸侯中选一贤者,以公子昭相托,他日齐国若发生君位之争,请这位贤者鼎力相助。"

"好!"齐桓公眉头舒展,松了一口气,"仲父所言极是,寡人将在诸侯中择贤能者相托。"

第 64 章 九合诸侯一匡天下

周襄王即位，次年改元（公元前 651 年），春，周襄公行祭祀大典之后，为了嘉奖、感谢齐桓公拥立之功，决定"赐齐侯胙"，并预先将这个消息透露给齐桓公。周襄王之所以事先透露消息，有两层意思，一是让齐桓公知道，他记住了齐桓公的拥立之功，二是告诉齐桓公，如何"受胙"，要提前有个准备。

"胙"即是祭祀神灵的祭肉。在周代，有所谓"归胙"之礼，就是周天子将祭祀祖先的祭肉分赐给同姓诸侯，即《周礼·大宗伯》说的"于兄弟有脤"。这里的兄弟，指的是同姓诸侯。"归胙"被视为周代最基本的礼仪。如果有哪个贵族祭祀祖先之后不把祭肉拿出来与其他贵族分享，就表明他没有把这些贵族当成自己的亲戚，这是最严重的"失礼"行为。相反，如果把祭祀祖先的祭肉拿出来送给异姓的贵族，就表明视其为同类，是自己人，是特别的信任和尊敬。

齐桓公得知周襄王"赐胙"，异常兴奋，欲借此大造声势，于是问策于管仲。

管仲素以"尊王"为己任，他不会放过这次"尊王"的绝佳机会，决定将此次周襄王"赐胙"办成一场盛大的"尊王"活动。

管仲对齐桓公道："主公'受赐'，要大合诸侯，当着诸侯之面受赐，并寻盟，修好，以求达到与诸侯之间和睦相处。"

"好！"齐桓公赞同地问，"会址定于何处为宜？"

管仲道："齐国自从北杏之会以来，虽已八合诸侯，但多是列国兵车会议而已，今此之会，乃匡合朝王之会，非比寻常，宜在葵丘（今河南兰考、民权县境）大地，筑坛会盟。"

齐桓公道："仲父安排就是。"

管仲又道："宋桓公御说新丧，宋世子兹父即位，是为宋襄公。闻宋襄公素有贤名，即位之时，让国君之位于公子目夷，目夷辞而不受，这才即位。宋襄公是位贤侯，主公不仿趁会盟之机，将公子昭托付给宋襄公。"

"宋桓公御说除即位之初有过一次'北杏逃盟'之外，三十年来，一直是齐国的忠实追随者，几乎参加了齐国召开的每一次盟会和组织的每一次讨伐，齐国能称霸中原，宋桓公御说功不可没。"齐桓公感叹地说，"会盟之地就定在葵丘，葵丘会盟之后，寡人要到宋桓公御说的墓前吊唁，缅怀这位齐国的老友。"

管仲命东郭牙率五百名壮士前往葵丘，择方圆八百步之地，筑起一高坛，以备结盟之用。再修筑馆舍，以备诸侯落驾。派隰朋提前一个月赶到葵丘，负责接待诸侯之事务。

会期将至，齐桓公带领满朝文武来到葵丘，诸侯都已经先行到达。先期到达的隰朋，已将诸侯分别安置在馆舍住下。

齐桓公住下之后，密对管仲道："趁会盟尚未开始，仲父先去拜会宋襄公，表达寡人托孤之意，看他有何话说。"

管仲带着侍卫，乘着夜色，悄悄来到宋襄公馆舍，通报之后即入见。礼过之后，管仲道："管仲夜拜宋侯，有事欲与宋侯相商。"

宋襄公道："管相国不知有何吩咐，只要宋国能办到，一定无所推辞。"

管仲看了一眼从人道："管仲欲与宋侯单独商谈。"

宋襄公屏退左右，屋内只剩下管仲和宋襄公两个人。管仲见左右无人，翻身跪拜道："寡君有事欲重托宋侯。"

宋襄公忙扶起管仲道："管相国有事只管吩咐，何必行此大礼？"

管仲道："寡君年事已高，储君尚未确定，恐身后齐国有变，欲在诸公子中择一贤者托与宋侯，他日齐国若有变，请宋侯助之。"

宋襄公见此事重大，便与管仲一同来见齐桓公，彼此礼过之后，齐桓公道："寡人有六个儿子，都是庶出，长子无亏，非治国之器，故寡人一直没有立他为储君。论人品、才能，公子昭更胜一筹。"

宋襄公道："伯侯意欲若何？"

齐桓公紧握宋襄公之手道："宋侯德高义重，今以公子昭相托，他日齐国若出现动乱，望贤侯相助我儿公子昭，稳定齐国社稷，寡人虽死于九泉之下，也觉无憾矣！"

"寡人国小德薄，实不足以担此重任，既承盟主之命，寡人定当尽全力，不负盟主重托。"宋襄公语气虽很谦逊，却一脸肃容。显然，他对齐桓公和管

第64章 九合诸侯一匡天下

仲能如此看得起他,内心既意外,也很高兴。大有一诺千金之慨。

第二天,齐桓公率众文武及诸侯来到拜坛,只见拜坛高十余丈,设置南北君臣之位,列上下三层之阵,布置整齐。

齐桓公传令:在第一层坛设黄金御座,设人君南面之位。第二层坛左边设与周同姓诸侯之位,右边设与周异姓诸侯之位。第三层坛左边设上卿管仲等文臣之位,右边设大司马王子成父等武臣之位。君臣人等,皆衣冠楚楚,弁冕秩秩,分东西而立,置支坫,树左右之标,以悬钟鼓。又令二千二百五十名壮士,分为五队,各执青、黄、赤、白、黑旗,排队站列于五方,按五行之法排布。

隰朋排列好诸侯的位次顺序,推让一番后,升坛各就本位,列国群臣,比照齐臣之班,依次站列。

齐桓公起身对诸侯道:"今日天子初登大位,故寡人同大家入京朝贺,登坛北面朝王,然后立盟。"

诸侯皆拱手听命。齐桓公引领列国君臣人等,面北而拜,山呼之声,传至数里之遥。拜毕,各就本位。

管仲拾阶而上,对诸侯道:"今日乃衣冠之会,不必杀牲歃血,只是载书立誓,以定盟约。下面,请盟主宣读盟约。"

齐桓公手持帛书,大声念道:

凡我同盟之人,即盟之后,永世修好。辅佐周室,匡正王道。

第一,诛不孝,无易树子,无以妾为妻;第二,尊贤育才,以彰有德;第三,敬老慈幼,勿忘宾旅;第四,士无世官,官事无摄,取士必得,无专杀大夫;第五条,无曲防,勿遏籴,无有封而不告。

有背盟者,许列国共讨之!

诸侯齐声道:"谨奉命!"

结盟刚毕,有侍者来报,周室使者已到。齐桓公与诸侯下坛迎接。

周大夫宰孔大步走过来,一侍者手持托盘跟在大夫宰孔的身后,托盘内放着一大块冒油的祭肉。

宰孔大声道:"天子初登宝位,皆赖盟主之德,今祭祀天地祖先,令孔奉胙来赐。"

按当时的礼节,诸侯在接受天子赐给的礼物时要下堂跪拜,以表示对周天子的尊重。

齐桓公听周大夫宰孔宣旨之后，正欲下堂行跪拜之礼。周大夫宰孔制止说："天子有命：盟主年迈，加赐一等，免行谢拜之礼！"

齐桓公听大夫宰孔之言，轻声问身后的管仲："仲父，怎么办？"

管仲轻声说："为君不行君礼，为臣不行臣礼，乃乱国之根本。"

齐桓公点点头，仍然来到大夫宰孔面前，行跪拜大礼道："天子之威在上，君臣之礼不可废，小白不敢不跪拜受赐！"

诸侯小声议论道："今日方见君臣之礼啊！"

周大夫宰孔见齐桓公如此尊重王室，面呈喜色，高声道："请齐侯受胙！"

齐桓公向大夫宰孔三叩首，谦恭地说："谢天子之恩！"言毕起身，从周大夫宰孔手中接过天子赐胙，高擎过头，呈现给诸侯过目。

诸侯见齐侯如此尊重王室，无不叹服，齐声说道："恭贺齐侯！恭贺盟主！"

齐桓公手托胙肉，突然大声宣布："天子赐胙，乃寡人之荣幸，寡人愿将此荣幸与诸侯分享。"

管仲早令人取过一柄锋利的小刀递给齐桓公，齐桓公接过小刀，将祭肉切成若干块。诸侯见齐桓公分赐胙，兴奋异常，皆高兴地说："谢伯侯赏赐。"

管仲辅佐齐桓公，多次召集诸侯会盟，史称其"兵车之会六，乘车之会三"，一系列的会盟之中，以"葵丘之会"最盛大，它标志着齐国之霸业达到极盛。

葵丘之会，制订盟约五条，其中有两条"勿忘宾旅"和"勿遏籴"的规定。这是要求便利商旅往来，允许粮食调剂，打破闭关封锁，以利于齐国发展境外贸易。在较早举行的第三次鄄地盟会，把降低关市之税作为盟约的内容；第四次幽地之盟，规定诸侯国要修道路、同度量，一称数。都是为了有利于商品在诸侯国之间顺利流通而提出来的。毫无疑问，这些都是齐国的主政者管仲的绝作，他总是以齐国的政治影响力来推行其经济措施，为境外贸易铺平道路。

盟约签订之后，隰朋大声宣布说："今日盛会，特备歌舞助兴，请大夫宰孔与各位诸侯观赏。"

顷刻间，盟坛变成了舞台，礼乐骤起。齐桓公陪着大夫宰孔及诸侯坐在台下，观看表演。

齐桓公眼里在看台上表演，心里却在想着另外一件事，他转头对坐在身边的宰孔说:"寡人听说,夏、商、周三代皆举行封禅大典,其事如何,宰孔可否告知一二?"

宰孔道:"泰山封禅大典,应从无怀氏起,伏羲氏、神农氏、炎帝、黄帝、颛顼、帝喾、唐尧、虞舜到夏禹、商汤、周成王,他们即位,都到泰山举行封禅大典。"

齐桓公点点头。宰孔继续道:"在东岳泰山筑土为坛,祭天叫'封',目的是为报天之功;在泰山下的小山如梁父山、云云山、亭亭山等辟场祭地,称为'禅',目的是报地之功。为什么封禅活动非要不可呢?这是因为古人认为,群山之中,泰山最高,离天最近,因此人间的帝王应到那儿去祭天,表示受命于天。"

齐桓公面有得色地说:"夏之都城在安邑,商之都城在亳,周之都城在丰镐。离泰山、梁父山相去甚远,他们都能行封禅之典。今泰山、梁父山皆在寡人封地之内,寡人欲徼宠天王,行泰山封禅大典,宰孔以为何如?"

宰孔闻言大吃一惊,见齐桓公趾高气扬,满脸得色,不好阻拦,冷冷地说:"当今天下之事,齐侯以为可,谁敢说不可!"

齐桓公哈哈大笑道:"明日,寡人将与诸侯商议泰山封禅之事。"

是晚,宰孔将管仲请到住所,轻声说道:"泰山封禅,非诸侯所宜,今齐侯欲行封禅,仲父难道不能谏止吗?"

管仲道:"齐侯好胜心极强,又在兴头之上,如果当众行劝谏之词,恐一时难以接受。此事只可背后劝谏,不可当众阻拦。"

管仲连夜拜见齐桓公,问道:"主公真欲泰山封禅吗?"

"仲父以为不可吗?"齐桓公反问道。

管仲说:"古者封泰山祭天,禅梁父山祭地,可考者有七十二家,臣所能记者有十二家。他们都是受天之命后才可以举行封禅大典的。"

齐桓公有些不高兴地说:"寡人北伐山戎,远过于孤竹;西伐大夏,涉渡流沙,束战马,吊兵车,攀登卑耳山;南伐到了召陵,登熊耳山以望长江汉水。与诸侯兵车之会有六次,乘车之会有三次,九合诸侯,一匡天下,诸侯无有违抗。虽三代受命,何以过于此?封泰山,禅梁父,以示子孙,难道不行吗?"

管仲见不能用道理说服齐桓公,只好改变方法说道:"古者举行封禅大典之国,盛在祭器里的祭品有鄗山的嘉黍,北里的嘉禾;铺在地上垫席,是江淮特产三脊'灵茅';东海送来比目鱼;西海送来比翼鸟,祥瑞之物,有一半不召而至。今凤凰、麒麟不来，象征祥瑞的嘉禾不生，而蓬蒿杂草却很繁茂，鸱枭之类的凶禽恶鸟却不断来临，在这种情况下，还想举行封禅的大典，岂不是不应该吗？如真的行封禅之事，列国有识之士不会笑话吗？"

　　齐桓公一时语塞。第二天，再也不提封禅之事。

第 65 章　夜观天象悟玄机

葵丘之会以后，竖刁对齐桓公将公子昭托孤于宋襄公之事已有耳闻，他将这个消息密告给公子无亏和长卫姬。

公子无亏恨恨地道："父王将公子昭暗托与宋侯，必是管仲之谋，不如先杀了这个老匹夫，然后除去公子昭，看谁还敢来同我争储君之位。"

易牙道："公子若杀管仲以争位，势必激怒主公，到时，恐怕是两败俱伤。"

公子无亏咬牙切齿地道："管仲一日不死，我们一日不得安宁，明的不行，就来暗的，派人潜入相府，将管仲杀掉，一了百了。"

"胡说！"长卫姬断然喝道，"怎能如此莽撞，管仲已年界耄耋，还有几年好活？等了这多年都等了，不能再等几年吗？沉住气！切不可轻举妄动！管仲一死，竖刁、易牙、开方就会拥戴你为世子，将来就由你继承君位。"

易牙道："三十年河东，三十年河西，熬了这多年，苦日子也快穿头了。"

竖刁道："管仲乃齐国重臣，主公尊其为仲父，还没有听说违抗君命能够得到其位者。今主公老了，管仲也老了，再等几年，等主上与管仲俱殁，公子昭没了倚仗，只要略施小计，这国君之位除了公子，谁还能坐得住？"

开方道："公子当上国君，竖刁就是一国之相，易牙当亚相，我就做大司马吧。"

几个人想入非非，似乎已大功告成。

再说周襄王之弟王子带，在周惠王活在之时，就曾谋求夺嫡而未果。惠王驾崩之后，太子郑继承王位。王子带实在是心有不甘，在其母惠后的支持下，暗地里与戎人勾结，重金贿赂伊、洛之戎，请他们出兵，进攻周王室，以助他夺回王位，他自己为内应，并许诺戎主，若推翻襄王，再以重金酬答。

戎主在王子带的唆使下，兴兵入寇，进攻成周。周大夫宰孔与召伯廖率领军民固守城池，王子带却不敢与戎师合。襄王则遣使向诸侯告急，请求支援。

秦穆公与晋惠公欲结好周王室，各率本国之兵进攻戎人本土以救周室。管仲向齐桓公请缨，率兵救周。

管仲率齐国大军逼近洛邑时，戎兵得知秦、晋两国举兵进攻其老巢，担心老巢不保，正自心惊，又闻齐国救兵已到，再也不敢在洛邑纠缠，放了一把火，烧了王城东门，班师回国自救，王城之围自解。

管仲遣使责问戎主，为何要进犯中原，进攻周王室。戎主惧怕齐国的兵威，派人到军前谢罪道："非是我等欲冒犯京师，实是王子带重金贿赂，召我们来进攻周室，助其夺回王位。"来使呈上国书，请求齐国从中周旋，愿与周王室讲和。

管仲对周王室怀有浓厚而复杂的感情，他敬慕宗周的文德，缅怀宗周的礼制，敬畏天子的"天威"，悲悯王室的衰微，哀叹王室的失德，鄙屑天子的自轻。管仲虽然辅佐齐桓公"尊王"数十年，但从未到过成周。到成周觐见周天子，成了他这一生最大也是最后的夙愿，所以，虽年界耄耋，仍然拖着老迈之驱，率兵救周，为的就是要完成平身最后的夙愿。

现在，戎主知难而退，却又提出与周室求和的请求。本来，"尊王攘夷"是管仲助齐桓公称霸诸侯的旗帜，"王"与"夷"是相互对敌、水火不相容的两种势力，难有调和余地。

管仲老了，已是雄心不再，他的心，在几十年争霸的腥风血雨、惊涛骇浪中已是疲惫不堪，再难以驰骋疆场，呼风唤雨了。于是，他建议齐桓公，同意戎主的求和要求。

当管仲带着戎主之使进入洛邑，让他所尊崇的王室与他所敌视的戎人修好，使得他对王室的赤诚之心增添了几分惶恐与不安，使他已经佝偻的身躯加上了几分沉重。

周襄王也非能主，见又是管仲出面调解，管仲的"尊王"是人所共知的，对此他已是感激流涕。再说，离开诸侯的支持，周王室根本就无力与戎人相抗衡，于是，襄王同意与戎主讲和。

襄王追念管仲定位之功，又有和戎之劳，决定用上卿的礼节来宴请管仲。管仲素来崇尚礼法，当然不肯托大，谦卑地说："微臣只是低贱的办事之人，尚有天子任命的齐国守臣国氏和高氏在。如果他们在春秋时节来王室秉承王命，那时又用什么礼节来招待他们呢？陪臣请不要用上卿礼节。"

原来，齐国有三位上卿，国氏、高氏和管仲，国氏和高氏的上卿之位是周天子所封，而管仲则是齐桓公封赐，并未得到周天子承认。管仲崇尚礼制，故在周室不受上卿之礼遇。

当时已是王室衰微、礼崩乐坏的时期，诸侯僭越天子之礼、士大夫僭越诸侯之礼者比比皆是，谁的眼中还有那个已经没有了权威的天子？谁还会顾及早已失落的礼仪？像管仲这样谦卑而谨守自己身份、不忘自己的地位、尊重王权的人，天下还有几个？周襄王从管仲那里找到了一点尊严，看到了一丝挽回昔日权威的希望，于是，也摆出一副天子的架子，命令地说："舅舅（管仲是伯舅之使，故也尊称为'舅舅'），朕嘉奖你的功勋，赞赏你的美德，永铭于心。你还是接受上卿之礼，不要违背朕的命令吧！"

"臣乃天子之臣，须当尊礼守法，礼不可废也！"管仲仍然坚持不受上卿之礼。

"数十年来，齐国勤劳王室，皆卿之力。"周襄王大声道，"今赐你上卿之职，出入仪制，与诸侯相同。"

管仲再拜辞谢道："臣乃一办事之人，齐国匡合之功，皆齐侯之威德，将佐之功劳，臣何敢受此重赐？"

周襄王道："齐侯攘夷以匡扶周室，皆卿之力，朕故给上卿赏赐。卿以德归之于主，以功劳归之于同僚，足见卿品德之高尚。"

于是，周襄王赐管仲上卿之职，出入仪制，与诸侯相同。并赐黄金百镒，彩帛百匹。不得再辞。正是：

> 春秋管仲第一臣，尊王攘狄有名声。
> 当年金殿辞封赐，千古令人颂德音。

齐桓公自葵丘之会以后，自恃功高无比，于是大兴土木，修缮宫殿，且务求豪华壮丽。凡出入之乘辇，衣上服饰，皆比王者。国人对其僭越，颇有微词。

管仲佐齐桓公秉政数十年，助齐桓公九合诸侯，一匡天下，成就齐桓公一代霸业。齐桓公不但"委国事以听"，尊称为仲父，在经济上也给以重酬，夺伯氏骈邑三百转赐给管仲，使管仲成为一个收入不菲的食邑主，又将市场税收的一部分也赐给管仲，使管仲富比公室，倍于群臣，富于列国之君。平戎于周，又承襄王之厚赐，更使其富可敌国。

管仲自平戎于周以后，也对相国府重新进行装饰。相府进门之处，置一大型雕龙刻凤的檀香木屏风，以蔽内外，此乃国君尊己之礼；客厅设反坫，放置酒爵，此乃国君尊宾之礼；反坫旁置篮篚，里面存着时鲜水果、各色点心，以供来客品尝，此乃皇宫中才有。相府后辟一块土地，修建一个小花园，花园内筑假山、构凉亭，设长廊，假山四周植有奇花异草，凉亭与长廊皆雕梁画栋，堂皇富丽，豪华气派，不亚于皇宫之御花园。室内装饰与花园建筑皆豪奢一时，管仲终日游玩于花园之中。

管仲之生活，豪奢至极，但是，无论是群臣或是百姓，没有人有怨言，也没有人说他生活奢侈。

有天夜晚，管仲心神恍惚，坐卧不安，散步游逛于相府后花园，时值三更时分，管仲抬头观天，见天空清朗，月明星繁，忽见虚危之间，文星突然暗没，似有陨坠之象，管仲大吃一惊，低头自言自语地叹道："阳寿已尽，我将不久人世，只是受齐侯之厚恩，未能补报，实乃憾事。我殁之后，齐国从此将不太平了。"遂对着天空明月繁星，低声吟道：

咨嗟感慨，面对星海。
月有常辉，人无久在。
我欲乘空，邦家为爱。
嘱此清光，徐行我待。

管仲次日入朝，向齐桓公奏道："臣昨夜观天象，虚危之间，文星晦灭，臣命将不久人世矣！"

齐桓公闻之大惊，道："仲父为何出此不吉之言！"

管仲道："臣少年时，到过泰山脚下，曾遇一仙者，自号降尘子，他曾为臣相面，观臣之相貌，言臣寿逾八旬，位居宰辅，将助明君成就一番霸王之业。今蒙主公恩宠，使臣位至相国，数十年来，佐主公九合诸侯，一匡天下，使主公称霸诸侯，果然应了降尘子之言。今臣年界耄耋，身体每况愈下，近来更是觉得神情恍惚，甚觉疲惫，想是已近油尽灯灭之时。臣昨夜观天星，追思降尘子之言，

第 65 章　夜观天象悟玄机

知臣将不久人世。"

齐桓公道："仲父不必忧虑，江湖巫士之言，怎么能够信以为真呢？"

管仲谢恩出朝，是晚果然生病而卧床不起。齐桓公闻管仲有疾，甚是惊慌，派御医至相府诊治，并亲到相府探视，回来后一直郁郁寡欢，难以提起精神。

隰朋奏道："仲父昨日所言，遇降尘子于泰山，为之相面，谈其生死富贵，今天果然生病，主公何不派人往泰山探访一番，看是否确有其事。"

齐桓公派大行隰朋，往泰山寻访降尘子，以探其究竟。

竖刁闻管仲病倒了，暗自心欢，至后宫将这个好消息告知长卫姬，后又告知公子无亏，无亏也是兴奋异常。是晚，竖刁、易牙、开方几个奸佞之人凑到一起，把酒言欢，庆幸管仲的末日来临，他们的苦日子快穿头了。

且说隰朋奉命来到泰山，向当地人找听降尘子之下落，人们都不知道泰山有此等人物，经多方打探，有一乡人告之："泰山之西，有一老叟在深山幽谷之中筑庐而居，其上通天文，下识地理，识阴阳八卦，善测人间吉凶祸福，有鬼神莫没之功。自言是周宣王时人，莫非此翁就是先生所要打听之人？"

隰朋听乡人之言，心知必是降尘子无疑，请乡人为向导，进山寻访。行至深谷幽静之中，隐隐传来一阵悠扬动听的琴声，循声走去，幽谷之中果见一处草庐，竹篱茅舍，甚是幽雅。乡人指道："此即老翁居住之处。"

隰朋走进竹篱，来到茅舍门前，见茅舍内一形状古怪、鹤发童颜的老叟，端坐其间，正在专心致志地抚琴，一小童在侧侍候。隰朋见状，不敢擅入，忽听小童对老叟道："师父，您说今日必有齐使到，现门外站有一人，窥视茅舍已久，莫非就是齐国使者？"

老翁点点道："去请客人进来吧！"

隰朋自思：此老未卜先知，真乃当世之高人！于是，随同小童进入草庐拜见老叟，老叟扶起隰朋道："我乃山野之人，何敢辱大夫下拜。"

隰朋道："我乃齐国隰朋，奉齐侯之命，特来求先生测相国管仲之吉凶，望神翁不吝赐教，使隰朋好回复齐侯。"

老叟道："管上卿之生死富贵，五十年前就对他说了，今日何必再问？"

隰朋再三哀告道："先生如不赐一言，我回去怎样向齐侯复命？"

老叟命童儿取纸笔，写上几行字，交给隰朋，隰朋展开一看，上写十六字：

> 龙逢水位，鼠从火兴。
> 一虎归窟，蛟蚓埋井。

　　隰朋不解其意，欲问之。老叟已坐至琴前，知道问也无益，遂拜辞老叟。
　　隰朋回朝后，将寻访经过告诉齐桓公，并呈上字帖。
　　齐桓公不解其意，遍问群臣，无人能识，大司田宁戚看后道："此帖明示，仲父气数已尽，必当升天。"
　　齐桓公道："何以知道？"
　　宁戚道："龙者，人君之象，水者，纳音之号，今为周襄王七年（公元前645年），岁在丙子，丙子纳音属水，故曰龙值水位。鼠者，子之生肖，火者丙子所属，今年丙子太岁，故曰鼠位火兴。一虎归窟，蛟蚓埋井者，暗示人臣去世之意。故此，臣知仲父今年必终。"
　　齐桓公闻宁戚之言，大惊失色，恰在此时，近侍来报，御医传信，相国病情加剧，间歇性地处于半昏迷状态。齐桓公闻之，迅即前往相国府探视。

第66章 病榻论相

且说齐桓公闻管仲病情加剧，亲自到相府探视时，管仲已卧床不起，齐桓公亲至卧榻旁问疾。管仲挣扎着坐起来，咳了几声说："臣大限已到，恐怕要去见周公了。只是，臣上负主公之恩，下负叔牙之德。"

齐桓公道："仲父与叔牙何德？"

管仲道："臣少时曾同鲍叔牙合伙做买卖，分利润时，都得大头。鲍叔牙不认为臣贪婪，而是知道臣贫困。臣替鲍叔牙谋划事业，但事业发展总是不顺利，臣也更加穷困，鲍叔牙不认为臣愚蠢，而是知道臣做事的外部条件不具备。臣曾经数次当官又数次被逐，鲍叔牙不认为臣无德无才，而是说臣未遇明主。臣三次参战都畏缩不前，临阵脱逃，鲍叔牙不认为臣胆小，而是说臣另有隐衷。公子纠败了，召忽为公子而死，臣却忍受囚禁之辱而不自杀，鲍叔牙不认为臣没有羞耻之心，而是知道臣志不在小节，而在于平定天下。生我者父母，知我者鲍叔牙也！"

"仲父所言极是。"齐桓公道，"若非鲍叔牙推荐仲父，寡人焉能富国强兵、称霸诸侯？只是……"齐桓公欲言又止。

管仲道："主公是否有话要说？"

齐桓公稍顿一会，拉着管仲的手道："仲父病重，寡人很伤心。寡人想问，仲父百年之后，国家大政，寡人将转托给谁？"

管仲看着齐桓公，没有回答。

"鲍叔牙之为人如何？"齐桓公心里想，鲍叔牙是亚相，是除管仲之外最为倚重的臣子，是齐国最大的功臣，且又与管仲私交甚笃，管仲一定会推荐他的。

"不行！"管仲不假思索地说。

"为何不行？"齐桓公惊愕地问。

管仲咳了咳道:"鲍叔牙是个君子,即使是千乘之国,不以其道送给他,他都不会接受。但是,他不可以托国家大政。"

"为什么?"齐桓公不解地问。

"鲍叔牙之为人,太耿直,善恶太过分明,谁若有了过失,他会终身不忘。为相之人,必须要有度量,有道是:宰相肚内能撑船,就是这个道理。鲍叔兄没有容人之量。且鲍叔牙还有一个特点,就是:事无巨细,事必躬亲,为相之人,必须学会弹琴,要发挥十个指头的作用,不能仅凭一己之力。"

"那么谁可以委以国家大政?"齐桓公问道。

"隰朋可以!"管仲道,"隰朋之为人,有远大眼光而又虚心下问。给人恩德叫做仁,给人财物叫做良。用做好事来压服人,人们也不会心服;用做好事来熏陶人,人们没有不心服的。治国有有所不管的政务,治家有有所不知的家事,这只有隰朋能做到。而且隰朋之为人,在家不忘公事,在公也不忘私事;事君没有二心,也不忘其自身。他曾用齐国的钱,救济过路难民五十多户,而受惠者不知是他。称得上大仁者,难道不是隰朋吗?"

齐桓公又问:"寡人不幸失去仲父,各位大夫还能使国家安定吗?"

管仲道:"请主公衡量一下吧!鲍叔牙的为人,好直;宾胥无的为人,好善;宁戚的为人,能干;曹孙宿的为人,能说善辩。"

"此四人,谁能得到一个?他们都是上等人才。现在寡人全部使用,还不能使国家安定,这是什么原因?"齐桓公道。

"鲍叔牙的为人好直,但不能为国家而牺牲其直;宾胥无的为人好善,但不能为国家而牺牲其善;宁戚为人能干,但不能适可而止;曹孙宿的为人能说,但不能取信后及时沉默。据臣所知,按照消长盈亏的形势,与百姓共屈伸,然后能使国家安定长久者,还是隰朋。隰朋的为人,行动一定估计力量,举事一定考虑能力。"管仲讲完话,深深地叹了一口气说,"只是,上天生下隰朋,本是为臣作'舌'的,如今,臣身子都要死了,舌还能活吗?"

齐桓公惶恐不安看着管仲,等待着他继续说下去。

管仲接着说:"江、黄两个国家,离楚国很近。臣死之后,主公一定要将他们归还给楚国。"

"为什么?"齐桓公问道。

"如不归还,楚国一定要吞并他们。他吞并而齐国不救,那不好;如果去救,祸乱就从此开始了。"

第66章 病榻论相

"好！这件事寡人听仲父的。"齐桓公道，"还有要告诉寡人的吗？"

管仲道："臣死后，请主公一定要将身边奸佞之人驱逐出朝廷，免留后患。"

"奸佞之人？"齐桓公问道，"谁是奸佞之人？"

"主公不问，臣也是要说的。"管仲道，"东城有一只狗，动唇露齿，一天到晚，准备咬人，是臣用木枷夹住而没有使之得逞。易牙就是这只狗。"

"易牙烹其子，以适寡人之口，是爱寡人胜于爱其子，他可是对寡人忠心耿耿的呀！还要怀疑他呢？"

管仲道："人情莫如爱子，他连自己的儿子都不爱，怎么能爱君？臣死之后，主公一定要辞掉此人。"

"好！"齐桓公道，"寡人答应你。"

管仲道："北城有一只狗，动唇露齿，一天到晚，准备咬人，是臣用木枷夹住而没有使之得逞。竖刁就是这只狗。"

"竖刁自宫以事寡人，他是爱寡人胜过爱自身，这样的人怎么能够怀疑呢？"

管仲道："竖刁连自己的身体都不爱，怎么能够爱君呢？臣死之后，主公一定要辞掉此人。"

"好！"齐桓公道，"寡人答应你。"

管仲道："西城有一只狗，动唇露齿，一天到晚，准备咬人，是臣用木枷夹住而没有使之得逞。开方就是这只狗。"

"公子开方，舍弃千乘之国的太子不当，而到齐国来臣事寡人，其爱寡人胜过爱其国。父母死了也不回去奔丧，是爱寡人胜过爱父母，这样的人难道还要怀疑吗？"

管仲道："公子开方舍弃千乘之国的太子之位而臣事于主公，这就说明他的欲望是：从主公身上得到的，将永远超过一个千乘之国。臣死之后，主公一定要辞掉此人。"

齐桓公不解地问："此三人，事寡人已经很多年了，仲父平日怎么从不提此事呢？"

"多年前，臣就曾请主公将易牙驱逐出宫，主公不听。因此，臣就知道，主公离不开这些奸佞之人。此后，臣再也没有提这件事了。"管仲道，"臣以为，这几个人犹如水，臣就是堤，堤可以挡水，臣可以控制他们，不怕他们泛滥成灾。如今，臣是要走了，此一去，堤也就塌了。堤塌了，这些坏水必然要泛滥成灾。在堤未塌之前，欲将这些水患除去。"

"好！"齐桓公说，"寡人听仲父的。"

齐桓公相府问疾，管仲病榻论相之事，经宫人之口，在宫中隐隐约约地传开了。

竖刁很快就知道了这件事。是日，他来见鲍叔牙，鲍叔牙不露声色地问："什么风将总管吹到寒舍来了？"

竖刁神秘地说："我是来向亚相透露宫中的一件绝密。"

"啊！"鲍叔牙道，"总管有何机密要透露给我，不该我知道的事，可不要说哟！"

"事关亚相，对别人不说，对亚相一定是要说的。"竖刁讨好地说。

鲍叔牙漫不经心地说："是吗？"

"仲父病重。"竖刁悄悄地问，"亚相知道吗？"

"知道！"鲍叔牙说："昨天还去相府看望过仲父呢！"

"人说管鲍之交，天下闻名。"竖刁有些不屑地说，"以我看，徒有虚名。"

"怎么？"鲍叔牙反唇相讥道，"总管对此有怀疑吗？"

"仲父的相国之位，乃亚相所荐。是也不是？"竖刁问道。

"不错！"鲍叔牙说，"仲父是齐国最合适的相国人选，只有他才能使齐国走上富国强兵之路，称霸诸侯。实践证明，他做到了，我的举荐也很正确。"

"嘿！嘿！"竖刁冷笑两声道，"亚相将管仲视为知己，管仲却视亚相如草芥。我真有点替亚相抱不平。"

鲍叔牙面无表情地看着竖刁，问道："想不到竖刁总管还能替我打抱不平，真是难得。"

"仲父病重，主公欲让亚相继承相国之位，主持国家政事，谁知仲父却极力反对。"竖刁愤愤不平地说。

"真的吗？"鲍叔牙似乎有些好奇地问，"仲父说了些什么？"

"仲父说，亚相善恶太过分明，若谁有过失，将永记在心，心胸狭窄，气量小，不能容物。亚相虽是君子，却不是为相之才，难当宰相之任。"竖刁冷笑道，"画虎画皮难画骨，知人知面不知心。亚相如此真心对待仲父，想不到仲父却在背后向亚相捅刀子。"

"仲父就说这些？"鲍叔牙问道。

"难道这些还不够吗？"竖刁反问道，"难道真的要他当面捅你几刀你才

第 66 章 病榻论相

相信？"

"哈！哈！哈！"鲍叔牙大笑三声道，"生我者父母，知我者管夷吾也！"

竖刁莫名其妙地看着鲍叔牙。鲍叔牙无视竖刁之表情，大声说道："我鲍叔牙之所以举荐管仲，就是因为管仲忠心为国，不徇私情。他使我担任司寇之职，驱逐奸佞之人，我鲍叔牙是绰绰有余，若叫我做相国，我还真不是那块料。若我真的做了相国，尔等奸佞之人，难道还有容身之地吗？"

竖刁目瞪口呆地看着鲍叔牙，就像看着一个怪物一样看着鲍叔牙，心里想：什么管鲍之交，明明是两个疯子，简直不可思议。

"什么是管鲍之交，岂是尔等小人所能体会得到？"鲍叔牙不理不睬，感慨万千地说，"管鲍之交，贵在知己，一心为国，不徇私情，这才是管鲍之交。"

竖刁面红耳赤，羞愧而退。

管仲自病榻论相之后，似乎已经没有什么挂牵了。于齐桓公四十年（公元前 646 年）秋八月病逝，享年八十五岁。

齐桓公闻管仲死讯，号啕大哭道："哀哉，仲父！天折寡人之臂膀哟！"

管仲辞世，齐国朝野为之震动，百姓闻管相国去世，哭声震野，如丧考妣。列国诸侯接管仲辞世之讣告，甚是叹惜，感管仲之德，皆遣使来齐，以大礼祭奠管仲。

齐桓公命令以侯礼安葬管仲，诏令满朝文武及临淄城百姓，俱各挂孝一日。出殡之日，无数百姓披麻戴孝，于临淄城街头摆设供桌，焚香祭奠，跪送管仲之灵柩。灵柩通过之时，大行隰朋亲举黑幡，闵婧披麻戴孝，手扶灵柩而行，人已哭成了泪人。灵车后，鲍叔牙、东郭牙等一众大夫，神情悲哀地随车缓缓而行。

人群中，易牙正与大夫伯氏走在一起，易牙悄声道："昔年主公夺了你的骈邑三百，转赏与管仲，今管仲已亡，你可请求主公，将夺去的骈邑三百还给你，我当从旁助你一臂之力。"

伯氏抽泣地说："我无功，且失错，是以被夺邑。仲父虽死，但仲父之功劳永存，我有何面目向主公求索被夺之封邑呢？"

易牙看了伯氏一眼，无趣地走到一边去了。

管仲后之齐国，齐桓公感管仲之言，拜隰朋为相国，未及一月，隰朋果然病逝，齐桓公叹道:"仲父真圣人也,竟然知道隰朋不久于人世。"

齐桓公又拜鲍叔牙为相。鲍叔牙固辞不受。齐桓公道:"今满朝文武,谁能及得太傅?太傅固辞,又能让与何人呢?"

鲍叔牙道:"臣之好善恶恶,主公早有所知,主公若定要臣为相,请遵从仲父之言,远易牙、竖刁、开方,臣才敢奉命。"

于是,齐桓公便罢免了竖刁、易牙、开方三人的官职,并驱逐出宫。时过不久,齐桓公由于食不甘味,将易牙重新召回来;由于宫中混乱,将竖刁重新召回来;由于身边没有甜言蜜语之人,将卫公子开方重新召回来。鲍叔牙虽苦苦相谏,齐桓公终是不听,鲍叔牙气恼攻心,不久便追随管仲归于九泉之下。应了管仲临死之言:他死之后,隰朋、鲍叔牙也将不久人世。

后人参悟冯仙长"一虎归窟,蛟蚓埋井"之言,或言管仲乃尾火虎,隰朋乃角木蛟,叔牙为轸水蚓,都是天上星宿,相约一同归天。

鲍叔牙死后,竖刁、易牙、开方伙同长卫姬,欺负齐桓公年迈无力,专擅朝政,操纵齐国大权。齐桓公病重期间,竖刁、易牙、开方认为时机已到,将齐桓公左右侍卫全部逐出,又在齐桓公寝宫周围筑起三丈高墙,隔绝内外。

可怜一代霸主,病重临死之时竟连口热水也喝不上。齐桓公临死之前发出哀叹道:"圣人之言,真是高明呀!若真是死者有知,寡人有何颜面见仲父于九泉之下啊!"

齐桓公死后,六个儿子竞争君位,易牙和开方勾结竖刁,共杀百官,拥立公子无亏为君。所以,齐桓公死后六十七天没有入殓,致使尸体腐烂生蛆,九个月没有安葬。

宋襄公遵齐桓公、管仲生前嘱托,答应公子昭的请求,率诸侯讨伐齐国。杀掉公子无亏、竖刁、易牙和开方,拥世子昭继位,是为齐孝公。

管仲以商人出身,在齐国为相四十余年,勇于改革,大力整顿内政,调整农业生产关系,创行盐铁专卖制度,积极发展手工业和内外贸易,辅佐齐桓公,坚定地走富国强兵之路,使齐桓公九合诸侯,一匡天下,终成春秋前期第一位霸主,是齐、宋、晋、秦、楚(亦说齐、晋、楚、吴、越)"五霸"之首。

在中国历史上,管仲是最早的一位杰出经济改革家,也是对后世有着深远影响的第一位大政治家、大理财家,实乃千古第一相。

第66章 病榻论相

管仲将毕生精力和聪明才智,奉献给了社会,奉献给了历史。他彪炳青史的功勋,是一座伟大的历史丰碑,赢得后人的崇拜和敬仰。

司马迁和孔圣人对管仲都有极高的评价。权且以二人对管仲的评价,作为本书的结束语:

司马迁在《史记·管晏列传》中说:

管仲为齐桓公所用,掌管齐国政事,齐桓公因此而称霸,九合诸侯,一匡天下,都是管仲之谋略……

管仲在齐国执政为相后,凭借小小的齐国滨临大海的地理条件,流通货物,积累财富,富国强兵,与普通人同好同恶。所以他的著作中说:"粮食充实就知道礼节;衣食饱暖就懂得荣辱;君王的享用有一定的制度,六亲就紧紧依附;礼、义、廉、耻的伦理不大加宣扬,国家就会灭亡。颁布政令就好像流水的源头,要能顺乎民心。"所以,他的政令,不唱高调,崇尚实干,政出易行,切合民情,浅显而易于推行,一般人所向往的,就因势而给予;一般人所不赞成的,就顺应而革除。

管仲掌理政事,善于转祸为福,转败为功。十分注意事情的轻重缓急,谨慎地权衡利害得失。

孔子是中国的圣人,孔圣人心中有两个圣人,一个是周公,一个是管仲,他在《论语·宪问》中说:

管仲辅佐齐桓公,称霸诸侯,一匡天下。人们到今还沾露他的恩惠。如果没有管仲,我们就会披头散发,裸露膀子,做野蛮人的奴隶了。